소선지서 강해설교

호세아

하나님의 불붙는 사랑

소선지서 강해설교

호세아

—

하나님의 불붙는 사랑

김서택 지음

홍
성
사

선지자의 세계가 열린다

누군가 엄청난 열대림 속을 처음으로 여행하고 있습니다. 빽빽한 숲이 하늘을 가려서 햇빛은 거의 들어오지 않고 잡목과 풀들이 온통 주위를 에워싸고 있습니다. 이런 상황에서 갑자기 짐승이 뛰어 나오기라도 한다면 정말 정신을 다 잃을 정도로 놀랄 것입니다. 등에서는 식은땀이 줄줄 흘러내리는데, 도대체 자기가 지금 어디서 왔으며 어디로 가야 하는지 알 수가 없습니다.

지금까지 선지자의 세계는 바로 이러한 열대우림처럼 우리들의 접근을 쉽게 허락하지 않았습니다. 이 엄청난 열대림에서 처음 만나는 옹달샘이 바로 이 호세아서입니다.

호세아서라고 하면 대개 음란한 여자 고멜만 생각하기 쉽습니다. 그러나 호세아서는 호세아의 설교집으로서, 선지자들의 여러 설교 가운데 가장 표현이 아름답고 뛰어나서 가히 설교의 극치라고 할 만한 책입니다.

하나님께서는 호세아서를 통하여 한편으로는 이스라엘 백성들의 고쳐지지 않는 죄성에 대한 진노를 나타내시면서도, 다른 한편으로는 어떤 희생을 치러서라도 그들을 고치고자 하시는 뜨거운 사랑을 나타내십니다. 이 하나님의 뜨거운 사랑이 우리 마음속에도 옮겨붙기 바랍니다.

선지자의 세계가 우리에게 열릴 수 있도록 함께 말씀을 나눈 제자들교회 성도들과 수고하신 홍성사 가족 여러분들께 감사를 드립니다.

1998년 2월
둔촌동 목회실에서

김의택

차 례

■ 일러두기

1. 이 책은 1995년 4월부터 9월까지 제자들교회 금요기도회에서 설교한 내용을 정리한 것입니다.
2. 본문에 인용된 성경구절의 문장부호는 *New International Version*을 참고로, 편집자가 첨부한 것입니다.

1

불성실한 관계

호세아 1:1-6

1:1 웃시야와 요담과 아하스와 히스기야가 이어 유다 왕이 된 시대, 곧 요아스의 아들 여로보암이 이스라엘 왕이 된 시대에 브에리의 아들 호세아에게 임한 여호와의 말씀이라.

2 여호와께서 비로소 호세아로 말씀하시니라. 여호와께서 호세아에게 이르시되 "너는 가서 음란한 아내를 취하여 음란한 자식들을 낳으라. 이 나라가 여호와를 떠나 크게 행음함이니라."

3 이에 저가 가서 디블라임의 딸 고멜을 취하였더니 저가 잉태하여 아들을 낳으매

4 여호와께서 호세아에게 이르시되 "그 이름을 '이스르엘'이라 하라. 조금 후에 내가 이스르엘의 피를 예후의 집에 갚으며 이스라엘 족속의 나라를 폐할 것임이니라.

5 그 날에 내가 이스르엘 골짜기에서 이스라엘의 활을 꺾으리라" 하시니라.

6 고멜이 또 잉태하여 딸을 낳으매 여호와께서 호세아에게 이르시되 "그 이름을 '로루하마'라 하라. 내가 다시는 이스라엘 족속을 긍휼히 여겨서 사하지 않을 것임이니라."

1:1-6

우리는 지금까지 불신앙을 단지 교회에 나가지 않는 것으로만 생각해 왔습니다. 이것은 어느 정도 사실입니다. 기독교가 전파된 지 얼마 되지 않고 믿는 사람들의 수나 사회적인 지위가 보잘것없었을 때에는 하나님을 믿기 싫은 사람이 교회를 떠나면 그만이었습니다. 그러나 사회가 대부분 기독교화되어 믿는 이들이 많고 교회가 대단히 큰 사회적 영향력을 발휘할 경우, 사람들은 교회를 떠나지 않으면서 하나님을 버리는 길을 택합니다. 이것을 아주 잘 보여주는 것이 바로 호세아서입니다.

이 당시에는 교회를 떠날 수가 없었습니다. 이스라엘 사회 자체가 교회였기 때문이지요. 교회를 떠난다는 것은 이스라엘 사회와 가나안 땅을 완전히 떠나는 것을 의미했기 때문에 손해가 이만저만

이 아니었습니다. 그래서 이스라엘 백성들은 교회를 떠나지 않은 채 여전히 팔레스타인에 남아 있으면서 종교적인 생활을 했습니다. 그러나 그들의 마음은 하나님에게서 떠나 버렸습니다. 하나님께서 호세아를 통하여 말씀하시는 것은, 형식으로는 교회를 떠나지 않았어도 마음이 하나님을 떠나고 삶이 하나님의 말씀에서 떠났다면 그것은 결국 하나님을 떠난 것이라는 사실입니다.

지금은 교회나 교파가 아주 많지만, 당시에는 두 개의 교회만 있었습니다. 하나는 북쪽에 있는 이스라엘 교회이고, 다른 하나는 남쪽에 있는 유다 교회입니다. 이스라엘 교회는 이름만 하나님의 교회였지, 실제로는 하나님을 완전히 떠난 교회였습니다. 유다 교회 또한 어느 정도 하나님을 떠난 상태에 있었고, 점점 이스라엘 교회를 닮아가고 있었습니다.

신약 시대에는 신앙에서 고백이 중요합니다. 언제부터 그리스도인이 됩니까? 예수를 '주'로 고백하면서부터 그리스도인이 됩니다. 그러나 구약시대에는 고백보다는 계약이라는 말을 더 즐겨 썼습니다. 계약은 하나님과 이스라엘 전체 간에 맺은 약속입니다. 이 계약은 집단적이기도 하고 개인적이기도 합니다. 전체 이스라엘 백성은 시내 산 언약으로 하나님과 계약을 맺었습니다. 그리고 개개인은 할례를 통해 그 언약 안에 포함이 되었습니다.

호세아서의 중요한 메시지는 이스라엘 백성이 하나님의 언약에 충실하게 살지 않았기 때문에 이 언약이 파기되었다는 것입니다. 그런데 하나님이 그냥 말씀하시면 백성들이 잘 받아들이지 않으니까, 호세아 선지자를 아주 음란한 아내와 결혼하게 해서 그 아내가 계속 부정한 생활을 하고 부정한 자식을 낳게 하셨습니다. 그리고 "봐라! 어떻게 이 아내가 호세아의 아내일 수 있으며 이 자식들이 호세아의 자식일 수 있느냐? 마찬가지로 어떻게 이스라엘을 내 나라라고 할 수 있으며 너희를 내 백성이라고 할 수 있느냐?" 하시면서, 이스라엘은 더 이상 하나님의 백성이 아니라고 선언하신 것입니다.

호세아서가 오늘날 우리 상황에 아주 중요한 이유가 무엇입니까? 교회 밖에 있는 불신앙보다 교회 안에 들어와 있는 불신앙이 더 위험하기 때문입니다. 교회 안의 불신앙은 교회 자체의 성격을 근본적으로 바꾸고, 하나님의 진리를 다른 것으로 만들어 버립니다. 한 개인이 신앙을 버리는 것은 교회에 큰 영향을 미칠 수 없습니다. 그러나 교회 안에 들어와 있는 불신앙은 구조적인 성격을 띱니다. 교회 전체가 변질되지 않고서는 교회 안에서 불신앙을 가질 수 없기 때문입니다.

오늘날 우리 교회가 안고 있는 어려움은 교회 밖의 불신앙이 아닙니다. 교회 밖에 있는 사람들은 자기가 신앙이 없다는 것을 알고 있고 그것을 인정합니다. 자기들은 하나님을 모르기 때문에 이런 생활을 한다고 고백합니다. 그러나 교회 안에 있는 사람들은 자신의 신앙이 아주 좋다고 생각하고 하나님을 너무너무 사랑한다고 말하면서 눈물까지 흘립니다. 하나님을 떠났다는 사실을 자기자신도 모르는 것입니다. 그러니 하나님과 교회에 얼마나 큰 해악을 끼치겠습니까?

그래서 하나님께서는 호세아서를 통해 하나님의 교회를 해부하시며 하나님의 교회를 수술하고자 하십니다.

이스라엘의 때아닌 부강

호세아는 서두에서 자기가 예언한 시대가 언제인지 밝히고 있습니다. 1장 1절을 보십시오.

> 웃시야와 요담과 아하스와 히스기야가 이어
> 유다 왕이 된 시대,
> 곧 요아스의 아들 여로보암이 이스라엘 왕이 된 시대에
> 브에리의 아들 호세아에게 임한 여호와의 말씀이라.

이때는 남쪽 유다가 가장 악한 왕 아하스의 고비를 넘어 히스기야가 다시 종교부흥을 일으킨 시기였고, 북쪽 이스라엘이 여로보암의 전성기를 지나 급격하게 쇠퇴하다가 마침내 멸망한 시기였습니다. 북쪽 이스라엘이 주전 722년에 앗수르에게 망했고 히스기야가 주전 715년에 왕이 되었으므로, 호세아는 이스라엘 나라가 망한 후에도 약 7년 이상 말씀 사역을 한 것입니다.

호세아는 이스라엘에서 말씀을 전한 선지자인데도, 자신의 활동 시기를 유다 왕의 연표(年表)로 나타내고 있습니다. 이것은 이스라엘 여러 왕들에 대한 심한 거부감을 나타냅니다. 이스라엘의 왕은 하나님께서 세우셔야 하며 이들은 하나님을 대신해서 백성들을 진리로 이끄는 목자여야 한다는 것이 호세아의 신앙이었습니다. 그러

나 이스라엘의 왕들은 그야말로 세상적인 왕이었습니다. 그들은 목자가 아니었습니다. 그래서 호세아는 자신의 활동 연표를 유다 왕의 연표로 표시한 것입니다.

여기에서 우리는 여로보암이라는 인물에게 관심을 가질 필요가 있습니다. 왜냐하면 이 사람 때에 북쪽 이스라엘이 참으로 부강한 나라가 되었기 때문입니다. 이에 대하여 열왕기하 14장 25절 이하에서는 이렇게 말씀하고 있습니다.

> 이스라엘 하나님 여호와께서 그 종 가드헤벨 아밋대의 아들
> 선지자 요나로 하신 말씀과 같이
> 여로보암이 이스라엘 지경을 회복하되
> 하맛 어귀에서부터 아라바 바다까지 하였으니,
> 이는 여호와께서 이스라엘의 고난이 심하여 매인 자도 없고
> 놓인 자도 없고 이스라엘을 도울 자도 없음을 보셨고
> 여호와께서 또 이스라엘의 이름을 도말하여
> 천하에 없이 하겠다고도 아니하셨으므로
> 요아스의 아들 여로보암의 손으로 구원하심이었더라.

하맛이라고 하면 북쪽 두로와 시돈보다 훨씬 위쪽에 있는 지역인데, 여기서부터 사해까지 영토를 넓혔다는 것입니다. 북쪽으로만 보면 솔로몬 때의 영토를 회복한 것이지요.

북쪽 이스라엘은 늘 형편이 어려웠습니다. 그래서 매인 자도 없었고 놓인 자도 없었습니다. 노예도 아니고 자유민도 아니었다는

것입니다. 이스라엘 백성들은 이렇게 노예나 다름없는 상태에서 살고 있었습니다. 그때 하나님께서 요나 선지자를 통하여 하신 말씀이 무엇입니까? 다시 나라를 부강하게 해주시겠다는 것입니다. 하나님은 솔로몬 이후 잃어버렸던 모든 땅을 되찾을 정도로 부강하게 해주시겠다고 약속하셨습니다.

하나님께서 왜 이런 약속을 하셨습니까? 그들이 너무나도 어려웠고, 늘 침체되어 있었기 때문입니다. 사실 이들이 이렇게 장기적인 어려움과 궁핍함을 겪은 것은 그들의 잘못된 신앙 때문이었습니다. 그러나 그들이 이처럼 늘 침체되어 있는 것을 보고 하나님은 생각을 바꾸셨습니다. '이들이 늘 가난해서 나의 사랑을 의심하는 것 같은데 이제 한번 그들을 축복해주자. 그러면 힘을 내서 나를 열심히 섬기고 신앙 생활을 힘차게 하겠지.' 그래서 하나님은 요나 선지자를 통해 축복을 약속하셨고 그 말씀대로 여로보암 치하의 이스라엘은 때아닌 부자 나라가 되었습니다.

여기에서 우리가 주의할 것이 있습니다. 참으로 신앙이 있는 사람이 물질적으로 부요해질 때는 힘이 새로 나고 침체에서 벗어날 수 있지만, 신앙이 없는 사람이 부요해지면 하나님을 완전히 떠나버립니다. 그런데 이스라엘 백성은 신앙이 없는 쪽이었습니다. 그래서 그들이 받은 물질적인 축복은 그들을 더 교만하게 만들었고, 더 담대하게 죄짓게 만들었으며, 하나님을 완전히 떠나게 만들었습니다.

물질적인 축복은 정말 무서운 시험입니다. 하나님을 두려워하는 사람에게는 부강함이 아무런 차이를 가져올 수 없습니다. 그에게는 부강함이 중요한 것이 아니며 단지 하나님께서 힘 주시는 것에 불과하기 때문에 오히려 이런 물질 때문에 하나님께 소홀해질까 봐 더 두려워하고 더 조심합니다. 그러나 중심으로 하나님을 사랑하지 않는 사람이 물질적인 축복을 받을 경우, 완전히 하나님에게서 떠나게 되고 더 담대하게 죄짓는 자리로 나아가게 됩니다. 그래서 어떤 사람에게 실제로 돈이 생겨보면 그가 지닌 신앙의 참모습을 볼 수 있습니다. 이처럼 물질적인 부요함은 신앙이 없는 사람에게 축복이 아니라 가장 무서운 시험입니다.

이스라엘이 갑자기 잘 살게 되면서 하나님을 완전히 버리고 자기 욕심을 따라 달려가며 타락해가는 한가운데서 호세아는 이 설교를 하고 있습니다. 결국 그는 이스라엘이 완전히 망하는 모습을 지켜본 비극의 선지자가 되었습니다. 선지자의 축복이 무엇입니까? 청중들이 말씀을 듣고 회개하며 하나님께 돌아오는 것을 보는 것이며, 말씀 앞에 진심으로 반응하는 것을 보는 것입니다. 그러나 호세아는 그것을 보지 못했습니다. 그의 설교는 허공에 떠도는 말씀이 되고 말았고, 이스라엘은 결국 돌아오지 않았습니다.

그러나 호세아의 말씀은 바로 오늘 살아서 역사해야 할 말씀이라고 믿습니다. 호세아의 설교는 결코 죽을 수 없습니다. 그의 설교는 오늘 우리들의 불신앙을 예리하게 드러내고 치료하는, 살아 있는 말씀으로 역사할 것입니다.

호세아에게 명령을 내리시다

2절을 보십시오.

여호와께서 비로소 호세아로 말씀하시니라.

여기서 '비로소'라는 말은 의역된 것입니다. 원래 히브리어 성경에는 '여호와께서 호세아로 말씀하기 시작하시니라'고 되어 있습니다. 이 말이 무슨 뜻입니까? 오래 침묵하시다가 드디어 입을 여셨다는 것입니다. 이스라엘이 하는 짓을 참고 또 참으시다가 드디어 말씀하기 시작하신 것입니다.

하나님은 이스라엘 백성이 너무 가난하고 힘들어서 제대로 믿지 못할 수도 있다고 생각하시고 때아닌 복을 주어 그들의 국력을 키워주셨고 아주 부강한 나라가 되게 하셨습니다. 그리고 기다리셨습니다. 그들이 강한 모습으로 하나님께 나아와서 무릎꿇고 감사드리면서 "하나님, 저희들을 부강하게 해주셔서 감사합니다. 그동안 너무 어렵고 힘들어서 하나님을 제대로 믿지 못했고 하나님의 능력을 의심했습니다. 그런데 이제 우리가 하나님의 은혜로 이렇게 강하게 되었습니다. 하나님께서 원하시는 것이 무엇입니까? 이제 그 뜻을 이루어 드리겠습니다" 하기를 기대하셨습니다.

그러나 나타난 결과가 무엇입니까? 그들은 더 욕심을 채우기 위해서 자기 자신을 더 바쁘게 만들었고 더 쪼들리게 만들었습니다. 그리하여 하나님에게서 완전히 떠나고 말았습니다. 그들은 지금까지 겁이 나서 짓지 못하던 죄를 담대하게 지었습니다. 부자가 되면서 그나마 가지고 있던 약한 신앙을 완전히 버렸습니다. 이들은 교회를 떠나지 않았습니다. 아니, 교회를 떠날 수가 없었습니다. 교회가 얼마나 큰 혜택을 주는데 교회를 떠납니까? 그러나 그들의 중심은 이미 하나님에게서 떠나 버렸습니다.

이제 하나님은 호세아를 통하여 이스라엘에게 말씀하시기 시작합니다. 하나님의 첫 번째 말씀이 무엇입니까? 그것은 놀랍게도 이스라엘에 대한 말씀이 아니라 호세아에 대한 말씀이었습니다. 호세아에게 음란한 아내를 취하여 음란한 자식을 낳으라는 것입니다.

'음란한 아내'가 무엇을 의미하느냐를 두고 해석이 구구합니다. 어떤 사람은 직업적인 창녀를 말한다고 해석하기도 하고, 또 어떤 사람은 평소 생활이 음란한 여자라고 해석하기도 합니다. 원래 이스라엘 사회에는 직업적인 창녀가 있을 수 없습니다. 간음을 행한 여자는 돌로 쳐 죽이게 되어 있었기 때문입니다.

하지만 이 사회에서 음란한 여자를 찾는 것은 결코 어려운 일이 아니었습니다. 사실 이스라엘에는 온전한 여자가 거의 없었습니다. 바알의 풍년 제사는 아주 음란했는데, 그 음란한 사상에 물들지 않은 여자가 없었던 것입니다. 여기에 나오는 음란한 여자는 직업적인 창녀가 아니라 아주 음란한 생활을 하는 여자를 말합니다. 호세아의 아내가 음란한 여자였다는 것은 그가 결혼하기 전에도 음란한 생활을 하고 있었을 뿐 아니라 결혼한 후에도 계속 더러운 생활을 했다는 뜻입니다.

여기에 주목해 보십시오. 선지자가 하나님의 말씀을 전하는 데 말씀만으로 하지 않고 액션을 보여주고 있습니다. 무슨 뜻입니까? 정상적인 말로는 더 이상 의사소통이 안 된다는 것입니다. 이스라엘 백성들은 하나님의 말씀에 너무나도 무감각했기 때문에 어떤 행동을 보지 않으면 도무지 주의를 기울이지 않았습니다. 그래서 하나님이 말로도 하고 달래기도 하면서 참고 참으시다가 '비로소' 호세아에게 아주 음란한 여자를 데려다가 아비를 모르는 음란한 자식을 낳으라고 하신 것입니다. 2절 하반절을 보십시오.

> "너는 가서 음란한 아내를 취하여 음란한 자식들을 낳으라.
> 이 나라가 여호와를 떠나 크게 행음함이니라."

하나님은 호세아에게 이런 일을 시키시는 이유가 '이 나라가 여호와를 떠나 크게 행음했기 때문'이라고 말씀하셨습니다. 여기서 '이 나라'라는 말에는 매우 심한 경멸의 어감이 들어 있습니다. 하나님께서는 이스라엘을 부르실 때 언제나 '내 나라, 내 백성'이라고 부르십니다. 그러나 모세 때 이스라엘이 금송아지를 만들어 숭배했을 때에는 '내 백성'이 아니라 '네 백성'이라고 부르셨습니다. "네가 애굽에서 인도하여 낸 네 백성이 부패하였도다." 그처럼 '이 나라'라는 말에도 하나님의 심한 거부감이 나타나 있습니다.

음란한 아내는 이스라엘 공동체 전체이고, 음란한 자식은 그 안에 속한 이스라엘 백성 한 사람 한 사람입니다. 다시 말해서 하나님께서 지금 문제 삼고 계신 것은 이스라엘 전체가 하나님을 떠나 행음하고 있으며, 그 안에 속한 백성 한 명 한 명이 전부 하나님의 백성이 아니라는 것입니다.

행음한다는 것이 무슨 뜻입니까? 행음은 두 가지로 생각할 수 있습니다. 첫째는 영적으로 행음하는 것입니다. 신앙은 하나님과 결혼하는 것과 같습니다. 내가 살고 죽는 모든 것이 하나님의 손에 달려 있고 내 것은 하나도 없으며 모든 것이 하나님의 것일 때, 그것이 믿는 것이지요. 다른 것에서 구원을 찾으려 하고 급할 때마다 다른 데 좇아가는 것은 신앙이 아닙니다. 우리가 믿음으로 살려고 애씀에도 불구하고 연약해질 때가 많습니다. 그래서 하나님의 은혜 없이 신앙생활 한다는 것은 불가능합니다. 한 순간이라도 하나님의 은혜가 없으면 생각이 악해지고 다른 이들에게 분을 품고 실수하고 죄를 짓기 때문에 우리는 매순간 하나님을 의지해야 합니다.

하나님이 이스라엘 백성을 택하신 것은 하나님의 은혜의 통로가 되게 하기 위함입니다. 그런데 이들은 그 통로를 막고 서서 자신이 부자가 되려고 했습니다. 그들의 신앙은 은혜를 다른 사람들에게 전달하는 것이 아니라 자신들만의 만족을 위하는 것이었습니다. 그것은 행음한 것이며 신앙의 순수성이 변질된 것입니다.

하나님은 믿는 사람들을 사랑하시지만 믿지 않는 사람들도 사랑하십니다. 그런데 그 사랑을 전달하는 통로가 무엇입니까? 택함받은 백성들입니다. 우리가 그 통로예요. 그런데 신앙이 은혜의 통로가 되지 않고 내 만족이 될 때 나는 행음하는 겁니다. "이렇게 하나님 앞에 나와 이런 예배를 드리다니 나는 얼마나 대단한가! 이렇게 많이 모이다니 우리는 얼마나 대단한가! 이 정도의 헌금을 드릴 수 있다니 나는 얼마나 엄청난 신앙을 가진 사람인가!" 하는 것은 자기 만족을 추구하는 태도입니다.

이스라엘 백성은 하나님 앞에 겸손하게 엎드려서 하나님의 은혜를 받아 다른 사람들에게 전하는 통로가 아니었습니다. 그들의 신앙은 하나님을 믿음으로써 더 부자가 되려고 하는 이기적인 것이었습니다.

둘째로 그들은 실제로 음란했습니다. 가나안 종교 자체가 굉장히 음란했기 때문입니다. 하나님은 가나안 족속들이 멸망을 위해 예비된 자임을 분명히 하셨습니다. 이것은 아브라함 때도 예고되었고, 노아 때도 예고되었습니다. 가나안에서 제일 중요한 것은 비가 오는 것입니다. 비가 오지 않으면 농사는 헛것이 됩니다. 그런데 1년에 두 번 비를 내리는 신이 바알이었습니다. 바알은 지하의 신과 싸우다가 죽었습니다. 그래서 바알의 여동생이 죽은 바알을 살려내는데, 1년에 한 번밖에 못 살려냅니다. 가나안 사람들은 이때 많은 성행위를 해서 바알에게 힘을 주어야 한다고 믿었습니다. 그래서 바알의 종교제사는 완전히 섹스파티였습니다.

여기에 북쪽 이스라엘 자손들이 동참한 것입니다. 농사만 배운 것이 아니고 농사에 관련된 정신과 종교와 가치관까지 배워서 급속하게 썩어갔습니다. 유다보다는 이스라엘에 평야가 많았기 때문에 그만큼 빨리 썩었습니다. 하나님이 이스라엘에게 '이 나라가 여호와를 떠나 크게 행음한다'고 말씀하신 것은 절대로 지나친 표현이 아닙니다. 이들은 실제로 생각이 음란하고 행동이 음란했으며, 하나님과의 언약 관계는 찾아볼 수가 없었습니다. 그래서 북쪽 이스라엘의 특징은 껍데기는 여호와 신앙이었지만 알맹이는 완전히 가나안 종교였다는 것입니다. 그들은 하나님을 의지하지 않고 바알을 의지했습니다. 이것이 이스라엘이 크게 행음했다고 말씀하시는 배경입니다.

오늘날 교파가 많이 나뉘어 있는데 교파가 나뉘었다는 사실 자체가 나쁜 것은 아닙니다. 우리는 죄성을 가지고 있기 때문에 교회를 잘 다스리기 위해서 교파가 생긴 것입니다. 그래서 각 교파는 그 나름대로 역사와 전통을 가지고 있습니다. 교파가 나누어졌다고 해서 하나님의 백성이 쪼개진 것은 아닙니다. 하나님의 백성은 다 하나입니다. 중요한 것은 하나님과의 언약 관계이며, 얼마만큼 그 말씀에 충실한가 하는 것입니다. 만약 우리가 정말 하나님을 의지하지 않고 내 살고 죽는 것이 하나님께 달려 있다고 여기지 않는다면 생활 자체가 굉장히 문란해지고 음란해집니다.

오늘날 그리스도인들은 굉장히 음란합니다. 몰라서 그렇지 뒤집어보면 불신자들과 다를 것이 없습니다. 생각할 때도 겁을 먹지 않아요. 이러이러한 생각을 하면 얼마나 큰일이 나는지 생각하지 않습니다. 왜 그렇습니까? 하나님 없이도 얼마든지 잘 살 수 있으니까 그렇습니다. 하나님이 없어도 직장 든든하고 가진 돈도 넉넉합니다. 그래서 교회에 와서도 자신을 과시하고 사람들의 인정을 받으려고 합니다.

가장 무서운 것은 하나님 없이도 잘 살 수 있다는 이 음란한 사상입니다. 우리는 결단을 내려야 합니다. "정말 내가 살고 죽는 것은 하나님께 달렸다. 사람을 보지 말자! 사람을 무서워하지 말자!" 이렇게 결단하지 않으면 비겁해집니다. 교회에 음란한 것이 들어와도 아무 말을 못해요. 뭐라고 말했다가는 어떤 반격이 들어올지 모르고 시끄러워지니까요.

그러나 그리스도인이 왜 존재합니까? 하나님의 은혜의 통로가 되기 위해서입니다. 잘살고 못사는 것은 중요한 것이 아닙니다. 교회를 통해 하나님의 은혜가 얼마나 퍼지고 있느냐가 중요합니다. 이런 것이 없어지면 눈에 보이는 것에 만족하고 그것을 움켜쥐게 되어 있습니다. 그러면 곧바로 음란하고 썩은 풍조가 들어옵니다.

유목생활을 하던 이스라엘 백성들은 농경생활을 하게 되면서 눈이 뒤집혀 버렸습니다. 유목 생활은 굉장히 간단합니다. 집도 없이 천막 들고 다니고, 먹는 것도 간단히 먹습니다. 그런데 농경생활을 해보니까 너무 좋은 거예요. 꼭 시골에서 살다가 서울 아파트에 온 것 같습니다. 옛날 집들이 어땠습니까? 부엌이 쑥 꺼져 있어서 불편하고 외롭고 춥고 무섭지요. 또 겨울에는 불을 때든지 연탄을 갈아야 합니다. 그러다가 아파트에 와보니 연탄불 갈지 않아도 뜨뜻하고 수도만 틀면 더운 물이 나오고 문만 잠가 놓으면 걱정이 없는 겁니다. 그래서 도시 생활을 한번 맛보면 정신을 못 차립니다.

이스라엘 백성도 그랬습니다. 그들은 가나안 생활이 너무 좋았습니다. 유목생활을 할 때는 기껏 우유나 치즈밖에 못 먹었는데 이제는 건포도떡을 먹습니다. 우리가 보기에는 건포도떡이 별것 아닌 것 같지만 유목생활 하는 사람들에게는 둘이 먹다가 하나가 죽어도 모를 만큼 맛있는 음식이었어요. 이렇게 맛있는 건포도떡을 먹으니까 눈에 뵈는 게 없었습니다. 그래서 "여호와가 우리한테 해준 게 뭐냐? 맛대가리 없는 만나밖에 더 있냐? 여호와는 산의 신이고 바알은 평지의 신이다. 비를 내리는 신은 바알이다"하면서 겉으로는 하나님을 믿는다고 하면서도 속으로는 바알을 믿었습니다. 심지어 어떤 때는 하나님을 바알이라고 부를 때도 있었습니다. 이처럼 가나안 농경사회의 썩은 문화는 이스라엘의 정신을 급격하게 부패시켰습니다.

신학에 '신앙의 좌소는 마음'이라는 말이 있습니다. 다시 말해서 신앙은 우리의 머리가 아니라 마음에 자리잡고 있다는 말입니다. 마음은 중립적이지 않습니다. 좋아하지 않으면 싫어합니다. 그렇기 때문에 신앙에는 반드시 뜨거움이 따르게 됩니다. 하나님께서 이스라엘 백성들에게 하신 말씀이 무엇입니까? "너희는 마음을 다하고 성품을 다하고 힘을 다하여 네 하나님 여호와를 사랑하라."

왜 이렇게 말씀하십니까? 인격의 하나님이시기 때문입니다. 우리는 머리로 신앙생활 하지 않습니다. 우리는 머리로 사랑을 느끼지 않습니다. 어떤 여자에 대해 논리적으로 여러 가지를 유추해본 결과 사랑하고 있다는 결론을 내렸다면 벌써 이상한 것입니다. 남자가 여자를 사랑하면 마음이 거기에 가 있기 마련이고, 마음이 가 있으면 모든 것이 다 가 있는 것이나 마찬가지입니다.

그런데 하나님께서는 이스라엘의 신앙 속에 뜨거움이 없다는 것을 아셨습니다. 왜 뜨거움이 없었습니까? 율법이 너무 어렵고 의식적이었기 때문입니까? 그렇지 않습니다. 그들의 마음이 온통 다른 데 가 있었기 때문입니다. 예배는 결코 형식적이지 않습니다. 형식은 그릇에 불과한 것이지요. 예배 안에는 엄청난 기쁨이 있습니다. 우리는 그냥 예배를 드리는 것이 아닙니다. 하나님은 예배를 통해 우리에게 기쁨을 부어주시고 확신을 주셔서 모든 어려움을 다 이기게 하십니다.

이스라엘 백성들은 다른 종교에 유혹을 느끼고 있는 정도가 아니었습니다. 그들은 넘지 말아야 할 선을 이미 넘어 버렸습니다. 그들은 이방인들의 제사에 참여했고 이방인의 신에게 헌신했습니다. 이제 그들은 더 이상 하나님께 돌아올 수 없는 상태가 되었습니다. 그때 하나님께서는 이스라엘 전체를 음란한 아내로, 한 사람 한 사람을 음란한 자식으로 부르시면서 "이것이 어떻게 내 나라이고 내 백성이냐? 호세아를 보아라. 이 여자를 호세아의 아내라고 할 수 있으며, 이 자식을 호세아의 자식이라고 할 수 있느냐? 계약은 끝났다"고 말씀하셨습니다.

호세아의 이 불행한 결혼을 보고서 '과연 하나님께서 그의 종을 이렇게 불행하게 하실 수 있으며, 그의 가정을 이렇게 파괴하실 수 있는가?' 하고 의문을 품는 사람이 있을지 모르겠습니다. 그러나 선지자는 회중을 위하여 존재합니다. 회중이 없는 선지자는 존재할 수 없습니다. 이스라엘이 극도의 위기에 빠져 있을 때 선지자는 결코 안전할 수 없으며 자기 혼자 이상적인 가정을 꾸미고 행복하게 살 수 없습니다.

백성들이 범죄할 때 선지자는 행복할 수 없습니다. 이미 무서운 전쟁이 벌어졌기 때문입니다. 그는 자기 백성들과 싸워야 합니다. 그의 전쟁은 그들의 죄를 들추어내고 깨닫게 하는 것입니다. 돌아오건 돌아오지 않건 그것은 그들의 문제입니다. 그러나 선지자에게는 그들이 도대체 지금 어디에 있는지를 알려줄 책임이 있습니다.

이 일에는 지혜가 필요합니다. 조금만 강하게 말해도 백성들은 아예 귀를 막고 들으려 하지 않기 때문입니다.

아마 호세아의 실패한 결혼은 이스라엘 사회에서 큰 이야깃거리가 되었을 것입니다. 호세아의 설교를 그렇게 싫어하던 사람들도 그의 결혼에 대해서는 입방아를 찧고 싶어했을 것입니다. 요즘 교인들이 자신의 잘못은 전혀 생각하지 않으면서 어느 목회자가 조금이라도 잘못하는 것 같으면 밤을 새워 가면서 입방아를 찧듯이 말입니다. 그러나 호세아의 비극적인 결혼은 호세아 개인의 일이 아니라 바로 그들 자신의 일이었습니다.

하나님의 백성들이 하나님을 떠났을 때 말씀을 증거하는 자들이나 바른 믿음을 가진 신자들은 혼자 행복할 생각을 버려야 합니다. 이미 큰 전쟁이 벌어졌기 때문입니다. 이것은 말로 될 문제가 아닙니다. 내가 한 마디 하면 상대방은 열 마디로 반격합니다. 이것은 가장 어려운 전쟁이며 지혜가 필요한 싸움입니다. 호세아는 어떻게 했습니까? 3절을 보십시오.

이에 저가 가서 디블라임의 딸 고멜을 취하였더니
저가 잉태하여 아들을 낳으매

어떤 사람들은 고멜이 실제적인 인물이 아니라 가상 인물일 것이라고 말합니다. 왜냐하면 간음하는 자와 결혼한 호세아 또한 간음한 자가 되기 때문입니다. 그러나 성경에 '누구의 아들', 혹은 '누구의 딸'이라고 나오는 사람들은 모두 실존인물들입니다. 호세아가

'디블라임의 딸 고멜'과 결혼했다는 것은 단순히 고멜을 집에 식모로 데려다 놓은 것이 아니라 신부대금을 주고 정식으로 결혼했다는 뜻입니다. 옛날에는 결혼할 때 고액의 신부대금을 주어야 했습니다. 호세아는 그 값을 치르고 정당한 결혼절차를 밟아 결혼한 것입니다.

그런데도 고멜의 음란한 습관은 없어지지 않았습니다. 고멜은 결혼한 후에도 여전히 음란한 짓을 계속하면서 세 명의 자식을 낳았습니다. 물론 이 자식은 호세아의 자식이 아니었습니다. 자식 셋을 낳아 기를 정도면 한 10년은 되었을 것입니다. 그러나 10년이 되도록 고멜은 호세아에게 돌아올 생각이 없었습니다. 결국 호세아와 고멜의 결혼 언약은 깨질 수밖에 없었습니다.

첫 아이 이스르엘

하나님께서는 고멜이 자식을 낳을 때마다 예언성이 있는 이름을 붙여 주셨습니다. 고멜이 첫 아들을 낳자 하나님은 그 이름을 '이스르엘'이라고 부르셨습니다. 4절을 보십시오.

여호와께서 호세아에게 이르시되
"그 이름을 '이스르엘'이라 하라.
조금 후에 내가 이스르엘의 피를 예후의 집에 갚으며
이스라엘 족속의 나라를 폐할 것임이니라."

'이스르엘'은 지명으로서, 북쪽에 있는 평지의 이름입니다. 그런데 이곳은 역사적으로 아주 피비린내나는 살륙이 있었던 곳입니다. 여로보암의 조상인 예후는 아합의 가족들을 이곳에서 몰살시켰습니다. 아합의 아내 이세벨과 아들 70명이 한꺼번에 죽임을 당한 곳이 바로 이 '이스르엘'이었습니다. '이스르엘'은 아합 왕가의 멸망의 상징이었던 것입니다. 그런데 이제 하나님께서는 아합 왕가를 결단낸 예후 왕가를 결단내겠다는 뜻으로 아이의 이름을 '이스르엘'이라고 붙이십니다.

지금 여로보암 2세는 어떤 형편에 있습니까? 솔로몬의 영광을 회복하고 있습니다. 남북이 나뉜 이래 이때만큼 부강한 적이 없었습니다. 이스라엘 백성들은 이 모든 것을 자신들이 신앙생활을 잘 했기 때문에 받은 축복으로 믿고 있었습니다. 그런데 하나님께서는 한 아이를 통해 이 예후 왕가가 아합 왕가처럼 완전히 끝나리라는 것과, 이 아이가 자라고 있는 동안에 예후 집안의 씨가 완전히 마르게 될 것을 예고하십니다. 이 예언은 여로보암의 아들 므나헴 때 성취되었습니다. 예후의 집안은 베가의 반역으로 완전히 멸망했습니다.

2차대전 때 미국 사람들이 가장 잊을 수 없는 곳은 하와이 진주만이었습니다. 그래서 2차대전 때의 구호가 '진주만을 기억하라'는 것이었습니다. 이것은 어떤 일이 있어도 일본과는 타협할 수 없으며 반드시 싸워서 이겨야 한다는 뜻입니다. 만약 그때 대통령이 자기 아이의 이름을 '진주만'으로 지었다면, 이 이름에는 아이가 크기 전에 반드시 일본에 복수하겠다는 뜻이 담겨 있는 것입니다.

마찬가지로 호세아의 음란한 아이 이름을 '이스르엘'로 지은 것은 이 아이가 성인이 되기 전에 지금 호황을 누리고 있는 예후의 집안이 반드시 완전히 끝난다는 것을 알리는 것입니다. 그뿐만이 아닙니다. 이스라엘 족속 자체가 없어질 것입니다. 왜냐하면 신앙은 하나님과의 언약 관계이며, 하나님께 대한 헌신이 없으면 이 땅을 차지할 수 없기 때문입니다. 가나안 땅은 하나님이 언약의 보증으로 주신 것입니다.

오늘 하나님께서 우리에게 언약의 보증으로 주신 것이 무엇입니까? 그것은 성령입니다. 우리가 참 하나님의 은혜에 있다면 성령의 역사가 우리를 떠나지 않습니다. 하나님의 말씀이 늘 깨달아지고 죄를 용서받으며 마음에 기쁨과 감동이 있습니다. 그러므로 우리는 우리 안에 있는 성령의 역사가 줄어들거나 없어지는 것에 주의해야 합니다. 아무리 믿어도 감격이 없고 성령이 주시는 기쁨과 확신이 없으면 그 신앙은 극도로 위험한 것입니다.

북쪽에도 아이가 한 명 자라고 있었습니다. 그 아이는 선지자 이사야의 아이입니다. 이때 유다의 왕은 악한 왕 아하스였습니다. 그는 북쪽 이스라엘 왕 베가와 수리아 왕 르신의 공격으로 늘 불안했습니다. 그때 하나님께서는 선지자 이사야를 아하스에게 보내서 '유다를 버리지 않고 지켜줄 테니까 징조를 하나 구하라'고 했습니다. 그랬더니 아하스는 신앙이 좋은 척하면서 징조를 구하지 않겠다고 했습니다. 그것은 하나님의 징조가 필요없을 정도로 아하스에게 믿음이 있어서가 아니라, 그의 마음속에 이미 앗수르의 도움을 받을 생각이 있었기 때문입니다.

그래서 하나님은 아하스에게 구하지도 않은 징조를 친히 주십니다. 그것은 "처녀가 잉태하여 아들을 낳을 것이요 그 이름을 '임마누엘'이라 하리라"는 것입니다. 이사야는 음란한 여자와 결혼한 호세아와 달리 처녀와 결혼해서 아들을 낳았는데, 그 아들의 이름이 '마헬살랄하스바스'였습니다. 이것은 '노략이 급하다'는 뜻으로서, 북쪽 이스라엘과 그 위에 있는 수리아가 앗수르에게 망해서 빨리 노략당한다는 말입니다. 하나님은 이 아이가 '아빠, 엄마'라는 말을 할 수 있기 전에 이스라엘과 수리아가 망하리라고 말씀하셨습니다.

이 아이의 또 다른 이름은 '임마누엘'이었습니다. 이 이름은 한편으로는 유다를 괴롭히고 있는 이스라엘과 수리아가 빨리 망한다는 뜻을 나타냄과 동시에 하나님께서 유다와 영원히 함께 계신다는 뜻을 나타내는 것입니다. 이것은 메시아 예언과도 통하고 있습니다. 그래서 마태복음에 동일한 말씀이 나옵니다.

두 아이가 크고 있습니다. 하나의 이름은 '이스르엘'이고, 다른 하나의 이름은 '임마누엘', 또는 '마헬살랄하스바스'입니다. 한 이름은 완전히 망한다는 뜻이고, 다른 이름은 하나님께서 함께 하시며 그들의 대적을 물리치시겠다는 뜻입니다. 우리는 이 아이들을 보면서 두려워해야 합니다. 부모들은 아이들이 저절로 크는 줄 압니다. 그러나 하나님께서는 아이들이 만들어지고 자라는 과정을 통하여 우리에게 많은 것을 깨우쳐 주십니다. 그것을 잊지 말고 깨달아야 합니다.

호세아는 이사야와 정반대로 아주 음란한 여자와 결혼해서 음란한 자식을 낳았습니다. 죄로 인하여 낳은 이 아이를 보십시오. 이 아이의 이름은 '이스르엘'입니다. 예후 왕가가 다 살륙당한다는 뜻입니다. 이 아기가 기어다니기 시작하고 말을 하기 시작할 때 이 나라는 깨달아야 했습니다. 예후는 하나님의 뜻을 따라 아합 왕가를 완전히 멸절시켰습니다. 그러나 자신의 왕가를 지키지 못해서 결국 이전 왕가의 전철을 다시 밟게 됩니다. 한 번 하나님께 사용되었다고 해서 면책특권이 생기는 것은 아닙니다. 한 번 사용된 것은 사용된 것이고 자기 자신은 하나님의 뜻대로 바로 살아야 합니다.

하나님은 왜 예후의 집안을 멸하겠다고 말씀하십니까? 바로 이 지도자들이 이스라엘을 교만하게 만들었기 때문입니다. 지도자들이 말씀을 떠나니까 다른 사람들도 따라서 갔습니다. 5절을 보십시오.

> "그날에 내가 이스르엘 골짜기에서
>   이스라엘의 활을 꺾으리라."

활을 꺾는다는 것은 힘을 전혀 쓰지 못하도록 패망시키겠다는 뜻입니다. 활은 힘입니다. 하나님께서 이스라엘을 힘있게 하신 것은 하나님께 더 가까이 나와 하나님의 뜻대로 사용되도록 하기 위해서인데, 좀 키워놓으니 자기 갈 길로 가버렸습니다. 그러나 하나님은 이스라엘이 자기 길을 가도록 내버려 두시지 않습니다. 반드시 그 활을 꺾어서 사용하지 못하게 하십니다.

하나님께서 우리에게 여러 가지 축복을 주시는 것은 완전히 하나님의 뜻대로 사용되는 도구로 삼기 위해서입니다. 그러나 사람은 조금만 형통하면 이것이 전부 자기 공로인 줄 알고 이전보다 더 하나님의 손에서 빠져 달아납니다.

둘째 아이 로루하마

첫째 아이를 낳고서도 고멜의 부정한 행실은 고쳐지지 않았습니다. 그래서 둘째 아이를 낳았는데 이번에는 딸이었습니다. 하나님께서는 이 아이의 이름을 '로루하마'라고 짓게 하셨습니다. 6절을 보십시오.

> 고멜이 또 잉태하여 딸을 낳으매
> 여호와께서 호세아에게 이르시되
> "그 이름을 '로루하마'라 하라. 내가 다시는
> 이스라엘 족속을 긍휼히 여겨서 사하지 않을 것임이니라."

'루하마'는 아주 중요한 히브리어로서, '긍휼'이라는 뜻입니다. 하나님께서 이스라엘 백성을 불쌍히 여기시고 은혜를 베푸신다는 것입니다. 이 하나님의 은혜, 곧 '루하마'가 백성들을 늘 지켜 주십니다. 마치 이스라엘 백성들이 광야에 있을 때 구름 기둥과 불기둥으로 그들을 지켜 주셨듯이 하나님의 은혜가 그 백성들을 늘 지켜 주십니다.

사실 우리 힘으로는 모든 것을 해결할 수 없습니다. 이 세상은 사막 같아서 언제 어떤 일을 당할지 모릅니다. 우리는 우리도 모르는 사이에 많은 위험이나 고비를 넘고 있습니다. 하나님의 은혜가 우리를 지켜 주시기 때문입니다. 하나님께서 우리를 떠나시면 우리는 불안에 빠져서 한 순간도 견디지 못합니다. 지옥이 따로 있는 것이 아닙니다. 하나님께서 우리 마음과 생각을 지켜 주시지 않는 그곳이 바로 지옥입니다.

그런데 '루하마' 앞에 '로'가 붙으면 'no'가 붙은 것과 같습니다. 그러니까 '로루하마'는 영어로 'No Mercy', 즉 '긍휼을 베풀지 않겠다'는 뜻이 되는 것입니다. 하나님께서 믿는 사람들에게서 긍휼을 거두어 가시면 어떻게 됩니까? 믿는 사람들에게서 하나님의 은혜가 떠나면 단순히 은혜 없는 사람이 되는 것이 아닙니다. 그들은 짐승이 되고 맙니다. 하나님은 사람들에게 일반은총과 특별은총을 주셨습니다. 그런데 하나님의 말씀에 충실하지 못할 때 하나님께서는 특별은총뿐 아니라 일반은총까지 거두어 가십니다. 그래서 믿는 사람이 타락하면 일반인들이 가지고 있는 건전한 상식이나 판단력까지 다 없어져서 아주 비참한 상태에 빠지고 마는 것입니다.

이처럼 '로루하마'라는 것은 그들을 이방나라처럼 대하겠다는 것이 아니라, 그들에게서 은혜를 철저히 거두어가서 완전히 짐승 같은 수준으로 떨어뜨리겠다는 것입니다. 그래서 믿는 사람은 은혜를 빼앗기면 안 됩니다. 예수님께서 오른뺨을 맞거나 겉옷을 빼앗겨도 대적하지 말고 손해를 감수하라고 하신 이유도 여기에 있습니다. 좀 손해를 보더라도 하나님의 은혜는 놓치지 말라는 것이지요.

우리가 다른 교인들한테 지기 싫어서 할 말 다하고 싸울 것 다

싸워서 받아낼 것 다 받아내고 이길 것 다 이겼다고 합시다. 손해 본 것은 하나도 없습니다. 그런데 무엇이 문제입니까? 마음에 기쁨이 없고 감동이 떠나고 눈물이 메마릅니다. 그것을 회복하는 게 더 큰일이에요. 좀 손해 보더라도, 할 말은 다 못하더라도 하나님의 은혜가 나와 우리 교회 위에 머물러 있는 게 중요합니다. 로루하마가 되면 교회는 지옥이 되어 버립니다. 상식도, 판단력도, 대화도 통하지 않습니다.

호세아서를 읽어보면 하나님의 은혜를 빼앗긴 이스라엘 백성들이 얼마나 짐승같이 살았는지 알 수 있습니다. 믿는 사람들에게서 하나님의 은혜가 떠나면 다른 사람이 봐도 알 수 있습니다. 누구나 상식적으로 아는 것도 본인은 모릅니다. 이단의 특징이 그것 아닙니까? 상식이 통하지 않습니다. 말이 안 통하는 거예요. 그만큼 무섭습니다. 그렇게 죄를 지으면서도 잘못된 것을 모르는 것이 이단의 특징이에요.

"로루하마라!" 하나님이 이렇게 말씀하시면 정말 큰일납니다. 하나님이 "내가 너희 가정에서 은혜를 거두어 가겠다" 하시면 정말 큰일나는 것입니다. 돈이나 다른 것은 손해 봐도 괜찮지만 은혜는 빼앗기면 안 됩니다.

하나님께서 은혜를 베푸실 때는 말씀을 듣게 하십니다. 그러니까 내 귀에 말씀이 들리고 있으면 하나님이 은혜를 베풀고 계신 것입니다. 그러나 은혜를 거두실 때는 말씀을 거두어서 다른 사람에게 주십니다. 우리에게 돈이 있고 건강이 있어도 말씀이 없으면 로루하마가 되는 것입니다. 얼마 안 있어서 그 결과가 나타날 것입니다.

그래서 우리에게 중요한 것은 말씀을 빼앗기지 않는 것입니다. 마음이 겸손하면 성령의 역사가 회복됩니다. 교회가 부흥할 때의 특징은 사람들의 마음이 겸손해지는 것입니다. 자기 죄를 애통해 하면서 "여호와여, 돌아오소서! 여호와여, 돌아오소서!" 하고 기도하는 것입니다.

하나님이 '로루하마'를 선포하시면 말씀이 니느웨 성으로 가버립니다. 그러면 이스라엘은 끝나는 거예요. 요나는 이것을 알았습니다. 그래서 안 가려고 몸부림을 친 것입니다. 우리는 요나를 불충성한 선지자로 생각하는데, 요나는 큰 선지자입니다. 그는 이 일의 의미를 알고 있었어요.

오늘 우리 한국 교회에서 말씀이 점점 사라지고 있는 것은 은혜가 멀어지는 증거입니다. 사람들은 점점 자기 취향에 맞는 설교를 듣고 싶어합니다. 위로가 되고 은혜가 되고 격려가 되는 설교, 신경 안 쓰고 20분 정도 때우면 되는 설교를 원합니다. 그러나 여러분, 하나님의 말씀을 어떻게 그렇게 들을 수 있습니까? 긴장하면서 들어야지요. 거꾸러지며 회개하는 일이 있어야지요. 눈물과 감동과 긴장이 있어야지요. 그런데 이제는 더 이상 그렇게 하지 않으려고 합니다.

얼마 전에 어떤 분이 저한테 "이젠 힘들게 믿지 않겠다"고 하더군요. 이건 굉장히 무서운 이야기입니다. "이젠 힘들게 믿지 않겠다. 하나님 말씀 들으면서 긴장하고 깜짝깜짝 놀라는 일은 더 이상 하지 않겠다"는 것은 하나님의 은혜가 떠나고 있는 표시입니다.

세례 요한은 예수님이 오셨을 때 바로 불심판이 떨어질 줄 알았습니다. 그런데 예수님은 심판하는 대신 계속 말씀을 하시는 거예요. 이렇게 계속 말씀하신다는 것은 멸망시키지 않는다는 표시임을 세례 요한은 알고 있었습니다. 그래서 제자들을 보내서 "오실 이가 당신입니까? 아니면 다른 사람을 기다려야 합니까?" 하고 물어본 것입니다. 가장 무서운 것은 하나님의 침묵입니다. 말씀이 없으면 죽는 거예요.

호세아는 북쪽 이스라엘의 마지막 선지자였습니다. 호세아 이후 700여 년 만에 예수님이 오셔서 갈릴리 땅에서 설교했을 때, 성경은 '스불론과 납달리 땅에 하나님의 큰 영광이 임했다'고 이야기합니다. 또한 나인 성 과부의 아들이 살아났을 때 자기 자식이 살아난 것도 아닌데 모든 사람이 기뻐했던 것은 능력의 말씀이 돌아왔기 때문입니다. 그것은 하나님의 구원이 임했다는 증거였습니다. 그들은 기적을 보았기 때문에 기뻐한 것이 아니라 하나님의 긍휼이 돌아왔다는 것을 알았기 때문에 기뻐한 것입니다.

오늘 아직도 하나님이 우리를 긍휼히 여기고 계시다는 것에 감사하십시오. 우리가 "하나님, 잘못했습니다. 우리에게 은혜를 회복시켜 주십시오" 할 때 치료해 주시고 용서해 주신다는 사실보다 더 귀한 축복이 없습니다. 우리는 오늘날 아주 배부른 신앙생활을 하는 것 같습니다. 하나님의 은혜 안에 거하는 것 말고 다른 것을 추구하고 다른 것을 욕심내면서 조금도 손해보지 않으려고 끝까지 싸웁니다. 그럴 때 '로루하마'가 되어 버립니다. 웬만한 것은 양보해도 괜찮습니다. 그러나 은혜는 놓치면 안 됩니다. 어떻게 하든지 그 은혜가 내게 머물게 해야 합니다.

마지막으로 하나님은 유다에 구원을 약속하십니다. 7절을 보십시오.

> "그러나 내가 유다 족속을 긍휼히 여겨 저희 하나님 여호와로
> 구원하겠고, 활과 칼이나 전쟁이나 말과 마병으로 구원하지
> 아니하리라" 하시니라.

하나님은 유다에게는 구원을 약속하십니다. 유다가 신앙생활을 잘 하고 있기 때문이 아닙니다. 그들도 이미 많은 부분에서 이스라엘을 따라가고 있었습니다. 그러나 하나님께서는 이스라엘의 이런 불성실함에도 불구하고 구원하시는 일을 완전히 중단하지 않겠다고 선언하십니다. 이스라엘의 불성실이 하나님을 실망시키고 하나님의 의욕을 꺾은 것은 사실이지만 그럼에도 불구하고 하나님은 유다를 통해 이 구원의 일을 계속 하시겠다는 것입니다.

그들을 구원하는 것은 '저희 왕 다윗'이 아니라 '저희 하나님 여호와'이십니다. 신적인 능력을 가지신 하나님이십니다. 이분은 활이나 칼이나 말이나 마병으로 구원하시지 않고 출애굽 때처럼 전능하신 능력으로 자기 백성을 구원하실 분입니다. 이분은 우리 주 예수 그리스도십니다. 주님은 우리를 활이나 칼이나 말로 구원하시지 않습니다. 전능하신 능력으로 구원하십니다.

우리가 본문을 통하여 생각해야 할 것이 무엇입니까? 신앙은 언약이며 하나님께 대한 헌신이라는 것입니다. 물질적인 축복은 하나

님의 사랑이자 격려가 될 수 있지만, 믿음이 없는 사람에게는 무서운 시험이 될 수 있습니다. 우리는 하나님이 축복하실수록 더욱 겸손한 사람이 되어야 하며 하나님의 뜻에 완전히 일치하는 활처럼 사용되어야 합니다. 다른 생각을 더 품어서는 안 됩니다.

교회를 떠나는 것만을 불신앙으로 생각하지 마십시오. 오히려 교회 안에 있으면서 하나님을 떠나는 것이 더 무서운 불신앙입니다. 이것은 교회를 변질시키기 때문입니다.

호세아의 비극적인 결혼은 이스라엘의 죄를 들추어내기 위한 행동 계시였습니다. 호세아는 이스라엘 백성들이 하나님을 떠날 때 입으로만 떠들어대지 않았습니다. 그는 실제로 행동하면서, 그들의 죄를 들추어내면서 싸웠습니다.

결국 구원은 어디에 있습니까? 칼이나 창이나 말이나 마병에 있지 않습니다. 오직 우리 하나님 여호와와 주 예수 그리스도의 능력에 있습니다. 주님의 능력만이 우리를 지켜주실 수 있고 우리를 이기게 하십니다. 그러므로 더욱 더 주님을 의지합시다. 우리 자신에 대한 모든 자랑과 교만을 버리고 모든 구원이 주님께만 있음을 고백합시다. 어떻게 하든지 하나님의 은혜 안에서 생활합시다. 그렇지 않으면 주님의 은혜가 떠나고 맙니다.

2

내 백성이 아니다

호세아 1:7-2:1

^{1:7} "그러나 내가 유다 족속을 긍휼히 여겨 저희 하나님 여호와로 구원하겠고 활과
칼이나 전쟁이나 말과 마병으로 구원하지 아니하리라" 하시니라.

⁸ 고멜이 로루하마를 젖뗀 후에 또 잉태하여 아들을 낳으매

⁹ 여호와께서 이르시되 "그 이름을 '로암미' 라 하라. 너희는 내 백성이 아니요 나는
너희 하나님이 되지 아니할 것임이니라.

¹⁰ 그러나 이스라엘 자손의 수가 바닷가의 모래같이 되어서 측량할 수도 없고 셀 수도
없을 것이며 전에 저희에게 이르기를 '너희는 내 백성이 아니라' 한 그곳에서
저희에게 이르기를 '너희는 사신 하나님의 자녀라' 할 것이라.

¹¹ 이에 유다 자손과 이스라엘 자손이 함께 모여 한 두목을 세우고 그 땅에서부터
올라오리니 이스르엘의 날이 클 것임이로다.

^{2:1} 너희 형제에게는 '암미' 라 하고 너희 자매에게는 '루하마' 라 하라."

1:7-2:1

영원히 자기 사람으로 선택한 사람을 버리고 헤어지는 것은 여간 고통스러운 일이 아닙니다. 이혼이 바로 그런 일이지요. 요즘은 이혼하는 경우가 너무 많아서 대수롭지 않게 생각될지 몰라도 사실 당사자에게는 결코 말처럼 쉬운 일이 아닙니다. 지금까지 많은 갈등과 다툼이 있었고, 도저히 함께 할 수 없는 불신이 있었기 때문에 이혼에까지 이르게 된 것입니다. 그래서 이혼한 가정의 당사자나 자식들에게는 씻을 수 없는 아픔과 상처가 있습니다. 사람이 한번 택한 사람을 버리는 일도 이토록 고통스러운데 하물며 하나님은 어떻겠습니까?

오늘 본문은 구약 성경 전체에서 가장 두렵고 비참한 선언을 하고 있습니다. 그것은 하나님께서 이스라엘 백성을 향하여 '이제부터 너희는 내 백성이 아니다'고 선언하신 것입니다. 이 말은 이제부터 이스라엘 백성과 하나님이 서로 남남이 된다는 뜻입니다. 구약의 모든 축복과 은혜가 이 순간부터 끝장난다는 뜻입니다.

구약의 모든 은혜와 축복을 한번 생각해 보십시오. 하나님께서는 아브라함을 택하셔서 그의 하나님이 되시고 그의 후손들에게 복을 약속하셨습니다. 그 약속대로 모세는 이스라엘 백성들을 애굽에서 이끌어냈고 시내 산에서 하나님과 언약을 세웠습니다. 그때부터 이스라엘 백성들은 하나님의 '내 백성'이 되었습니다. 하나님께서는 그들과 함께 생활하셨습니다. 시내 산 위에서 천둥과 번개와 나팔소리 가운데 강림하셨던 하나님께서는 그 무더운 광야의 성막에서 그들과 함께 하셨습니다. 그들로 하여금 가나안 땅을 정복하게 하시고 다윗을 통하여 굳건한 나라를 세우셨습니다.

그런데 그 하나님께서 이제는 이 모든 은혜와 축복의 관계를 청산하고 그들을 하나님의 존전에서 쫓아내겠다고 선언하시는 것입니다. 이제 이들은 더 이상 하나님의 백성이 아닙니다. 불법으로 하나님의 땅을 차지하고 있는 도둑떼에 불과합니다. 하나님께서는 경찰들을 불러서 이들을 이 땅에서 쫓아내실 것입니다. 그 경찰은 앗수르입니다.

하나님께서 이스라엘을 버리시는 이 선언은 두 가지 이유에서 충격적입니다. 하나는 '택한 백성이 무언가 부족하다고 해서 하나님이 어떻게 그들을 버리실 수 있느냐?'는 것입니다. 그리고 다른 하나는 '만약 이들이 버림받는다면 다른 백성들은 어떻게 되느냐?'는 것입니다. 다시 말해서 '하나님께서 이스라엘을 버리심으로써 모든 구원계획을 완전히 버리시느냐? 아니면 이스라엘을 버리시는 것은 버리시는 것이지만 인류에 대한 구원계획은 변함없이 진행하시느냐? 하는 문제인 것입니다.

먼저 하나님께서는 호세아를 통하여 이스라엘 백성들이 버림받았다는 사실을 분명히 선언하십니다. 한번 택함을 받았다고 해서 무조건 구원받는 것이 아니라 이처럼 버림받을 수도 있다는 사실은 우리에게 엄청난 충격과 두려움을 안겨줍니다. 그러나 하나님께서는 이스라엘을 버리신다고 해서 모든 구약의 축복과 은혜가 취소되는 것이 아니라 다른 이스라엘을 통하여 이 일을 계속하시겠다고 선언하십니다.

그래서 오늘 말씀에는 모순된 두 이야기가 나옵니다. 한편으로는 이스라엘에게 '내 백성이 아니다'고 선언하시면서, 또 다른 한편으로는 지금까지 하나님의 백성이 아니었던 자들에게 '내 백성'이라고 선언하시는 것입니다.

로암미라 하라

호세아의 아내 고멜은 철저하게 회개할 줄 모르는 여자였습니다. 그는 부지런히 음행을 계속해서 또 딸을 낳았습니다. 1장 8절과 9절을 보십시오.

고멜이 로루하마를 젖뗀 후에 또 잉태하여
아들을 낳으매 여호와께서 이르시되

"그 이름을 '로암미'라 하라. 너희는 내 백성이 아니요
  나는 너희 하나님이 되지 아니할 것임이니라."

아마 호세아의 아내 고멜의 음란한 행실은 당시에 상당한 소문거리가 되었을 것입니다. 사람들은 '이 여자가 이런 식으로 몇 명까지 자식을 둘 것이며, 이 바보 같은 선지자는 언제까지 이 여자를 자기 아내로 인정할 것인가'를 놓고 말이 많았을 것입니다. 드디어 고멜은 셋째 아이를 낳았습니다. 물론 이 아이는 호세아의 아이가 아니었습니다. 이때 하나님께서 선언하셨습니다. "그 이름을 '로암미'라 하라. 너희는 내 백성이 아니요 나는 너희 하나님이 되지 아니할 것임이니라."

우리 생각에는 호세아가 고멜을 향하여 '너는 더 이상 내 아내가 아니다'라고 선언할 줄 알았는데 오히려 호세아는 가만히 있고 하나님께서 이스라엘 백성 전체를 향하여 '너희는 내 백성이 아니다'라고 선언하십니다.

호세아서 1장 9절의 이 말씀은 구약성경에서 가장 무서운 구절입니다. 이스라엘 백성이 출애굽해서 시내 산에서 언약을 맺었을 때 하나님은 그들을 '암미', 즉 '내 백성'이라고 부르셨습니다. 이것은 이스라엘 백성들에게 어떤 보증과도 같은 중요한 단어였습니다. 지금까지 하나님께서 이스라엘 백성들과 함께 하시면서 모든 은혜를 주신 것은 그들이 하나님께 '암미'였기 때문입니다. 그러나 이제는 '로암미'라고 하십니다. 시내 산 언약은 깨져 버렸습니다.

본문에서 "나는 너희 하나님이 되지 아니할 것이요"라는 표현은

의역입니다. 원래 그대로 직역하면 '나는 더 이상 내가 아니다' 입니다. '너희는 더 이상 내 백성이 아니고 나도 더 이상 너희들에 대하여 내가 아니다. 이제 우리의 모든 관계는 깨져버렸다' 는 뜻입니다.

왜 호세아는 고멜이 셋째 아이를 낳을 때까지 부부관계를 깨뜨리지 않고 기다렸습니까? 혹시라도 고멜이 마음을 돌이켜 돌아오지 않을까 기대했기 때문입니다. 그러나 셋째 아이를 낳자 고멜이 더 이상 돌아올 수 없다는 것이 분명해졌습니다. 이 관계를 지속하는 것은 결코 사랑이 될 수 없었습니다. 이것은 은혜도 아니고 자비도 아니었습니다.

하나님께서는 이 고멜을 통하여 이스라엘 백성들의 모습을 보여주시고자 했습니다. 이스라엘 백성들은 고멜의 부정에 대해서는 비웃고 소문을 냈지만 정작 자신들이 하나님 앞에서 어떤 상태에 있는지는 알지 못했습니다.

호세아서는 앞으로 이스라엘 백성들의 부정의 문제를 다룰 것입니다. 그런데 여기서 우리가 생각해볼 것은 '과연 하나님께서 한번 택하신 백성을 이런 식으로 버리실 수 있느냐?' 는 것입니다. 왜 이 문제가 중요합니까? 우리 중에 어느 누구도 스스로의 힘으로는 하나님을 잘 섬겨낼 수 없기 때문입니다. 우리는 모두 다 무서운 죄성을 가지고 있는 사람들이며 무언가 부족한 사람들입니다. 사실 우리는 고멜처럼 악한 정욕을 가지고 있는 자들입니다. 우리는 하나님 앞에서 우리의 모습을 바로 보지 못합니다. 그런데 부정하다고 해서 이스라엘이 버림을 받는다면 하나님 앞에서 버림받지 않을 사람이 어디 있겠습니까? 그러므로 이것은 우리에게 아주 중요한 문제가 아닐 수 없습니다.

이 문제를 다룰 때 우리가 반드시 기억해야 할 것이 있습니다. 하나님께서 이스라엘 백성들을 버리신 것은 단지 그들에게 음란한 성향이 있었고 그들이 하나님의 말씀을 지키기에 연약한 자들이었기 때문이 아닙니다. 하나님께서는 연약하고 부정하다고 해서 택한 자들을 버리지 않으십니다. 하나님께서는 이스라엘을 택하실 때 이들이 부정한 자인 줄 아셨으며, 그들이 모두 다 고멜 같은 자인 줄 아셨습니다.

하나님께서 이스라엘 백성들에게 원하신 것은 오직 하나, 믿음입니다. 우리는 연약하지만 하나님은 하실 수 있다는 믿음입니다. 이스라엘 백성들이 자기들을 의지하지 않고 하나님만 의지하는 동안에는 이들의 연약함이 전혀 문제되지 않았습니다. 그러나 언제부터인가 이스라엘은 자기 자신을 믿기 시작했습니다. 하나님께서 그들을 '암미'라고 부르시니까 그 자체가 무슨 특별한 자격이나 되는 줄 알고 더욱더 자기 정욕을 향하여 달려 갔습니다.

이스라엘 백성들이 버림받은 것은 그들의 연약함 때문이 아니라 그들의 교만 때문이었습니다. 하나님 앞에서 자신의 연약함을 깨닫고 있는 한 우리는 절대로 버림받지 않습니다. 하나님의 무한한 은혜가 우리 위에 머무릅니다. 그러나 우리가 하나님의 은혜 자체를 무슨 담보처럼 생각해서 하나님은 당연히 우리에게 은혜를 주셔야 하며, 우리는 아무렇게나 살아도 하나님께는 우리를 보살피고 책임져야 할 의무가 있다고 생각할 때 하나님과 우리의 관계는 극도로 위험해집니다.

고멜의 문제가 무엇입니까? 그에게 음란한 성향이 있다는 것이 아닙니다. 호세아는 이미 그것을 알고 고멜을 선택했습니다. 문제는 고멜이 호세아의 결혼지참금을 믿었다는 것입니다. '그가 그렇게 많은 지참금을 주고 나와 결혼했는데 그 돈이 아까워서라도 나와의 관계를 끊을 수 있겠어?' 하는 자만심이 문제였습니다.

이 당시에 결혼을 묶어주는 것은 신랑이 지불하는 막대한 결혼지참금이었습니다. 야곱 같은 경우는 그것을 지불할 수가 없어서 14년 동안 머슴생활을 했습니다. 고멜은 그 지참금을 믿은 것이 틀림없습니다. 그래서 자기가 아무렇게나 행동해도 그 돈이 아까워서 버리지 못하리라고 생각했던 것입니다.

이스라엘 백성들도 똑같은 생각을 하고 있었습니다. 그들은 하나님께서 설마 이 많은 백성들을 버리시지는 못하리라고 믿었습니다. 지금까지 이들을 위하여 투자한 것이 얼마나 많았습니까? 아브라함 때부터 약속하셨고, 모세를 통해 구원하셨으며, 여호수아를 통해 가나안을 정복하게 하지 않으셨습니까? 그런데 이 모든 약속과 역사를 하루 아침에 수포로 돌리는 일을 하시겠습니까? 어제까지 '암미'라고 부르던 자들을 하루 아침에 버리심으로 온 세상에서 조롱받는 일을 하시겠습니까? 이처럼 그들은 '암미'라는 말 자체를 하나의 담보처럼 생각하고 하나님을 두려워하지 않았습니다.

하나님께서 이스라엘을 버리신 데에는 이 일이 얼마든지 반복될 수 있다는 뜻이 담겨 있습니다. 하나님은 우리가 연약하다고 해서 버리지 않으십니다. 하나님은 우리에게 고멜처럼 음란한 성향이 있다고 해서 버리지 않으십니다. 하나님께서 사람을 버리시는 것은 하나님의 은혜를 마치 자기 이익을 위한 담보처럼 생각해서 자기에게 당연한 권리가 있는 것처럼 생각하는 교만 때문입니다.

예수님 당시에 유대인들은 자기들이 할례를 받았고 율법을 가지고 있다는 사실 자체 때문에 당연히 하나님께서 자기들을 구원하셔야 하는 것처럼 생각했습니다. 이렇게 그들은 하나님을 의지하지 않고 자기들의 자격을 의지했습니다. 그 결과는 참으로 어처구니없는 불신앙으로 나타났습니다. 하나님의 아들이 왔는데도 그를 거부하고 십자가에 못박히게 내어준 것입니다.

이것은 오늘 우리들도 마찬가지입니다. 하나님께서 아무 자격 없는 우리를 택하신 것은 자신을 믿지 말고 무조건 하나님을 믿으며 살라는 뜻입니다. 그러므로 스스로 겸비하여 우리에게 아무 자격이나 공로가 없음을 인정하고 매순간 하나님을 의지하고 살면 우리는 안전합니다. 우리의 연약함이나 우리 안에 있는 음란한 성향이나 죄성이 하나님의 은혜를 몰아내지 못합니다. 아무리 연약해도 쓰러지거나 버림받지 않습니다. 속에서 아무리 고멜처럼 음란한 욕구가 치솟아 오른다고 해도 자신의 그런 점을 인정하고 하나님의 도우심을 구하기만 하면 절대로 넘어지거나 버림받지 않습니다.

그러나 하나님의 은혜를 당연시하고 자신의 외적인 조건을 믿으면서 당연히 하나님의 은혜를 받을 자격이 있는 것으로 생각하는 사람은 자신이 이미 깊은 죄악에 빠져 있다는 것을 알아야 합니다. 우리가 살 수 있는 길은 오직 믿음뿐입니다. 이 말은 우리에게는 믿을 만한 것이나 자랑할 만한 것이나 의지할 만한 것이 아무것도 없다는 뜻입니다.

우리는 대단히 위험한 존재들입니다. 하나님께서 하루라도 지켜 주시지 않으면 고멜처럼 될 수밖에 없습니다. 그러나 그것을 늘 깨닫고 하나님 앞에 겸손하여 '나는 얼마든지 자주 유혹받고 넘어질 수 있기 때문에 한 순간이라도 하나님을 의지하지 않으면 안 되겠다'고 생각하면 절대로 넘어지지 않습니다. 왜냐하면 하나님은 능력이 많으시기 때문입니다. 하나님은 그토록 약한 이스라엘 백성들을 구원하신 분이며, 그렇게 부족한 자들로 나라를 이루게 하신 분입니다.

하나님은 왜 자기 백성을 택하시는가

이제 우리가 생각해 보아야 할 것은 하나님께서 이스라엘 백성들을 택하신 이유입니다. 하나님께서 이스라엘 백성들을 택하셔서 '암미'라고 부르신 이유가 무엇일까요? 보통 우리는 서로 부족한 것을 보완하기 위하여 상대방을 택합니다. 그러나 하나님께서 이스라엘 백성들을 택하신 이유는 그들과 합침으로써 어떤 도움을 받기 위해서가 아닙니다. 하나님께서는 이스라엘 백성들에게 도움받으실 일이 아무것도 없습니다.

우리가 교회에 헌금을 바치면서 하나님을 돕고 있다고 생각한다면 그것은 너무나도 큰 오해입니다. '요즘 하나님이 너무나도 어려우시고 또 그 종들도 어려우니까 내가 이 돈으로 하나님을 좀 도와야겠다'고 생각한다면 그것은 너무나도 악할 뿐 아니라 하나님을 모욕하는 일입니다. 하나님께서는 우리에게 아무 도움도 받을 생각이 없으십니다. 우리가 하나님이 베푸신 구원에 감격하여 바치는 것일 뿐입니다. 우리의 영혼을 구원하신 것만 해도 너무 감사한데 먹을 것과 건강과 직장을 주셨습니다. 당장 죽어도 아무 할 말이 없는 이 죄인에게 너무나도 많은 것을 주셨습니다. 그래서 나의 삶을 다 드리는 의미에서 헌금을 바치고 감사의 예물을 드리는 것입니다. 그런데 우리에게 구원의 감격이 없으니까 하나님께 드리는 일에 인색해지고, 결국 하나님을 도와드리는 흥정처럼 생각하는 것입니다.

그러면 하나님께서는 왜 이스라엘 백성을 택하셨습니까? 자신을 그들에게 나타내시기 위해서입니다. 하나님을 나타내신다는 것 자체도 엄청난 축복입니다. 그런데 하나님은 그냥 찾아오지 않으십니다. 상대방은 불행한 상태에 있는데 자기만 소개하는 그런 일은 하지 못하십니다. 하나님이 자기를 소개하실 때에는 상대방을 그냥 두지 않으십니다. 그를 그 비참한 상태에서 일으키시고 그에게 하나님의 모든 영광스러운 것을 주시면서 자신을 알리십니다.

그래서 우리 인간이 하나님을 아는 것보다 더 신기하고 놀라운 일이 없습니다. 하나님은 그냥 임하시는 법이 없습니다. 하나님이 임하실 때에는 아주 놀라운 역사가 나타납니다. 죄인들은 그 앞에서 소멸됩니다. 하나님을 알게 될 때 우리 마음에는 말할 수 없는 두려움과 죄의식이 생겨나며 죄를 토하지 않고서는 견딜 수 없는 역사가 나타납니다. 그리고 하나님 앞에 죄를 회개한 심령은 하나님을 알면 알수록 하나님을 닮아갑니다. 그의 삶이 거룩해집니다.

경건의 능력이 생깁니다. 하나님을 단지 지식으로 아는 것은 아무 의미가 없습니다. 하나님을 백과사전의 '하나님' 항목에서 찾아보는 것은 아무 소용없는 일입니다.

하나님께서 이스라엘 백성들을 택하신 것은 하나님 자신을 나타내시기 위해서입니다. 구약의 이스라엘 역사를 보십시오. 전부 하나님에 대한 소개입니다. 하나님은 바로 이러한 분이십니다. 하나님은 너무나도 엄청난 분이십니다. 이렇게 한 민족의 역사 전체를 통하지 않고서는 하나님을 다 소화할 수 없습니다. 어느 한 개인도 하나님을 완전히 알 수 없고 그의 은혜를 다 감당할 수 없습니다. 하나님의 은혜는 이스라엘 백성 전체 수백만 명에게 은혜를 주시고도 남음이 있고, 그의 사랑은 수백 년 수천 년이 지나도 마르지 않습니다.

우리가 구약 성경을 읽으면서 느끼는 것이 무엇입니까? 하나님을 바로 아는 것이야말로 정말 엄청난 일이라는 사실입니다. 이것은 단순한 지식의 문제가 아닙니다. 생명의 문제입니다. 하나님은 자신을 나타내실 때 생명과 거룩의 능력을 퍼부어 주십니다. 이스라엘의 역사를 보십시오. 그 역사는 터질 것 같은 생명력이 넘치는 역사입니다. 하나님에 대한 지식은 다른 데 없습니다. 오직 히브리인들에게만 있습니다. 아무리 과학으로 연구하고 철학으로 명상한다고 해도 하나님을 알 수 없습니다. 오직 히브리인들이 경험한 하나님만이 바른 하나님이십니다.

그렇다면 그들의 역사를 통해서 분명히 알 수 있는 것이 무엇입니까? 하나님의 무한한 인자하심과 신실하심입니다. 하나님은 그를 의지하는 자에게 무한히 신실하십니다. 하나님을 의지하는 자를 실망시키시는 법이 없으십니다. 어떤 역경에서도 그의 기도를 들으셔서 구원하시며 풍성한 삶으로 인도하십니다. 아무리 잘못을 저질렀어도 회개하고 돌아오는 자에게 인자를 베푸십니다. 그러나 하나님의 은혜를 남용하고 하나님의 거룩하심을 악용하는 자는 절대로 용서하시지 않습니다. 아무리 하나님의 이름이 손상되고 이방인들 가운데서 조롱거리가 되는 한이 있어도 그런 자들을 징계하시고 그 존전에서 쫓아내십니다.

그러므로 우리가 하나님 앞에서 사는 길은 겸손밖에 없습니다. 하나님 앞에서 스스로 교만해지는 순간부터 우리의 지위는 흔들리게 됩니다. 그러나 우리의 연약함을 알고 끊임없이 하나님의 이름을 의지하는 한 어떤 어려움이나 난관이 와도 두려워할 것이 없습니다. 하나님께서 우리의 든든한 산성이 되어 주시기 때문입니다.

하나님께서 이스라엘 백성들을 택하신 또 다른 이유는 그들을 통하여 온 세상을 하나님께로 인도하시기 위해서입니다. 아직 완전한 때가 온 것은 아닙니다. 그러나 하나님은 모든 이방인들을 땅끝에서 땅끝까지 하나님 앞으로 돌아오게 할 계획을 가지고 계십니다. 그래서 이스라엘을 온 이방의 빛으로, 선교사로 택하신 것입니다. 이스라엘은 하나님의 은혜의 한 통로였습니다. 하나님께서는 이스라엘을 다루셨던 것과 같은 자비로운 방법으로 온 세상 사람들을 구원하시기를 기뻐하셨습니다.

구약 시대에도 하나님의 백성이 되는 길은 누구에게나 열려 있었습니다. 그러나 사람들은 자기가 있는 곳에서 자동적으로 하나님의 백성이 되지는 못했습니다. 아직 성령의 시대가 도래하지 않았기 때문입니다. 인간의 부패가 너무나 크고 심하기 때문에 성령이 오시기까지 하나님의 약속은 한 장소에 매여 있을 수밖에 없었습니다. 그러나 그리스도께서 십자가에 못박혀 죽으시고 죽음의 권세를 깨뜨리고 부활하셨을 때 성령을 교회에 부으심으로써 모든 자들이 장소에 구애받지 않고 하나님께 돌아올 수 있게 하셨습니다.

하나님이 만약 이 부패한 이스라엘 백성들을 하나님의 백성으로 남겨 둔다면 하나님의 구원은 너무나도 큰 오해를 받게 될 것입니다. 그래서 하나님께서는 먼저 부패한 열 개의 지파를 잘라서 버리셨습니다. 그리고 남은 두 지파도 쳐서 바벨론이라는 냉장고 속에 넣으셨습니다. 결국 그리스도가 오셨을 때 아주 작은 일부만 남아 있던 참 이스라엘을 통하여 온 세상에 하나님의 은혜가 퍼지게 되었습니다.

여러분, 하나님은 거룩한 백성을 원하십니다. 썩고 부패한 백성은 아낌없이 잘라버리십니다.

구원계획은 취소되지 않는다

그러나 하나님께서는 지금 부패한 이스라엘을 버린다고 해서 하나님의 구원계획 전체가 취소될 수는 없다는 사실을 분명히 하십니다. 10절을 보십시오.

"그러나 이스라엘 자손의 수가 바닷가의 모래같이 되어서

측량할 수도 없고 셀 수도 없을 것이며 전에 저희에게
이르기를 '너희는 내 백성이 아니라' 한 그곳에서 저희에게
이르기를 '너희는 사신 하나님의 자녀라' 할 것이라."

하나님의 구원계획이 취소될 수 없다는 것은 정말 놀라운 사실입니다. 하나님께서 이스라엘 백성들에게 '로암미'라고 하시는 것을 보면 마치 구약 성경 전체가 취소되는 것 같고 하나님의 구원계획 전체가 파기되는 것 같습니다. 그러나 하나님께서는 10절 상반절에서 "이스라엘 자손의 수가 바닷가의 모래같이 되어서 측량할 수도 없고 셀 수도 없을 것"이라고 말씀하시면서 아브라함의 언약을 다시 한번 확인하십니다.

하나님이 지금 이 타락한 백성들을 버리신다고 해서 구약 성경 전체가 파기되는 것이 아닙니다. 하나님의 모든 축복과 언약이 무효가 되는 것이 아닙니다. 하나님께서는 아브라함에게 약속하신 것을 신실하게 지키십니다. 단지 스스로 교만해서 하나님의 은혜 안에 머물지 않은 자들만 그 자리에서 쫓아내실 뿐입니다. 이스라엘 백성들이 버림받는다고 해서 아브라함의 자손들이 없어지는 것은 아닙니다. 하나님께서는 아브라함의 자손들을 바닷가의 모래처럼 많게 하셨습니다. 어디서 이 많은 사람들을 불러오셨습니까? 온 이방 나라에서 불러 모으셨습니다.

"전에 저희에게 이르기를 '너희는 내 백성이 아니라' 한 그곳에서 저희에게 이르기를 '너희는 사신 하나님의 자녀라' 할 것이라"는 말씀은 하나님의 마음이 변해서 언제는 그의 백성이 아니라고

했다가 이제는 또 그의 자녀라고 하신다는 뜻이 아닙니다. 하나님께서는 성전에서 이방 족속들을 향하여 늘 "너희는 내 백성이 아니라"고 말씀하셨습니다. 이것이 '로암미'입니다. 그러나 이제는 그들을 '암미'라 하겠다고 말씀하십니다. 이것은 이스라엘의 변절에 화가 나서 하시는 말씀이 아닙니다. 하나님께서는 이미 이방인들에 대한 구원계획을 가지고 계셨습니다. 그래서 이스라엘의 패역에도 불구하고 하나님의 구원계획은 중단되지 않는 것입니다. 11절을 보십시오.

> "이에 유다 자손과 이스라엘 자손이 함께 모여
> 한 두목을 세우고 그 땅에서부터 올라오리니
> 이스르엘의 날이 클 것임이로다."

여기서 유다와 이스라엘은 분리된 두 이스라엘 자손을 의미하지 않습니다. 물론 이 당시 사람들은 그렇게 생각했을 것입니다. 사실 유다까지 포로로 잡혀감으로써 유다와 이스라엘의 실제적인 구별은 없어졌습니다. 그리고 사도행전의 오순절에 성령이 임하셨을 때 유다와 이스라엘의 구별 없이 전세계에서 모여든 이스라엘 자손들이 성전에서 베드로의 설교를 듣고 성령으로 세례를 받았습니다.

> "우리가 우리 각 사람의 난 곳 방언으로 듣게 되는 것이
> 어찜이뇨? 우리는 바대인과 메대인과 엘림인과 또
> 메소보다미아, 유대와 가바도기아, 본도와 아시아,

브루기아와 밤빌리아, 애굽과 및 구레네에 가까운 리비야
여러 지방에 사는 사람들과 로마로부터 온 나그네
곧 유대인과 유대교에 들어온 사람들과
그레데인과 아라비아인들이라"(행 2:8-11상).

그러나 더 넓은 의미로는 유대인과 이방인 사이의 담이 허물어지고 온 인류가 하나되어 하나님께 나아온다는 뜻입니다. 우리 개역 성경에는 '한 두목'이라고 나와 있는데 좋은 번역 같지는 않습니다. 히브리어 성경에는 '머리'로 되어 있습니다. 즉 한 리더(leader), 한 목자를 앞세우고 각자 자기가 있는 그곳에서 출애굽하여 하나님을 향해 나아온다는 뜻입니다. 이러한 연합을 가장 잘 보여주고 있는 성경이 에베소서 2장입니다. 유대인과 이방인 사이의 원수된 것을 주님이 십자가로 허무심으로써 모두 한 몸과 한 성전으로 지어져 가는 것입니다.

우리 안에는 정말 원수된 것이 있습니다. 우리 안에는 누군가를 미워하지 않고서는 견디지 못하는 본성이 있습니다. 유다와 이스라엘의 분열은 회복할 수 없는 교만에서 온 것이었습니다. 이스라엘 지파 중에서도 특히 에브라임 지파는 둘째가 되는 것을 너무나도 싫어했습니다. 늘 자기 자신을 주장하지 않으면 견디지 못했습니다. 그래서 열 지파를 떼어서 독립했는데 이 찢어진 상처가 끝내 회복되지 못한 채 양쪽 다 망하고 말았습니다. 이 찢어진 상처는 오직 그리스도 안에서 한 성령으로만 회복될 수 있었습니다.

우리는 끊임없이 자신을 주장하고 자신을 다른 사람으로부터 분

리시키려는 악한 본성이 우리 안에 있음을 알고 있습니다. 우리는 늘 남을 미워하고 정죄하지 않으면 견디지 못합니다. 왜 우리 속에서 그렇게 자주 화가 치밀어 오릅니까? 이것이 바로 우리의 본성이기 때문입니다. 성령으로 이 분노를 누르고 겸손한 마음이 되지 않으면 유다와 이스라엘은 합해지지 않습니다.

오늘날 교회를 하나로 합치는 것은 조직이 아니라 겸손의 영입니다. 우리는 매순간 우리 안에 있는 분노와 정죄하는 감정을 성령으로 눌러야 합니다. 그렇지 않으면 한 두목 밑에 있을 수 없습니다.

본문을 보면 '이스르엘의 날이 크다'고 했는데, 여기에 나오는 '이스르엘'은 4절의 이스르엘과 다릅니다. 4절의 이스르엘은 예후 왕가를 멸절한다는 뜻에서 사용한 이스르엘인데 여기의 이스르엘은 원래 히브리어의 뜻대로 '심는다'는 뜻입니다.

'이스르엘의 날이 크다'는 것은 하나님께서 이스라엘 백성들을 가나안 땅에 심으셨다가 뽑았던 것과는 달리 새 이스라엘은 온 세상에 굳게 심길 것이며 결코 뽑히지 않으리라는 뜻입니다. 이들은 다시는 뽑히지 않고 그곳에서 크게 열매를 맺을 것입니다. 그 이유가 무엇입니까? 이제 그들을 열매 맺게 하는 것은 가나안 땅이 아니라 성령의 능력이기 때문입니다. 성령의 능력을 의지하는 한 우리는 절대로 이 세상에서 뽑히지 않습니다. 그러나 사람의 수를 의지하고 조직을 의지한다면 우리도 뽑힐 수밖에 없습니다.

주님은 우리가 서로 무엇이라고 말하기를 원하십니까? 2장 1절을 보십시오.

"너희 형제에게는 '암미'라 하고

　너희 자매에게는 '루하마'라 하라."

　서로 이런 말로 위로하라는 뜻입니다. 우리 안에 확신이 없어질 때마다, 어려움 때문에 자신감이 없어지려고 할 때마다 "당신은 하나님의 택함받은 형제요 하나님의 은혜를 입은 자매입니다" 하면서 서로 격려하라는 것입니다. 왜냐하면 우리를 향한 하나님의 은혜가 결코 헛되지 않을 것이기 때문입니다.

　하나님께서는 교만한 이스라엘을 버리시고 겸손한 이방인들에게 은혜를 주셨습니다. 우리는 '로암미'였다가 '암미'가 된 것을 생각하고 절대로 교만해서는 안 됩니다. 우리 앞에 어려운 일을 당할 때마다 원망하거나 불평하지 말고 늘 하나님께 기도하는 자리로 갑시다. 그리고 계속 하나님을 알아갑시다. 하나님을 아는 것은 너무나도 부요하고 풍성한 일입니다.

3

이스라엘의 연애

호세아 2:2-13

^{2:2} "너희 어미와 쟁론하고 쟁론하라. 저는 내 아내가 아니요 나는 저의 남편이 아니라. 저로 그 얼굴에서 음란을 제하게 하고 그 유방 사이에서 음행을 제하게 하라.

³ 그렇지 아니하면 내가 저를 벌거벗겨서 그 나던 날과 같게 할 것이요, 저로 광야같이 되게 하며 마른 땅같이 되게 하여 목말라 죽게 할 것이며

⁴ 내가 그 자녀를 긍휼히 여기지 아니하리니 이는 저희가 음란한 자식들임이니라.

⁵ 저희의 어미는 행음하였고 저희를 배었던 자가 부끄러운 일을 행하였나니 대저 저가 이르기를 '나는 나를 연애하는 자들을 따르리니 저희가 내 떡과 내 물과 내 양털과 내 삼과 내 기름과 내 술들을 내게 준다' 하였느니라.

⁶ 그러므로 내가 가시로 그 길을 막으며 담을 쌓아 저로 그 길을 찾지 못하게 하리니

⁷ 저가 그 연애하는 자를 따라갈지라도 미치지 못하며 저희를 찾을지라도 만나지 못할 것이라. 그제야 저가 이르기를 '내가 본 남편에게로 돌아가리니 그때의 내 형편이 지금보다 나았음이라' 하리라.

⁸ 곡식과 새 포도주와 기름은 내가 저에게 준 것이요 저희가 바알을 위하여 쓴 은과 금도 내가 저에게 더하여 준 것이어늘 저가 알지 못하도다.

⁹ 그러므로 그 시절에 내가 내 곡식을 도로 찾으며 그 시기에 내가 새 포도주를 도로 찾으며 또 저희 벌거벗은 몸을 가리울 내 양털과 내 삼을 빼앗으리라.

¹⁰ 이제 내가 그 수치를 그 연애하는 자의 눈앞에 드러내리니 저를 내 손에서 건져낼 사람이 없으리라.

¹¹ 내가 그 모든 희락과 절기와 월삭과 안식일과 모든 명절을 폐하겠고,

¹² 저가 전에 이르기를 '이것은 나를 연애하는 자들이 내게 준 값이라' 하던 그 포도나무와 무화과나무를 거칠게 하여 수풀이 되게 하며 들짐승들로 먹게 하리라.

¹³ 저가 귀고리와 패물로 장식하고 그 연애하는 자를 따라가서 나를 잊어버리고 향을 살라 바알들을 섬긴 시일을 따라 내가 저에게 벌을 주리라. 나 여호와의 말이니라."

2:2-13

결혼한 여성이 남편이 아닌 다른 남자에게 물질적인 도움이나 사랑을 지속적으로 받는다면 그것은 남편에 대한 배신입니다. 물론 요즘은 세상이 많이 달라져서 결혼한 여성들이 직장생활을 하기도 하고 어떤 때에는 남편보다 수입이 더 많기도 합니다. 그러나 여성이 직장을 가지고 있다는 것과 다른 남자한테 물질적인 도움과 사랑을 받는다는 것 사이에는 근본적인 차이가 있습니다. 후자는 있을 수 없는 일이며 바른 사랑일 수 없습니다. 그런 물질적인 도움은 바른 도움이 아니라 오히려 음행의 값이 될 것입니다.

오늘 본문은 아주 시끄럽게 시작됩니다. 한 남자가 몇 명의 자식들을 앞에 놓고서 소리소리 지르고 있습니다. 그는 어미의 간음을 시인하라고 소리칩니다. 도대체 너의 어미가 어떻게 했는지 따져보라고 합니다. 그렇게 하지 않으면 이 더러운 여자를 벌거벗겨서 쫓아내겠다고 합니다. 세상에 이보다 더 좋은 구경거리가 어디 있습니까? 남자는 구경꾼들이 모여들자 목청을 더 높입니다.

"글쎄 이 여자가 어떤 남자와 연애하고 있는 모양인데, 그자가 먹을 것과 입을 것과 다른 모든 것을 준다고 했다면서 자꾸 더러운 짓을 하니 도대체 어떻게 하면 좋겠습니까? 이런 여자는 벌거벗겨서 들판으로 쫓아내 목말라 죽게 해야 하지 않겠습니까? 그리고 이 여자의 더러운 자식들도 모두 죽여야 하지 않겠습니까?"

사람들은 흥미진진하게 귀를 기울입니다. 그러나 결정적인 한 마디가 그들의 안색을 바꾸어 놓고 맙니다. 그것은 "이 여자가 연애하던 자가 바로 바알"이라는 말입니다. 사실 이스라엘 백성들은 모두 바알 신과 연애하던 자들이었습니다. 신앙은 어떤 종교를 내가 선택하는 것이 아닙니다. 물론 다른 종교의 경우에는 그것이 가능할 것입니다. 그러나 하나님을 믿는 신앙은 결코 그렇지 않습니다. 하나님을 믿는 신앙의 특징은 하나님이 나의 남편이 되시는 것입니다. 그래서 나의 모든 필요나 나의 모든 것을 하나님 한 분으로부터만 공급받는 것입니다.

물론 이스라엘 백성들이 광야생활을 할 때에는 이렇게 하기가 쉬웠습니다. 그때는 하나님의 것 외에는 아무것도 없었으니까요. 그러나 그들이 가나안 땅에 들어온 이후부터는 이야기가 달라지기 시작했습니다. 광야와는 달리 가나안 땅에서 얻는 농산물들은 하늘에서 떨어지는 것이 아니라 자기들이 농사해서 수확하는 것이었습니다. 그러니까 "내가 땀을 흘려서 거두었는데 어떻게 이것을 하나님이 주신 것이라고 할 수 있느냐?"는 것입니다. 우리가 하나님께 열심히 기도해서 얻은 것은 하나님께서 주신 것이라고 할 수 있지만 내가 시험을 쳐서 얻은 직장과 내가 열심히 일해서 번 돈도 하나님이 주신 것이라고 말할 수 있겠습니까?

이스라엘 백성의 문제가 바로 여기에 있었습니다. 그들은 가나안 땅에서 얻은 것을 하나님께서 주신 것으로 생각하지 않았습니다. 그 결과 예배드릴 때에는 하나님을 찾았지만 실제로 생활할 때에는 언제나 바알을 찾았습니다.

오늘 말씀은 한 가정의 불화로 시작됩니다. 실제로 이런 사건이 있었는지는 모르겠지만, 고멜의 행실을 보면 충분히 있을 수 있는 일입니다. 그러나 선지자가 지적하려고 하는 것은 고멜이라는 한 여자의 불륜이 아니라 이스라엘 백성들의 잘못된 신앙관입니다. 하나님을 믿는다는 것은 하나님 한 분만을 전적으로 의지하는 것이며, 하나님께서 광야에서 모든 필요를 초자연적으로 공급하여 주셨던 것처럼 이제 가나안 땅에서도 정상적인 방법으로 자기들의 필요를 채워 주신다는 사실을 인정하는 것입니다. 그러나 이스라엘 백성들은 이 사실을 인정하지 않고 다른 신을 찾았습니다.

이것은 바로 오늘 우리들의 문제이기도 합니다. 누가 병들었는데 열심히 기도해서 병이 나으면 그것은 하나님의 도움이라고 믿습니다. 그러나 하나님을 믿지 않는 세상에서 경쟁을 통해 돈을 벌어야 하고 실력으로 직장을 얻어야 하는 상황에서는 '이 모든 것은 하나님이 세상을 통하여 나에게 주시는 것이며, 나는 이 복잡한 세상 가운데서도 오직 하나님 한 분만을 의지해야 한다'는 생각을 하지 않습니다.

쟁론하고 쟁론하라

오늘 첫 번째로 본문이 말씀하고 있는 것은 죄를 문제화하라는 것입니다. 하나님께서는 이스라엘 백성들의 죄를 책망하기 전에 그들 안에서 죄를 드러내고 문제화하라고 말씀하십니다. 다시 말해서 무엇이 문제인지 깨달으라는 것입니다.

2장 2절에는 너무나 답답한 나머지 자기 자식을 붙들고 소리치고 있는 남자가 나옵니다.

"너희 어미와 쟁론하고 쟁론하라.
저는 내 아내가 아니요 나는 저의 남편이 아니라.
저로 그 얼굴에서 음란을 제하게 하고
그 유방 사이에서 음행을 제하게 하라."

'얼굴'은 겉으로 드러난 부분입니다. 그러니까 얼굴의 음란이라는 것은 뻔뻔스럽게 내놓고 지은 죄를 말하는 것입니다. '유방 사이'는 겉으로 드러나지 않는 내밀한 부분을 의미합니다. 다시 말해서 겉으로 드러난 것뿐 아니라 속에 감추어져 있는 그 모든 숨은 죄들까지 다 들추어내고 문제 삼고 회개하라는 말씀입니다.

예수님은 산상수훈에서 다른 사람들을 판단하지 말라고 말씀하십니다. 그러나 호세아서에서는 쟁론하라고 합니다. 성경이 이렇게 충돌하며 모순될 때는 굉장히 깊은 의미가 있습니다. 마치 이 물과 저 물이 합쳐져서 거대하게 흘러가는 것처럼 아주 풍부한 사상이 나타납니다. 성경은 우리 믿는 사람들이 개인적으로 다른 사람들을 비판하는 일을 금지하고 있습니다. 우리는 다른 사람들의 속을 모릅니다. 늘 내 기준에서 남을 판단하지요. 그래서 예수님은 다른 사람들을 판단하지 말라고 하셨습니다. 내가 알고 있는 것은 다른 이들의 일부에 불과하기 때문에 내 기준으로 다른 사람들을 판단할 것이 아니라 나 자신을 판단해야 합니다.

그런데 여기에서 쟁론하라는 것은 하나님의 말씀에 비추어서 우리의 상태와 교회의 상태를 드러내라는 말씀입니다. 이것은 다른 사람이 나와 다르기 때문에 개인적으로 그를 비판하는 것이 아니라 하나님의 말씀에 비추어 나와 교회의 상태와 위치를 드러내고 폭로하고 다투고 문제화하라는 것입니다. 사실 이것은 굉장히 어려운 일입니다. 내 눈을 찌르거나 내 어머니를 공격하는 일만큼 어렵습니다.

본문에서 '쟁론하고 쟁론하라'고 거듭 말하고 있는데, 이러한 반복은 히브리어의 큰 특징입니다. '내가 너를 사랑하고 사랑한다'는 것은 죽도록 사랑한다는 것이며 무슨 일이 있어도 끝까지 사랑하겠다는 것입니다. 마찬가지로 쟁론하고 쟁론하라는 것은 끝까지 쟁론해서 어떻게 해서든지 바로잡으라는 것입니다.

'쟁론한다, 다툰다'는 뜻을 가진 히브리어 '리브'(רִיב)는 아주 중요한 단어입니다. 선지자들이 한 일이 바로 '리브'하는 것입니다. 이스라엘 백성들이 자기 생활에 안주해서 이것이 전부인 것처럼 머물러 있을 때 그들과 싸우며 그들의 문제를 붙잡고 늘어져서 결국 회개의 자리로 끌어오는 것이 쟁론하고 '리브' 하는 것입니다. 이것이 선지자들의 중요한 사명이었어요.

에베소서는 하나님의 말씀으로 책망받는 것마다 빛으로 나타난다고 말하고 있습니다. 하나님의 말씀이 선포되고 하나님의 말씀이 문제로 삼는 곳에서는 악이 더 이상 활동하지 못한다는 것입니다. 고린도전서는 고린도 교인들이 보낸 편지에 대한 바울의 답장입니다. 그러나 고린도전서에서 중요한 내용은 답장에 해당하지 않는 부분입니다.

고린도 교회 교인들은 노예 기독교인들이었는데 그들이 개별적으로 바울을 찾아와서 교회의 문제를 이야기했습니다. 그런데 바울이 보니 고린도 교회가 공식적으로 보낸 편지보다 그들의 이야기에 더 큰 문제가 있었어요. 왜냐하면 역사는 항상 숨어 있는 곳에서 나타나기 때문입니다. 교회에서도 제직회나 당회에서 검토된 것은 별 문제가 없습니다. 이미 드러난 것에 대해서는 사탄이 역사하지 못해요. 그러나 숨어 있는 것들, 은밀한 것들 가운데에는 항상 사탄이 역사합니다. 그래서 바울은 고린도 교회가 질문하지 않은 것들에 대해서 많은 이야기를 합니다. 그것들이 바로 고린도 교회를 좀먹고 있음을 알았기 때문입니다.

우리가 함께 모여서 해야 할 것이 무엇입니까? 쟁론하는 것이지요. 우리 어미와 쟁론하는 것입니다. 하나님의 말씀에 비추어볼 때 우리의 신앙에 무슨 문제가 있는가, 처음 사랑을 잃지 않았는가, 교회를 부흥시키겠다고 신앙양심까지 팔아먹지는 않았는가, 우리는 어디에 있으며 어디를 향해 가고 있는가, 쟁론하고 쟁론해야 합니다. 기도하고 기도해서 문제를 볼 수 있는 통찰력을 가져야 합니다.

이미 논쟁이 되고 있는 문제들은 하나님 나라를 뒤엎지 못합니다. 저는 목회를 하면서 '목사가 깨어서 기도하지 않으면 안 되겠다'는 생각을 늘 합니다. 언제나 문제는 전혀 생각하지 않았던 곳에서 튀어나오기 때문입니다. 교회에 하나님의 말씀이 계속 선포되지 않으면 결국 음부의 권세에 사로잡히고 맙니다. 적당하게 넘어가면 안 됩니다. 하나님의 말씀 앞에서 철저해야 합니다.

오늘날 우리들은 자본주의 사상에 아주 익숙합니다. 그런데 이 자본주의 사상은 성경과 크게 충돌하는 것입니다. 우리가 너무나 자연스럽게 받아들이고 있는 것들이 우리를 썩게 만들고 있습니다. 가장 무서운 것은 교인들이 음란한 사상들을 심각하게 생각하지 않는다는 것입니다. 음란한 영화나 책이나 비디오를 보는 것은 굉장히 무서운 일입니다. '죄도 아닌데 뭐' 하는 바로 그 생각이 정신을 썩게 만듭니다.

그러므로 우리는 너무나 익숙해서 문제인지 모르는 것들을 말씀으로 드러내서 하나님 앞에 바로 설 때까지 계속해서 쟁론하고 쟁론해야 합니다. 다른 사람을 비판하는 것이 아니라 우리 안에서 이런 일을 해야 합니다.

이스라엘 백성들은 하나님의 백성이며, 하나님의 백성들은 서로에게 책임이 있습니다. 누군가 하나님 앞에서 범죄했으면 그것이 이스라엘 백성 전체에 영향을 미치기 때문에 반드시 그 죄를 들추어내서 따져야 합니다.

사실 본문을 보면 바보 같은 한 남자가 아직 철도 들지 않은 자식들에게 '네 어미가 지은 모든 죄를 다 들추어내라'고 따지는 것 같지만, 실상 이 말씀은 이스라엘 백성 전체를 두고 하는 말씀입니다. 이스라엘 백성들의 영적인 상태에 대하여 스스로 위기의식을 가지고 그들의 잘못된 부분들을 다 들추어내서 따져보라는 것입니다. 대충 해서는 하나님의 인정을 받을 수 없습니다. 하나님은 철저하게 따지시는 분이기 때문입니다. 이미 겉으로 드러나서 누구나 다 아는 문제들뿐 아니라 속으로 깊이 감추어져 있는 문제, 피차 건드리지 않기로 묵계가 되어 있는 부분까지 다 들추어내서 따지라는 뜻입니다.

이렇게 한다는 것은 지금까지 자기를 보살펴주고 지켜준 사회와 단절되는 것을 의미합니다. 이렇게 하는 것은 마치 고요한 호수 위에 커다란 파문을 일으키는 것과 같습니다. 정신 나간 사람이 아니고서야 그렇게 할 수 있겠습니까? 그러나 하나님께서는 죄가 숨어 있는 고요는 고요가 아니며 하나님을 떠난 상태의 평안은 결코 평안이 아니라고 말씀하십니다. 그러므로 누군가 정신 나간 사람의 역할을 해서라도 지금 이 거짓된 평안을 깨뜨리고 죄를 들추어내야 합니다. 웃고 있는 그들로 하여금 얼굴을 찡그리게 하고, 편안한 모습을 하고 있는 그들로 하여금 화를 내게 해야 합니다. 그렇게 하지 않으면 어떻게 하겠다고 말씀하십니까?

"그렇지 아니하면 내가 저를 벌거벗겨서
그 나던 날과 같게 할 것이요, 저로 광야같이 되게 하며

마른 땅같이 되게 하여 목말라 죽게 할 것이며"(2:3)

이것은 여자를 가장 비참하게 만들겠다는 표현입니다. 여자를 벌 거벗기는데 태어나던 날처럼 벌거벗기겠다고 합니다. 처음 태어나는 날 사람의 모습이 어떻습니까? 정말 하나의 핏덩어리에 불과합니다. 뻘겋고 쪼글쪼글하고 아무 볼품이 없습니다. 그러니까 여자를 그렇게 만들겠다는 것은 정말 볼품이라고는 하나도 찾아볼 수 없도록 가장 비참하게 만들겠다는 뜻입니다.

또 광야같이 되게 하며 마른 땅같이 되게 하겠다고 합니다. 여자가 오아시스 같아야지 광야 같고 마른 땅 같으면 어떻게 합니까? 4절에서는 그 자식들에 대해서도 "내가 그 자녀를 긍휼히 여기지 아니하리니 이는 저희가 음란한 자식들임이니라"고 말씀하십니다.

이 자식들의 어미는 누구입니까? 이스라엘 공동체입니다. 그러니까 어미와 싸우라는 것은 이스라엘 전체와 논쟁을 벌이고 싸우라는 것입니다. 왜 그렇게 해야 합니까? 어미가 음란하기 때문입니다. 이것은 이스라엘 백성들에게 죄를 노출시키고 고백하고 회개하라는 요청입니다.

하나님을 떠나는 현상은 어느 한두 사람의 일이 아니라 이스라엘 나라 전체의 현상이었습니다. 이스라엘의 신앙이 변질된 원인은 어느 한두 사람이 자기 개인의 욕심 때문에 진리가 무엇인지 알면서도 불순종한 데 있지 않았습니다. 그 원인은 나라 전체의 신앙이 변질된 데 있었습니다. 그러니까 그 안에 있는 한 사람 한 사람은 자기가 잘 믿는지 못 믿는지도 모르고 그냥 따라갔던 것입니다.

구약 이스라엘 나라는 교회였습니다. 그런데 이 이스라엘 공동체는 교회 전체가 하나님을 떠남으로 멸망한 대표적인 경우가 되었습니다. 신약 시대에 사도 바울의 편지를 받은 갈라디아 지방의 교회나 히브리서를 받은 공동체 역시 집단적으로 하나님의 말씀을 떠난 경우였습니다.

오늘 우리가 교회에서 보는 것이 바로 이런 현상입니다. 한두 사람이 시험을 당해서 교회를 떠나거나, 혹은 교회에 다니면서도 말씀에 불순종하는 것이 아닙니다. 사탄은 교회 자체를 삼켜 버립니다. 교회 안에서 말씀의 역사가 전혀 일어나지 못하게 하고, 인간적인 것들로 교회를 가득 채워 버립니다. 그러면 그 안에 있는 한 사람 한 사람은 무엇이 옳고 그른지도 모르는 채 덩달아 신앙을 팔고 마는 것입니다.

그럴 때 해야 할 것이 무엇입니까? 자기 어미와 싸우는 것입니다. 오늘까지 자기를 지켜주고 자기를 사랑해준 바로 그 집단과 전쟁을 시작하는 것입니다. 그래야 자기 자신이라도 살 수 있습니다. 오늘날 마귀는 한두 사람을 속이지 않습니다. 교회 전체를 속이며 그 전체의 힘으로 모두 멸망으로 끌고 갑니다. 그때 살 수 있는 길은 죄를 문제시하는 것입니다. 당연하게 받아들여지고 있지만 명백히 하나님의 말씀에 어긋난 것들을 드러내는 것입니다. 그렇지 않으면 어미와 자식이 모두 멸망당할 수밖에 없습니다. 하나님께서는 아무에게도 긍휼을 베푸시지 않을 것입니다.

이스라엘이 하나님을 떠난 이유

이스라엘 백성들이 이렇게 집단적으로 하나님을 떠난 이유가 무엇입니까? 5절을 보십시오.

> "저희의 어미는 행음하였고 저희를 배었던 자가
> 부끄러운 일을 행하였나니 대저 저가 이르기를
> '나는 나를 연애하는 자들을 따르리니
> 저희가 내 떡과 내 물과 내 양털과 내 삼과
> 내 기름과 내 술들을 내게 준다' 하였느니라."

음행을 한 이유가 바로 여기에 있습니다. 그 연애하는 자가 자기를 따라오면 이러이러한 것을 준다고 약속했기 때문입니다. 여기에 보면 '내 떡', '내 물', '내 양털', '내 삼', '내 기름', '내 술'이라고 말하고 있습니다. 얼마나 내 것을 가지고 싶었는지 모릅니다. 모두 내 것이 있어야만 했습니다. '내 떡'은 이해가 되는데 '내 물'은 또 무엇입니까? 물까지도 내 것이 있어야 하고 네 것이 있어야 합니까? 이 표현을 보면 아주 철없는 여자의 말 같습니다. 너무나도 가난하게 컸기 때문에 이제는 모두 내 것이 있어야 합니다. 그래서 그가 누군지도 모르면서 이런 것들을 내 것으로 주겠다는 말만 듣고 따라나섭니다.

우리가 이 말씀에서 보게 되는 것이 무엇입니까? 이스라엘 교회 전체가 변질된 이유가 바로 물질적인 욕심에 있었다는 사실입니다.

그들은 원래 유목민이었습니다. 유목생활은 단순합니다. 그들은 먹는 것과 입는 것이 뻔했습니다. 아침에 일어나서 양젖 짜먹고 그걸 휘저어 놓았다가 버터로 만들어 먹고, 가죽으로 옷을 만들어 입는 게 다였습니다. 그들에게 떡이 어디 있으며 물이 어디 있습니까? 삼이 어디 있으며 기름과 술이 어디 있습니까? 특히 내 것이 어디 있습니까?

그런데 가나안 땅에 들어와 보니까 너무나 다른 거예요. 가나안 사람들은 건포도떡을 먹고 있었습니다. 유목민들에게 건포도떡은 금보다 귀한 것입니다. 그리고 옷은 삼으로 만들어 입었어요. 양가죽 옷에 비해서 삼으로 만든 옷은 비단이나 다름없었습니다. 그리고 포도주와 감람유까지 맛보게 되자 완전히 정신이 나가 버렸어요. 그래서 이런 것에 탐닉하게 되었습니다.

이제는 이런 생활을 누리는 것만으로는 부족하고 완전히 내 것이 있어야만 했습니다. 내 떡, 내 물, 내 양털, 내 삼, 내 기름, 내 술이 있어야만 했습니다. '사실 양털 같은 것은 유목민이 더 많이 가지지 않겠느냐?'고 생각할지 몰라도 실제로 유목민들은 가난합니다. 그들은 양털 옷을 입을 수가 없었습니다. 이런 것들은 다 농사 짓는 자들이 가진 것입니다. 요즘 좋은 생선이나 좋은 농산물은 다 도시인들이 먹는 것과 같습니다.

이스라엘 백성들은 광야에서 율법 지켜가며 힘들게 살았지만 얻은 게 없었습니다. 만나는 튀겨 먹고 볶아 먹고 삶아 먹어 봤자 그게 그거였어요. 또 하나님이 해준 것이라고는 옷 하나로 40년 동안 해지지 않게 해준 것 하나뿐입니다. 그런데 가나안 사람들은 어려운 율법 같은 것을 지키지 않아도 모든 것을 풍요하게 누리고 있는 겁니다.

하나님의 말씀대로 산다고 하는 나는 되는 것이 없는데, 믿지 않는 언니나 동생은 좋은 아파트에 온갖 것을 다 갖추어 놓고 차 굴리고 손톱에 칠해 가면서 너무나 잘삽니다. 그때 눈이 확 뒤집혀 버리는 겁니다. 나도 인간이고 나도 여자인데 왜 좋은 데서 좋은 옷입으면서 살고 싶지 않겠습니까? 또 명절 때 믿지 않는 아버지께 인사를 드리러 집에 갔는데 큰 형이 "약소합니다" 하면서 아버지께 봉투를 내놓습니다. 둘째도 봉투를 내놓습니다. 그런데 나는 내놓을 봉투가 없는 거예요.

"너는 왜 봉투가 없냐?"

"그냥 없습니다. 예수님이 안 줬습니다."

이렇게 되면 예수 믿은 게 후회스럽고 예수 때문에 망한 것에 분노가 생기면서 신앙이 위험해집니다.

나는 맨날 똑같은 양젖 먹고 똑같은 신발 신고 똑같은 가죽옷 입고 그 맛이 그 맛인 만나만 먹고 사는데, 가나안 사람들은 건포도 떡에 포도주 먹고 삼베옷 입고 삽니다. 그런데 바알이 그런 것들을 주겠다고 하는 거예요. 그래서 그들은 이 연애하는 자를 따라가기로 결심했습니다.

여러분, 똑같은 삶을 살아도 하나님의 백성들이 사는 삶과 믿지 않는 사람들이 사는 삶은 다릅니다. 믿지 않는 사람들은 그냥 사는 거예요. 하지만 하나님의 백성들은 모든 것이 하나님의 선물이고 은혜입니다. 큰 것만 하나님의 은혜로 생각하는 사람들은 종교중독자들입니다. 하나님의 은혜는 크든 작든 다 귀합니다.

만나가 무엇을 의미합니까? 이 세상이 아닌 다른 세상이 있다는 것입니다. 만나는 씨 뿌리고 추수해서 얻은 것이 아니고 하늘에서 내려온 것입니다. 이것은 이 세상과 다른 나라가 있으며 그 나라가 우리를 찾아오고 있다는 것을 뜻합니다. 유대인들이 예수님께 또 만나를 내려달라고 했을 때 예수님은 "내가 생명의 떡"이라고 대답하셨습니다. '만나가 중요하냐, 그 나라 왕의 아들이 중요하냐'는 것이지요. 그런데 유대인들은 오병이어의 기적만 붙들고 예수님을 놓쳤습니다.

우리가 누리고 있는 작은 은혜들은 하나님 나라의 초청장이며 또다른 세계가 있다는 표시입니다. '이 세상에 있는 것을 보고 눈 뒤집히지 말아라. 이것은 아무것도 아니며 누구든지 누릴 수 있는 것이다. 나는 저 하늘나라의 은혜를 너희에게 줄 것이며, 그곳으로 너희를 초청한다'는 것이 만나의 메시지입니다. 말씀을 들을 때 내 속에 기쁨이 있고 눈물이 나오고 하나님 뜻대로 살려는 마음이 생기는 것은 하나님 나라가 계속 나를 부르고 있으며 내가 하나님 나라에 소속되어 있다는 표시입니다.

표적만 보고 이전의 삶으로 돌아가 똑같이 사는 것은 종교중독자들이 하는 일입니다. 이것은 고칠 길이 없습니다. 유대인들은 예수님도 못 고쳤어요. 그러므로 작은 은혜를 놓치지 마십시오. 날마다 내 마음에 임하는 하나님의 기쁨과 신령한 은혜를 놓치지 마세요. "내 앞에서 죽은 자가 벌떡 일어나고 하늘에서 불이 내려와야 믿겠다" 하는 사람은 예수님도 못 고칩니다.

이스라엘 백성이 왜 힘들었습니까? 바알 종교는 열심히 갖다바치기만 하면 이런저런 것들을 주겠다고 합니다. 노력만 하면 그만큼 결과가 나오는 겁니다. 그런데 하나님 종교는 어떻습니까? 해도 해도 끝이 없어요. 왜냐하면 하나님 자신이 상급이시기 때문입니다. 하나님이 말씀하시는 것은 가나안 땅에서 누리는 풍요한 삶이 아무것도 아니라는 겁니다. '내가 가나안보다 크다'는 거예요. 이 세상에서 인정받고 박수 받는 것은 하나님 앞에서 아무것도 아닙니다. 이 세상 모든 물건을 다 가진다 해도 하나님께서 주시는 것에 비하면 보잘것없고, 이 세상 모든 사람이 나에게 박수를 쳐준다 해도 하나님 한 분의 박수에 비할 수가 없습니다.

그래서 그리스도인들의 축복은 이 세상에서 많은 것을 가지는 것이 아니라 하나님을 붙들고 하루하루 사는 겁니다. 꼭 많은 것을 가져야 합니까? 없으면 짜증나고 신경질 날 때도 있지요. 그러나 하나님은 굉장히 신실하십니다. 우리에게 어떤 것이 없다면 그것은 없어야 하기 때문에 없는 겁니다. 그것이 없어야 우리가 겸손해지고 하나님의 은혜에 매달리기 때문에 없는 거예요. 없는 것을 인간적인 방법으로 채워버리는 것은 연애하는 자를 따라가는 것입니다.

저는 오늘날 교회가 정직하지 않다고 생각합니다. 복음은 이 세상에 있는 모든 것이 하나님의 것임을 선언하는 것입니다. 그래서 온갖 군데에 빨간 딱지를 붙이는 것입니다. 냉장고에도, 텔레비전에도, 내 입에도, 내 머리에도 빨간 딱지를 붙이는 거예요. 그래서 텔레비전도 맘대로 못 보고 말도 맘대로 못 하고 생각도 맘대로 못합니다. 다 하나님의 것이기 때문입니다.

유대인들이 왜 예수님을 배척했습니까? 그들은 돈을 많이 모았습니다. 그래서 로마로부터 그들의 세금을 지켜줄 메시아가 필요했습니다. 그런데 예수님은 "그것이 어떻게 너희들의 것이냐? 다 하나님의 것이니 하나님께 돌려드리라"고 하는 거예요. 이렇게 자신들의 이익과 예수님의 말씀이 충돌하자 그들은 예수님을 죽여 버렸습니다.

복음은 '당신 것을 많이 가지십시오. 많이 누리십시오' 라고 말하지 않습니다. 복음은 '모든 것이 하나님의 것입니다. 그리고 우리의 상급은 하나님 자신입니다. 하나님을 더 알아가고 하나님 뜻대로 살아가는 것이 우리의 상급이고 목적입니다' 라고 이야기합니다. 공부 많이 해서 고시 봐서 판사되는 것이 목적이 아니에요. 물론 판사도 될 수 있고 의사도 될 수 있고 목사도 될 수 있지요. 그러나 우리의 목적은 하루하루 하나님과 함께 사는 것입니다.

여러분, 오늘 하루 주님의 뜻대로 살지 않으면 죄짓는 것입니다. 그러므로 모든 것에 빨간 딱지를 붙이세요. '내 것' 을 주장하며 내 맘대로 사는 것은 복음이 아닙니다. 이스라엘 백성들이 넘어갔던 유혹에 똑같이 넘어가는 것입니다.

사랑하는 여러분, 우리는 엄청난 삶의 변화를 경험하고 있습니다. 예전에는 다 가난해서 온 식구가 한 방에 모여 살았습니다. 그러나 이제는 거의 대부분이 전과는 비교할 수 없을 정도로 잘살게 되었고, 사람들은 아파트 생활과 자동차와 문화적인 혜택에 마음을 빼앗겨 버렸습니다. 이것은 연애하는 자를 따라가는 것입니다.

하나님을 만난 후에는 모든 삶이 하나님의 선물이고 은혜입니다.

많은 것을 가지는 것은 중요하지가 않아요. 하나님을 알고 하나님과 사는 것이 축복입니다. 그러면 우리를 무한한 은혜의 통로로 사용하셔서 수많은 사람들을 축복하실 것입니다. 나에게 꼭 필요한데도 없는 것이 있습니까? 그냥 없이 지내십시오. 그것이 은혜의 끈이 되고 하나님께 나아가는 장치가 됩니다. 여기에서 나아가 무언가 가지려고 할 때 인간적인 방법과 세속의 물결이 들어옵니다.

아마도 이스라엘 백성들은 하나님께서 주신 연단 때문에 하나님을 더 멀리하게 된 것 같습니다. 6절과 7절을 보십시오.

> "그러므로 내가 가시로 그 길을 막으며 담을 쌓아
> 저로 그 길을 찾지 못하게 하리니
> 저가 그 연애하는 자를 따라갈지라도 미치지 못하며
> 저희를 찾을지라도 만나지 못할 것이라.
> 그제야 저가 이르기를 '내가 본 남편에게로 돌아가리니
> 그때의 내 형편이 지금보다 나았음이라' 하리라."

하나님께서는 이스라엘 백성들의 외도를 막으셨습니다. 여기에서 '가시로 그 길을 막고 담을 쌓아 그 길을 찾지 못하게 했다'는 것은 그들이 바알을 찾을 때 하나님께서 그들을 더 힘들게 하고 더 궁핍하게 하셨다는 뜻입니다. 그러나 나타난 결과는 하나님께서 기대하신 것과 정반대였습니다. 사람들은 이상하게도 잘되는 것은 바알의 덕분으로 생각하고 어려운 것은 하나님의 탓으로 돌렸습니다. 어려운 일을 당하면 '바알이 나를 힘들게 하는구나. 이렇게 힘든 이

유는 내 불신앙 때문이야'라고 생각하는 것이 아니라 '아, 하나님이 나를 힘들게 하시는구나. 하나님은 나를 사랑하시지 않는 것이 분명해. 좋아! 지금은 내가 어쩔 수 없어서 이러고 있지만 기회가 오기만 하면 달아나고 말거야' 하는 식으로 반응한 것입니다.

그들이 바알을 찾았을 때 하나님께서 '그래 잘 가라. 그리고 생각나면 내게 돌아와' 하는 식으로 신사적으로 대하셨다면 이만큼 기를 쓰고 도망치지는 않았을지도 모릅니다. 그러나 하나님께서 막으시니 그들은 더 기를 쓰고 하나님을 떠나버렸습니다. 그들은 하나님이 자기들에게 도움이 되지 않는다는 확신을 더 가지게 되었습니다.

여기에서 "내가 본 남편에게 돌아가리라"고 말하는 것은 하나님의 희망사항이요 선지자의 희망사항이지, 실제로 그들이 이런 마음을 품고 돌아왔다는 말이 아닙니다. 이런 마음을 품고 돌아온 사람들은 놀랍게도 이방인들이었습니다. 그래서 하나님은 이방인들을 택하셔서 새 이스라엘로 삼으셨습니다.

우리가 바로 그런 자들입니다. 우리에게는 비교할 원래 상태라는 것이 없습니다. 우리는 아무것도 없는 상태에서 하나님께 돌아온 자들이기 때문입니다.

하나님의 보응

상황이 변한다고 해서 택한 백성들이 하나님을 의지하지 않고 다른 신을 두고 다른 방법으로 사는 길을 택할 때, 하나님은 그들에게 주셨던 모든 은혜를 거두어 가십니다. 9절을 보십시오.

> "그러므로 그 시절에 내가 내 곡식을 도로 찾으며
> 그 시기에 내가 내 새 포도주를 도로 찾으며
> 또 저희 벌거벗은 몸을 가리울 내 양털과 내 삼을
> 빼앗으리라."

　사람들은 누구나 다 새로운 환경의 변화에 적응해야 합니다. 유목민이었던 이스라엘 백성들은 가나안 땅에 정착하게 되었을 때 거기에 적응해야만 했습니다. 그러나 하나님께서 그들에게 원하신 것이 무엇입니까? 그것은 유목생활 할 때나 가나안 땅에 살고 있는 지금이나 하나님을 의지하는 생활만큼은 변하지 말아야 한다는 것입니다. 광야에서 하나님의 직접적인 도움을 받던 것과 가나안 땅을 통해 간접적으로 공급되는 것 사이의 차이는 있지만, 그들은 여전히 하나님을 의지해야 하며 하나님이 공급하시는 힘으로 살아야 합니다.

　그러나 이스라엘 백성들이 가나안 땅의 풍성한 생활과 하나님을 별개로 생각해서 다른 원리를 따라갔을 때, 하나님께서는 가만히 있지 않고 그들에게 주신 모든 것을 도로 빼앗겠다고 말씀하십니다. 왜냐하면 그 모든 것이 하나님의 것이기 때문입니다. 8절을 보십시오.

> "곡식과 새 포도주와 기름은 내가 저에게 준 것이요

저희가 바알을 위하여 쓴 은과 금도

내가 저에게 더하여 준 것이어늘 저가 알지 못하도다. ”

'곡식과 새 포도주와 기름'은 가나안 땅이 주는 대표적인 세 가지 선물이었습니다. '은과 금'은 가나안 땅에서 나는 것은 아니었지만 가나안이라는 지형적인 조건을 이용하여 무역으로 얻을 수 있는 것들이었습니다. 달리 말해서 이스라엘 백성들이 가나안 땅에서 얻은 모든 것은 하나님께서 그들에게 주신 것이었습니다.

무슨 뜻입니까? '어디까지 하나님의 주권을 인정하느냐?'가 문제라는 것입니다. 이스라엘 백성들은 하나님의 주권을 종교적인 영역에만 제한시켰습니다. 그래서 그들의 마음을 평안하게 해주고 다른 나라로부터 지켜주는 것은 하나님이 해주시는 일이지만, 많은 곡식을 거두고 무역으로 돈을 버는 것은 가나안 땅이라는 지형적인 조건이 해주는 일이라고 생각했습니다.

하나님을 모르는 사람들의 경우, 광야에는 광야의 생활방식이 있고 가나안 땅의 정착사회에는 가나안의 문화와 생활방식이 있습니다. 그들은 상황의 변화에 적응해야 살아남을 수가 있습니다. 그러나 하나님께서 이스라엘 백성들에게 요구하신 것은 '그렇게 변화되려고 하지 말고 그대로 있으면서 오히려 그 사회를 변화시키라'는 것이었습니다. 만약 그렇게 하지 않고 가나안 사람들의 방식을 따라간다면 하나님께서는 그들을 그대로 두시는 것이 아니라 모든 것을 도로 빼앗아 가실 것입니다.

왜 그렇게 하십니까? 하나님께서 이스라엘 백성들을 가나안 땅에 심으신 것은 그들의 놀라운 생활이 그곳에서도 열매 맺게 하기 위해서였습니다. 이스라엘 백성들이 율법으로 만들어내는 생활은 너무나도 귀한 열매였습니다. 하나님께서는 그런 율법의 삶이 가나안 땅에서 더 아름답게 열매 맺기를 바라신 것이지, 자기들만 잘 적응해서 살라고 그곳에 옮기신 것이 아닙니다.

하나님의 백성에게는 하나님의 백성으로서 살아야 할 아름다운 삶이 있습니다. 가난하고 무식할 때에는 이런 겸손한 모습을 잘 갖출 수 있는데, 부자가 되고 유식해진 후에도 여전히 아름답기는 어렵습니다. 그러나 하나님께서는 좀더 잘 살게 되었을 때 더욱더 그와 같이 살라고 하십니다. 우리의 모든 것은 하나님께서 주신 것입니다. 내가 잘해서 부자가 되었건 아니면 나도 모르는 사이에 부자가 되었건 그것은 중요하지 않습니다. 하나님께서는 그것으로 다른 사람들과 더 많은 사랑을 나누라고 말씀하십니다.

만약 그렇게 하지 않고 자기 수준의 사람들이 사는 방식을 따라하면서 그들과 똑같이 비싼 물건을 사기 시작하고 그들처럼 거들먹거릴 때 하나님의 은혜는 더 이상 그 사람에게 소용이 없게 됩니다. 하나님께서는 그 모든 은혜를 거두어 가겠다고 말씀하십니다. 이 내용이 10절 이하에 자세히 소개되고 있습니다.

"이제 내가 그 수치를 그 연애하는 자의 눈앞에 드러내리니
저를 내 손에서 건져낼 사람이 없으리라.
내가 그 모든 희락과 절기와 월삭과 안식일과
모든 명절을 폐하겠고, 저가 전에 이르기를

'이것은 나를 연애하던 자들이 내게 준 값이라' 하던

그 포도나무와 무화과나무를 거칠게 하여

수풀이 되게 하며 들짐승들로 먹게 하리라."

이스라엘의 모든 절기에 풍성한 감사의 예배가 있었다는 사실을 기억하십시오. 그 모든 절기를 없앤다는 것은 다시는 하나님께 감사할 일이 없으리라는 뜻입니다. 포도나무와 무화과나무는 가나안 땅이 주는 가장 큰 혜택의 상징이었습니다. 가장 평화로운 상태는 자기 소유의 포도나무와 무화과나무 아래 누워 쉬는 것입니다. 그러나 하나님께서는 그들에게 주신 이 귀한 은혜와 축복을 거두어 가겠다고 말씀하십니다.

그 이유가 무엇입니까? 하나님은 이용당하는 분이 아니기 때문입니다. 그들은 형식적으로는 하나님을 섬기고 속으로는 바알을 섬기면서 '꿩 먹고 알 먹기'라고 생각했습니다. 여호와는 자기들을 버리지 못할 것이고 바알 또한 그들에게 축복을 내릴 것이라고 생각한 것이지요. 그러나 하나님은 속지 않으십니다. 그는 중심을 보시기 때문입니다. 하나님은 사람의 중심을 원하지 다른 것을 원하지 않으십니다. 13절을 보십시오.

"저가 귀고리와 패물로 장식하고 그 연애하는 자를 따라가서

나를 잊어버리고 향을 살라 바알들을 섬긴 시일을 따라

내가 저에게 벌을 주리라. 나 여호와의 말이니라."

하나님께서는 그들이 몰래 귀고리와 패물을 장식하고 바알을 찾아가 향을 사른 시일이 얼마인지 다 알고 계십니다. 이렇게 모든 것을 빼앗아 가신다는 사실이 오늘날 우리 교회에는 어떻게 적용될 수 있습니까? 우리가 가지고 있던 모든 지위와 재산을 갑자기 잃어버리고 알거지가 된다는 뜻일까요? 오히려 그러면 다행스럽습니다.

그러나 하나님은 그렇게 하지 않으실 것입니다. 그 대신 계속 부를 누리면서 거짓스러운 종교생활을 하게 하실 것입니다. 그리고 그들에게서 참된 은혜를 제거하실 것이며 성령의 역사가 나타나지 않게 하실 것입니다. 이 세상에서 중심적인 역할을 해야 할 교회가 사람들에게 신뢰를 잃어버리고 발에 밟히는 신세가 되고 말 것입니다. 교회가 있기는 한데 이 세상에서 하는 역할이 없습니다. 왜냐하면 교회에 있는 사람들과 세상에 있는 사람들 사이에 다를 바가 하나도 없기 때문입니다. 그러다가 하나님께서 심판하시는 날, 교회가 먼저 심판을 받을 것입니다.

그래서 교회를 외적인 규모로 말해서는 안됩니다. 교회 안에 있는 유력한 자들의 숫자로 말해서도 안됩니다. 교회는 '이 도시 사회에서 어떻게 하나님의 사랑을 실천하면서 그 원래의 특성을 잃어버리지 않고 여전히 성령충만한가?' 하는 것으로 설명되어야 합니다.

우리는 현대 도시사회가 주는 풍요로운 삶을 하나님께서 주신 것으로 믿어야 합니다. 이것은 시험입니다. 이것을 통해 우리가 과연 풍요로운 삶을 바르게 사용하는지가 드러날 것입니다. 가난할 때에는 가진 것이 없어서 남을 돕지 못한다고 할 수 있었지만 실제로 풍성하게 된 이후에는 그 말이 핑계인지 아닌지 드러나지 않겠습니까?

오늘 하나님께서는 많은 시간과 풍성한 물질을 통하여 우리의 믿음을 시험해보고 계시며 우리의 삶을 달아보고 계십니다. 이 모든 것을 '내 것'인 것처럼 생각해서 생활을 바꾸고 더 부자가 되려고 할 때 하나님의 은혜는 우리에게서 끊어지고 맙니다. 그러므로 돈이 있을 때 더 주의하고 무엇인가 뜻대로 잘 되고 있을 때 더 삼가해서 하나님의 은혜에서 떨어지지 말아야 합니다. 그럴 때일수록 나의 삶을 통해 그리스도인의 아름다운 삶의 열매가 나타날 수 있게 해야 합니다.

그렇지 않으면 이 세상의 신을 따라가는 것입니다. 오늘날 바알을 따라간다는 것은 바로 세상 사람들이 사는 방식을 그대로 따라가는 것입니다. 하나님을 믿는다고 하면서 이 세상 사람들이 사는 방식을 그대로 따라가는 자들이 바로 부정한 어미의 자식이요, 그런 방식으로 나가는 교회가 음란한 아내입니다. 하나님께서는 그들이 더 이상 하나님의 교회가 아니요 하나님의 백성이 아니라고 말씀하십니다. 그는 죄 많은 이 세상에서 결국 자기 능력으로 살아남아야 할 것입니다.

하나님께서는 우리를 시험하고 계십니다. 모든 일에 하나님만 의지하십시오. 아름다운 삶을 잃지 마십시오.

4

새로운 언약

호세아 2:14-23

2:14 "그러므로 내가 저를 개유하여 거친 들로 데리고 가서 말로 위로하고,

15 거기서 비로소 저의 포도원을 저에게 주고 아골 골짜기로 소망의 문을 삼아 주리니 저가 거기서 응대하기를 어렸을 때와 애굽 땅에서 올라오던 날과 같이 하리라."

16 여호와께서 이르시되 "그날에 네가 나를 '내 남편'이라 일컫고 다시는 '내 바알'이라 일컫지 아니하리라.

17 내가 바알들의 이름을 저의 입에서 제하여 다시는 그 이름을 기억하여 일컬음이 없게 하리라.

18 그날에는 내가 저희를 위하여 들짐승과 공중의 새와 땅의 곤충으로 더불어 언약을 세우며 또 이 땅에서 활과 칼을 꺾어 전쟁을 없이하고 저희로 평안히 눕게 하리라.

19 내가 네게 장가들어 영원히 살되 의와 공변됨과 은총과 긍휼히 여김으로 네게 장가들며

20 진실함으로 네게 장가들리니 네가 여호와를 알리라."

21 여호와께서 가라사대 "그날에 내가 응하리라. 나는 하늘에 응하고 하늘은 땅에 응하고

22 땅은 곡식과 포도주와 기름에 응하고 또 이것들은 이스르엘에 응하리라.

23 내가 나를 위하여 저를 이 땅에 심고 긍휼히 여김을 받지 못하였던 자를 긍휼히 여기며 내 백성 아니었던 자에게 향하여 이르기를 '너는 내 백성이라' 하리니 저희는 이르기를 '주는 내 하나님이시라' 하리라.

2:14-23

우리에게는 자신에게 무언가 잘못이 있음을 알면서도 그 결과가 완전히 나타나기 전까지는 잘 고치지 않으려는 고집이 있습니다. 오늘 우리 사회에 만연된 경향 중의 하나는 무언가 잘못된 줄 알면서도 끝장을 보기 전까지는 자신의 잘못을 인정하거나 잘못된 태도를 고치려고 하지 않는다는 것입니다. 잘못된 줄 알면서도 끝까지 미련을 가집니다. 그래서 운 좋게 별일이 일어나지 않으면 좋지만, 잘못되면 모든 것을 다 날려버리는 재앙을 당하고서야 자신의 잘못을 인정합니다.

오늘 말씀은 아무것도 없는 황량한 광야에서 이루어지고 있습니다. 하나님께서는 이스라엘 백성들의 잘못된 확신에 대하여 여러 번 경고하셨습니다. 그럼에도 불구하고 그들은 자기들이 가진 모든 것을 다 빼앗기기 전까지는 실제로 하나님의 경고처럼 될 수 있다는 사실을 인정하지 않았습니다. 결국 이스라엘 백성들은 모든 것을 다 빼앗겨 버렸습니다. 이제 남은 것이라고는 절망과 두려움밖에 없습니다. 그들의 마음은 굳어질 대로 굳어져 있습니다. 그런 가운데 하나님께서 이스라엘 백성들을 찾아오셔서 소망의 말씀을 주십니다.

오늘 본문은 세 부분으로 나누어서 생각하면 좋을 것 같습니다. 우선 첫 부분은 이스라엘 백성들이 포로로 잡혀가 있는 곳에서 주시는 말씀입니다. 사실 하나님께서 미리 이 말씀을 주셨지만 아무도 귀담아 듣는 사람이 없었습니다. 모든 것을 다 잃고 난 후에야 비로소 이 말씀이 그들의 마음에 와닿았습니다.

두 번째는 하나님께서 이스라엘 백성들과 관계를 회복하시겠다는 약속입니다. 놀랍게도 하나님께서는 이스라엘 백성들에게 '장가 들겠다'는 말을 세 번씩이나 하십니다. 이제 하나님은 그들에게 영원히 장가드십니다.

그리고 세 번째는 하나님과의 관계 회복을 통해 모든 피조세계를 회복하시며 풍성한 삶을 주시겠다는 약속입니다.

광야의 설득

이스라엘 백성들은 얼마나 미련했던지 가지고 있던 하나님의 은혜를 모두 빼앗기고 난 후에야 비로소 자기들의 믿음에 문제가 있었다는 것을 깨달았습니다. 2장 14절을 보십시오.

"그러므로 내가 저를 개유하여

거친 들로 데리고 가서 말로 위로하고"

이 말씀을 보면 호세아가 아무리 타일러도 듣지 않는 부정한 아내 고멜을 아무도 없는 들판으로 데리고 가서 여러 가지로 설득하는 것 같습니다. 그러나 실제 장면은 이것이 아닙니다. 실제 장면은 이스라엘 백성들이 누리고 있던 모든 가나안의 혜택을 다 잃어버리고 다른 나라의 포로상태로 돌아가는 것입니다.

'개유한다' 는 것은 다른 사람을 '꾄다', 또는 '유혹한다' 는 뜻입니다. 말을 아주 안 듣는 아이를 구슬리고 설득해서 말을 듣게 하는 것이 개유하는 것입니다. 그러니까 하나님께서 이스라엘 백성들을 개유하신다는 것은 그들이 잘못된 길로 나갈 때 일단 갈 때까지 가도록 내버려 두었다가 완전히 망한 후에 다시 그들을 찾아가서 위로하고 설득하시겠다는 뜻입니다.

지금 이스라엘 백성들의 거짓된 믿음은 너무나도 그 껍질이 단단해서 현재 상태로는 도저히 고쳐질 수 없습니다. 결국 그들은 갈 때까지 가야만 합니다. 자기들 나름대로 마음속에 확신이 있고 믿는 바가 있기 때문에 지금은 무슨 말을 해도 듣지 않습니다. 그들이 가지고 있는 것을 다 잃어버리고 갈 때까지 다 간 후에야 그들은 자기들이 믿었던 것이 잘못된 것이며 결코 하나님의 뜻이 아니었음을 깨달을 것입니다.

이렇게 이스라엘 백성들이 파멸로 가기까지 놓지 않았던 잘못된 신앙이 무엇이었습니까? 그것은 여호와로서의 하나님이 아니라 바알로서의 하나님을 믿는 신앙이었습니다. 16절과 17절을 보십시오.

> 여호와께서 이르시되
> "그날에 네가 나를 '내 남편'이라 일컫고
> 다시는 '내 바알이라' 일컫지 아니하리라.
> 내가 바알들의 이름을 저의 입에서 제하여
> 다시는 그 이름을 기억하여 일컬음이 없게 하리라."

무슨 말입니까? 그들은 하나님을 부를 때 '바알'이라고 불렀습니다. 그들은 바알과 여호와를 구별하지 못했어요. 어떤 여자가 잠꼬대를 하면서 다른 남자 이름을 부르면 어떻게 되겠습니까? 굉장히 험악한 일이 일어나겠지요. 그런데 이스라엘 백성들은 기도하다가 급하면 바알을 불렀어요. 왜냐하면 마음속에 든 것이 바알이었기 때문입니다. 이제 하나님께서는 다시는 새 이스라엘의 입에서 '바알'이라는 소리가 나오지 않을 것이며, 하나님을 '내 남편'이라고 부르게 될 것이라고 말씀하십니다.

여기에서 여호와와 바알, 남편과 정부(情夫)가 대조되고 있습니다. 다시 말해서 그들은 하나님을 남편처럼 생각했어야 하는데 정부처럼 생각했다는 뜻입니다. 정부와 남편의 차이가 무엇입니까? 겉으로 보기에는 별 차이가 없을지 모릅니다. 오히려 정부가 더 잘해주는 것 같습니다. 그러나 정부는 여자를 이용하는 자이며 여자도 정부에게 아무런 책임을 느끼지 않습니다. 두 사람 사이는 책임이 없는 사이요 진실한 사이가 아닙니다. 단지 욕망에 따라 결합한 사이일 뿐입니다.

하나님께서 이스라엘 백성들에게 원하신 것은 신실한 부부관계처럼 헌신된 관계였습니다. 하나님은 이스라엘 백성들에게 헌신하시고 이스라엘 백성들도 그만큼 하나님께 헌신하는 관계를 원하셨습니다. 이것이 바로 그들과 맺으신 언약의 내용이었습니다. 그러나 이스라엘 백성들은 '신앙은 결혼관계처럼 신실해야 할 신뢰관계'라는 것을 생각지 않았습니다. 자기의 정욕에 따라서 얼마든지 대상을 바꿀 수 있으며 자기 필요에 따라 순종할 수도 있고 순종하지 않을 수도 있다고 생각했습니다. 더 나아가 그렇게 해도 당장 무슨 큰일이 일어나는 것이 아니니까 완전히 망하기 전까지는 그런 자기들의 신앙에 무슨 문제가 있다고 생각지도 못했습니다.

이것이 바로 오늘 우리들이 가지고 있는 신앙의 맹점입니다. 우리는 자기가 신앙을 가지고 있으며 하나님을 믿고 있다고 생각합니다. 그러나 그 신앙이 과연 신실한 부부 사이의 관계처럼 정직과 헌신의 관계인지, 아니면 단지 나의 유익을 위하여 일방적으로 하나님을 사랑하는 관계인지 분별하는 것은 보통 어려운 일이 아닙니다. 그것은 자기가 가지고 있는 모든 것을 다 잃기 전에는 깨닫기 어려울 만큼 미묘한 일입니다.

신앙은 사랑하는 것입니다. 그러므로 신앙은 뜨거워야 합니다. 신앙이 냉랭하다는 것은 이해할 수 없는 일입니다. 학문은 냉랭할수록 좋아요. 그러나 신앙은 뜨거워야 합니다. 저는 차가운 신학자를 보면 이해할 수가 없습니다. 왜냐하면 신앙은 마음에 작용하는 것이고, 마음은 좋든지 싫든지 둘 중에 하나이기 때문입니다.

신앙은 단지 신이라는 존재가 필요해서 믿거나 또 어떤 복을 받을까 싶어서 무조건 믿는 것이 아닙니다. 신앙은 하나님이 온 천하의 주인이시며 이 모든 것을 만드신 분이라는 것을 알기 때문에 이 세상에 피조된 그 어떤 것에도 매이지 않고 지배당하지 않으며 그것들에게 마음을 빼앗기지 않겠다고 약속하는 것입니다.

"내가 바알들의 이름을 저의 입에서 제하여 다시는 그 이름을 기억하여 일컬음이 없게 하리라"는 말씀은 하나님께서 이런 자기 중심적인 신앙을 얼마나 역겨워하시는지 보여주는 말씀이며, 결국 이런 방법을 통해서라도 이스라엘 백성들이 가진 신앙의 맹점을 깨닫게 하기를 원하신다는 말씀입니다.

따라서 이스라엘 백성들이 가나안의 축복을 잃어버리는 것은 짧은 관점으로 보면 분명히 엄청난 손실이고 비극이지만, 그렇게 해서라도 하나님을 바로 알게 된다면 결코 비극이라고만 말할 수 없습니다. 왜냐하면 바로 그곳에서 하나님이 그들을 찾아오셔서 마치 남편이 속상한 아내를 달래고 위로하듯이 그들을 달래주시고 위로해주실 것이기 때문입니다.

하나님께서 이스라엘 백성들의 실패한 신앙 역사를 우리 앞에 보여주시는 이유가 무엇입니까? 하나님은 사람의 죄성이 얼마나 강한지 알려주고자 하시는 것입니다. 자신의 신앙이 분명히 잘못되었으며 문제가 있다는 것을 알면서도 완전히 망하기 전에는 돌이키려고 하지 않는다는 사실을 보여주시는 것입니다.

우리도 똑같은 잘못을 저지를 위험이 많습니다. 우리도 하나님 앞에 책임은 전혀 지지 않으면서 나에게 필요한 것만 받아내려는 거짓된 신앙을 참 신앙으로 생각할 수 있는 것입니다. 그래서 먼저 이스라엘 백성들의 실패한 역사를 통해 헌신하지 않는 이기적인 신앙의 결과를 보여 주십니다.

돌비가 깨진 사건이 보여주듯이 하나님이 이스라엘 백성들과 세운 언약은 깨질 수 있는 것이었습니다. 인간의 죄성이 그만큼 무섭고 간교하기 때문입니다. 이스라엘 백성들은 겉으로는 분명히 여호와 신앙을 믿는다고 했지만 속으로는 바알이라는 정부를 끌어들이고 있었으며, 그 결과 그들은 완전히 망하여 광야로 쫓겨나기까지 그들의 잘못된 신앙을 고침받지 못했습니다. 그들에게 언제 희망이 생겼습니까? 완전히 망했을 때입니다. 인간적인 모략이나 꾀가 더 이상 통하지 않는 그곳에서 그들은 다시 시작할 수밖에 없었습니다.

참으로 '거친 들'은 우리 모든 사람들에게 필요한 곳입니다. 우리는 거친 들이 아니면 도무지 신앙훈련이 되지 않는 사람들입니다. 조금이라도 할 일이 있고 인간적인 방법이 있으면 바로 바알의 종교로 달려가 버리기 때문입니다. 거친 들은 하나님께서 애굽을 떠난 이스라엘 백성들을 훈련하셨던 곳입니다. 하나님은 이곳에서 40년 동안 말씀으로 그들을 가르치셨고 개유하셨습니다.

이스라엘 백성들이 애굽에서 나왔을 때는 정말 말을 안 듣는 사람들이었습니다. 노예 근성에 찌든 사람들이었어요. 그런데 하나님께서는 40년 동안 이들을 얼르고 달래서 말씀을 잘 듣는 사람들로 만드셨습니다.

맨 처음에 무엇으로 훈련시키셨습니까? 먹는 것으로 하셨습니다.

만나는 매일 먹을 만큼만 거두어야 했고 그나마 안식일에는 내리지 않았습니다. 또 구름을 통해 훈련하셨습니다. 구름이 머무르면 가만히 있고 구름이 움직이면 같이 움직였습니다. 그리고 모세가 계속 설교했습니다. 모세가 40년 동안 설교한 내용의 요약이 신명기에 나타나고 있습니다. 예수님께서 제일 좋아하셨던 성경이 이사야, 시편, 그리고 이 신명기입니다.

광야에서 40년 동안 생활할 때 이스라엘 백성들은 신경 쓸 일이 없었습니다. 옷도 떨어지지 않고 신발도 떨어지지 않았습니다. 그들이 할 일은 말씀 듣는 것밖에 없었어요. 하나님은 이렇게 40년 동안 말씀으로 설득하고 달래고 깨닫게 해서 결국 하나님의 말씀을 잘 듣는 사람들을 만드셨습니다. 그래서 구약 역사상 하나님과 가장 가까웠던 세대가 바로 여호수아와 함께 요단강을 건넌 세대였습니다. 그들은 적군이 보는 앞에서도 할례를 행했고, 하나님이 여리고 성을 돌라고 하면 그냥 돌았습니다. 이렇게 하나님과 가까운 세대는 다시 없었습니다.

또한 거친 들은 이스라엘 백성들이 포로로 잡혀간 곳에서 그리스도가 오시기까지 기다리면서 자신들의 거짓된 종교를 버리는 훈련을 받던 곳입니다. 그들이 이 거친 광야의 훈련을 얼마나 받았습니까? 호세아가 설교한 후 거의 700년 동안 바알의 거짓된 신앙을 씻는 훈련을 받았습니다. 그리고 오순절 성령의 역사를 통하여 그들은 다시 하나님의 백성으로 받아들여지게 되었습니다

하나님은 이스라엘을 완전히 버리시지는 않았습니다. 그러나 그들의 머리에서 바알의 정욕적인 거짓 신앙이 씻겨지는 데는 너무나

도 오랜 기간이 필요했습니다. 자신이 참으로 하나님 앞에 죄인이요 자랑하거나 의지할 것이 아무것도 없는 존재임을 인정하기까지 그들은 들판에 버려진 상태로 있어야만 했습니다.

우리는 그렇게 하면 안 됩니다. 우리는 우리에게 의지할 수 있는 것이 아무것도 없음을 인정하고 하나님께서 자기 백성으로 받아주시는 것 외에 아무것도 더 요구해서는 안 됩니다. 그저 하나님을 알았고 하나님의 백성이 된 것만으로 만족해야 합니다. 그것 외에 다른 조건을 달면 거기서 바알의 신앙이 나오게 됩니다.

이스라엘 백성들이 포로되어 간 곳에 하나님께서 찾아오셔서 위로하실 때 어떤 일이 일어나게 됩니까? 15절을 보십시오.

> "거기서 비로소 저의 포도원을 저에게 주고
> 아골 골짜기로 소망의 문을 삼아주리니
> 저가 거기서 응대하기를 어렸을 때와
> 애굽 땅에서 올라오던 날과 같이 하리라."

'거기서 비로소 저의 포도원을 준다'는 것은 더 이상 장소적인 이동이 문제가 아니라는 것입니다. 그들은 광야에서 다시 가나안 땅으로 돌아오지 않습니다. 그 대신 그들이 있는 곳이 어디든지 하나님께서는 그곳을 가나안 땅이 되게 해주실 것입니다. 무슨 말입니까? 이스라엘 백성들이 어느 곳에 가서 무엇을 하면서 살든지 그들이 있는 그곳에서 말씀의 역사가 일어난다는 것입니다. 하나님께서 그들을 위로하시는 그곳이 바로 약속의 땅이자 가나안 땅이 된다는 것입니다.

가나안 땅에서 가장 귀한 나무는 포도나무입니다. 이스라엘 백성들이 가나안 땅에 있을 때 그들의 기쁨을 나눌 수 있는 것은 포도주였습니다. 그래서 포도주는 기쁨을 상징하며, 포도원을 준다는 것은 그들의 기쁨을 회복시켜 주신다는 뜻입니다.

아마 이 말씀보다 더 분명히 이스라엘 백성들의 장래를 보여주는 말씀은 없을 것입니다. 이번에 나라가 망해서 포로로 잡혀가 흩어지면 그들은 다시 가나안 땅으로 돌아오지 못하고 수백 년 동안 광야에서 살게 됩니다. 그러나 그들에게 다시 말씀의 역사가 나타나고 하나님의 위로가 임할 때, 다시 말해서 그들에게 복음의 역사가 나타날 때, 그들은 더 이상 가나안 땅에 돌아오지 않고서도 있는 그곳에서 하나님을 섬기며 하나님의 특별한 보호를 받는 백성이 될 것입니다.

이 말씀은 오늘 우리들에게 주시는 말씀입니다. 왜냐하면 흩어진 이스라엘 자손들이 신약교회로 들어오는 일과 이방인들이 교회 안에 들어오는 일이 거의 동시에 이루어졌으며, 이들에 대한 말씀은 바로 우리들에 대한 약속이기도 하기 때문입니다. 우리가 어떤 곳에서 종노릇하면서 살았든지 하나님의 말씀이 우리의 귀에 들리고 주님께서 말씀으로 위로하시는 그곳이 바로 우리의 가나안 땅입니다. 왜냐하면 하나님께서 거기서 우리와 함께 하시며 가나안의 모든 풍성한 삶을 주시고 성령으로 우리를 위로하실 것이기 때문입니다. 다른 곳으로 이사할 필요가 없습니다. 하나님의 말씀을 듣는 그곳이 바로 우리의 포도원입니다.

하나님이 또 무엇이라고 말씀하십니까? 아골 골짜기에 소망의 문이 생기게 하겠다고 하십니다. '아골'은 '고통'이라는 뜻입니다. 아골 골짜기는 이스라엘 백성들이 제일 좌절했던 곳입니다. 사실 이스라엘 백성이 가나안 땅을 점령한다는 것은 불가능한 일이었습니다. 그들이 애굽에서 나와 광야를 헤매고 다니는 동안에 문명이 바뀌어 버렸기 때문입니다. 처음에 애굽에서 나올 때는 청동기 문명이었는데, 하나님 말씀을 듣는다고 40년이나 광야를 헤매는 동안 철기문명이 되어 버렸습니다. 그러니까 싸움이 되질 않아요. 계란으로 바위 치는 것과 같습니다. 그런데도 그들은 믿음으로 요단 강을 건너가서 여리고를 멸망시켰습니다.

하지만 그들은 두 번째 성 아이에서 무참히 패배하고 말았습니다. 그때 이스라엘 백성들이 얼마나 겁을 냈는지 모릅니다. 가나안 사람들이 이 소식을 듣고 병기와 철병거를 가지고 공격해오면 자기네들은 그대로 멸망하기 때문입니다. 그들을 나아갈 수도 없고 물러날 수도 없게 만든 것이 바로 이 아이 성의 실패였습니다. 그 실패의 이유가 무엇입니까? 아간의 욕심 때문이었습니다. 그래서 아간을 돌로 쳐 죽인 곳이 바로 아골 골짜기입니다.

이처럼 아골 골짜기는 이스라엘 백성에게 너무나 절망스러운 곳이었습니다. 그런데 그곳에 소망의 문이 열리게 해주시겠다는 것입니다. 그들은 하나님의 백성이기 때문에 거친 들에서도 포도원을 주고, 어느 누구의 도움도 받을 수 없는 낙심과 좌절의 장소에서도 문이 열리게 하시겠다는 것입니다.

이것은 우리에게 하시는 말씀입니다. 오늘 우리가 살고 있는 이 하루하루는 다 광야이고, 우리들의 교회는 다 광야 교회입니다. 끊임없이 죄인들이 들락날락하고 어려움이 닥쳐옵니다. 어떤 때는 일상적인 어려움이 아니라 눈앞이 캄캄해지면서 "주여!" 소리가 절로 나오는 절망이 찾아오기도 합니다. 그러나 하나님은 그곳에 소망과 기쁨이 있게 하겠다고 말씀하십니다.

우리가 절망하는 이유는 길을 알지 못하기 때문입니다. 그러나 하나님은 위에서 보시기 때문에 길을 알고 계십니다. 그리고 이 하나님께서 우리와 함께 하시는 한 절대적인 절망은 존재할 수 없습니다. 언제나 소망이 있습니다. 우리는 언제든지 새로 출발할 수 있습니다. 금방 죽게 되었다고 하더라도 우리는 새 사람처럼 일어날 수 있습니다. 이것이 복음입니다.

자기를 믿는 사람은 일이 잘될 때에는 모든 것이 형통하다고 생각합니다. 그러나 결정적인 순간에는 자기가 믿던 모든 것들이 아무 도움이 되지 않는 것을 보게 될 것입니다. 중요한 것은 결정적인 순간입니다. 결정적인 순간에 도움이 되느냐, 되지 않느냐가 중요한 것입니다. 편안할 때에야 무슨 소리를 못하겠습니까? 그러나 주를 믿는 자는 결정적인 순간에 반드시 피할 길이 있으며 소생할 문이 있습니다. 침체는 있을 수 있지만 절망은 존재하지 않습니다.

네게 장가들리라

이제 하나님은 가장 충격적이면서도 아름다운 말씀을 하십니다. 그것은 하나님께서 이스라엘 백성들에게 새 장가를 들겠다는 말씀입니다. 19절과 20절을 보십시오.

> "내가 네게 장가들어 영원히 살되
>
> 의와 공변됨과 은총과 긍휼히 여김으로 네게 장가들며
>
> 진실함으로 네게 장가들리니, 네가 여호와를 알리라."

하나님께서 이처럼 장가들겠다는 말을 세 번씩이나 하시는 것은 이것이 너무나도 믿을 수 없는 엄청난 일이기 때문입니다. 그뿐 아니라 여기서 장가든다는 것은 완전히 새로운 결혼을 의미합니다. 다시 말해서 그들이 실패하여 하나님 앞에서 쫓겨나고 버림받았던 아픈 과거를 다 깨끗이 없애주시고 완전히 새로운 사람으로 그들을 맞이해서 결합하시겠다는 뜻입니다.

이것은 하나님과 그 백성들의 신비로운 연합을 의미합니다. 다시 말해서 이것은 다시 분리시킬 수 없는 온전한 하나가 되는 것을 의미합니다. "그날에 네가 나를 '내 남편'이라 일컫고"라고 말씀하셨다고 해서 실제로 하나님을 '남편'이라고 부른다는 말은 아닙니다. 어느 누구도 알 수 없는 하나로 깊이 연합한다는 뜻이지요.

어떻게 그렇게 연합할 수 있습니까? 오직 하나님의 영으로 그렇게 될 수 있습니다. 하나님의 성령이 교회 위에 임하실 때, 그리고 그 영이 우리 믿는 자 한 사람 한 사람 속에 임하실 때 우리는 하나님과 도저히 분리될 수 없는 하나로 연합하게 됩니다. 그것이 바로 장가드는 것입니다.

하나님과의 이런 연합에 나타나는 특징이 무엇입니까? 첫째로 하

나님과의 이 관계는 영원히 지속됩니다. "내가 네게 장가들어 영원히 살되"라는 말이 바로 그 말입니다. 다시는 하나님과 그 백성의 관계가 쪼개지지 않습니다. 모세의 두 돌비와 달리 이 새로운 언약은 결코 깨지지 않습니다.

사실 구약 시대에도 하나님은 진정으로 믿음에 서 있는 자들을 버리지 않으셨습니다. 하나님은 한번 택한 백성들을 버리지 않으십니다. 하나님은 아브라함을 버리지 않으셨고 야곱을 버리지 않으셨습니다. 야곱의 열두 아들을 다 붙들어서 족장을 삼으셨습니다. 버림받은 자들은 진정으로 하나님을 믿지 않았던 자들입니다.

그러나 새로운 복음의 시대에는 더욱더 견고하게 자기 백성들과 연합하셔서 절대로 이 관계가 끊어지거나 파괴되는 일이 없게 하실 것입니다. 우리가 연약하다고 해서 하나님의 존전에서 쫓겨나는 일은 없습니다. 우리가 한번 그리스도 앞에서 우리의 죄를 자복하고 주님께 온전히 자신을 맡겼다면, 이제 하나님의 사랑의 줄을 끊을 수 있는 것은 아무것도 없습니다. 버림받는 자가 있다면 처음부터 멸망의 자식이었던 사람뿐입니다.

둘째로 우리의 삶에 하나님의 놀라운 성품이 심기게 됩니다. '의와 공변됨'은 하나님의 성품입니다. 그리고 '은총과 긍휼히 여김'도 하나님의 성품입니다. 하나님께서 이런 성품들을 결혼선물로 우리에게 주십니다. 하나님께서 우리에게 주시는 가장 귀한 선물은 바로 우리 안에 새롭게 심긴 하나님의 성품들입니다.

'의와 공변됨'은 '의로움과 공평함'이라고도 볼 수 있는데, 하나님의 의를 우리에게 보여주실 뿐 아니라 우리를 실제로 의롭게 하시고 또 그런 사람으로 만들어 살게 하신다는 말씀입니다. 우리는 법을 어길 때 쾌감을 느끼고 구부러진 길을 매력적으로 생각합니다. 그러나 하나님은 죄를 싫어하십니다. 하나님은 모든 것을 바르고 정당하게 하십니다. 죄와 하나님은 상극입니다.

죄는 자신의 범위를 넘어서는 것입니다. 죄는 자기가 소유해서는 안 될 것을 소유하는 것이고, 자기가 있어서는 안 될 자리에 앉는 것이며, 자기가 생각해서는 안 될 것을 생각하는 것입니다. 하나님이 아니면서 하나님의 자리에 앉아서 모든 것을 내 뜻대로 하는 것은 하나님께 죄를 짓는 것입니다. 내 물건이 아닌 것을 탐내서 가지면 그 물건의 소유자에게만 죄를 짓는 것이 아니라 각자에게 소유를 허락하신 하나님께 죄를 짓는 것입니다.

하나님께서는 허물과 죄에 빠진 우리를 예수 그리스도의 피로 씻으십니다. 그래서 의롭게 하십니다. 그뿐 아니라 우리 안에 의로운 성품을 심으셔서 실제로 죄를 싫어하며 자기 것 이상을 생각지 않고 하나님이 주신 범위 안에서 감사하면서 살게 하십니다. 남의 아내를 탐내지 않는다는 것은 자기 아내로 만족하고 감사한다는 뜻인 동시에 결혼하지 않는 자는 그 상태로 만족하고 감사한다는 뜻입니다. 우리는 다 똑같지 않습니다. 다른 사람을 시기하고 미워할 이유가 없습니다.

그뿐만 아니라 우리에게 '은총과 긍휼히 여김'으로 장가드십니다. 바르고 균형잡힌 사람은 무미건조하기 쉽습니다. 그러나 하나님께서는 의롭고 공변되면서도 은총과 긍휼이 풍부하십니다. 바르게 하실 때도 잘라내고 공격하고 정죄하는 것이 아니라 감싸면서,

설득하면서, 오래 참으면서, 부족한 부분을 채워주면서 하십니다. 기독교는 질서의 신학입니다. 그러나 이 질서 안에 들지 않는 사람을 무조건 잘라내고 공격하고 비난하는 질서가 아니라 끌어올려 주고 기다려주고 품어주는 질서입니다. 은총과 긍휼이 없는 의와 공변됨은 굉장히 무서운 것입니다. 공의와 사랑이 입맞추고 연합하는 일은 하나님 안에서만 가능합니다. 하나님은 바르면서도 푸근하고 정확하면서도 은혜로우십니다.

그런데 우리는 한 번의 은혜만으로는 안 됩니다. 하나님께서 계속 은혜를 주시며 계속 불쌍히 여겨주셔야 합니다. 왜냐하면 우리 안에 악한 죄성이 있어서 자꾸 악한 것을 생각하고 죄에 빠지기 때문입니다. 하나님의 은혜가 우리 안에서 메마르면 우리는 금방 악해질 수밖에 없습니다. 결국 하나님의 은혜가 우리 안에 있는 죄성을 이김으로써 우리는 계속 하나님의 은혜 안에 머물 수 있습니다. 하나님께서 우리를 계속 새롭게 해주셔야 합니다.

이것이 가능한 자가 바로 우리입니다. 우리는 언제든지 새로워질 수 있는 사람들입니다. 하나님을 모르는 사람은 어제 기분이 나빴으면 오늘도 기분 나쁜 상태에서 시작해야 합니다. 어제까지 기분이 좋지 않았는데 오늘 갑자기 좋아질 수가 없지요. 그러나 그리스도인은 어떻습니까? 갑자기 좋아질 수 있습니다. 왜냐하면 새로운 영이 우리에게 임하시기 때문입니다. 우리는 언제든지 새롭습니다. 이것이 하나님의 은혜입니다.

하나님께서는 우리의 모든 죄를 일일이 갚지 않으십니다. 물론 우리가 범죄하면 하나님의 은혜가 일시적으로 닫히지만 고백하기만 하면 다시 새로워집니다. 지금까지 지은 모든 죄가 하나도 없는 것처럼 되어 버립니다. 더 이상 과거의 죄 때문에 고통받을 필요가 없습니다. 이보다 더 큰 축복이 어디 있습니까?

그래서 우리는 다른 모든 것을 양보할 수 있습니다. 왜냐하면 우리의 모든 과거의 죄가 씻겨졌고 새 사람이 되었기 때문입니다. 하나님의 새로운 성품이 우리의 재산입니다. 우리는 이것으로 하나님을 만나며 이것으로 다른 사람들을 만납니다. 이것이 없는 사람의 신앙은 파산한 것과 같습니다.

셋째로 하나님을 더 깊이 알아가게 됩니다. 20절을 보면 "진실함으로 네게 장가들리니 네가 여호와를 알리라"고 하십니다. 이것은 하나님께서 이들에게 자신의 모습을 진실하게 보여주시며 경험하게 하시겠다는 뜻입니다. 하나님은 우리들에게 아무것도 감추지 않으시며, 우리에게 하나님 자신을 독점적으로 온전히 나타내십니다. 이것이 우리가 누릴 축복입니다.

우리는 매순간 하나님의 진실하심을 경험하게 됩니다. '여호와를 안다' 는 것은 하나님에 대하여 지식으로 공부하는 것을 의미하지 않습니다. 아내는 남편을 아주 잘 압니다. 그러나 이것은 배워서 아는 것이 아닙니다. 함께 살면서 경험함으로써 아는 것이지요. 미국 이민국에서는 시민권을 얻기 위하여 진짜 부부 행세를 하는 가짜 부부들이 와서 시험 치는 경우가 있습니다. 좋아하는 것은 무엇이고 부모님의 이름은 무엇이며 서로의 특징은 무엇인지 열심히 외워서 시험을 칩니다. 하지만 그것은 가짜입니다. 진짜 부부는 그런 것을 외울 필요가 없습니다.

마찬가지로 하나님의 새 백성들은 하나님께 대한 지식을 외워서 시험칠 필요가 없습니다. 왜냐하면 그들은 매일 매순간 하나님을 경험하기 때문입니다. 하나님이 아닌 것은 금방 느껴집니다. 지금까지 내가 경험한 하나님이 아니라는 것이 직감으로 느껴지는 거예요.

이보다 더 귀한 축복이 어디 있습니까? 우리와 하나님의 관계가 끊어질 수 없으며 하나님의 귀한 성품이 우리 안에 있다는 것, 그리고 매일 매순간 하나님을 경험하면서 산다는 것, 이것보다 더 귀한 축복이 어디 있습니까?

우리의 성품은 참으로 악하고 고약합니다. 못된 근성들을 가지고 있습니다. 추악하고 더러운 욕망이 있습니다. 이 더러운 본성을 누르고 하나님의 성품이 우리를 지배할 수 있으려면 자꾸 이 거룩한 성품을 사용해야 합니다. 가만히 있으면 옛날의 기질밖에 나오지 않습니다. 우리는 우리 안에 있는 기질 중에 어떤 것들이 옛날 기질인지 잘 알고 있습니다. 나에게 가장 익숙한 것, 가장 나다운 그것이 바로 나의 본성입니다. 그것이 이기면 안 됩니다. 그것을 사용하면 사용할수록 우리의 재산은 마이너스가 됩니다. 자꾸 하나님의 기질을 사용하십시오. 그러면 그것이 하나님 앞에 나의 순자산으로 남아 있는 것을 보게 될 것입니다.

하나님의 성품은 우리에게 주신 결혼지참금입니다. 결혼반지예요. 하나님이 심어 주신 이 성품으로 천국문을 두드리면 천국문이 열립니다. 이 반지를 가지고 기도하면 하늘문이 열려요. 이것으로 우리는 교회를 세우고 세상을 바꿉니다. 나중에 주님이 오셨을 때 이것이 있는지 없는지 찾아보실 것입니다. 그때 우리에게 이런 성품이 있으면 영원한 영광으로 초대하시겠지만, 이것을 집어던져 버리고 세상적인 반지와 보석으로 치장하고 있으면 우리를 부정한 여자라고 부르시며 내치실 것입니다.

새 언약의 범위

마지막으로 하나님께서는 이스라엘의 회복이 단순히 내면적인 변화에 그치는 것이 아니라 우주적인 회복으로 연결될 것이라고 말씀하고 있습니다. 새 언약 백성을 택하실 때 그 언약의 범위는 모든 백성들과 모든 공중의 새와 짐승과 땅의 곤충까지 포함되는 놀라운 것이 될 것입니다. 23절을 보십시오.

> "내가 나를 위하여 저를 이 땅에 심고
> 긍휼히 여김을 받지 못하였던 자를 긍휼히 여기며
> 내 백성 아니었던 자에게 향하여 이르기를
> '너는 내 백성이라' 하리니
> 저희는 이르기를 '주는 내 하나님이시라' 하리라."

우선 새 언약에는 많은 이방인들이 포함됩니다. 하나님께서는 긍휼히 여김을 받지 못하던 자들을 긍휼히 여기시며 백성이 아니었던 자들을 백성이라고 부르십니다. 이것은 분명히 우리에게 하시는 말씀입니다. 우리는 원래 긍휼히 여김을 받지 못하던 자들입니다. 그

러나 하나님께서는 우리를 그의 백성이라고 부르시면서 이 언약에
포함시켜 주십니다.

사실 하나님께서는 원래부터 이것을 계획하셨습니다. 그런데 왜
이제서야 이렇게 하십니까? 교만 때문에 버림받았던 이스라엘의 전
철을 되풀이하지 않게 하기 위해서입니다. 그러나 마음으로는 이미
우리들을 긍휼히 여기셨으며 우리에 대한 계획을 창세전부터 가지
고 계셨습니다. 우리의 고백이 무엇입니까? '주는 내 하나님이시
라'는 것입니다. 이것은 우리의 모든 소망이 오직 하나님 한 분께
만 있다는 뜻입니다.

이 새로운 언약의 범위는 옛 노아의 언약을 생각하게 합니다. 18
절을 보십시오.

> "그날에는 내가 저희를 위하여 들짐승과
> 공중의 새와 땅의 곤충으로 더불어 언약을 세우며
> 또 이 땅에서 활과 칼을 꺾어 전쟁을 없이 하고
> 저희로 평안히 눕게 하리라."

이스라엘 백성들이 하나님 앞에서 범죄하였을 때 하나님께서는
모든 피조물과 이스라엘 백성들을 원수가 되게 하셨습니다. 그래서
들짐승들과 공중의 새도 이스라엘 백성들을 미워하며 저주하였습
니다. 이것은 인간이 범죄한 후에 일어났던 일과 동일합니다. 하나
님께서는 모든 피조물과 인간을 원수되게 하셨습니다. 사실 피조계
를 동원하여 인간들을 공격하게 하셨더라면 인간들은 애굽의 바로

처럼 망했을 것입니다.

피조계는 애매한 고통을 숱하게 당했습니다. 전쟁으로 나무들이 다 베이고 불타서 새나 들짐승들이 있을 곳이 없어졌습니다. 옛날부터 들짐승이나 새들에게 가장 심한 피해를 주는 것은 전쟁이었습니다. 전쟁만 일어나면 숲이 없어지기 때문입니다.

그러나 이제는 들짐승이나 새들과 언약하여 다시는 그들의 거처를 파괴하지 않겠다고 약속하십니다. 이것은 다시는 전쟁이 없게 하겠다는 말의 다른 표현입니다. 즉 다시는 인간 안에 진정한 의미의 적대감이 없어지게 하시겠다는 뜻입니다. 하나님의 사랑이 임하면 사람의 마음속에 서로 원수 삼는 미움과 증오가 없어지게 됩니다. 이것이 참된 평화입니다.

사람의 마음속에는 알 수 없는 두려움과 미움이 있습니다. 우리는 늘 누군가로부터 상처받을 것을 두려워합니다. 그러나 하나님의 용서가 임하면 사람의 미움이나 의심은 그렇게 결정적인 것이 되지 않습니다. 그래서 그리스도인들은 다른 사람을 향하여 마음을 열 수 있습니다.

보통 사람들은 자기에 대해서는 할 수 있는 한 많은 사실을 감추면서 다른 사람에 대해서는 할 수 있는 한 많이 알려고 합니다. 그래야 반격할 수 있기 때문이지요. 그런데 그리스도인의 특징이 무엇입니까? 자신에 대해서는 할 수 있는 한 개방적이 되고 다른 사람에 대해서는 굳이 알려고 하지 않는다는 것입니다. 왜 그렇습니까? 이미 자기 안에 하나님의 용서가 임했다는 것을 믿기 때문입니다. 자기 안의 죄와 상처가 치유되었기 때문에 굳이 감추고 거짓말을 할 필요가 없습니다. 아직도 자기의 것을 많이 감추고 남의 것을 알려고 하는 분이 있으면 '아, 나는 아직 죄 용서를 확신하지 못하고 있구나' 라고 생각하십시오.

하나님께서 확인하고 계신 것은 우리의 구원이 단순히 우리 내면의 문제로 끝나는 것이 아니라 새로운 생활로, 새로운 사회 건설로, 새로운 우주 건설로 확대되리라는 사실입니다. 그래서 그리스도인들은 내 안에 있는 신비적인 기쁨에 그칠 것이 아니라 다른 사람들과 관계를 회복하기 위해 노력해야 합니다. 이렇게 환경이 피폐해질 때 무언가 도울 수 있는 것이 있으면 돕고, 기도할 것은 기도해야 합니다.

우리에게는 새로운 사회를 건설하기 위해 노력해야 할 책임과, 믿지 않는 자들이 자기 양심을 팔고 극단적인 악으로 치달을 때 "너희가 안 믿는 건 좋아. 그러나 양심대로는 살아야 할 것 아니야! 인간이면 인간답게 굴어야지. 너희에게도 일반은총은 있잖아!" 하고 가르쳐야 할 책임이 있습니다. 학생들은 왜 공부해야 합니까? 학문이 너무 교만해져서 오히려 하나님의 창조 질서를 파괴하고 있는데 그것을 다 굴복시켜서 하나님의 질서에 복종케 하기 위해서입니다. 그래서 그리스도인들은 더 열심히 공부해야 합니다.

새 언약의 가장 중요한 특징이 무엇입니까? 하나님께서 우리의 기도를 들어주신다는 것입니다. 21절과 22절을 보십시오.

여호와께서 가라사대
"그날에 내가 응하리라.

나는 하늘에 응하고 하늘은 땅에 응하고
　땅은 곡식과 포도주와 기름에 응하고
　또 이것들은 이스르엘에 응하리라."

　하나님이 무엇에 응하십니까? 우리의 기도에 응하십니다. 지금까지 가나안 땅은 아무리 울부짖어도 응답이 없는 곳이었습니다. 하늘도 반응이 없었고 땅도 반응이 없었습니다. 그래서 곡식이나 포도나무나 감람나무가 살 수 없는 곳이 되어버렸고, 이스르엘 평지는 황무지가 되고 말았습니다.

　그러나 이제는 어떻습니까? 그들이 기도를 하면 하나님께서 응답하십니다. 하늘도 응답합니다. 땅에도 반응이 있습니다. 곡식도, 포도주도, 기름도 대답합니다. 무슨 말입니까? 우리의 기도가 이루어지지 않는 곳이 없다는 뜻입니다. 하나님께서 우리의 요구를 들어주십니다. "하나님, 하늘문을 여셔서 비를 내려 주십시오", "곡식이 나게 해 주십시오", "바른 농사를 짓게 해 주십시오", "바른 상거래가 이루어지게 해주십시오", "제가 지금 하는 일에 너무 사탄의 역사가 많습니다. 이기게 해주십시오" 할 때 하나님은 "내가 응하리라!"고 하십니다. 왜 두려워하면서 아무것도 하지 않고 자기 울타리 안에 처박혀 있습니까? 왜 주저앉아서 하나님이 아무것도 안 해주신다고 불평합니까?

　우리가 진짜 사랑의 동기로 하는 일이고 주님의 영광을 위해 하고 있는 일이라면 기도하십시오. 물러서지 마십시오. 하나님이 응하십니다. 역사가 나타납니다. 욕심으로 살 때는 되는 일이 없습니다. 그러나 주님을 의지하면서 주님이 주신 성품과 마음으로 하는데도 일이 잘 되지 않을 때, 아골 골짜기 같고 광야 같은 곳에 나 혼자 서 있을 때 하늘을 향해 기도하십시오. 하나님이 우리의 삶에 구체적으로 간섭하시며 우리의 삶을 통해 영광을 나타내실 것입니다.

새 언약의 범위는 우주적인 것입니다. 그러므로 우리는 우주적인 회복을 위해서 기도해야 합니다. 온 우주가 그리스도 안에서 하나가 될 수 있도록 기도해야 합니다. 그리스도를 무시하고 인간 중심으로 만들어놓은 모든 학문이나 기술이나 제도는 새로워질 필요가 있습니다. 그것을 통하여 하나님이 나타나실 수 있도록 기도하십시오. 우리의 모든 삶이 하나님 중심이 될 수 있도록 기도하십시오. 하나님이 응하실 것입니다.

5

하나님의 구속(救贖)

호세아 3:1-5

^{3:1} 여호와께서 내게 이르시되 "이스라엘 자손이 다른 신을 섬기고 건포도 떡을
즐길지라도 여호와가 저희를 사랑하나니 너는 또 가서 타인에게 연애를 받아
음부된 그 여인을 사랑하라" 하시기로

2 내가 은 열 다섯 개와 보리 한 호멜 반으로 나를 위하여 저를 사고

3 저에게 이르기를 "너는 많은 날 동안 나와 함께 지내고 행음하지 말며 다른 남자를
좇지 말라. 나도 네게 그리하리라" 하였노라.

4 이스라엘 자손들이 많은 날 동안 왕도 없고 군도 없고 제사도 없고 주상도 없고
에봇도 없고 드라빔도 없이 지내다가,

5 그 후에 저희가 돌아와서 그 하나님 여호와와 그 왕 다윗을 구하고 말일에는
경외하므로 여호와께로 와 그 은총으로 나아가리라.

3:1-5

얼마 전 어느 신문에 많은 중고등학교 여학생들이 가출하여 싸구려 방에 몰려 산다는 기사가 실려 있었습니다. 그들이 가출한 데는 가정에 문제가 있거나 잔소리가 듣기 싫어서, 또는 용돈이 적어서, 마음대로 즐기고 싶어서 등등의 이유가 있었습니다. 많은 사람들이 이 가출한 여학생들을 걱정하는 이유가 무엇입니까? 그들의 장래가 너무나도 뻔하기 때문입니다. 그러나 그들은 자신들이 얼마나 불행하게 될지 모르는 채 일시적인 충동과 기분으로 그렇게 살고 있습니다.

사랑하는 사람들은 돈으로 모든 것을 해결하지 않습니다. 돈은 정말 부수적인 것에 지나지 않습니다. 부모가 참으로 자식을 사랑한다면 돈으로 모든 것을 해결하는 대신 그 아이가 바른 인격으로 자라도록 노력합니다. 부부 사이에도 마찬가지입니다. 부부가 서로를 참으로 사랑한다면 돈은 결정적인 문제가 되지 않습니다. 그들은 돈으로 모든 것을 해결하려고 하지 않습니다. 왜냐하면 서로 가지고 있는 것이 다 내 것이기 때문입니다. 그 대신에 서로의 마음이 더 중요하고, 신뢰와 믿음이 더 중요하며, 상대방의 존재 자체가 귀중합니다. 서로가 서로에게 필요하다는 중요한 사실을 제외한 나머지는 모두 부수적인 것에 불과합니다.

지금 하나님께서는 이스라엘 백성들의 상태를 매우 위험하게 생각하고 계십니다. 그 이유는 이들이 더 이상 하나님과의 관계를 믿음과 신뢰의 관계로 생각하지 않기 때문입니다. 이스라엘 백성들은 지금 가나안의 생활에 마음을 완전히 빼앗겨 버렸습니다. 그들에게 중요한 것은 하나님이 아니라 가나안 땅의 풍요로운 생활이었습니다.

하나님께서는 호세아에게 무엇이라고 말씀하십니까? 가출해서 매춘부 노릇을 하며 살고 있는 옛 아내를 다시 사랑하라고 말씀하십니다. 하나님은 이 말씀을 통해 이스라엘 백성들이 지금의 생활을 바꾸지 않고 그대로 살 때 장차 어떻게 되는지를 보여주십니다. 그리고 그럼에도 불구하고 하나님께서 어떻게 그들을 구원하시는지를 보여 주십니다.

지금 고멜은 다른 사람의 노예가 되어 그 빚을 갚기 위하여 매춘을 하고 있습니다. 아마 노예 중에 가장 비참한 노예일 것입니다. 이스라엘 백성들이 지금의 모습 그대로 살면 고멜처럼 될 수밖에 없습니다. 그들은 가나안 땅을 잃어버리고 이 땅에서 쫓겨날 것입니다. 그렇다고 해서 하나님께서 이스라엘을 완전히 버리시는 것은 아닙니다. 호세아가 다시 고멜을 찾아가서 몸값을 주고 그를 사서 집으로 데려오는 것처럼 이스라엘 백성들을 다시 구속해서 데리고 오실 것입니다.

오늘 본문에서 호세아는 구원의 새로운 주제를 하나 제시합니다. 그것은 바로 몸값을 주고 노예를 다시 사는 '구속(救贖)'의 개념입니다.

이스라엘 백성의 상태

만약 우리가 앞으로 십 년 후, 혹은 이십 년 후 자신의 모습을 볼 수 있다면 어떻게 되겠습니까? 아마 정신을 차리고 살겠지요. 부모님의 말씀을 죽어라고 듣지 않고 나쁜 아이들과 어울려서 시간을 보내던 어떤 학생이 어느 날 꿈속에서 십 년 후 자신의 모습을 보았다고 합시다. 꿈속에서 그는 악당 두목이 되어 경찰에 쫓기다가 비참하게 총에 맞아 죽었습니다. 이 꿈을 꾼 학생의 등에서는 식은 땀이 흘러내릴 것이고, 그는 이제부터는 지금처럼 살지 않겠다고 결심할 것입니다.

하나님께서는 호세아에게 간부(姦夫)를 따라 집을 나가서 비참하게 노예생활을 하고 있는 고멜을 데리고 오라고 하십니다. 3장 1절 하반절을 보십시오.

"너는 또 가서 타인에게 연애를 받아 음부된 그 여인을

사랑하라" 하시기로

호세아는 많은 사람들이 보는 앞에서 다른 남자를 따라 도망쳤다가 비참한 노예로 전락한 이 여자를 찾아서 데리고 옵니다. 이 장면이 보여주는 것이 무엇입니까? 바로 이스라엘 백성들의 장래 모습입니다. 고멜은 '정말 이 여자가 옛날의 고멜일까' 싶을 정도로 몸이 말랐고 얼굴도 형편없이 되었습니다. 옛날의 그 오만한 모습은 도저히 찾아볼 수 없이 가난과 비참한 생활에 찌들대로 찌든 모습이었습니다. 이것이 바로 이스라엘 백성들의 장래 모습입니다. 1절 상반절을 보십시오.

여호와께서 내게 이르시되
"이스라엘 자손이 다른 신을 섬기고 건포도 떡을 즐길지라도
여호와가 저희를 사랑하나니"

호세아는 왜 고멜을 다시 데려와야 합니까? 하나님께서 이스라엘 백성들을 사랑하시기 때문입니다. 그런데 그때 이스라엘 백성들의 상태가 어떠합니까? 지금처럼 모든 것을 자기 멋대로 하는 이스라엘이 아닙니다. 가진 것을 다 빼앗기고 아무것도 의지할 것이 없는 노예 상태의 이스라엘입니다.

하나님께서는 "이스라엘 자손이 다른 신을 섬기고 건포도떡을 즐길지라도"라고 말씀하고 있습니다. 문제는 바로 여기, 건포도떡에 있습니다. 이스라엘 백성들이 가나안에서 누리는 축복을 한마디로

표현한 것이 바로 건포도떡이었습니다. 하나님께서 이스라엘 백성들에게 광야에서 주신 음식은 만나였는데 만나는 구워 먹든 삶아 먹든 맛이 거기서 거기였습니다. 그런데 가나안 땅에 들어와 보니까 곡식도 있고 포도도 있는 거예요. 특히 포도를 떡 안에 넣은 건포도떡은 가나안 땅이 제공하는 행복의 대명사였습니다.

하나님은 이스라엘 백성들을 인격적으로 사랑하셨습니다. 그들이 광야에 있든지 가나안 땅에 있든지 오로지 하나님 한 분만 의지하고 살기를 원하셨습니다. 그리고 이스라엘 백성들도 그렇게 하겠다고 약속했습니다. 그런데 가나안 땅에 들어와 보니까 세상이 완전히 다른 거예요. 이곳 생활은 아주 안정되어 있었고 모든 것이 풍성했습니다. 더욱이 광야처럼 저절로 하늘에서 내리는 것은 하나도 없었고 모든 것이 가나안 땅에서 생겼습니다. 그렇기 때문에 그들은 농사를 지어야만 했고 머리를 써서 돈을 벌어야만 했습니다.

물론 처음에는 가나안 땅을 주신 하나님께 감사드렸습니다. 그러나 계속 살다 보니 하나님을 자꾸 잊어버리게 되었습니다. 여기서는 모든 것이 하나님 없이 주어졌습니다. 광야에서 살 때는 하나님이 없으면 당장 만나가 내리지 않고 물을 구할 수 없었지만, 가나안 땅에서는 하나님이 계시든지 안 계시든지 상관이 없었습니다. 초자연적으로 얻는 것이라고는 하나도 없었으니까요. 씨를 뿌리면 열매가 맺혔습니다. 때가 되면 비가 왔습니다. 신앙이 좋든지 안 좋든지 아무 상관이 없었어요. 오히려 신앙이 없는 사람들에게 일이 더 잘 풀렸습니다.

이스라엘 백성들은 가나안 땅에서 정상적으로 노력하고 활동해서 얻는 것들을 하나님이 주시는 것으로 생각하기가 어려웠습니다. 이것은 가나안 땅이 주는 것이었습니다. 그래서 그들은 가나안 땅의 축복을 잃지 않기 위하여 더욱더 가나안 생활에 충실했습니다. 가나안 생활에 충실하게 산다는 것은 바로 가나안 신들을 섬기는 것입니다. 가나안 땅에서 살아남기 위해서는 하나님의 능력만으로는 안심이 되지 않았습니다. 여기서는 가나안 신들의 도움이 필요했습니다.

그들은 자기들이 가나안 신들을 잘 섬긴 대가로 받은 축복이 건포도떡이라고 믿었습니다. 그런데 하나님께서 보여주신 결과는 어떤 것이었습니까? 비참한 노예 고멜의 모습이었습니다. 고멜은 음행을 좋아했습니다. 왜냐하면 음행을 할 때마다 남자가 선물을 하나씩 갖다 주었기 때문입니다. 그것은 음행의 값이었습니다.

어느 날, 그는 아예 그 사람을 따라가면 많은 선물을 줄 것 같은 생각에 완전히 가출하고 말았습니다. 그러나 그 남자는 사기꾼이었습니다. 그는 고멜을 잡아 두들겨 패고 결국은 다른 사람에게 노예로 팔았습니다. 그는 가장 비참한 지경에 떨어져서 살고 있었습니다. 노예가 되어서 고생할 대로 고생하는 고멜의 모습! 이것이 바로 이스라엘 백성들의 장래 모습이었습니다.

이스라엘 백성들이 생각하지 못한 것이 무엇입니까? 그것은 그들이 특별한 하나님의 백성들이라는 사실입니다. 그들이 이 세상에서 사는 것은 순전히 하나님의 도우심 때문입니다. 자신의 힘으로는 도저히 가나안 땅을 차지할 수도, 지킬 수도 없습니다. 그들은 오직 하나님의 능력으로만 살 수 있습니다. 그러나 가나안 땅이 탐나서, 무언가 더 얻고 싶어서, 더 자유롭게 살고 싶어서 하나님을 의지하지 않게 되었을 때 그들을 기다리고 있는 것은 비참한 노예 생활뿐이었습니다.

이것은 오늘 우리 믿는 자들에게도 그대로 적용됩니다. 우리가 이 죄악 세상에서 신앙을 지키고 그런 대로 사는 것은 하나님께서 우리를 지켜주시기 때문입니다. 하나님께서 우리에게 원하시는 것은 이 세상의 어떤 풍요로운 삶보다 하나님을 더 사랑하는 것입니다. 하나님께서는 가난함이나 부요함이 우리에게 하등 중요한 것이 되지 않기를 바라십니다. 가난할 때에도 하나님이 중요하고 부요할 때에도 하나님이 중요하길 바라십니다. 왜냐하면 하나님은 가나안 땅보다 더 큰 분이시기 때문입니다.

그러나 우리는 어떻습니까? 좀 잘살게 되면 마음이 급해져서 하나님을 버리고 세상으로 달려갑니다. 신앙을 가져봐야 세상이 알아주지 않으니까요. 신앙이 좋다고 해서 시험에 더 잘 붙는 것도 아니고 장사가 더 잘되는 것도 아니고 승진이 더 잘 되는 것도 아닙니다.

예전에 우리는 다 가난했습니다. 그러나 이제는 잘산다는 것이 어떤 것인지 맛보고 있습니다. 우리 시대에 잘산다는 개념을 대표하는 것은 건포도떡이 아니라 '내 아파트'와 '내 차'입니다. 우리는 초자연적인 세상에 살고 있지 않습니다. 만나로 사는 세상이 아닙니다. 만나로 사는 세상 같으면 매일 성경이나 읽고 기도나 하면 되겠지만 지금 세상은 너무나도 바쁘게 돌아가고 있습니다. 이 가운데서 하나님만 찾고 하나님만 의지한다고 해서 도움될 것이 뭐가 있습니까?

세상에는 세상의 규칙이 있습니다. 그래서 하나님만 전폭적으로 의지하기가 두렵습니다. 의지할 만한 다른 것이 있어야 합니다. 그래서 다른 것을 의지하면 어떤 결과가 나옵니까? 비참한 노예상태가 됩니다. 이것도 되지 않고 저것도 되지 않습니다. 마음속에 갈등이 있기 때문이지요. 그래서 결국 아무것도 되는 것이 없습니다.

하나님은 초자연적인 것만 주시는 것이 아닙니다. 가나안 땅 자체가 하나님이 주신 선물이었습니다. 이스라엘 백성들은 하나님이 너무 거룩하셔서 가나안 땅 같은 데는 절대로 들어오시지 않을 줄 알았습니다. 그러나 가나안 땅 자체가 하나님이 주신 선물이었습니다. 하나님께서는 가나안 땅에도 계셨고, 여기에서도 그들에게 필요한 모든 것을 주시는 분이었습니다.

우리는 기적적으로 해결되는 것만 하나님이 주시는 것으로 생각해서는 안 됩니다. 하나님께서는 현대사회 가운데 계시며 정상적인 방법으로 우리의 필요한 것을 채워주고 계십니다. 내가 노력해서 번 돈이라고 해서 내 것이라고 생각하지 마십시오. 이것은 하나님이 주신 선물입니다. 그것을 내가 이 세상에 아부하고 몸 바쳐 일하고 양심을 팔아서 일한 대가로 생각하지 마십시오. 그것은 다른 신을 좇는 것입니다.

하나님께서는 우리가 하는 일보다 우리 자신을 더 사랑하시며, 우리가 원하는 목표를 이루는 것보다 바른 사람이 되기를 바라십니다. 이 세상에서 아무리 돈이 많고 생활이 풍부해도 그 때문에 하나님께 대한 나의 자세를 바꾸지 않기를 원하십니다. 오히려 풍부한 삶과 높은 직책은 무서운 시험거리가 될 수 있습니다.

우리는 눈앞에 보이는 것들의 가치를 자꾸 부인해야 합니다. '이것은 참된 것이 아니다. 이것은 아무것도 아니며 단지 하나님께서 주시는 일반은총에 불과하다. 나에게 중요한 것은 하나님 자신이다.' 이렇게 물질이나 평안한 생활에 마음을 빼앗기지 않고 계속 하나님의 은혜를 목말라 하고 하나님의 말씀에 주리지 않으면 시험에 넘어갑니다.

하나님의 백성들과 세상의 백성들은 사는 원리가 완전히 다릅니다. 세상 사람들은 세상의 게임법칙에 따라서 삽니다. 그것이 그들에게 주어진 것입니다. 그러나 하나님의 백성들은 그렇지 않습니다. 그들은 여전히 하나님의 은혜로 사는 사람들입니다. 그러므로 많든지 적든지 하나님이 주신 만큼 가지고 살아야 합니다. 그렇지 않고 물질에 마음을 빼앗기고 하나님이 주신 것 이상으로 많이 가지려고 하면 결국 비참한 고멜처럼 노예가 되고 맙니다.

하나님의 사랑

1절에서 하나님은 "이스라엘 자손이 다른 신을 섬기고 건포도떡을 즐길지라도 여호와가 저희를 사랑하나니"라고 말씀하십니다. 정말 굉장한 말씀이지 않습니까? 세상에 이런 말씀이 어디 있습니까? 이것은 지금까지 하나님이 이스라엘 백성들을 책망하시고 이제는 더 이상 "내 백성이 아니다"라고 말씀하신 것과 정면으로 충돌하는 말씀입니다. 왜 하나님은 언제는 로암미와 로루하마를 선포하시고,

또 언제는 "그들이 건포도떡을 즐기더라도 사랑하겠다"고 말씀하십니까? 하나님은 왜 이랬다 저랬다 하시는 겁니까?

하나님께서는 이스라엘 백성들이 우상을 숭배하든, 건포도떡을 사랑하고 즐기든 상관하지 않고 무조건 사랑한다는 것입니까? 그렇지 않습니다. 하나님께서는 다른 신을 따라가거나 이 세상의 것들을 다른 신이 준 것으로 여기면서 좋아하는 자들을 절대로 사랑하지 않으십니다. 성경이 말씀하고 있는 것은 이스라엘 백성들이 다른 신을 따라가도 좋고, 건포도떡을 즐겨도 좋다는 뜻이 아닙니다.

그렇다면 이 말씀을 어떻게 해석해야 합니까? 이스라엘의 배신이 하나님께 너무나 실망스럽고 환멸을 주는 일이라 하더라도 그것이 하나님의 구원계획을 취소하지 못한다는 것입니다. 이 말씀은 "나는 너희가 하는 짓이 정말 싫다! 그러나 너희들이 그렇게 한다고 해서 내 구원계획을 취소하지는 않는다. 나는 너희들을 버릴 것이다. 너희는 앗수르에 포로가 될 것이고 이곳은 폐허가 될 것이다. 그러나 나의 구원계획은 결코 취소하지 않고 반드시 이룰 것이다!" 하시는 비장한 선언인 것입니다.

이스라엘 백성들이 가나안 땅에서 하나님을 버리고 다른 신을 따라갔을 때 하나님은 그들을 버리셨습니다. 온 세상이 다 알 수 있도록 그들을 버리셨습니다. 그러나 바로 그 현장에서 언젠가는 다시 그들을 찾아가서 되찾아오실 것을 선언하십니다.

하나님은 죄인을 부르실 때 그가 어떤 상태에 있든지 차별하지 않고 다 불러들이십니다. 그러나 일단 불러들이고 난 후에는 더 이상 옛날 방식으로 살지 못하게 하십니다. 불러들일 때는 무조건적이지만 불러들인 후에는 조건적입니다. 그들은 언약 안에 있어야 하고 사랑 안에 있어야 합니다. 사랑 안에 거하지 않는 사람은 "하나님은 사랑"이라고 말할 자격이 없습니다. 그래서 하나님의 사랑에는 무조건성과 조건성이 함께 있습니다. 무조건성이라는 것은 신분이나 성별이나 직책이나 피부색과 상관없이 모든 죄인을 사랑하신다는 것입니다. 조건성이라는 것은 일단 사랑 안에 들어온 사람은 그 말씀대로 살아야 한다는 것입니다.

사람들은 예정에 대해서 오해를 참 많이 합니다. 예정은 우리의 구원이 즉흥적인 것이 아니라 하나님이 이미 오래전부터 계획을 세우신 일이라는 것입니다. 그래서 하루하루의 삶을 보고 이 세상을 보면 우리가 쓰러질 것 같고 신앙을 지킬 수 없을 것 같지만 그럼에도 불구하고 우리의 구원은 흔들리지 않는다는 약속이 예정인 것입니다. 그런데 지금 하나님의 은혜를 떠나면서, 교회를 떠나면서, 죄를 지으면서 "나를 예정하셨다면 언젠가는 돌아옵니다" 하고 말하는 사람이 있다면 그는 아주 간악한 사람이며 하나님의 약속을 남용하는 사람입니다. 하나님의 약속이 우리를 더 방종하게 하고 죄짓게 만드는 수단이 되면 안 됩니다.

신약교회를 굉장히 어지럽혔던 니골라당은 하나님이 사랑이기 때문에 무슨 짓을 해도 상관없다고 주장했습니다. 우상을 섬기든 성적으로 범죄하든 세상 재물을 사랑하든 하나님은 사랑이시니까 마음대로 살라는 겁니다. 예수님은 에베소 교회에 보내는 편지에서 "나도 니골라당을 미워한다"고 말씀하셨습니다. 하나님의 사랑을 남용해서 제멋대로 사는 것을 싫어하신다는 것입니다.

하나님께서는 누구나 의무적으로 사랑해야 하고 구원해야 하는 분이 아닙니다. 하나님은 참으로 구원받을 자를 구원하시고 은혜받을 자에게 은혜를 베푸십니다. 그래서 누구든지 하나님의 은혜를 담보로 삼아서 죄를 지으려고 해서는 안 됩니다. 나는 택한 백성이니까 죄를 지어도 하나님이 용서해 주어야 하며, 나는 이스라엘 자손이니까 하나님이 당연히 지켜주셔야 한다고 생각하는 것은 스스로 속이는 것이며 하나님의 은혜를 제한하는 것입니다. 하나님은 마음이 가난한 자에게 은혜를 주시고 참으로 하나님의 구원을 기뻐하고 감사할 자를 구원하십니다. 그러므로 이 1절의 말씀은 '이스라엘은 실패했지만 나는 실패하지 않는다' 는 말씀입니다. 하나님은 저항할 수 없는 능력으로 구원하실 자를 구원하십니다.

하나님이 이스라엘 백성들을 구원하시려면 어떻게 하셔야 합니까? 그들이 구원을 기뻐하고 감사할 수 있는 상태에 있도록 해야 합니다. 다시 말해서 지금 그들이 누리고 있는 모든 축복을 다 빼앗아 그들을 가난하고 비참하게 하셔서 결국 하나님의 은혜에 다시 한번 감사하고 감격하도록 하는 것이 하나님께서 그들을 사랑하시는 방법입니다.

그러므로 하나님께서 우리의 교만을 꺾기 위하여 우리를 이 세상에서 실패하게 하시고 우리의 모든 자랑을 빼앗아 가셔서 결국 하나님의 은혜만으로 만족하게 하시고 그것으로 기뻐하도록 하시는 것이 우리를 사랑하시는 방법입니다. 왜냐하면 하나님은 영광을 받으셔야 할 분이기 때문입니다. 하나님께서 누군가에게 쩔쩔 매시면서 그가 가지고 있는 자격의 화려함과 높은 신분 때문에 어쩔 수 없이 구원하는 경우는 결코 없습니다. 다시 말해서 하나님의 구원에 감사할 줄도 모르고 감격할 줄도 모르는 자는 구원하지 않으십니다.

하나님께서 어떻게 이스라엘 백성들을 사랑하셨습니까? 그들이 다른 신을 따라가도 "오냐, 오냐" 하시고 또 건포도떡을 바알의 선물이라고 하면서 좋아해도 "좋다, 좋다" 하시는 눈먼 사랑이 아닙니다. 하나님은 그들을 가장 비참한 자리로 내동댕이치십니다. 그들의 모든 재물과 땅을 다른 나라에 다 빼앗기게 하시고 그들을 비참하게 만들어서 자신들의 모습을 똑똑히 보게 하십니다. 그 후에야 그들을 구원하심으로써 다시 하나님의 구원을 기뻐하게 하시고 하나님의 영광을 이 세상의 영광과 섞지 않게 하십니다.

요즘 우리들의 형편에 불만이 많고 하나님의 구원을 아주 보잘것없이 생각할 정도로 교만해져 있다면 조심하십시오. 하나님께서 여러분을 반드시 비참하게 만드실 것입니다. 그렇게 해서라도 하나님은 우리가 하나님의 구원을 기뻐하며 하나님께만 영광을 돌리도록 만드십니다.

구속

호세아서 3장에 나오는 이 이야기를 그림으로 그려 보십시오. 어떤 여자가 바람이 나서 남편을 버리고 도망쳤습니다. 그 여자는 히히덕거리며 간부와 놀아나다가 결국 노예로 팔려 갔습니다. 남편은 정말 아내가 미웠지만 그래도 불쌍해서 이곳저곳 찾아다녔습니다. 마침내 그는 얼굴도 알아보기 힘들 정도로 비쩍 마른 아내를 찾았습니다. 남편을 보고서도 고개를 들지 못하는 아내를 본 남편은 주인에게 값을 치른 다음, 아내를 나귀에 태워서 돌아옵니다. 두 사람 다 말이 없습니다.

이것은 누가복음 15장에 나오는 탕자의 그림보다 더 생생한 그림입니다. 호세아는 고멜을 사랑하기 위하여 대가를 지불했습니다. 2절을 보십시오.

> 내가 은 열 다섯 개와 보리 한 호멜 반으로
> 나를 위하여 저를 사고

호세아가 고멜을 사랑할 수 있는 방법은 그의 몸값을 주고 다시 사오는 것이었습니다. 그 외에 다른 방법이 없습니다. 고멜에게 가서 아무리 입으로 사랑한다고 고백해도 이제 고멜은 호세아에게 돌아올 수 없습니다. 왜냐하면 다른 사람의 노예가 되어 있기 때문입니다. 그는 거기서 비참한 종살이를 계속 해야 합니다.

호세아는 고멜의 몸값을 지불했습니다. 그는 자기 자신을 위하여 고멜을 샀다고 말하고 있습니다. 이 말은 고멜을 사서 다른 데에 팔려고 산 것이 아니라 자기 사람을 만들기 위하여 샀다는 뜻입니다. 이제 고멜은 호세아의 사람이 되었습니다. 고멜의 의사와 상관없이 고멜은 호세아의 사람입니다.

우리는 성경에서 구원을 나타내는 다양한 표현을 바로 이해할 필요가 있습니다. 그중에 하나가 '화목'이고, 다른 하나는 '구속'이며, 나머지 하나는 '양자됨'입니다. 이것들은 각각 다른 방향에서 구원이 가지고 있는 풍성한 뜻을 생생하게 나타냅니다. 하나님께서는 전혀 다른 개념들을 끌고 오셔서 하나님과 관계를 회복한다는 것이 어떤 것이고, 죄와 우리는 어떤 관계에 있으며, 우리가 하나님께 요구할 수 있는 권리는 무엇인지 생생하게 보여 주십니다.

'화목' 또는 '속죄'는 제사적인 개념입니다. 죄 때문에 제물의 피가 흘러야 한다는 것은 우리의 죄에 대한 하나님의 감정을 나타냅니다. 하나님은 우리의 죄를 지극히 싫어하십니다. 그래서 은혜로운 하나님을 만나기 위해서는 반드시 피가 흘러야 합니다. 한번 피가 흐르고 나면 우리는 은혜로운 하나님을 만날 수 있습니다. 죄인인 우리를 향한 하나님의 감정이 변했기 때문입니다.

'구속'은 경제적인 개념입니다. 경제적인 개념은 노예된 사람의 몸값을 주고 다시 사서 자기 사람으로 만드는 것입니다. 몸값을 주었기 때문에 다시는 옛날 주인이 상관할 수 없습니다. 이제는 오직 새 주인의 말만 들으면 됩니다. 그래서 구원의 경제적인 측면은 우리 구원의 확실성을 보장해 줍니다. 비싼 대가가 지불되었기 때문에 우리의 구원은 취소될 수 없습니다. 호세아가 고멜을 위하여 은 열다섯 개와 보리 한 호멜 반을 지불했기 때문에 고멜은 다시 노예 생활을 할 필요가 없는 것입니다. 이것은 고멜의 상태나 기분과 아무 상관이 없습니다. 전 주인이 다시 고멜을 부려 먹으려면 그만한 대가를 지불해야 합니다.

성경은 우리의 구원에 대해 '구속되었다'는 표현을 많이 쓰고 있습니다. 그것은 우리의 구원을 위하여 아주 비싼 대가가 지불되었다는 뜻입니다. 얼마나 비싼 대가가 지불되었습니까? 하나님의 아들의 생명이 바쳐졌습니다. 이것은 단순한 피가 아닙니다. 값으로 따질 수 없는 귀한 피입니다. 우리의 구원이 취소되려면 이만한 대가가 다시 지불되어야만 합니다. 그러나 사탄이나 그 아들들의 피를 다 합쳐도 이 값을 채울 수는 없습니다. 그러므로 어떤 악한 자가 갑자기 덤벼들어서 우리를 억압하거나 이런저런 강제노동을 시킬 수 없습니다. 우리는 너무나도 비싼 몸값으로 해방된 자들이기 때문입니다.

'화목'이 하나님과 우리의 관계가 변화된 것을 나타내 준다면 '구속'은 죄와 우리의 관계가 완전히 단절되었음을 보여줍니다. 하나님이 죄값을 지불하고 우리를 사셨기 때문에 죄가 우리에게 이러쿵저러쿵 할 권리가 없는 겁니다. 옛날에 지은 죄는 나를 괴롭힐 수 없습니다. 그러므로 과거에 지은 죄 때문에 침체될 때 예수 그리스도의 피가 나를 온전케 했다는 것을 믿고 옛 기억이 나를 주장하지 못하게 해야 합니다. 그리고 이제는 예수님이 나를 사셨기 때문에 예수님이 시키는 대로 해야 합니다. 무엇이 나를 움직이느냐가 중요합니다. 많은 사람이 입으로는 그리스도의 종이라고 하면서도 행동은 자기 정욕에 따라 합니다. 그렇다면 그리스도의 종이라는 그의 말은 거짓말입니다.

또 다른 개념은 '양자됨'인데, 이것은 법적, 사회적 개념입니다. 우리를 아들로 삼으셨다는 것은 하나님 앞에서 우리에게 권리를 주셨다는 것을 뜻합니다. 탕자가 돌아왔을 때 아버지는 누더기를 벗기고 새 옷을 입혔으며 반지를 끼우고 신을 신겼습니다. 이것은 그가 완전한 아들의 지위와 권리를 회복했다는 의미입니다. 우리는 비싼 몸값으로 해방된 자들일 뿐 아니라 하나님의 아들로 입양된 자들입니다.

우리에게는 이 세상 것을 요구할 권리가 없습니다. 이 세상 것은 우리 것이 아니기 때문입니다. 이 세상 것은 이 세상의 아들들과 함께 사이좋게 나누어 써야 합니다. 그 대신에 하늘의 모든 신령한 은혜는 얼마든지 청구할 권리가 있습니다. 우리는 하늘에 있는 모든 은혜를 간구할 수 있습니다. 왜냐하면 우리의 손가락에 하나님의 반지가 끼워져 있고 우리의 발에 우리의 권리를 나타내는 신이 신겨 있기 때문입니다.

예수님은 십자가에 달리시기 전에 굉장히 중요한 말씀을 하셨습니다. "무릇 아버지께 있는 것은 다 내 것이라. 그러므로 내가 말하기를 '그(성령)가 내 것을 가지고 너희에게 알리리라' 하였노라"(요 16:15). 우리는 이 땅에 있으면서도 하늘에 있는 모든 것을 다 가질 수 있다는 것입니다. 우리는 세상의 것에 맞추어서 일하는 사람들이 아니고 하늘의 것을 끌어당겨서 이 세상을 변화시키는 사람들입니다. 그러므로 자꾸 세상을 바라보지 말고 하늘을 보아야 하며, 할 수 있으면 하늘에 있는 모든 것을 다 끌고 와야 합니다.

우리가 알고 있는 하나님의 지혜는 너무나 적어요. '예수님이 내 죄를 위해 십자가에서 죽었다' 하는 것에서 한 걸음도 더 나가지 못합니다. 이것은 굉장히 중요한 것이지만 출발점일 뿐이고, 그것이 전부가 아닙니다. 우리는 하늘에 있는 모든 지혜와 능력을 끌고

와야 합니다.

시간이 필요하다

호세아는 돌아오는 길에 고멜에게 무엇이라고 말합니까? 3절을 보십시오.

저에게 이르기를
"너는 많은 날 동안 나와 함께 지내고 행음하지 말며
다른 남자를 좇지 말라. 나도 네게 그리하리라" 하였노라.

무슨 말입니까? 곧바로 뜨겁게 사랑하자는 것이 아니라 이제 좀 시간을 가지고 조용히 생각해 보자는 것입니다. 그리고 자기 자신에 대하여 한번 깊이 생각해 보라는 것입니다. "이 인간아, 지금 네 꼬라지를 좀 봐라. 완전히 폐인이 되었지 않냐? 그런데도 아직도 착각을 하고 있냐? 이젠 다른 남자 좇아갈 생각을 버리고 조용히 생각해라. 나도 그렇게 할게" 하는 것입니다. 왜냐하면 이것이야말로 고멜이 호세아를 바로 알고 호세아와 올바르게 사랑할 수 있는 길이기 때문입니다.

고멜은 너무나도 생각하지 않았습니다. 그는 본질적인 것을 생각하지 않았습니다. 요즘 사람들처럼 눈에 보이는 것을 좇아가느라고 본질적인 것에 대해서는 질문하지 않았습니다. 그저 닥치는 대로 생활하고 닥치는 대로 살았습니다. 그러나 이제는 이 모든 것을 중단하고 '네 자신이 어떤 사람인지 그리고 내가 어떤 사람인지 생각해보라' 는 것입니다. 이것은 바로 하나님이 이스라엘 백성들에게 하시는 말씀입니다.

구원받은 후에 자신에 대해 잘 생각하는 것이 필요합니다. 내가 전에는 어떤 상태에 있었는데 이제는 어떤 위치로 변화되었는지 생각해야 합니다. 오늘날 많은 그리스도인들의 비극은 이것을 생각하지 않는 데서 비롯됩니다. 우리는 내가 누구이며, 어떻게 부름을 받았으며, 얼마나 큰 능력이 내게 있는지 생각해야 합니다. 4절을 보십시오.

> 이스라엘 자손들이 많은 날 동안
> 왕도 없고 군도 없고 제사도 없고
> 주상도 없고 에봇도 없고 드라빔도 없이 지내다가

이스라엘 백성들은 지금까지 본질적이지 않은 것으로 너무나도 바쁘게 살아왔습니다. 그들은 왕 때문에 바빴고 지도자들 때문에 바빴습니다. 회의하느라고 바빴고 정책을 세운다고 바빴습니다. 수많은 종교의식 때문에 바빴습니다. 그러나 하나님께서는 이 모든 것이 없는 상태에서 오랫동안 조용히 지내게 하십니다.

이제는 왕이 없습니다. 장관도 없습니다. 제사도 없습니다. 왜냐하면 모두 포로로 잡혀가서 노예가 되었기 때문입니다. 주상과 에봇과 드라빔은 점치는 기구들이었습니다. 변질된 종교행사들이었습니다. 그들은 이 모든 것이 무엇을 의미하는지 전혀 생각하지 않고 그저 이렇게 바쁘게 사는 것이 믿음생활을 잘하는 것이려니 생각했습니다.

그러나 노예가 되어 이런 것들이 하나도 없는 상태에서 지내다 보니까 발견하게 된 것이 무엇입니까? 그들에게는 참 하나님이 없었다는 사실입니다. 많은 왕들이 있었고 장관들이 있었지만 그들에게는 참된 지도자가 없었습니다. 그들은 하나님 없이 너무나도 바쁘게 종교생활을 했고 참된 지도자가 아닌 자들을 너무나도 많이 따라다녔습니다.

이제 그들은 자기들에게 참 하나님이 필요하고 참 목자가 필요하다는 것을 발견합니다. 그래서 어떻게 합니까? 5절을 보십시오.

> 그 후에 저희가 돌아와서 그 하나님 여호와와
> 그 왕 다윗을 구하고 말일에는 경외하므로
> 여호와께로 와 그 은총으로 나아가리라.

'말일'이 언제입니까? 예수님이 오신 후부터 재림하실 때까지가 전부 말일입니다. 말일은 하나님께서 교회를 통해 죄인을 초청하시는 기간입니다. 그래서 말일은 교회가 적극적으로 활동하며 증거해야 하는 교회의 시대입니다.

북쪽에 있는 열 지파의 잘못은 다윗 왕가의 통치를 거부한 것입니다. 하나님께서는 다윗을 통해 영원히 다스리겠다고 약속하셨습니다. 이것이 사무엘하 7장에 나오는 다윗의 언약입니다. 하나님이 다윗 왕가를 통해 다스리시겠다는 것은 다윗이 왕이라는 뜻이 아닙니다. 하나님이 왕이시고, 다윗은 대리왕이라는 뜻입니다. 다윗은 자기를 왕으로 생각하지 않고 하나님의 인도를 받아야 하는 양이라고 생각했습니다. 그래서 그는 하나님 마음에 꼭 맞는 사람이었습니다.

그런데 이스라엘 백성들은 다윗 왕가를 거부했습니다. 이것은 그들이 하나님의 통치를 거부하고 인본주의로 돌아섰다는 것을 나타냅니다. 이스라엘 왕조는 인본주의 왕조입니다. 하나님을 믿는다는 것과 하나님의 통치를 받는다는 것은 원래 같아야 합니다. 그러나 사람들은 그것을 구분했습니다. 이 구분은 이스라엘 왕조부터 시작되었습니다. 그들은 하나님을 믿었지만 그 통치는 거부했습니다. 그러나 종교적인 영역이나 예배에 제한된 하나님은 성경의 하나님이 아닙니다. 하나님은 우리의 온 삶을 다스리는 분이십니다. 하나님의 존재는 믿지만, 그분이 내 모든 삶에 간섭하시고 다스리시고 내가 그 뜻에 순종하는 것을 거부하는 것은 죄입니다.

오랜 시간이 지난 후 그들은 자신들의 문제를 깨닫게 됩니다. 자신들에게는 참 하나님이 없었으며 참 지도자가 필요하다는 사실을 알게 되는 것입니다. 그래서 그때서야 참 목자를 보내어 달라고 말하면서 두려운 마음으로 하나님께 나아옵니다.

우리의 생활이 너무 바쁜 것은 본질을 잃고 살고 있기 때문입니다. 요즘 교회생활 하는 사람들을 보면 정신이 없습니다. 구역장이니 무슨 봉사니 하면서 정신없이 뛰어다닙니다. 마치 그런 행위들이 없으면 신앙이 없는 것처럼 뛰어다닙니다. 그러다가 그런 일이 없어지면 어떻게 됩니까? 아무것도 남지 않습니다.

우리는 그런 복잡한 활동이 없는 신앙을 견디지 못합니다. 그러나 우리가 참 신앙을 가지려면 상당한 기간 동안 잠잠히 있어야 합니다. 아무것도 없는 상태에서 하나님의 말씀을 들으면서 자신의 상태를 바로 볼 수 있어야 합니다. 그래야 '아, 이 복잡한 봉사생활 가운데 참 하나님은 안 계셨구나. 나는 나의 신앙을 이끌어 줄 참 목자가 필요하구나' 하면서 두려운 마음으로 신앙생활을 시작할 수 있습니다.

오늘날 신앙의 모습은 이스라엘 백성들이 망할 때의 모습과 아주 비슷합니다. 교인들은 세상을 사랑하면서도 많은 종교행사나 봉사를 하고 있기 때문에 자기의 모습을 모르고 있습니다. 그 결과는 비참한 노예가 되는 것입니다. 그것을 보아야 합니다. 하나님께서 우리를 낮추셔서 우리의 모든 교만을 꺾으시고 하나님의 은혜에 온전히 감사드리며 하나님께 영광 돌리는 자들이 되게 하시기를 바랍니다.

6

이스라엘에 없는 것

호세아 4:1-10

4:1 이스라엘 자손들아, 여호와의 말씀을 들으라. 여호와께서 이 땅 거민과
　　쟁변하시나니 "이 땅에는 진실도 없고 인애도 없고 하나님을 아는 지식도 없고,
2 오직 저주와 사위와 살인과 투절과 간음뿐이요 강포하여 피가 피를 뒤대임이라.
3 그러므로 이 땅이 슬퍼하며 무릇 거기 거하는 자와 들짐승과 공중에 나는 새가 다
　쇠잔할 것이요 바다의 고기도 없어지리라.
4 그러나 아무 사람이든지 다투지도 말며 책망하지도 말라. 네 백성들이 제사장과
　다투는 자같이 되었음이니라.
5 너는 낮에 거치겠고 너와 함께 있는 선지자는 밤에 거치리라. 내가 네 어미를
　멸하리라.
6 내 백성이 지식이 없으므로 망하는도다. 네가 지식을 버렸으니 나도 너를 버려 내
　제사장이 되지 못하게 할 것이요, 네가 네 하나님의 율법을 잊었으니 나도 네
　자녀들을 잊어버리리라.
7 저희는 번성할수록 내게 범죄하니 내가 저희의 영화를 변하여 욕이 되게 하리라.
8 저희가 내 백성의 속죄제물을 먹고 그 마음을 저희의 죄악에 두는도다.
9 장차는 백성이나 제사장이나 일반이라. 내가 그 소행대로 벌하며 그 소위대로
　갚으리라.
10 저희가 먹어도 배부르지 아니하며 행음하여도 수효가 더하지 못하니 이는 여호와
　좇기를 그쳤음이니라."

4:1-10

내가 소유하고 있는 땅 위에 어떤 사람이 세를 들어서 일을 하고 있습니다. 그는 공장을 세워서 일할 수도 있고 농사를 지을 수도 있습니다. 그런데 자신의 의무를 전혀 이행하지 않습니다. 세도 내지 않고 처음에 맺은 약속도 전혀 지키지 않습니다. 그래서 나가라고 했지만 나갈 생각도 하지 않습니다. 그럴 때 어떻게 해야 할까요? 당연히 소송을 제기해서 그 사람을 쫓아내야 할 것입니다.

호세아서 1장부터 3장은 서론이고, 오늘 본문부터가 본론입니다. 이 본론은 하나님이 이스라엘 백성과 쟁변하시는 것으로 시작되고 있습니다. 4장 1절을 보십시오.

이스라엘 자손들아, 여호와의 말씀을 들으라.

여호와께서 이 땅 거민과 쟁변하시나니

여기서 '쟁변한다'는 것은 법적으로 소송을 제기하는 것입니다. 하나님께서 '이 땅의 거민들'에 대하여 소송을 제기하십니다. 미가서에는 천국 법정이 나오고 하나님이 큰 산과 작은 산들을 증인으로 호출하시는 장면이 나옵니다. 큰 산과 작은 산들은 이스라엘 백성들이 몇백 년간 저지른 짓을 가장 명확하게 지켜본 증인들입니다. 그런데 호세아서에서는 법정을 개설하는 내용 없이 바로 본론으로 들어갑니다. 서론에서 고멜 사건을 통해 이스라엘 백성들이 얼마나 하나님께 신실하지 못했는가를 이야기하신 다음 바로 본론으로 들어가는 것입니다.

이스라엘 백성들은 이 땅을 점거하고 있기는 하지만 자기들의 의무를 전혀 이행하지 않고 있습니다. 그래서 하나님께서는 그들을 법정에 고소해서 그들의 불법성을 최종적으로 드러내시고, 그 후에 그들을 이 땅에서 영구적으로 추방하고자 하십니다.

오늘 말씀이 우리들에게 보여주는 것은 '하나님 백성의 가장 중요한 의무가 무엇이며, 그들이 가장 귀하게 생각해야 할 특권이 무엇인가?' 하는 것입니다. 만약 이 두 가지를 잃어버린다면 그들은 더 이상 하나님의 축복을 누릴 자격이 없습니다.

하나님의 송사

하나님께서 이스라엘 백성들을 고소하는 내용이 무엇입니까? 대개 땅 주인이 세든 사람들을 고소하는 가장 중요한 이유는 그들이 세를 제대로 내지 않거나 빌려준 땅을 크게 훼손하는 경우일 것입니다. 그러나 하나님께서는 이런 이유로 이스라엘 백성들을 고소하시지 않습니다. 1절 하반절부터 2절까지 보십시오.

> "이 땅에는 진실도 없고 인애도 없고 하나님을 아는 지식도
> 없고 오직 저주와 사위와 살인과 투절과 간음뿐이요
> 강포하여 피가 피를 뒤대임이라."

하나님께서 이스라엘 백성들에게 가지고 계신 가장 큰 불만은 그들이 하나님께 무엇을 바치지 않는다는 것이 아닙니다. 하나님이 이스라엘 백성들을 진단하시는 기준은 두 가지입니다. 하나는 '그들 가운데 신실한 사랑, 책임지는 사랑이 있는가' 하는 것입니다. 그리고 다른 하나는 '그들 가운데 하나님의 말씀이 있는가' 하는 것입니다. 즉 그들 안에 하나님의 말씀이 살아서 역사하는가, 이스라엘 공동체 안에 하나님을 아는 지식이 있는가 하는 것입니다.

이 두 가지는 하나님께서 이스라엘 백성들에게 주신 책임이요 특권이었습니다. 이스라엘 백성들은 왜 특별합니까? 하나님의 말씀이 주어졌기 때문에 특별합니다. 이 말씀은 어떤 말씀입니까? 하나님께서 우리를 사랑하신다는 말씀입니다. 하나님은 우리를 사랑하시기 때문에 우리가 거룩하기를 바라시며 우리를 사랑하시기 때문에 죄에 빠지는 것을 싫어하십니다. 하나님께서 이스라엘 백성들을 택하신 이유가 바로 여기에 있습니다.

이스라엘 백성들은 하나님의 말씀을 담는 그릇입니다. 그릇은 깨지거나 물이 새서는 안 됩니다. 온전한 그릇이 무엇입니까? 서로 사랑하는 것입니다. 서로 믿을 수 있는 사람이 되는 것입니다. 그래야 이 영광의 말씀이 온전히 담길 수 있습니다. 하나님의 말씀을 담는 이 그릇이 깨져 있다면 그의 말씀을 담을 수 없습니다.

한번 생각해 보십시오. 서로 사랑하지 않는 이기적인 사람들이 가장 풍성한 사랑의 말씀을 믿고 전한다면 아무도 그 말씀을 믿지 않을 것입니다. 예를 들어 이 세상에서 제일 정결하게 다루어야 할 약품이 있는데 청결에 대한 의식이 하나도 없는 사람이 가운도 입지 않고 더러운 손으로 그것을 만진다면 사람들은 크게 놀라지 않겠습니까?

하나님께서 이스라엘 백성들을 택하신 이유가 바로 이것입니다. 그들은 하나님의 말씀을 담는 거룩한 그릇이 되어야 합니다. 이 그릇은 깨지거나 금이 가서는 안 됩니다. 그런데 이 그릇이 깨져서 물이 새고 있는 것입니다. 그 이유가 무엇입니까? 그들이 서로에게 진실하지 않고 인애가 없었기 때문입니다.

'진실'이 무엇입니까? 서로 속이지 않는 것입니다. 상대방이 나를 완전히 알 수 있게 하는 것입니다. 서로 모르면 믿을 수가 없습니다. 상대방이 알아도 나에게 손해가 되지 않을 것은 말하고 조금이라도 손해가 될 것 같은 것은 말하지 않는다면 그것은 거짓된 것이지요.

하나님의 백성은 자신의 마음을 여는 사람입니다. 이것을 이야기하면 욕을 얻어먹을 것이 틀림없고 나에게 불리한 결과가 일어날 줄 알면서도 이야기하는 사람입니다. 그 사람은 자기의 이익이나 듣기 좋은 소리보다 진실을 더 중요하게 생각합니다. 하나님의 백성은 서로의 진실을 알아야 합니다. 진실을 알기 전에는 아무것도 할 수 없습니다. 거짓을 도와주는 것은 사랑이 아니기 때문입니다.

'인애'가 무엇입니까? 인애는 책임을 지는 사랑입니다. 어떤 진실을 안 이상 나에게는 책임이 있습니다. 모르면 어쩔 수 없지만 일단 알았다면 그 책임을 면할 수 없습니다. 예를 들어서 지금 가스관이 새고 있어서 빨리 무슨 조치를 취하지 않으면 많은 사람들이 다치거나 목숨을 잃게 된다는 사실을 알고 있다고 합시다. 그럴 경우에 자기 목숨을 걸고 그 사실을 알리는 것이 인애입니다. 만약 그렇게 하지 않아서 많은 사람이 죽게 된다면 그 사실을 알리지 않은 자에게 책임이 돌아갑니다. 그는 죽은 사람들을 다 책임져야 합니다.

하나님께서 그 백성들에게 약속 받으셨던 것이 무엇입니까? 철저하게 진실한 백성이 되는 것입니다. 자기의 이익이나 체면보다 사실 자체를 알리는 것을 더 중요하게 생각하는 것입니다. 그리고 한번 약속한 것은 끝까지 지키는 것입니다.

이것이 바로 하나님 말씀의 특징입니다. 거짓이라도 아무 문제없고 괜찮다면 하나님께서 이스라엘 백성들을 택하시고 이런 일을 하실 필요가 없습니다. 거짓은 모든 사람들의 마음을 어둡게 하고 그들을 멸망으로 끌고 가기 때문에 하나님께서는 다른 어떤 것보다 진리를 더 사랑하십니다. '나는 그렇게 생각한다', '나는 그러리라고 믿는다'가 아닙니다. '그것은 사실이다. 그것을 책임질 수 있느냐?' 하는 것입니다.

이 세상에 있는 모든 것이 진실한 것은 아닙니다. 오히려 어떤 부분은 감추는 것이 필요합니다. 신문사에서도 진실을 다 말하지 않습니다. 국민이 불안해지거나 폭동이 일어날 것 같은 사실은 밝히지 못할 것입니다. 그러나 하나님은 그렇지 않으십니다. 어떤 일이 일어나더라도 진실은 진실로 밝히십니다. 그래야 사람들이 자신의 심각성을 깨닫기 때문입니다.

가장 심각한 것이 무엇입니까? 그것은 죄입니다. 그러나 이 세상은 죄를 가장 심각하지 않은 것으로 믿게 하려고 합니다. 왜냐하면 죄가 아닌 것이 없거든요. 만약 죄를 전부 다 밝힌다면 이 세상은 온통 죄투성이가 될 것입니다. 마치 난지도처럼 말입니다. 난지도는 쓰레기로 만들어진 산입니다. 난지도에 있는 쓰레기를 파헤쳐서 다 처리한다는 것은 불가능한 일입니다. 그러나 하나님께서는 그렇게 하라고 하십니다. 그래야 온전한 하나님의 은혜의 빛이 그들 위에 비칠 수 있기 때문입니다.

하나님은 한번 약속하신 것을 무슨 일이 있어도 지키십니다. 구원한다고 말씀하셨으면 무슨 일이 있어도 구원하십니다. 목숨을 잃는 한이 있어도 우리를 구원하시고 책임지십니다. 이것이 '인애' 입니다.

하나님께서는 이스라엘 백성들에게 바로 이 '진실' 과 '인애' 가 없다고 지적하십니다. 서로 진실하지 않은 곳에 하나님의 말씀이 담길 수 없습니다. 서로 책임지는 사랑이 없는 이기적인 곳에 하나님의 말씀이 담길 수 없습니다.

이 두 가지 기준은 오늘날 하나님께서 교회를 진단하시는 기준이기도 합니다. 우리는 교회에 대해 물을 때 "몇 명 모이십니까?", "교회는 전세입니까?" 하는 질문을 많이 합니다. 제가 신학교 1학년 때 교회를 개척했는데, 동료들마다 이것을 물었습니다. 그래서 "그것을 묻지 말고, 무엇을 설교하고 있으며 사람들이 어떤 반응을 보이고 있는지를 물어봐달라"고 했습니다. 하나님께서 교회를 평가하시는 기준이 무엇입니까? 교인들이 서로에게 정직하며 책임지는 사랑을 나누고 있는가 하는 것입니다. 이 두 가지가 있는 교회는 절대로 무너지거나 실패할 수가 없습니다.

그런데 오늘날 교회는 어떻습니까? 정직이나 신실을 찾아볼 수 없습니다. 그저 많은 군중들이 모였다가 흩어질 뿐입니다. 서로에게 자신을 알리려고 하지 않습니다. 서로 모르는 것이 오히려 나을 정도로 서로를 책임지려고 하지 않습니다. 이것이 바로 이스라엘 백성들이 이 땅에서 하나님의 고소를 받은 이유입니다.

그들에게 나타난 결과는 무엇입니까? 2절을 보십시오.

"오직 저주와 사위와 살인과 투절과 간음뿐이요
강포하여 피가 피를 뒤대임이라."

'저주와 사위'는 이웃에 대하여 거짓 증거를 하는 것입니다. 이 일은 주로 땅 때문에 일어납니다. 이웃의 가난한 사람이 빚을 갚지 못해서 멀리 노예로 팔려갔다가 돌아오면 이웃이 이 사실을 증거해 주어야 합니다. 그러나 그 땅은 이미 누군가가 관리하고 있으며, 그 사람은 이 땅을 절대로 내주려고 하지 않는 것입니다. 그래서 뇌물을 받고 거짓 증거를 합니다. 증거의 신빙성을 위하여 저주까지 해야 하는데, 그들은 이것까지 했습니다. 그렇게 해야 자기에게 득(得)이 있기 때문입니다. 부정한 거래라야 부스러기라도 떨어지는 것이 있지, 깨끗한 거래에는 득이 되는 것이 없습니다. 그래서 사람들은 부정한 거래를 원합니다.

'투절'은 도둑질하는 것입니다. 자기 힘을 사용해서 강제로 남의 것을 빼앗는 것입니다. 그리고 살인과 간음이 있었습니다. 사람들이 얼마나 사나운지 '피가 피를 뒤대인다'고 말씀합니다. 다시 말해서 보복적인 살인이 계속해서 일어나는 것입니다. 이쪽에서 저쪽을 죽이면 저쪽에서도 이쪽을 죽입니다. 그래서 결국 계속 피를 흘리게 됩니다. 이것이 서로 사랑하지 않은 결과 나타난 현상이었습니다.

자기 것만 중요하게 생각하는 사람은 남을 사랑할 줄 모릅니다. 사람들은 하나님 앞에 돌아온 이후에야 '내가 중요한 것처럼 다른 사람들도 중요하며 그들도 행복할 자격이 있다'는 것을 깨닫습니다. 모두가 단 하나밖에 없는 인생을 살고 있습니다. 그중에서 자신의 삶이 불행하기를 바라는 사람이 어디 있겠습니까? 모두가 행복해지고 싶어하고 다 자기의 것을 누리기 원합니다. 그래서 어떤 사람을 볼 때 그 사람 하나만 보면 안 됩니다. 그 사람에게는 아내가 있고 자식이 있습니다. 모두 다 소중한 남편이요 아내요 자식인 것입니다. 내 욕심을 위하여 감히 그들의 행복을 깨뜨릴 수 있다고 생각해서는 안 됩니다.

욕심은 우리의 눈을 멀게 합니다. 그래서 다른 사람도 나처럼 행복할 권리가 있다는 것을 모르게 합니다. 그리고 내가 한번 욕심을 부리면 그 욕심이 한 번으로 그치는 것이 아니라 계속 다른 사람들을 탐욕스럽게 만들어서 결국 자기 자신에게 돌아온다는 사실을 깨닫지 못하게 합니다.

이스라엘은 특권을 버렸다

이스라엘 백성들이 이렇게 된 근본적인 이유가 어디에 있습니까? 그것은 그들이 자신의 진정한 가치를 다른 데서 찾았기 때문입니다. 1절 끝을 보면 "이 땅에는 진실도 없고 인애도 없고 하나님을 아는 지식도 없고"라고 말씀하십니다. 그리고 6절에서는 이 부분을 더 확대하여 말씀하고 있습니다.

"내 백성이 지식이 없으므로 망하는도다.
네가 지식을 버렸으니 나도 너를 버려
내 제사장이 되지 못하게 할 것이요,
네가 네 하나님의 율법을 잊었으니
나도 네 자녀들을 잊어버리리라."

이스라엘 백성들에게 가장 귀한 것은 젖과 꿀이 흐르는 땅이 아니었습니다. 선하고 신실한 이웃도 아니었습니다. 그들에게 가장 귀한 것은 하나님을 아는 지식이었습니다. 여기에서 '하나님을 아는 지식'은 단순한 신학지식을 말하지 않습니다. 하나님께서 이스라엘 백성들에게만 하나님 자신을 나타내신 것을 말합니다.

우리에게 아름다운 자연은 참으로 소중합니다. 공기 좋고 물 좋은 곳에 사는 사람들을 보면 부러운 마음이 생기지요. 또한 선하고 신실한 이웃은 좋은 축복입니다. 어려울 때 선한 이웃이 얼마나 큰 도움이 되는지 모릅니다. 그런 의미에서 도회지 사람들은 중요한 것들을 다 잃고 너무나도 각박한 상황에서 생존을 위하여 몸부림치고 있는 것 같습니다. 우리에게 깨끗하고 아름다운 환경과 신실하고 선한 이웃이 주어진다면 너무나도 행복할 것입니다. 그러나 이 모든 것보다 더 중요한 것은 내가 하나님을 알고 하나님께서 나에게 자신을 나타내시는 축복입니다.

우리는 단순한 지식만으로는 하나님을 알 수 없습니다. 하나님께서 자신을 드러내셔야 알 수 있습니다. 하나님께서 우리에게 말씀하실 때 우리는 놀라운 것을 함께 경험하게 됩니다. 우리는 하나님 앞에서 나의 존재를 발견하며, 나의 소중함과 가치를 깨닫습니다.

지금 사람들이 가지고 있는 자존심은 모두 죄가 심어놓은 것입니다. 남보다 못하기 때문에 더 치장하고, 남보다 뒤떨어지기 때문에 더 가지려고 하는 것이지요. 그러나 이것은 아무 유익이 없습니다. 오히려 자신을 잃게 만들고 더 거짓되게 만들며 더 복수심에 불타게 할 뿐입니다.

그러나 하나님 앞에서 우리는 우리 자신의 참된 가치를 발견할 수 있습니다. 그것은 하나님께서 우리를 너무나도 귀하게 대하시기 때문입니다. 하나님의 말씀이 임할 때 우리 마음에는 진정한 기쁨이 있습니다. 단순히 하나님의 말씀만 우리에게 임하고 끝나는 일은 없습니다. 하나님의 말씀이 임하면 우리는 그 말씀만큼 변하게 됩니다. 우리는 그 말씀이 가지는 거룩함처럼 거룩해지며, 그 말씀이 가지는 정결함처럼 정결해지고, 그 말씀의 내용처럼 변하게 됩니다.

이스라엘 백성들이 망하게 된 것은 단순히 그들에게 힘이 없거나 능력이 부족했기 때문이 아닙니다. 하나님께서 그들에게 주신 이 놀라운 특권을 포기했기 때문입니다. 그들은 하나님을 안다는 사실만으로는 욕심을 채울 수가 없었습니다. 그들은 하나님께서 다른 모든 백성들을 제쳐 놓고 오직 그들에게 하나님을 나타내셨다는 사실을 귀하게 생각하지 않았습니다. 이것은 책임이 따르는 일이었기 때문입니다.

하나님께서는 이스라엘 백성들이 '내 제사장'이 되기를 원하셨습니다. 하나님의 제사장은 하나님 가장 가까이에서 하나님을 섬기는 사람입니다. 하나님께서 말씀하시면 그것을 듣고 전하며, 하나님께서 질문하시면 그 질문에 대답하는 것이 하나님을 가장 가까이에서 섬기는 제사장의 일입니다. 물론 우리는 이 세상에서 먹고살아야 합니다. 돈도 벌고 싶고, 하고 싶은 것도 많습니다. 그러나 우리의 위치가 어디입니까? 하나님 존전입니다. 하나님께 가장 가까운 그곳이 우리의 자리가 되어야 합니다.

그러나 이스라엘 백성들은 그것만으로는 만족할 수 없었습니다. 그들은 하나님 외에도 많은 것이 필요했습니다. 사람은 여러 가지를 동시에 취할 수 없습니다. 하나를 취하면 다른 것을 버리게 되어 있습니다. 하나님을 아는 지식을 택하면 다른 많은 부분에서는 손해를 봐야 합니다. 왜냐하면 이 세상의 모든 것은 전력을 다 해야 얻을 수 있기 때문입니다. 그래서 하나님을 아는 지식을 택하는 사람은 이 세상에서 많은 것을 손해 보고 잃어버리는 것을 조금도 아까워해서는 안 됩니다. 보잘것없는 사람 취급 당하는 것을 두려워해서는 안 됩니다. 세상에 있는 것들을 택하면 하나님께 가까운 자리는 다른 사람에게 돌아가게 됩니다. 6절 하반절을 보십시오.

　　"네가 네 하나님의 율법을 잊었으니
　　　나도 네 자녀들을 잊어버리리라."

　'하나님의 율법을 잊어버렸다'는 것은 기억력이 너무나 나빠서 율법을 잊어버렸다는 뜻이 아닙니다. 율법은 그들을 하나님께 잡아매는 끈이었습니다. 그런데 그들은 그 끈을 슬그머니 놓아 버렸습니다. 이스라엘 백성들은 더 이상 하나님의 말씀에 구속되기 싫어서 스스로 해방을 선언하고 프리랜서가 되기로 한 것입니다. 그러나 이스라엘 백성들이 모르는 것이 무엇입니까? 일단 하나님께서 택하신 자는 다른 용도로 사용될 수 없다는 사실입니다. 하나님은 결코 자신의 것을 남에게 주시지 않습니다.

　하나님의 백성은 하나님께서 자신에게 맡기신 것을 가장 귀하게 생각해야 합니다. 왜냐하면 그보다 더 귀한 것이 없기 때문입니다. 그럼에도 불구하고 스스로 미련하게 되어 하나님이 아닌 것을 하나님 앞에 가져올 때 그들은 모든 축복을 잃게 됩니다. 그러므로 하나님의 백성은 자신의 위치가 바로 하나님께 가장 가까운 곳임을 알고, 어떻게 해서든지 하나님께 가까이 나아가야 합니다. 그리고 그것만으로 만족해야 합니다. 그러면 하나님께서 모든 것을 더하여 주실 것입니다.

하나님의 경고

하나님께서는 이스라엘 백성들의 이런 상태에 대하여 미리 경고하셨습니다. 3절을 보십시오.

> "그러므로 이 땅이 슬퍼하며 무릇 거기 거하는 자와
> 들짐승과 공중에 나는 새가 다 쇠잔할 것이요
> 바다의 고기도 없어지리라."

이스라엘 백성들의 땅은 그들의 노력에도 불구하고 더욱더 황폐해지고 있었습니다. 그들은 많이 노력했지만 얻을 수 있는 것이 별로 없었습니다. 이것이 말하는 바가 무엇입니까? 이 세상 모든 것이 사람의 뜻대로 되지 않는다는 사실입니다. 이스라엘 백성들의 존재는 하나님의 은혜에 달려 있었습니다. 이스라엘 백성들이 살수 있는 것은 오직 하나님의 은혜 덕분입니다. 그러나 그들에게 가장 중요한 두 가지가 사라지고 있을 때 하나님께서는 그들의 땅을 황폐하게 하심으로 경고하셨습니다.

이스라엘 백성들의 문제가 무엇입니까? 4절을 보십시오.

"그러나 아무 사람이든지 다투지도 말며 책망하지도 말라.
　네 백성들이 제사장과 다투는 자같이 되었음이니라."

'제사장과 다툰다'는 말이 무슨 뜻입니까? 누군가가 하나님의 말씀을 가지고 그들을 바로잡으려고 할 때 거기에 복종하지 않는다는 뜻입니다. 하나님의 말씀을 거역하고 자기가 하고 싶은 대로 다 한다는 뜻입니다. 그러니까 다른 사람을 책망할 수 없습니다. 왜냐하면 전부 다 자기 마음대로 행동하고 어느 누구의 말도 들으려고 하지 않으니까요.

하나님의 백성이라면 다른 것은 몰라도 일단 하나님의 말씀만큼은 들어야 하고 순종해야 합니다. 아무리 잘못된 방향으로 가고 있더라도 하나님의 말씀 앞에 머리를 숙일 수 있으며 자신의 고집을 꺾을 수 있을 때에는 가능성이 있습니다. 그러나 하나님의 말씀으로 권면해도 소용없는 사람들에게는 아무런 가능성이 없습니다. 왜냐하면 제사장과 다투기 위해서는 마음을 대단히 악하게 먹어야 하기 때문입니다. 한번 그렇게 악해진 마음은 회복되기 어렵습니다.

그래서 교인들도 가장 조심해야 할 것이 교회에 부정적인 생각을 가지는 것입니다. 한번 그런 마음을 가지면 그 마음이 다시 순수해지기까지 아주 오랜 세월이 걸립니다. 한번 완악해지고 굳어진 마음은 회복되기 아주 어렵습니다.

이스라엘 백성들이 하나님 앞에 있기를 원치 않았을 때 그들은 안팎이 다 황폐해지고 있었습니다. 그들의 마음은 거칠어질 대로 거칠어져 있었고 땅도 그만큼 황폐해지고 있었습니다. 그러나 그들은 자신의 마음이 거칠어지고 황폐해지는 것이 얼마나 무서운 일인지 모르고 있었습니다.

우리는 자신의 마음 상태를 주의해서 살펴보아야 합니다. 아무리 집에 돈이 많고 생활이 편하다고 해도 마음에 기쁨이 없고 성격이 거칠어지고 있다면 이것은 무서운 경고입니다. 그만큼 내 마음이 하나님에게서 멀리 떠난 증거이기 때문입니다.

선지자와 제사장의 잘못

이스라엘 백성들이 하나님께 돌아오지 못했던 것은 단순한 무지 때문이 아니었습니다. 그들을 잘못된 길로 가게 하는 거짓된 지도자들이 있었기 때문이었고, 누군가가 그들의 불신앙에 용기를 주어서 더 자신 있게 하나님을 떠나게 했기 때문입니다.

그 지도자들은 바로 선지자와 제사장이었습니다. 5절에서는 "너는 낮에 거치겠고 너와 함께 있는 선지자는 밤에 거치리라"고 말씀하고 있으며, 8절에서는 "저희가 내 백성의 속죄제물을 먹고 그 마음을 저희의 죄악에 두는도다"라고 말씀하고 있습니다.

제사장의 기능은 주로 백성들의 죄를 담당하는 것이었습니다. 백성들에게 율법을 가르치는 것과 그들이 범죄했을 때 하나님께 돌아오게 하는 것이 제사장의 사명이었습니다. 그리고 선지자는 율법의 설교자들이었습니다. 그들은 율법을 해석하여 그들의 생활에 구체적으로 적용해서 죄를 예방하는 사람들이었습니다.

그러나 선지자들은 백성들의 죄를 예방하지 못했습니다. 그들은 백성들의 마음을 거스르고 싶지 않았습니다. 죄에 대한 설교를 좋아하는 사람이 어디 있겠습니까? 그러니까 사람들이 듣기 싫어하는 소리는 아예 꺼내지도 않은 것입니다. 그들은 마치 벙어리 개와 같았습니다. 개가 짖을 때는 짖어야 하는데 전혀 소리를 내지 않았습니다.

제사장은 자기들의 땅이 없었습니다. 그래서 백성들이 가져오는 제물과 십일조에 의존할 수밖에 없었습니다. 그들이 잘살려면 어떻게 해야 합니까? 속죄의 제사보다는 감사제나 서원제 같은 것을 많이 드리게 해야 합니다. 우리말 본문에 "저희가 내 백성의 속죄제물을 먹고"라고 되어 있는데, 원문에는 '죄를 먹고'로 되어 있습니다. '죄를 먹는다'는 것이 말이 되지 않으니까 의역한 것입니다.

그러나 실제로 속죄제사는 제사장이 먹을 수 없었고 모두 다 태워버려야 했습니다. 그러니까 실제로 그들이 먹은 것은 감사제나 서원제 같은 것이었습니다. 결국 참된 회개 없는 이런 제사는 제사장들이 백성들의 죄를 먹는 것밖에 되지 않았습니다. 그러므로 이제 그들은 백성들의 죄를 대신 책임져야 합니다.

왜 사람들은 하나님이 주신 그 존귀한 직분 자체로 만족하지 못하고 항상 그 이상을 탐내는지 모릅니다. 제사장은 백성들의 죄를 정결케 하는 직분 그 자체로 만족해야 했는데, 그 일을 이용하여 부자가 되려고 했습니다. 제사장들은 이스라엘의 타락을 책임져야 하는 사람들이었고, 선지자들은 율법의 해석자요 설교자였습니다. 이것이 얼마나 존귀한 직책입니까? 그러나 그들은 여기에 만족하지 못했습니다.

참된 진리의 문이 닫혔을 때 이스라엘 백성들의 상태는 어떻게 되었습니까? 7절을 보십시오.

> "저희는 번성할수록 내게 범죄하니
> 내가 저희의 영화를 변하여 욕이 되게 하리라."

일이 잘될수록 그들은 교만해져서 하나님을 무시하고 자기들의 욕심대로 살았습니다. 잘되면 잘될수록 더 겸손하고 그것이 아무것도 아닌 것처럼 하나님을 더 가까이해야 하나님이 기뻐하시는데, 번성할수록 더 많은 죄를 지은 것입니다. 10절을 보십시오.

> "저희가 먹어도 배부르지 아니하며
> 행음하여도 수호가 더하지 못하니
> 이는 여호와 좇기를 그쳤음이니라."

'먹어도 배부르지 못하다'는 것은 그들이 노력한 만큼 결과를 얻지 못한다는 뜻입니다. 왜 이렇게 되었습니까? 하나님께서 함께 하시지 않았기 때문입니다. 그들은 자손을 번성시키기 위하여 많이 행음했습니다. 그러나 그들의 인구는 늘지 않았습니다. 오히려 전쟁으로 아주 많은 사람들이 죽고 말았습니다.

결국 본문이 말씀하는 것이 무엇입니까? 하나님의 백성은 특별하다는 것입니다. 그들이 살고 죽는 것은 그들의 힘에 달린 것이 아니라 그들에게 주어진 책임과 특권에 얼마나 충실한가에 달려 있다는 것입니다. 하나님의 백성에게는 하나님을 아는 것이 특권입니다. 그러므로 하나님의 말씀을 그들 안에 담기 위하여 그들은 서로 신뢰해야 하며 서로 신실한 관계가 되어야 합니다.

하나님의 자녀들이 많은 노력을 한다고 해서 반드시 결과가 좋은 것은 아닙니다. 하나님께서 함께 하셔야 합니다. 이런 신실한 관계를 부담스러워 하면서 눈에 보이는 번성을 따라가는 것은 스스로 망하는 길을 택하는 것입니다. 왜냐하면 그 길에는 결코 하나님께서 함께 하시지 않기 때문입니다.

하나님께서 주신 작은 것으로 만족하십시오. 그래야 계속 하나님을 따라갈 수 있습니다. 여호와 좇기를 중단하지 마십시오. 일이 잘 될 때 그것이 하나님을 대신하지 않게 하십시오. 그것을 아무것도 아닌 것처럼 생각하십시오. 그리고 더욱더 하나님께 목말라 하고 더욱더 하나님을 사모하십시오. 그리하여 하나님께서 항상 나에게 자신을 나타내시며 하나님의 은혜가 나를 떠나지 않게 하십시오. 그렇게 하는 것만이 우리가 살 수 있는 유일한 길입니다.

7

이스라엘의 실체

호세아 4:11-19

^{4:11} "음행과 묵은 포도주와 새 포도주가 마음을 빼앗느니라.

¹² 내 백성이 나무를 향하여 묻고 그 막대기는 저희에게 고하나니, 이는 저희가
음란한 마음에 미혹되어 그 하나님의 수하를 음란하듯 떠났음이니라.

¹³ 저희가 산꼭대기에서 제사를 드리며 작은 산 위에서 분향하되 참나무와 버드나무와
상수리나무 아래서 하니 이는 그 나무 그늘이 아름다움이라. 이러므로 너희 딸들이
행음하며 너희 며느리들이 간음을 행하는도다.

¹⁴ 너희 딸들이 행음하며 너희 며느리들이 간음하여도 내가 벌하지 아니하리니 이는
남자들도 창기와 함께 나가며 음부와 함께 희생을 드림이니라. 깨닫지 못하는
백성은 패망하리라.

¹⁵ 이스라엘아, 너는 행음하여도 유다는 죄를 범치 말아야 할 것이라. 너희는 길갈로
가지 말며 벧아웬으로 올라가지 말며 여호와의 사심을 가리켜 맹세하지 말지어다.

¹⁶ 이스라엘은 완강한 암소처럼 완강하니 이제 여호와께서 어린 양을 넓은 들에서
먹임같이 저희를 먹이시겠느냐?

¹⁷ 에브라임이 우상과 연합하였으니 버려두라.

¹⁸ 저희가 마시기를 다하고는 행음하기를 마지아니하며 그 방백들은 수치를
기뻐하느니라.

¹⁹ 바람이 그 날개로 저를 쌌나니 저희가 그 제물로 인하여 수치를 당하리라."

4:11-19

한 때 이탈리아에서는 한 검사가 국민적인 영웅으로 추앙받았던 적이 있습니다. 그는 일개 검사로서 이탈리아 고위직에 있는 사람들의 부정을 파헤쳤습니다. 국민들의 존경을 받는 고위직 인물들이 실제로는 마피아 집단과 연결되어 있었으며 그들로부터 돈을 받았다는 사실은 이탈리아 국민 모두에게 큰 충격이 아닐 수 없었습니다.

우리는 사람의 겉모습만 보고 존경하거나 훌륭한 사람으로 단정 짓는 경우가 많습니다. 그러나 중요한 것은 그 사람의 또 다른 일면인 사생활입니다. 겉으로 보기에는 훌륭했는데 나중에 음란하고 추악한 사생활과 부정축재 사실이 드러날 경우 사람들은 그에게 분노를 느낍니다. 우리는 그 사람들이 부정 때문에 구속되었다는 신문 기사를 읽으면서 그들이 구속되고 처벌받는 것은 당연한 일이라고 생각합니다.

그러나 성경에서 하나님이 이스라엘 백성의 죄나 사람들의 죄를 지적하시고 심판을 말씀하시면 잘 납득하려고 하지 않습니다. 오히려 하나님이 무언가 너무 철저하고 완벽한 것을 우리에게 요구하는 것은 아닌가 하는 의심의 눈초리로 그런 부분을 읽습니다. 우리가 이렇게 죄를 지적하는 말씀이나 심판의 말씀을 잘 받아들이지 않는 이유는 사람들의 실제 모습을 알지 못하기 때문입니다. 실제 모습을 한번 본다면 오히려 하나님께서 그들을 심판하시지 않는 것이 이상해 보이고, 벌 주시지 않는 것이 모순으로 생각될 것입니다.

오늘 본문은 하나님께서 이스라엘 백성들의 실체를 고발하시는 내용을 담고 있습니다. 이스라엘 백성들을 아직도 스스로 거룩한 하나님의 백성이라고 믿고 있습니다. 그들의 겉모습은 조금도 변한 것이 없기 때문입니다. 그들은 여전히 기도생활을 하고 있고 여전히 예배를 드리고 있고 여전히 살아 계신 하나님의 이름으로 맹세하고 있습니다. 그러나 그들의 실제 생활은 겉으로 보이는 것과 정반대였습니다. 그들의 이면은 그들이 정복하고 들어온 가나안 사람들의 생활과 다를 바가 하나도 없었습니다. 호세아는 이 충격적인 모습을 오늘 고발하고 있습니다.

하나님은 왜 여호수아에게 가나안 족속들을 멸해야 한다고 말씀하셨습니까? 그들의 심한 우상숭배와 음란 때문이었습니다. 지금 이스라엘 백성들의 실체는 바로 이 두 가지였습니다. 겉으로는 하나님께 기도하고 예배드리고 여호와를 가리켜 맹세했지만 그 이면에는 심각한 우상숭배와 깊은 음행이 있었던 것입니다.

이스라엘의 실체

하나님께서는 이렇게 말씀을 시작하십니다.

"음행과 묵은 포도주와 새 포도주가 마음을 빼앗느니라"(4:11).

음행과 포도주는 빠져들면 들수록 판단력이 흐려져서 스스로 거기서 빠져나오지 못합니다. 이스라엘 백성들은 깊은 음행에 빠져 있고 포도주에 깊이 취해 있어서 지금 무엇이 어떻게 돌아가고 있는지 전혀 분별하지 못하고 있습니다.

왜 하필이면 '묵은 포도주와 새 포도주'입니까? 가을이 되면 포도를 따서 새 포도주를 담급니다. 그런데 얼마 지나지 않으면 새 포도주는 떨어지고 발효가 된 묵은 포도주가 나옵니다. 그랬다가 얼마 있지 않으면 또 새 포도주가 나오고, 또 얼마 후에는 다시 묵은 포도주가 나옵니다. 그러니까 이스라엘 백성들은 항상 이런 식으로 해를 거듭하면서 음행에 깊이 빠져들어 갔다는 뜻입니다.

이스라엘 백성들의 겉모습은 여전히 종교적입니다. 그들은 하나님께 예배드리고 하나님의 이름으로 맹세하고 하나님의 성전을 찾고 유서 깊은 곳들을 단장했습니다. 그러나 그들의 실제 생활은 깊은 음행과 포도주에 빠져 있었습니다.

이스라엘 백성들이 가나안 땅에 정착해서 살기 시작하면서 이제는 농사가 절대적인 것이 되었습니다. 다른 것은 몰라도 농사만큼은 포기할 수 없는, 반드시 성공해야만 하는 중요한 것이었습니다. 믿을 만한 것은 이것밖에 없었기 때문입니다. 이제 하나님께서 만나를 내리시는 것도 아니고 메추라기를 몰아오시는 것도 아니니 순전히 자기들 힘으로 농사지어 먹고살아야 하지 않겠습니까?

그래서 이제는 농사가 가장 중요해졌고, 따라서 비가 내리느냐 내리지 않느냐가 절대적인 것이 되었습니다. 유목생활 할 때야 비가 내리지 않으면 비가 내리는 곳으로 이사를 하면 됐지요. 하지만 이제는 비가 내리지 않으면 농사를 지을 수가 없었습니다.

그래서 그들은 농사짓는 일을 위해서라면 무슨 짓이든지 다 했습니다. 농사짓는 일을 위해서는 죄를 지어도 좋고 하나님을 떠나도 좋고 음행도 좋았습니다. 가나안 땅에서 음행은 비를 내리는 수단이었습니다. 가나안 족속들은 성행위를 많이 해야 바알 신이 생명력을 얻어서 비를 많이 내린다고 믿었기 때문에 많은 성행위를 권장했습니다. "닥치는 대로 성관계를 가지십시오. 그러면 바알이 굉장한 힘을 얻어서 내년에는 엄청난 번개와 천둥을 동반한 비가 내릴 것입니다." 이것이 가나안 신앙이었습니다.

포도주가 무엇입니까? 가나안에서 나는 가장 귀한 생산물입니다. 음행은 포도주를 갖다 주었고 그들은 포도주를 위하여 음행을 했습니다. 그런데 아무도 이 사실을 들추어내는 사람이 없었습니다. 너무나도 농사가 중요했고 비가 중요했기 때문에 '비를 내리기 위해서'라고 하면 모든 것이 다 용납되고 허용된 탓입니다. 마치 오늘날 학생들이 '입시에 붙기 위해서'라고 하면 무슨 짓이든지 허용되고 용납되는 것과 같습니다. 아무도 감히 그것을 죄라고 하면서 반대하지 못합니다. 그래서 하나님께서는 "음행과 묵은 포도주와 새 포도주가 마음을 빼앗느니라"고 말씀하신 것입니다.

이스라엘 백성들의 실제 모습은 어떠했습니까? 12절을 보십시오.

> "내 백성이 나무를 향하여 묻고
> 그 막대기는 저희에게 고하나니
> 이는 저희가 음란한 마음에 미혹되어
> 그 하나님의 수하를 음란하듯 떠났음이니라."

이스라엘 백성들은 어려운 일이 있으면 어디로 가야 합니까? 하나님의 말씀 앞으로 나아가야 합니다. 그러나 이들은 하나님의 말씀 앞에 나아가지 않고 나무와 막대기에게 답을 물었습니다. 물론 가나안 사람들은 이것들을 나무나 막대기라고 부르지 않고 여기에 아세라나 아스다롯 같은 아주 아름답고 신성한 신의 이름을 붙였습니다. 그러나 호세아는 이 신상들을 나무와 막대기라고 부르면서 경멸합니다. 이스라엘 백성들은 왜 하나님의 말씀 앞으로 나아가지 않고 신상에게 묻고 복을 구걸했을까요? 이런 나무나 막대기는 절대로 죄를 지적하지 않기 때문입니다.

여러분, 하나님의 백성들에게 어려운 일이 있을 때는 반드시 하나님의 뜻이 있습니다. 하나님께서는 그런 어려움을 통하여 우리를 깨닫게 하시고 잘못을 돌이키게 하시고 우리의 신앙을 더 깊게 하십니다. 편안할 때보다는 어려울 때 훨씬 더 많은 말씀을 주시며 훨씬 더 큰 은혜를 주십니다. 우리 자신의 삶을 돌이켜 보십시오. 편안할 때보다는 어려울 때 하나님이 더 많이 찾아오셨고 더 많은 것을 주셨고 더 많이 깨닫게 하지 않으셨습니까?

그런데 그런 은혜와 그런 축복을 누리기 위하여 해야 할 일이 무엇입니까? 내 속에 있는 죄를 버리는 것입니다. 내 마음을 하나님 앞에서 벌거벗기고 토해내는 것입니다. 낼 건 내고 챙길 것은 챙기는 것이 아니라 완전히 쏟아내서 벌거벗은 상태로 다시 시작하는 것이지요. 그러나 사람들은 벌거벗는 것을 별로 좋아하지 않습니다. 토하는 것도 별로 좋아하지 않습니다. 항상 좋은 옷을 입으려고 하고, 차돌이 들어갔든 구슬이 들어갔든 토하지 않고 억지로 소화시키려고 애를 씁니다.

하나님께서 우리에게 원하시는 것이 무엇입니까? 우리는 인간이기 때문에 언제든지 틀릴 수 있다는 사실을 하나님 앞에서 인정하는 것입니다. 아무리 다른 사람들이 나를 인정해주고 내 업적이 많다 해도 나는 여전히 하나님 앞에 허물 많은 죄인임을 인정하기 바라십니다. 아무리 훌륭한 일이라도 하나님께서 "그건 아니야" 하시면 언제라도 처음부터 다시 출발할 수 있고, 아무리 지금 배가 부르고 행복해도 하나님이 "토해라" 하시면 다 토해낼 수 있으며, 아무리 좋은 옷을 입었어도 하나님이 "잘못 입었다" 하시면 다 벗어버리고 다시 시작할 수 있기를 바라십니다.

그러나 사람들은 그렇게 돌이키고 싶어하지 않습니다. 한번 입은 옷은 절대로 벗지 않아요. 잘 때도 그냥 입고 자려고 합니다. 한번 삼킨 것은 절대로 토하지 않습니다. 무조건 인정받고 싶어하고 자신을 정당화하고 싶어합니다. 그래서 우상을 찾는 것이지요. 우상은 바보이기 때문에 죄가 무엇인지 모릅니다. 그저 많이만 갖다주면 무조건 좋아합니다.

하나님께서는 이스라엘 백성들이 "음란한 마음에 미혹되어 음란하듯이 하나님을 떠났다"라고 말씀하고 있습니다. '음란하듯이 떠났다' 는 말씀은 어쩔 수 없어서, 실수로, 또는 다른 선택의 가능성이 없어서 이 길을 택한 것이 아니라 자기가 원해서 자발적으로 이 길을 택했다는 뜻입니다. 이스라엘 백성들이 우상숭배와 음행을 택한 것은 실수가 아닙니다. 그들은 제 발로 그 길로 걸어갔습니다. 그 결과가 무엇입니까?

> "저희가 산 꼭대기에서 제사를 드리며
> 작은 산 위에서 분향하되
> 참나무와 버드나무와 상수리나무 아래서 하니
> 이는 그 나무 그늘이 아름다움이라.
> 이러므로 너희 딸들이 행음하며
> 며느리들이 간음을 행하는도다" (4:13).

이스라엘에는 산들이 작고, 큰 나무들도 많지 않습니다. 그래서 팔레스타인 사람들은 큰 나무들을 아주 신성하게 생각해서 참나무와 버드나무와 상수리나무 아래서 풍년 제사를 드렸습니다. 가을에 타작할 때뿐 아니라, 기회만 있으면 수시로 무언가 영감이 있어 보이는 푸른 나무 아래에서 제사를 드렸고, 여자들은 거기서 문란한 성행위를 했습니다. 그러나 이것은 단순히 여성들만의 문제가 아니었습니다. 14절을 보십시오.

> "너희 딸들이 행음하며 너희 며느리들이 간음하여도
> 　내가 벌하지 아니하리니, 이는 남자들도 창기와 함께 나가며
> 　음부와 함께 희생을 드림이니라.
> 　깨닫지 못하는 백성은 패망하리라."

　원래 하나님께서는 이스라엘 공동체 안에 범죄한 자가 있으면 반드시 그 죄인을 골라내셨습니다. 제비를 뽑든지 비를 내리지 않든지 어떻게 해서든지 공동체 안에서 죄인을 솎아내셨습니다. 그러나 이제는 그렇게 하지 않겠다고 말씀하십니다. 이제는 이미 죄가 보편화되어서 몇몇 사람을 솎아낸다고 해서 공동체가 회복될 가능성이 없었기 때문입니다. 죄인이 한두 명일 때는 그 죄인을 솎아내서 공동체를 깨끗하게 하시지만 거의 대부분이 죄인일 때는 그렇게 하실 필요가 없습니다.

　여기서 말하는 창기나 음부는 오늘날과 같은 창기가 아닙니다. 이 사람들은 바알의 여자 사제들입니다. 그들은 제사를 다 행한 후에 성행위를 함으로써 바알에게 생명력을 부여하는 일을 했기 때문에 호세아는 그들을 창기와 음부라고 불렀습니다.

　우리는 이 일을 우리와는 상관없는 아주 먼 과거의 일로 생각하기 쉽습니다. 물론 현대사회는 포도 농사를 위해 음행하는 사회가 아닙니다. 그러나 우리도 몇 가지 문제를 지적해볼 수 있습니다.

하나는 그리스도인의 직업문화입니다. 아직도 우리나라에서는 직업상의 중요한 거래나 교제가 술집에서 이루어지고 있습니다. 특히 중요한 거래는 여자가 있는 곳에서 도장을 찍어야 성립이 됩니다. 사실 영업을 해본 그리스도인들은 '과연 내가 이 세계에 발을 붙일 수 있을까' 회의하기 마련입니다. 중요한 거래들은 술집에서 여자가 따라주는 술을 마셔가면서 이루어지고 2차, 3차까지 가야 교제가 이루어지니까요. 이런 상황에서 그리스도인들은 어떻게 해야 합니까?

다른 하나는 우리의 여가시간입니다. 우리는 여가시간을 어떻게 보내고 있습니까? 거의 대부분 TV를 보면서 보내지요. TV는 정말 사람의 마음을 빼앗는 물건인 것 같습니다. 한번 보기 시작하면 내가 무엇을 하고 있으며 무엇을 해야 하는지, 오늘이 무슨 요일인지 전혀 생각하지 못하는 상태에서 하루 저녁이 후딱 지나갑니다.

사실 청소년이나 청년들에게 성(性)과 음주는 더 이상 금기사항이 아닙니다. 사실 많은 교인들이 술을 마시고 있고 또 성적인 유혹에 끌려 들어가고 있습니다. 특히 오늘날 우리가 주의해야 할 것은 영화나 컴퓨터 프로그램입니다. 이것들을 보면 사람들이 한번 생각한 것은 반드시 실제화한다는 생각이 듭니다. 그러니까 머리가 굴러간다고 해서 굴러가는 데까지 아무거나 생각하면 안 돼요. 또 설사 생각했다고 하더라도 그것을 실제화하려고 해서는 안 됩니다.

그러나 영화감독들은 자기들이 한번 생각한 것은 컴퓨터 그래픽이나 로봇이나 어떤 기발한 방법을 동원해서라도 표현해 내고야 맙니다. 공상한 것은 현실에 존재하지 않습니다. 그런데 영화 안에는 나타나는 거예요. 영화감독들은 '저렇게 죄를 지을 수도 있구나. 저렇게 즐기는 법도 있구나' 싶을 정도로 인간의 죄성 깊은 데 있는 것까지 다 끄집어내서 형상으로 표현하고 있습니다. 컴퓨터 프로그램도 마찬가지예요. '이런 것이 나올 수 있을까' 하면 반드시 그런 것이 나오고야 맙니다. 마치 인간의 두뇌가 신이나 되는 것처럼 한번 생각하면 어떻게 해서든지 그것을 만들어내는 것입니다.

그러나 여러분, 사람이 생각해서는 안 될 것을 생각할 때 굉장히 두려워해야 합니다. 그 생각을 알고 계시고 보고 계시며 감찰하고 계시는 분이 있기 때문입니다. 헛된 생각이 곧 우상입니다. 히브리어에서는 '우상'과 '헛된 것'을 같은 단어로 표현합니다. 실재하지 않는데도 실재하는 것처럼 생각해서 그것을 형상화하는 것은 헛된 것이며 우상입니다.

여기에 묻고 여기에 의존하며 여기에서 대답을 듣는 것은 호세아가 보았던 이스라엘의 실상과 같습니다. 만약 호세아가 오늘날 살았더라면 "너희가 나무와 작대기에게 묻는구나" 하는 것이 아니라, "너희가 궤짝과 큰 천에게 묻는구나" 할 겁니다. 큰 천이 무엇입니까? 스크린이지요. 그 위에는 아무것도 없습니다. 칼로 찢으면 찢어지는 흰 천일 뿐이에요. 그런데 그 위에서 온갖 역사가 다 일어납니다. 〈포레스트 검프〉 같은 영화를 보세요. 죽은 사람을 살려내서 악수도 하지 않습니까?

궤짝은 무엇입니까? TV나 컴퓨터 화면이지요. 사람들은 정보를 굉장히 절대시합니다. 그러나 중요한 것은 정보가 아닙니다. 그 정보를 어떤 시각에서 해석하느냐가 중요한 것이지요. 가나안 땅에 대한 정보는 열 명의 정탐꾼이 더 정확하게 알아왔습니다. 그러나 그 정보에 대한 바른 해석은 여호수아와 갈렙의 신앙에서 나왔습니다. 현대인들은 정보를 중요하게 생각하지만 하나님 앞에서 더 중요한 것은 이것을 보는 시각이며 해석입니다.

오늘 우리는 우리의 삶을 어떤 시각에서 보고 있습니까? 이 세상 사람들의 시각에서 보면 아무것도 문제될 것이 없습니다. 지극히 정상적인 삶 같습니다. 그러나 문제는 하나님이 우리의 삶을 어떻게 보시느냐 하는 것입니다. 특히 사람에게 드러나지 않은 우리의 이면 생활을 하나님이 어떤 시각에서 보고 계시며 어떻게 평가하고 계시는가가 중요합니다. 하나님께서 오늘 우리들에게 원하시는 것은, 하나님의 말씀이 마치 엑스레이처럼 내 삶의 깊은 곳을 비추어 그 추악한 현실을 바로 보게 하고 그 말씀이 나의 삶 전체를 주도하는 것입니다.

오늘날 사람들은 신앙을 삶의 전반적인 문제로 보지 않습니다. 그냥 여러 영역 중에 하나일 뿐이지요. 내 공부가 있고 직장생활이 있고 취미가 있고 신앙이 있는 것입니다. 사람들은 '과연 믿음 하나만으로 이 세상을 살아갈 수 있을까' 하고 묻습니다. 음행을 하지 않아도 새 포도주와 묵은 포도주를 먹을 수 있을까, 우리는 가나안 땅에 살고 있는데 그들처럼 행음하지 않고 나무와 작대기에게 묻지 않고서도 새 포도주와 묵은 포도주를 마실 수 있을까, 내 신앙양심을 팔지 않아도 이 세상에서 직장생활을 계속할 수 있을까, 이 세상 사람들이 즐기는 방법을 사용하지 않아도 그 이상으로 기쁘고 즐겁게 살 수 있을까를 묻는 것입니다.

그에 대하여 우리는 무엇이라고 대답하겠습니까? 성경은 포도주와 곡식은 가나안 땅이 주는 것이 아니라고 말합니다. 이것은 하나님이 주신 선물입니다. 우리가 취직하고 승진하고 직장생활하는 것은 운이 좋아서 그런 것이 아니라 하나님이 주신 선물이라는 것입니다. 그래서 `우리의 삶은 특별하고 우리는 믿지 않는 사람들과 다르다는 점을 성경은 거듭 강조하고 있습니다.

하나님께서는 우리가 먹고살기 위해 이 세상에 적응하기에 급급해서 그들의 방식을 따라가는 것이 아니라, '내 삶은 독특하고 내 삶의 원리는 다르다. 그러므로 지금 나의 삶이 좋든지 나쁘든지 이것을 가지고 하나님께 영광을 돌리겠다' 고 생각하기를 바라십니다. 우리 삶의 원리가 세상 사람들의 원리와 근본적으로 다르다는 것을 이해하지 못할 때 우리는 결국 그들을 따라가지 않을 수가 없습니다. 음행과 포도주가 우리의 마음을 빼앗습니다.

다른 사람이 사는 원리와 그리스도인들이 사는 원리는 어떻게 다릅니까? 물론 우리 삶의 원리를 처음부터 끝까지 밝혀주는 백과사전이 있는 것은 아닙니다. 하나님의 말씀을 들으면서 거기서 배운 원리를 하나씩 하나씩 적용해 감으로써 새로운 삶의 양식을 창조해 내는 것이지요.

그래서 우리는 모든 것을 새로 시작합니다. 새로운 기업 윤리를 만들고 새로운 여가활용 방법을 만들어 갑니다. 아무리 남들이 어떤 방식으로 성공했다고 하더라도 우리는 그런 방식으로 성공할 수가 없습니다. 아무리 누가 "이러이러한 식으로 여가를 보내니까 굉장히 기분이 좋더라"고 말하더라도 우리는 다른 방식으로 여가를 활용할 수 있는 방법을 개발해내야 합니다.

우리에게 거저 주어지는 것은 하나도 없습니다. 모두 내가 생각해서 창조해 나가야 합니다. 그래서 어렵습니다. 어느 누구도 나에게 인생 프로그램을 거저 넘겨주지 않습니다. 책에도 나오지 않습니다. 내가 하나씩 하나씩 들은 말씀으로 해보는 것이지요. '이것은 나에게 어울리는 방법이 아니구나. 하루를 유쾌하게 보내기 위해서 아침에 목욕을 갔다오고 TV를 보고 한숨 자고 난 다음에 친구들 만나서 떠들고 맥주 한 잔 했더니 기분이 굉장히 안 좋구나. 이것은 나의 삶의 방식이 아니다. 이것은 복음에 합당한 것이 아니니 하지 말아야겠다. 그럼 뭘 할까?' 이렇게 생각하면서 하나씩 하나씩 창조해 나가야지요.

그리스도인들은 이 세상을 쉽게 살 수가 없습니다. 보장되는 것이 하나도 없는 백지 상태에서 하나씩 창조해 나가야 합니다. 같은 교회 안에 있지만 언니와 동생이 사는 삶의 방식이 다릅니다. 상황이 다르고 생각이 다르고 기질이 다르고 그들을 향한 하나님의 계획이 다르기 때문입니다.

오늘 본문이 말하는 것이 무엇입니까? 왜 쉽게 살려고 하느냐 이겁니다. 너희들을 가나안 땅에 심은 것은 어느 누구도 해낼 수 없는 위대한 삶의 형식을 창조하기 위해서인데 왜 쉽게 먹으려고 하느냐는 것입니다. "왜 쉽게 가나안 백성들이 하는 방식으로 하려고 하느냐? 이 깨닫지 못하는 백성아, 너희는 패망할 것이다" 하시는 겁니다. 창조하지 못하는 백성들은 망할 수밖에 없습니다.

세상의 방식으로 살려고 할 때 우리는 세상에 먹히고 맙니다. 세상은 그렇게 호락호락하지 않아요. 믿는 사람들이 세상 방식대로 살아서는 절대로 그들을 따라가지 못합니다. 그리고 하나님께서 그들과 함께 하시지 않습니다. 쉽게 살려고 하고 남의 등에 업혀서 남들처럼 살려고 하는 하나님의 백성들은 결국 망하고 맙니다. 그러므로 우리는 "나는 어떻게 살아야 합니까? 나는 어떻게 시간을 보내야 합니까? 어떻게 해야 우리 기업이 살아남을 수 있습니까?" 하고 기도하면서 새로운 삶의 방식을 창조해내야 합니다.

하나님께서는 이 세상 전체를 에덴동산으로 만들지 않으셨습니다. 에덴동산은 아주 작은 부분이었습니다. 그리고 나머지 세상을 에덴처럼 경작하고 창조해 내라는 것이 사람들에게 주신 명령이었습니다. 그러므로 하나님의 말씀을 가지고 개척하십시오. 자녀들을 키울 때도 "하나님, 애는 많은데 이 애들을 어떻게 키워야 합니까?" 하고 물으십시오. 기도하고 말씀 보고 묵상하면서 창조적으로 키우십시오. 이런 우유를 섞어서 먹이면 애가 굉장히 빨리 큰다는 말이 들린다고 해서 얼른 따라하고 그러지 마세요. 우리 애는 그거 먹고 설사만 좔좔 할 수도 있어요.

매순간 기도하면서 새로운 삶의 방식을 개척해 나가야 합니다. 왜 이 세상을 그렇게 쉽게 살려고 하고 창조하려고 하지 않습니까? 왜 다 만들어놓은 떡을 먹으려고 합니까? 하나님의 백성들이 사는 삶의 방식은 믿지 않는 사람들과는 근본적으로 다릅니다. 그런데도 믿지 않는 사람들처럼 쉽게 살려고 하는 사람들은 이 세상에서 버림받게 됩니다. 우리에게는 모든 것이 새롭고 모든 것이 생소합니다. 그러니까 기도하지 않을 수 없고, 생각하지 않을 수 없고, 깨달지 않을 수 없습니다.

하나님의 진단

이제 하나님께서는 이스라엘 백성들의 영적인 상태에 대해 진단을 내리십니다. 그 진단의 내용은 '도저히 회복이 불가능하다'는 것입니다. 마치 의사가 수술하려고 배를 열었다가 도저히 손을 댈 수 없어서 다시 덮어버리는 것처럼 이스라엘 백성들에게는 도저히 손댈 수 없을 정도로 죄가 퍼져 있었습니다.

첫째로 이스라엘 백성들은 스스로도 바뀌지 않았을 뿐 아니라 유다를 계속해서 오염시키고 있었습니다. 15절을 보십시오.

　"이스라엘아, 너는 행음하여도
　유다는 죄를 범치 말아야 할 것이라.
　너희는 길갈로 가지 말며 벧아웬으로 올라가지 말며
　여호와의 사심을 가리켜 맹세하지 말지어다."

'이스라엘 네가 행음하고 사는 것은 좋지만 왜 유다까지 그런 식으로 범죄하게 만드냐'는 것입니다. 길갈과 벧엘은 아주 유명한 하나님의 역사가 있었던 유서 깊은 곳입니다. 길갈은 이스라엘 백성들이 처음으로 가나안 땅에 들어왔을 때 하나님께 헌신을 다짐했던 곳입니다. 광야를 여행하는 동안에는 할례를 행할 수가 없었습니다. 가나안 땅에 넘어와서 그들에게 가장 꺼림칙한 것은 바로 할례를 행하지 않았다는 것이었습니다. 그래서 그들은 적을 눈앞에 두고 할례를 행했습니다.

이렇게 애굽에서부터 그들이 지고 있었던 죄의 흔적, 청산한다고 했지만 아직도 포기하지 못했던 마지막 죄의 흔적을 잘라서 굴려보냈다고 해서 그곳 이름이 길갈입니다. 히브리말로 '굴러간다'는 것을 '갈갈'이라고 합니다. 그래서 '이 세상에 속한 부분들, 마지막까지 포기하지 못했던 부분들이 굴러갔다. 우리가 그것들을 마지막으로 잘라냈다'는 뜻으로 '갈갈'과 비슷한 '길갈'이라는 이름을 붙인 것입니다.

또 벧아웬은 벧엘을 의미합니다. 벧엘은 '하나님의 집'이라는 뜻인데, 거기에 우상의 신전이 있었기 때문에 '우상의 집'이라는 뜻으로 벧아웬이라고 부르고 있는 것입니다. 벧엘은 하나님께서 야곱을 만나신 곳입니다. 그런데 하나님께서는 유다 사람들에게 길갈과 벧엘로 가지 말라고 하십니다. 바로 이 두 곳이 음란한 예배의 본산이었기 때문입니다. 거기에 갔다오면 사람이 달라집니다. 눈빛이 달라지고 행동하는 것이 달라지고 맛이 변합니다.

하나님께서는 이스라엘을 살리는 것은 이미 불가능하고, 유다에게라도 전염되지 않도록 지키려고 하십니다. 이스라엘이 편안했던 것은 죄가 없기 때문이 아니었습니다. 죄가 너무 퍼져 있어서 더 이상 손을 쓸 수 없었기 때문에 방치하셨을 뿐입니다. 특히 하나님께서 이스라엘 백성들에게 중요한 역사를 나타내셨던 곳들은 옛 기억을 되살려서 새 힘을 얻으려고 찾아가는 순례자들을 오히려 변질시켰습니다.

이것이 바로 사탄의 전략입니다. 사탄은 가장 중요한 곳을 점령해서 그것을 믿고 찾아오는 자들의 믿음을 빼앗습니다. 그러므로 예전의 명성만 듣고 찾아가서는 안 됩니다. 예전의 명성으로는 아무것도 할 수 없어요. 간증의 문제가 바로 그것입니다. 간증은 이미 과거의 일입니다. 한때 유명했다는 것은 중요하지 않습니다. '지금 그곳에 진리가 활동하고 있으며 죄를 이기고 있느냐?'는 것이 중요하지요.

둘째로 하나님은 이제 이스라엘 백성들의 기질을 감당하지 못하겠다고 말씀하십니다. 16절을 보십시오.

"이스라엘은 완강한 암소처럼 완강하니, 이제 여호와께서
  어린 양을 넓은 들에서 먹임같이 저희를 먹이시겠느냐?"

하나님이 양을 먹이시는 방법이 무엇입니까? 양떼를 몰듯이 넓은 들판에 풀어놓는 것입니다. 양떼들을 자유롭게 풀어놓았다가 한번 "가자!" 하면 싹 다 몰려듭니다. 물론 좀 늦게 오는 양도 있고 놀다오는 양도 있지만 결국에는 다 따라옵니다. 앞에 가다 뒤에 가기도 하고 장난도 치지만 어쨌든 가자고 하면 다 갑니다. 그런데 한 번도 멍에를 멘 적이 없는 암소는 모든 것이 제멋대로입니다. 아무도 못 말려요. 한번 가야겠다고 생각하면 아무리 때리고 꼬리를 잡아당겨도 무조건 갑니다. 말이 안 통해요.

하나님이 이스라엘 백성들을 먹이시는 방식은 한 명 한 명 쇠사슬로 묶어서 강요하고 두들겨 패고 위협하다가 그것도 안 되면 번

개를 쳐서 죽이는 그런 방식이 아닙니다. 넓은 들판에 풀어놓고 말 한마디로 하는 것입니다. "이제 시간 다 됐다. 우리 가자." 그러면 양들은 다 따라서 움직입니다. 빨리 따라오는 것도 있고 좀 뒤에 따라오는 것도 있지만 그래도 말이 먹혀드는 것이 양들입니다.

그런데 여기에서 하나님이 이스라엘 백성들을 도저히 먹이지 못하겠다고 하시는 것은 말이 통하지 않기 때문입니다. 가자고 해도 안 되고 쉬자고 해도 안 되고 암소처럼 완강하니 어떻게 양들을 먹이는 방식으로 먹이겠느냐는 것입니다. 하나님은 이스라엘 백성들을 감당할 자신이 없다고 말씀하십니다.

셋째는 이스라엘 백성들이 우상과 완전히 연합한 상태에 있기 때문에 가능성이 없다는 것입니다. 17절을 보십시오.

"에브라임이 우상과 연합하였으니 버려두라."

에브라임은 북쪽 이스라엘의 대표적인 지파입니다. 그래서 이스라엘 전체를 대표하기도 합니다. 그런데 그들은 우상과 연합했습니다. 우상과 에브라임은 완전히 일심동체가 되었고 짝짜꿍이 잘 맞았습니다. 그들이 조금이라도 우상과 갈등을 일으키고 있고 조금이라도 의심을 품고 있다면 어떻게 손을 쓰시겠는데 아주 만족한 상태에서 전혀 어려움이나 갈등을 느끼지 못하니까 하나님도 도리가 없습니다.

이 세상에서 하나님의 말씀을 찾고 말씀을 들으려고 하는 사람은 무언가 갈등이 있는 사람입니다. 세상에 적응도 잘 되지 않고 집안에도 어려움이 있고 회사에서도 뭔가 잘 안 될 때 그 틈으로 하나님의 말씀이 파고들어 갑니다. 이 세상에 전적으로 만족하는 사람, 세상이 너무나 좋고 하루하루가 꿈 같은 사람은 하나님도 대책이 없습니다. 구원할 방법이 없어요.

정상적인 사람은 절대로 하나님 없는 이 세상에 만족하지 못합니다. 하나님이 그렇게 만드셨기 때문입니다. 인류가 범죄한 후 하나님은 아담에게 농사를 짓게 하시면서, 땅에서 가시와 엉겅퀴가 나게 하셨습니다. 그래서 농사를 지으면서도 재미가 없었습니다. 범죄하기 전에는 가시나 엉겅퀴도 없었고 그냥 씨만 뿌리면 결실을 얻었습니다. 콩 심은 데 콩이 나고 팥 심은 데 팥이 나니 아주 재미가 있었습니다. 그러나 범죄하고 난 후에는 재미가 없습니다. 콩을 심었는데 가시가 나고 팥을 심었는데 엉겅퀴가 납니다. 또 뽑아도 뽑아도 솟아나는 잡초와 전쟁을 벌여야 합니다. "농사가 재미없구나. 그럼 뭘 할까? 하나님의 말씀을 듣자." 이렇게 조금 틈이 있어야 말씀을 듣습니다.

직장에서 힘들어 하시는 분들이 많은데 그렇지 않으면 어떻게 말씀이 들어가겠습니까? 직장이 너무 재미있고 마음에 들고 이상적이어서 직장에 가 있기만 해도 천국에 간 것 같다면 그 사람은 하나님도 방법이 없습니다. 직장생활이나 잘하게 버려두는 것이지요. 그때 그는 직장과 연합한 것입니다.

하와가 타락했을 때 하나님은 남편과 아내 사이에 갈등관계를 주셨습니다. 남편은 아내를 지배하고 아내는 남편을 사모하게 하신 것입니다. 그런데 여기 생략된 말이 있습니다. 아내가 남편을 사모하는데, '지배하기를' 사모한다는 것입니다. 이렇게 남편은 아내를 지배하고 아내는 남편을 지배하기를 사모한다는 것은 바로 파워게임이 일어난다는 말입니다. 남편은 여자를 완전히 지배하려고 하는데, 어디 그렇게 만만한 여자가 있습니까? 그러니까 싸움이 일어나고 분쟁이 일어나고 결국은 교회에 와서 철야기도하고, 이러면서 그 틈새에 말씀이 들어가는 것이지요.

그러나 이스라엘 백성들은 우상과의 사이에 틈이 없었습니다. 완전한 일치, 완전한 하모니를 이루고 있었습니다. 왜 그랬을까요? 의도적으로 그 길을 택했기 때문입니다. 그들은 양심의 등불을 꺼버렸습니다. 그렇지 않은 이상 절대로 그렇게 일치하지 못합니다. 이 세상이 돌아가는 공식은 눈에 환하게 보입니다. '음행을 많이 하면 비가 많이 오고 포도가 많이 열린다.' 얼마나 쉬운 공식입니까? 하나님을 믿는 것보다 몇 천 배 좋지요.

그런데 하나님의 말씀은 끊임없이 죄를 지적합니다. 뭔가 좀 하려고 하면 안 된다고 하고, 힘을 좀 내려고 하면 죄라고 하고, 좀 진행했다 싶으면 다시 시작하라고 하고, 좀 먹었다 싶으면 토하라고 하고, 좀 입었다 싶으면 벗으라고 하니 되는 일이 없습니다. 그래서 그들은 아예 양심의 등불을 꺼버렸습니다. 양심의 고통을 받아본 사람은 그것이 얼마나 무거운 짐인 줄 압니다. 아무것도 할 수가 없어요. 놀아도 편하지가 않습니다. 그러나 한번 양심의 등불을 꺼버리면 무엇이든지 할 수 있습니다. 하나님의 심판을 알지 못하기 때문입니다.

18절을 보십시오.

"저희가 마시기를 다하고는 행음하기를 마지 아니하며

그 방백들은 수치를 기뻐하느니라."

'마시기를 다했다'는 말은 마시고 또 마시고 도저히 더 못 마실 지경까지 마셨다는 겁니다. 실수로, 어쩔 수 없어서 한 잔 한 것이 아닙니다. 주도적으로 리더십을 발휘해서 막 퍼부은 거지요. 또 '행음도 마지 아니했다'고 했습니다. 성적인 호기심과 충동이 너무 커서 어쩌다가 한번 손을 만져보고 입을 대본 것이 아니라 주도적으로, 적극적인 자세로 앞장섰다는 것입니다. 이들은 죄짓는 일에 용기를 내고 있습니다. 죄짓는 용사입니다. 물불을 가리지 않고 죄를 짓습니다. 이것이 이스라엘 백성들의 이면적인 실체였습니다.

지도자들은 어떻습니까? "방백들은 그 수치를 기뻐하느니라." 지도자들은 이스라엘 백성들을 이끄는 인도자이고 목자입니다. 그런데도 그들은 백성들의 수치를 기뻐했습니다. 왜 그렇습니까? 지도자들이 뭔가 마음에 구린 구석이 있었기 때문입니다. 옛날 우리나라에서도 독재 시대에 무슨 불만이 생길 만하면 이상하게 프로권투 시합이 열렸습니다. 5월이 되거나 분위기가 좀 이상하다 싶으면 권투시합이나 한일 축구전이 열리는 거예요. 그렇게 해야 국민들이 정신을 못 차리고 거기 빠져버리기 때문이지요.

지도자라고 해서 다 지도자가 아닙니다. 백성들의 문제를 정확하게 지적하고, 이들이 지금 어디로 가고 있는지를 진단하며, 이들이 안전하게 보장될 수 있는 처방을 목숨 걸고 내놔야 지도자이지요. 그런데 지도자들이나 백성들이나 똑같은 거예요. 궁합이 맞습니다.

의기투합하고 있어요.

하나님께서 이스라엘 백성에 대해 내리신 결론이 무엇입니까? 그들을 있는 그대로 싸서 다른 곳에 버려야 한다는 것입니다. 19절을 보십시오.

"바람이 그 날개로 저를 쌌나니
　저희가 그 제물로 인하여 수치를 당하리라."

'바람이 날개로 싼다'는 것은 바람이 그들을 그대로 싸서 어디론가 데리고 간다는 뜻입니다. 또 '그 제물로 인하여 수치를 당한다'는 것은 그들이 그 많은 제사를 드리고 제물을 바쳤지만 그것들이 전혀 도움이 되지 않는다는 뜻입니다. 그들이 가지고 있던 신앙적인 열정이나 신앙의 경륜이 위기의 순간에 전혀 도움이 되지 않는다는 것입니다. 그것은 거짓 신앙이었기 때문입니다.

하나님의 백성들은 이 세상에서 훈련받으면서 살게 되어 있습니다. 믿지 않는 사람들은 다 우리들의 훌륭한 교관입니다. 우리는 말씀을 좀 들으면 다 된 것으로 생각합니다. 그러나 실제로는 아무것도 안 되어 있습니다. 기본이 안 되어 있는 것입니다. 그래서 이 세상에 있는 많은 믿지 않는 교관들이 우리의 비참한 모습을 보게 만듭니다.

말씀을 들을 때는 무언가 다 될 것 같은데 실제로는 아무것도 안 됩니다. 시험도 떨어지고 장사도 안되고 회사에서도 부딪치고, 그럴 때 어떻게 합니까? 신앙을 버리고 세상의 방식을 따라갑니다.

"세상에는 신앙이 안 먹혀들어 가는구나. 교회에서는 통해도 세상에서는 안 돼." 그래서 세상방식을 택합니다.

이 중에는 신앙을 완전히 버리는 사람도 있습니다. 그러나 거의 대부분은 형식적인 그리스도인으로 남은 채 실제적으로는 세상 사람들과 똑같아져 버립니다. 그들은 세상 사람들에게 이렇게 말합니다. "봐라. 이제 너희나 우리나 똑같지 않니? 내가 교회 등록한 것만 빼고는 다 똑같다구. 그러니까 함께 잘 지내보자. 우리도 너희와 똑같이 음행할 수 있어. 그리고 술도 얼마나 잘 마시는지 몰라. 지금 보여줄 수도 있다니까. 그러니까 한번 잘해보자."

이것은 신앙의 완전한 실패입니다. 하나님께서 예상하신 최악의 결과는 신앙 때문에 좀 부딪치고 믿음이 금방 작동되지 않는다고 해서 세상 사람과 똑같아지는 것입니다. 이런 사람들은 하나님의 기준에 불합격하는 것은 물론이고 존재할 가치조차 없다고 말씀하십니다. 혹시라도 이 썩은 가루가 떨어질지 모르니까 완전히 싸서 멀리 내다버리는 수밖에 없어요. 이들은 핵폐기물 처리하듯이 완전히 싸서 가두어야 하는 실패작입니다.

하나님께서 우리에게 원하시는 것이 무엇입니까? "우리는 다르다. 하지만 구체적으로 어떻게 살아야 하는지 모르겠어. 내가 믿음은 가지고 있지만 잘 안 통하는 것 같아. 그래도 나는 다른 사람들과 같은 방식으로는 살지 않겠어. 더디지만 한번 해보겠어. 기도하면서 기다리겠어." 이렇게 하는 사람이 성공작이지요.

하나님의 백성에게 가장 귀한 것은 하나님의 말씀입니다. 아무리 절체절명의 위기에 처해 있다고 해도 말씀만 있으면 반드시 살게 되어 있습니다. 그래서 하나님의 백성은 이 세상과 이야기할 때 "난 말씀만 가지겠다"고 해야 합니다. 재산과 명예는 다 가져가라고 하세요. 난 말씀만 가질 테니 나머지는 다 가지라고 하세요. 하나님은 이런 사람을 굉장히 사랑하셔서 은혜를 주지 않고는 견디지 못하십니다.

하나님께서는 이스라엘 백성의 이면적인 모습을 있는 그대로 드러내셨습니다. 이것은 아주 충격적인 모습이었습니다. 하나님께서 이런 모습을 폭로하시는 이유가 무엇입니까? 치료가 되든지 안 되든지 실상을 알아야 하기 때문입니다. 실상을 알아야 버리든지 고치든지 하지요. 그래서 하나님은 호세아를 통해 이스라엘 백성 중 어느 누구도 말하기 싫어하는 그들의 치부를 들추어내고 계십니다.

오늘날 우리의 모습을 호세아처럼 용기있게 이야기하는 사람은 아무도 없습니다. 또 우리의 실체가 무엇인지 아는 사람도 없어요. 그러나 하나님은 우리의 모습을 알고 계십니다. 만약 이 세상에서 믿음이 통하지 않는다고 해서 형식적인 그리스도인으로 남은 채 세상과 같아진다면, 우리는 부스러기도 남겨 두어서는 안 되는 핵폐기물이 되어 버립니다. 우리는 세상과 같아지려고 여기 사는 것이 아닙니다. 하나님의 아들로서 하나님이 이 세상을 창조하신 것과 같은 방식으로 창조하기 위해 사는 것입니다.

우리 각자의 삶은 각기 너무나도 독특하고 달라서 어떻게 해야 할지 알 수가 없습니다. 그러나 하나님은 우리에게 말씀을 주심으로써 하루하루 창조해 나가게 하십니다. 또한 기도하게 하시고 세상에 있는 불신자에게 훈련받게 하십니다. 하나님은 우리가 세상 사람들의 편한 방식에 편승하거나 그들이 얻은 결과에 힘입어 살지 않게 하십니다. 하나님의 말씀을 가지고 우리의 직업과 공부와 교제와 결혼생활과 여가와 모든 것을 새로 창조하게 하십니다.

여러분, 오늘 우리의 모습이 하나님 앞에서 어떻습니까? 쉽게 살고 있다면 그것이 위험한 길인 줄 아십시오. 아무리 좋은 옷이라도 잘못 입었으면 벗고, 아무리 맛있는 음식이라도 잘못 먹었으면 토하고, 아무리 멀리 갔어도 잘못된 길이면 돌아와서 다시 시작하겠다는 새로운 결단을 하나님은 요구하고 계십니다. 옆에 있는 사람들이 아무리 빨리 성공하고 빨리 출세했어도 그 방식은 나에게 전혀 먹혀들지 않습니다. 어떤 공식 없이 오직 하나님께서 주신 말씀으로 하루하루 창조해 나가는 창조자의 삶이 우리의 몫입니다.

그러므로 우리는 서로 비교할 필요가 없습니다. 그 사람에 대한 부르심이 다르고 나에 대한 부르심이 다르며 그 사람의 역할이 다르고 내 역할이 다르기 때문입니다. 그러므로 우리는 생각해야 하고 기도해야 하며 내가 지금 어디로 가고 있는지 끊임없이 점검해야 합니다. 점검해서 잘못 갔으면 돌아와야 하고, 남의 옷을 입었으면 벗어야 합니다. 아무리 화려해도 그것은 내 옷이 아닙니다. 다윗에게 사울의 옷이 맞지 않았던 것처럼 내게는 내게 어울리는 옷이 있고 내게 어울리는 방식이 있습니다. 하나님은 우리가 하루하루 생각하고 깨닫고 점검해보면서, 아무리 불안정하다고 하더라도 믿음으로 걸어가기를 요구하십니다.

8

구조적인 죄

호세아 5:1-7

^{5:1} "제사장들아, 이를 들으라. 이스라엘 족속들아, 깨달으라. 왕족들아 귀를 기울이라. 너희에게 심판이 있나니 너희가 미스바에서 올무가 되며 다볼 위에서 친 그물이 됨이라.

² 패역자가 살륙죄에 깊이 빠졌으매 내가 저희를 다 징책하노라.

³ 에브라임은 내가 알고 이스라엘은 내게 숨기지 못하나니 에브라임아, 이제 네가 행음하였고 이스라엘이 이미 더러웠느니라.

⁴ 저희의 행위가 저희로 자기 하나님에게 돌아가지 못하게 하나니 이는 음란한 마음이 그 속에 있어 여호와를 알지 못하는 까닭이라.

⁵ 이스라엘의 교만이 그 얼굴에 증거가 되나니 그 죄악을 인하여 이스라엘과 에브라임이 넘어지고 유다도 저희와 한가지로 넘어지리라.

⁶ 저희가 양떼와 소떼를 끌고 여호와를 찾으러 갈지라도 만나지 못할 것은 이미 저희에게서 떠나셨음이라.

⁷ 저희가 여호와께 정조를 지키지 아니하고 사생자를 낳았으니 그러므로 새 달이 저희와 그 기업을 함께 삼키리로다."

5:1-7

어떤 사람이 분명히 잘못을 저질렀고 스스로 악에 빠져 있다는 사실을 시인함에도 불구하고 거기서 쉽게 빠져나오지 못하는 것을 보면 이상합니다. 자기가 잘못했다고 생각한다면 손을 털고 나오면 되는 것 아닙니까? 개인이 우발적으로 죄를 지었을 때에는 그 사실을 시인하고 죄에서 떠나면 그만입니다. 하지만 그가 어떤 집단에 속해 있을 경우에는 집단이 힘을 가지고 있기 때문에 범죄세력에서 빠져 나오기가 쉽지 않습니다. 그래서 뻔히 죄인줄 알면서도 그 범죄 세력이 무너질 때까지는 빠져나오지 못합니다.

호세아 당시에 이스라엘 백성들은 자신들의 삶이 옳지 않다는 것을 알고 있었습니다. 개인적으로 생각하면 그들의 삶은 분명히 잘못된 것입니다. 그렇게 살아서는 안 됩니다. 그럼에도 불구하고 그들은 자신의 죄에서 돌이킬 수가 없었습니다. 죄가 이미 구조화되어 있었기 때문입니다. 여기에서 죄가 구조화되어 있다는 것은 죄가 조직을 만들고 그 나름대로 이론을 세워서 스스로 힘을 가지고 있다는 뜻입니다.

개인이 잘못에 빠졌을 때는 돌아오기가 쉽습니다. 그러나 자기가 속해 있는 조직이나 사회가 죄를 짓고 있을 때에는 모든 것을 잃을 각오를 하지 않고서는 도저히 빠져나올 수가 없습니다. 죽도록 두들겨 맞든지 가진 것 다 뺏기고 맨몸으로 나오지 않으면 빠져나올 길이 없습니다. 그래서 내 안에서 어떤 욕망이 일어나는지 살피는 것도 중요하지만, 내가 속한 집단이 어떤 성격을 가지고 있으며 우리 사회가 어떤 가치관을 가지고 어디로 가고 있느냐를 분별하는 것이 더 중요합니다.

어떤 죄에 여러 사람이 동의하면 이미 그 죄는 세력을 가지게 되며 다른 사람의 의견을 구속하기 시작합니다. 거기에 이론적인 뒷받침까지 덧붙여지면 더 진리로 돌아오기가 어렵습니다. 더불어 어떤 열매까지 있을 때, 즉 거기서 나오는 수익이 있어서 그것을 이미 서로 나누어 가지고 있을 때는 더욱더 죄에서 떠나기가 어렵습니다.

미스바와 다볼에서 생긴 일

5장 1절을 보십시오.

"제사장들아, 이를 들으라.

　이스라엘 족속들아, 깨달으라.

　왕족들아, 귀를 기울이라.

　너희에게 심판이 있나니 너희가 미스바에서 올무가 되며

　다볼 위에서 친 그물이 됨이라."

　한국말은 한국말인데 참 어렵지요? 하나님께서는 삼중으로 호출하고 계십니다. 먼저 이스라엘의 제사장을 부르고 그 다음에 이스라엘 족속들을 부르고 그 다음에 왕족들을 호출하십니다. 여기에서 '이스라엘 족속'은 이스라엘 여러 지파의 족속들을 대표하는 족장들입니다. 이 세 부류는 이스라엘 사회에서 가장 중요한 사람들로서, 당시 이스라엘 사회를 실질적으로 이끌어가는 지도자들이었습니다.

　아마도 그들은 왜 하나님께서 자기들을 호출하시는지 의아하게 생각했을 것입니다. '하나님께서 왜 바쁜 우리들을 부르시는 것일까? 혹시 무슨 상을 주시려고 하나?'라는 생각을 했을지도 모르겠습니다. 그러나 하나님께서 그들을 부르신 이유는 따로 있었습니다. 일반 사람들은 잘 알지 못했던 어떤 사건이 있었던 것입니다. "너희가 미스바에서 올무가 되며 다볼 위에서 친 그물이 됨이라." 우리는 이 말씀만 가지고는 하나님께서 말씀하시는 것이 무엇인지 전혀 알 길이 없습니다. 그런데 2절을 보면 그 실마리가 나옵니다.

　"패역자가 살륙죄에 깊이 빠졌으매

내가 저희를 다 징책하노라."

　그들은 거기서 무서운 살륙죄를 저질렀습니다. 그것도 그냥 살륙을 행한 것이 아니라 올무와 그물을 쳐서, 즉 속임수를 써서 사람들을 잡아 죽였습니다.

　우리는 미스바와 다볼이 역사적으로 아주 중요한 장소라는 것을 알고 있습니다. 특히 이 두 곳은 이스라엘 백성들의 신앙부흥을 상징하는 장소입니다. 미스바는 사무엘 때 이스라엘 백성들이 블레셋 사람들의 압박을 받다가 하나님께 회개하고 돌아온 곳입니다. 그들이 블레셋의 압박을 받은 것은 우상 때문이었습니다. 이스라엘 백성들은 미스바에서 그들의 모든 우상을 버리고 하나님께 회개했으며 그때 처음으로 블레셋에 승리를 거두었습니다.

　또 다볼은 여자 사사 드보라가 일어나서 가나안 왕 야빈의 군대 장관 시스라의 철병거를 부수고 하나님 백성의 모습을 회복한 곳입니다. 이렇게 미스바와 다볼은 하나님을 떠난 백성들이 참으로 회개하고 하나님께 돌아와서 참된 신앙을 되찾은 상징적인 장소였고 부흥의 장소였습니다.

　그런데 이 두 곳에서 올무와 그물을 쳐서 사람들을 살륙했다는 말이 무슨 뜻입니까? 이스라엘 사회 안에도 참된 하나님의 말씀으로 돌아가기를 원하는 사람들이 있었습니다. 그런데 왕족과 제사장과 족장들이 "우리 미스바에 모여서 회개운동 합시다. 다볼에 모여서 큰 집회 한번 합시다" 하고 속임수로 불러모아서 몽땅 잡아 죽인 것이 아닌가 하는 생각이 듭니다. 이 사건은 성경 어느 곳에도 기록되어 있지 않습니다. 그러나 제사장과 족장과 왕족들이 공모하여 참으로 하나님께 돌아가고자 하는 자들을 꾀어내서 집단적으로 암살한 사건이 있었던 것 같습니다.

만약 호세아가 지적하고 있는 이 숨은 사건이 사실이라면 이 사실이 가지는 의미가 무엇입니까? 지금 이스라엘 백성들이 하나님을 떠나 있는 것은 우발적인 일이 아니라는 것입니다. 이것은 이미 제사장과 왕족과 지도자들의 동의 아래 이루어지고 있는 조직적인 배교요 이탈입니다. 다 짜고 하는 것입니다. 실수가 아닙니다.

지도자가 한번 잘못되면 그 지도자를 바꾸기가 너무나도 어렵다는 것을 우리는 역사적인 경험을 통해서 잘 알고 있습니다. 평민들이 아무리 노력하고 애써도 지도자를 바꾼다는 것은 거의 불가능한 일입니다. 지도자에게는 힘이 있기 때문입니다. 게다가 이처럼 여러 지도자들이 공모해서 하나님의 말씀으로 돌아가려는 자들을 암살하고 잘못된 방향으로 나갈 때에는 돌이킬 수가 없습니다. 한번 의로운 피를 흘린 사람들은 돌아설 수가 없습니다. 돌아서면 자기들이 죽기 때문입니다.

오늘 우리에게 제일 의문스러운 점은 '왜 하나님께서 이런 일이 일어나도록 방치해 두시느냐?'는 것입니다. 미스바와 다볼에서 회개운동을 하려고 했던 이들은 그래도 의로운 사람들이었습니다. 그런데 왜 하나님께서는 이 악한 제사장들이나 왕족들이나 족장들이 음모를 꾸며서 그들을 암살하도록 내버려 두셨습니까? 하나님께서 그들을 지켜 주셨더라면 모든 것이 이 지경까지 이르지는 않았을 것 아닙니까? 왜 하나님은 악이 승리하도록 내버려두신 걸까요?

바로 이것이 하박국의 고민이었습니다. 하나님은 의로운 분이시며 이 세상의 모든 것을 다 알고 계십니다. 누가 악한 자이며 누가 의로운 자인 줄 알고 계십니다. 그렇다면 악이 의인을 죽이지 못하도록 지켜주셔야 할 것이 아닙니까?

우리에게는 가끔 전혀 예기치 못한 어려운 일이 일어날 때가 있습니다. 이유도 모르게 아주 악한 사람에게 걸려들어서 큰 고통에 빠질 때도 있습니다. 그때 무슨 생각이 듭니까? '왜 하나님이 하필 나에게 이런 일이 생기게 하시는가' 하는 생각이 들지 않습니까?

죄는 조직화될 때 가장 분명하게 드러납니다. 죄가 조직을 형성하면 그 나름대로 세력을 가지게 됩니다. 이 세력은 어느 누구도 그 죄에서 이탈하지 못하도록 감시하고, 이탈하는 자는 처벌합니다. 또 의로운 세계와 싸우기 위해 모든 정보망과 무기를 동원합니다. 얼마 전 일본의 옴진리교도 일본 경찰의 동태를 미리 파악하고 있었던 것으로 드러났습니다. 그만큼 정보망이 빨랐습니다. 그냥 앉아서 "옴!"만 하고 있는 것이 아닙니다. 모든 정보망을 동원해서 이탈자를 회유하거나 협박하고, 그것도 안 되면 죽여서라도 이 죄에서 벗어나지 못하게 합니다. 이것이 죄의 본질적인 모습입니다.

하나님께서 이런 조직적인 죄가 만들어지도록 허용하시는 이유가 무엇일까요? 그것은 죄의 속성이 바로 이런 것이기 때문입니다. 죄는 우발적인 사고가 아닙니다. 죄는 세력이며 힘입니다. 죄는 사람을 구속하는 힘을 가지고 있으며 이탈하는 자를 처벌하는 자체적인 법을 가지고 있습니다. 이런 조직적인 죄를 경험해 보아야 사람들은 죄가 얼마나 추악하고 더러우며 가공할 만한 힘을 가졌는지 깨닫고 죄를 두려워하게 됩니다.

나 혼자 옆에 있는 애의 돈을 뺏는 것과 몇 명이 함께 뺏는 것은 완전히 성격이 다릅니다. 나 혼자 한 짓은 물어주면 되지만 몇 명이 함께 한 짓은 그 집단이 깨져야 해결됩니다. 죄의 이런 악마적인 모습을 보기 전까지 사람들은 "인간이 한 번쯤 그럴 수도 있는 것 아닙니까? 뭘 그걸 가지고 난리를 칩니까?" 하면서 죄를 두둔하며, 이렇게 하는 것을 관대한 처사로 생각합니다.

히틀러의 콧수염 밑에 달린 악마의 이빨을 보기 전까지 사람들은 히틀러를 굉장히 동정했습니다. "1차대전 때 우리가 너무했어. 패전한 나라를 너무 벗겨 먹으니까 히틀러 같은 사람이 나오지. 그 사람 말도 맞는 데가 있어" 하면서 그를 옹호했습니다. 살인마 스탈린의 경우도 그랬습니다. 사람들은 스탈린의 사탄적인 살인행각을 보기 전까지 그와 협상하려고 무던히 노력했습니다. 그러나 스탈린은 이렇게 협상을 시도하던 루즈벨트 대통령을 철저하게 가지고 놀았습니다.

죄의 진상을 바로 알고 나면 '아! 죄와 협상하기란 불가능하구나. 여기에는 싸움밖에 없다. 그리고 이 싸움에서는 반드시 이겨야 한다! 오직 승리뿐!"이라는 것을 깨닫게 됩니다. 지금 북한하고 자꾸 질질 끌면서 협상하고 있는데, 잘 몰라서 그러는 겁니다. 오직 승리뿐입니다. 제가 북한에 감정이 있어서 하는 말이 아닙니다. 악의 세력과는 협상이 안 돼요.

이런 악의 세력을 깨뜨릴 수 있는 분은 오직 손에 못자국이 있는 그리스도 한 분뿐이십니다. 죄와 싸우는 우리의 대장은 예수 그리스도십니다. 그리스도의 십자가는 우리에 대한 사탄의 근본적인 지배를 분쇄시킨 대승리입니다. 왜 사탄이 우리를 지배하지 못합니까? 하나님께서 우리를 얼마나 사랑하시는지 십자가를 통하여 분명히 알았기 때문입니다. "내가 이 사람들을 얼마나 사랑하는지 알아? 내 아들을 십자가에 희생시키면서까지 사랑한다! 만약 이 사람들을 건드리면 너희들 빨리 지옥에 갈 줄 알아! 절대 용서하지 않는다!" 그래서 마귀는 십자가를 보고 떨지 않을 수가 없습니다. 이 사람들 자체야 별것 아니지만, 이 사람들에 대한 하나님이 사랑이 무서운 거지요.

악이 구조화되는 것을 볼 때, 히틀러 정권이나 마피아처럼 악이 정치적인 집단이 되거나 세력화되는 것을 볼 때, 이것은 사탄의 활동이며 이런 세력들과는 어떠한 협상이나 동정도 불가능하고 오직 승리만 있을 뿐이라는 사실을 기억하십시오.

그뿐만이 아닙니다. 우리는 늘 깨어 있어야 합니다. 왜냐하면 이 세상에는 이런 악의 세력이 늘 활동하고 있기 때문입니다. 물론 살면서 이런 악의 세력에 걸려들지 말아야지요. 그러나 이런 악은 자기를 절대로 악이라고 선전하지 않는다는 것이 문제입니다. 그러면 무엇이라고 선전합니까? 미스바와 다볼에서 회개운동을 하자고 선전합니다. 듣기에 얼마나 귀한 일입니까? 그러나 그것은 함정이었습니다.

그래서 겉으로 나타나는 표어의 유창함이나 주장의 아름다움만 믿고 따라가면 함정에 걸려 들기 마련입니다. 그 중심을 꿰뚫어 볼 수 있는 지혜가 있어야 합니다. '지금 이런 제안을 하는 의도가 무엇일까? 미스바도 좋고 다볼도 좋지만 왜 이 사람들이 여기에서 모이자고 하는 걸까? 정말 회개하려고 하는 걸까?' 이렇게 질문을 해 보면 대충 답이 나옵니다.

사탄은 반드시 속임수를 사용합니다. 그런데 주의해서 보면 한 번은 꼭 실수로 그 마각(馬脚)을 드러냅니다. 다 잘 감추었는데 한 번은 꼭 실수로 발톱이 드러나고, 옷을 잘 입었는데 한 번은 꼭 꼬리가 삐져나오는 거예요. 그리스도들이 진지해야 하는 이유가 여기에 있습니다. 어떤 만남이나 사안을 앞에 놓고 기도하고, 사람을 만나기 전에 기도하고, 회의를 하기 전에 기도하는 것은 성령이 주시는 지혜를 통해 마귀의 숨겨진 다리를 보기 위해서입니다. 화장한 얼굴만 보면 절대로 몰라요. 다리를 보든지 뒷부분을 봐야 합니다. 그래서 꼬리든지 짐승 다리든지 보이면 '아하! 요놈은 마귀구나! 절대 안 속는다' 해야 하는 것입니다.

하나님께서 나의 길을 이유 없이 막으실 때가 있습니다. 그것을 막 떨쳐내고 앞으로 나가면 천 길 낭떠러지가 있어요. 하나님은 미스바와 다볼에 순수하지 않은 동기가 있다는 암시를 주십니다. 그런데 "미스바인데 뭘! 다볼인데 어떨라구! 이건 회개의 역사인걸" 하다가 당하는 겁니다.

여러분, 누가 부를 때 주의하십시오. 대통령 조찬기도회에 초청받는 게 좋은 게 아니에요. 동기가 무언지 살펴봐야 하고, 숨겨놓은 다리도 한번 내놔보라고 해야 합니다. 믿음의 선배들은 항상 사탄의 존재를 느끼고 있었습니다. 주위에서 날마다 자신을 노리고 있는 사탄의 역사를 알았어요. 그래서 항상 주의하면서 깨어 있으려고 했고, 결코 닥치는 대로 살지 않았습니다.

참된 것과 거짓된 것을 구별하는 지혜가 절실히 필요합니다. 그러나 요즘 신자들은 참된 것과 거짓된 것을 구별하려고 하지 않습니다. 어느 것이 더 편하고 어느 것이 더 실속있느냐만 생각하지요. 옳고 그른 것을 따지는 것은 답답하고 케케묵은 일로 여깁니다. 그러니까 항상 작은 것은 믿어도 큰 것은 잃는 것입니다.

여러분, 악에 빠지지 않도록 주의하십시오. 누가 부를 때 거기에 무슨 좋지 않은 동기가 있는지 분별할 수 있는 지혜를 달라고 기도하십시오. 아무리 친한 동창생이나 친 형제자매도 한 번은 할퀴고 지나갑니다. 예수님도 베드로에게 "사탄아, 내 뒤로 물러가라"고 하지 않으셨습니까? 이것은 베드로가 사탄이라는 소리가 아닙니다. 가장 가깝고 사랑하는 베드로를 통해서 십자가를 지려는 의지를 흔들려는 사탄의 역사를 보신 것이지요.

그렇다고 해서 배탈이 난 것도 사탄의 역사이고 졸리는 것도 사탄의 역사이고 수도세가 많이 나오는 것도 사탄의 역사라고 생각해서 수도꼭지 붙들고 "사탄아, 물러가라!" 하는 것은 보기 안 좋습니다. 지금 그런 것을 말하는 게 아닙니다. 겉으로는 아주 좋아 보이는데 무언가 구린내가 나고 무언가 명확하지 않을 때 지켜보라는 겁니다. 마귀는 굉장히 머리가 좋지만 한 번은 꼭 실수를 합니다.

그러나 아무리 하나님께서 막으셔도 자기가 고집스럽게 악을 향해 달려갈 때는 어쩔 도리가 없습니다. 그래서 우리에게는 항상 내가 틀릴 수도 있다는 생각을 가지고 남의 말을 귀담아 듣는 지혜가 필요합니다. 고집스러운 사람에게는 충고하기가 어렵습니다. 문제가 무엇인지 알지만 쉽게 말을 꺼내서 조언해 주기가 힘들어요. 분명히 잘못된 길을 가고 있어서 충고해 주었는데 막 씩씩거리고 눈을 위아래로 떠 가면서 "니가 뭔데 그런 소리야?" 하면서 화를 내면 누가 다시 충고해 주겠습니까? 자존심이 좀 상하더라도 잘 듣는 사람이라야 자꾸 충고해주는 것이지요.

목사는 아픈 충고를 해야 하는데 그게 잘 안 됩니다. 한 번 충고했는데 얼굴이 벌게지고 숨소리가 거칠어지면 '아, 앞으로는 안 되겠구나' 싶지요. 그래서 좋은 설교나 달콤한 말이나 칭찬의 말만 들으려고 하는 사람은 진짜 바보 멍텅구리입니다. 그런 사람은 딱 걸려들게 되어 있어요. 어려운 트릭을 쓸 필요도 없습니다. 그냥 "미스바!" 한 마디만 하면 따라가게 되어 있습니다.

또 기억해야 할 것은 만일 내가 이 악의 집단에 속해 있다는 사실을 깨달았다면 모든 것을 버릴 각오를 하고 거기서 빠져 나와야 한다는 것입니다. 손해 보지 않으려고 하면 모든 것을 잃게 되어 있습니다. 악은 자신에게 잡힌 자를 절대로 곱게 내보내주지 않습니다. 그래서 거기서 빠져나오려면 마치 야밤도주하듯이 모든 것을 다 버리고 몸만 빠져나와야 합니다. 손해 보지 않으려고 미적거리면 결국 목숨을 잃게 됩니다. 해방되고 나서 북한 땅에 공산당이 들어섰을 때 사람들이 어떻게 했습니까? 재산과 논밭을 다 버리고 몸만 넘어왔습니다. 그렇게 하지 않으면 못 넘어와요.

예수님께서는 당시 유대 사회 전체를 총체적인 범죄집단으로 보셨습니다. 그래서 거기에 속한 모든 것을 다 버리고 주님을 따르라고 말씀하셨습니다. 이 말씀은 자기 재산이나 가족이나 심지어는 목숨까지 버릴 각오를 하지 않으면 결코 생명을 얻을 수 없다는 뜻입니다. 다행히 우리 사회는 예수를 믿는다고 해서 재산을 박탈하거나 직장을 빼앗지는 않습니다. 그러나 여러 가지 제약이 있고, 교제나 기회면에서 손해 보는 경우가 있습니다. 이런 것을 포기하는 것은 구원을 원하는 자로서 아주 작은 희생입니다.

구원 얻겠다는 사람들을 보면 너무 욕심이 많아요. 아무것도 손해 보지 않으려고 하고, 남들이 누리는 것을 자기도 다 누리면서 구원을 얻으려고 합니다. 그런 생각을 가지고 있는 사람은 절대로 이 세상을 떠나지 못해요. 그러나 우리는 그런 것들을 과감하게 잃어야 하나님께 나아갈 수 있습니다. 그러므로 '하나님께서 나에게 무슨 축복을 주실까'를 생각하기 이전에 '내가 구원을 얻기 위해 잃어버리고 포기할 것이 무엇인가?'를 생각해 보십시오. 그렇지 않으면 악의 세력은 절대로 여러분에게서 물러가지 않을 것입니다.

죄를 뒷받침하는 사상

이스라엘 백성들이 하나님께 돌아오지 못하는 또 다른 이유가 있었습니다. 그것은 사상적인 이유였습니다. 3절을 보십시오.

> "에브라임은 내가 알고 이스라엘은 내게 숨기지 못하나니
> 에브라임아, 이제 네가 행음하였고
> 이스라엘이 이미 더러웠느니라."

하나님께서는 북쪽 이스라엘 백성들의 죄가 하나님 앞에서 낱낱이 드러났다고 말씀하고 있습니다. 여기서 에브라임이나 이스라엘은 결국 같은 것입니다. 왜냐하면 에브라임은 이스라엘의 대표적인 지파이기 때문입니다.

하나님께서는 모든 사람들의 은밀한 죄를 다 알고 계십니다. 그러나 여기서 "에브라임은 내가 안다"고 말씀하시는 것은 단순히 은밀한 죄를 아신다는 것이 아니라 어떤 구체적인 사건을 통하여 그들의 음란한 상태를 드러내셨다는 것입니다. 사람들은 미련할 정도로 죄에 무딥니다. 그래서 무언가 문제가 있다는 것을 알면서도 정작 어떤 일이 터지기 전까지는 그 사실을 잘 인정하려고 하지 않습니다.

에브라임과 이스라엘의 죄가 드러났다는 것은 어떤 사건을 계기로 이스라엘 사회가 얼마나 도덕적으로 문란하고 음란한 사회인지 충격적으로 드러내셨다는 뜻입니다. 물론 본문만 가지고는 그것이 어떤 사건을 말하는지 알 수 없습니다. 혹시 어떤 여자가 자신이 관계한 사람들의 명단을 폭로했는지도 모르지요. 요즘 우리 사회는 도산한 어느 재벌 총수가 작성한 뇌물 명단 때문에 말이 많습니다. 그런 명단이 없으면 어떻게 현직 장관이 구속될 수 있겠습니까? 중요한 것은 사회의 도덕성이 이 지경이 되었는데도 자신의 죄를 인정하고 하나님께 돌아올 생각을 하지 않았다는 사실입니다. 4절을 보십시오.

"저희의 행위가 저희로 자기 하나님에게 돌아가지 못하게

하나니 이는 음란한 마음이 그 속에 있어

여호와를 알지 못하는 까닭이라."

이만큼 음란하고 추한 모습이 드러났음에도 불구하고 하나님께 돌아가지 못하는 것은 이런 음란한 행동을 합리화해줄 만한 이론적인 뒷받침이 있었기 때문입니다. 그것이 바로 '음란한 마음'입니다. 이 사회는 음란한 것에 대해 그 나름대로의 이론이 있었고 사상이 있었습니다. 그러니까 이 모든 죄가 드러났음에도 불구하고 심각하게 생각하지 않았습니다. '그럴 수도 있지, 그걸 가지고 뭘 그러느냐?'는 식입니다.

여기서 말하는 '음란한 마음'은 무엇을 말합니까? 바로 가나안의 사상입니다. 풍년을 위해서는 어쩔 수 없이 많은 성행위가 있어야 한다는 것이지요. "우린들 하고 싶어서 이런 짓을 하는 줄 알아요? 다 바알을 살려내야 비가 오니까 어쩔 수 없이 하는 거지요." 이 말을 요즘 말로 표현하면 어떻게 됩니까? "누가 좋아서 이 짓을 하는 줄 알아요? 다 먹고살려니까 어쩔 수 없이 하는 거지요." 먹고살기 위해 마음에 없는 거짓말도 하고 마음에 없는 술도 마시고 마음에 없는 성행위도 한다는 것입니다.

사실 먹고사는 것만큼 대단한 것이 어디 있습니까? 직장에서 쫓겨나면 누가 먹을 것을 줍니까? 또 처자식은 무엇을 먹고살겠습니까? 그러니까 어쩔 수 없어서 타협한다는 것입니다. 이것이 이론이고 정신이고 가치관입니다.

오늘날 사람들은 성에 대해 굉장히 위험한 생각을 가지고 있습니다. 성을 억압하면 안 된다는 거예요. 성을 억압하면 더 좋지 않은 결과가 나오니까 풀어주라는 것입니다. 어떤 사람은 식욕과 성욕을 연결시킵니다. 먹지 않으면 죽는 것처럼 성욕도 채워주지 않으면 위험하다는 것입니다. 그러나 성욕과 식욕은 다릅니다. 식욕을 채우지 않으면 죽습니다. 하지만 성욕을 채우지 않는다고 죽지 않아요. 좀 힘들기는 하지만 죽지는 않습니다. 그리고 식욕은 개인의 문제입니다. 먹든 굶든 토하든 다 혼자 하는 거예요. 하지만 성욕은 사회의 문제입니다. 이것은 두 사람 사이의 문제이기 때문에 단순한 개인의 욕구문제가 될 수 없습니다. 그럼에도 불구하고 성욕을 식욕의 차원에서 다루는 것은 아주 무책임한 태도입니다.

사실 하나님께서 인간에게 주신 가장 중요한 숙제가 바로 이 성욕의 절제입니다. 인간이 성욕을 절제하지 못하면 그때는 짐승과 다를 바가 없습니다. 그래서 인간이 하나님을 떠날 때 가장 먼저 허물어지는 부분이 바로 이 성욕의 부분입니다. 성욕이 식욕의 차원으로 옮겨지면 짐승 수준이 되어 버립니다.

하나님께서 가나안 문명을 가장 싫어하셨던 이유는 그들의 사상이 바로 성의 무분별한 사용을 권장하는 섹스문화였기 때문입니다. 오늘 본문에 '음란한 마음이 그 속에 있다'는 것은 이런 음란한 사상이 아예 마음속에 새겨져 있다는 뜻입니다. 음란한 생각이 모든 것을 지배하고 통제하고 다스리기 때문에 하나님이 들어갈 자리가 없다는 뜻입니다.

오늘날 매스컴이나 잡지에 나오는 음란한 부분을 유심히 자꾸 보면 어떻게 됩니까? 그것들이 우리 마음에 찍혀 버립니다. 벌거벗은 여자나 남자가 우리 마음에 아예 자리를 잡아 버립니다. 다리를 꼬고 앉아서 모든 것을 지배하는 거예요. 그러니 하나님의 말씀이 들어갈 자리가 없습니다. 그래서 그리스도인들이 신문이나 잡지에서 성에 관련된 부분들을 집중해서 거듭 보면 주님이 그 사람에게서 나가십니다. 이 둘은 상극이에요. 같이 있을 수가 없습니다.

오늘날 우리의 문화는 섹스문화입니다. 전 세계적으로 다 그렇습니다. 물론 어른들은 자라는 아이들이 이런 문화에 노출되는 것을 원치 않습니다. 그러나 부모가 좋아하면 자식도 반드시 빠져들게 되어 있습니다. 자식들을 막을 근거가 없습니다.

두려운 것은 이 음란한 문화가 아무 저항 없이 우리 안을 들락거릴 수 있다는 사실입니다. 우리는 어릴 때부터 경고 없이 이런 토양에서 자란 소돔의 아들이고 고모라의 딸이기 때문에 이런 문화를 너무나도 당연하게 받아들입니다. 이것을 보면 하나님께서 우리 안에 들어오시는 것이 얼마나 어려운지 알 수 있습니다. 우리는 하나님을 믿지만 자주 하나님을 내보냅니다.

"하나님 잠깐 나가셔야겠는데요."

"왜?"

"오늘은 월요일이잖아요. 어젠 주일이니까 오셔서 성령으로 절 다스려 주셔야 했지만, 오늘은 벗은 사람이 들어와야 하거든요."

우리가 이 음란한 손님을 너무나 자주 끌고 들어오기 때문에 하나님의 말씀이 우리 속에 있을 수 없고, 성령이 지속적으로 일하시지 못합니다.

음란한 사상의 가장 큰 문제는 그 허구성에 있습니다. 사실이 아닌 것을 사실로 믿게 하고 아름답지 않은 것을 아름답게 보게 합니다. 하나님께서는 우리가 언제나 사실적으로 생각하기를 원하십니다. 그리스도인은 가장 사실적인 사고를 하는 사람들이어야 합니다. 우리는 허구를 거부해야 합니다. 사실이 아니면서 사실인 것처럼 우리에게 기쁨과 즐거움을 주는 상상에 빠져드는 것은 우상이요 헛된 것입니다.

그래서 진정한 그리스도인들은 허풍을 가장 싫어합니다. 현실적으로 가능하지 않은 것을 생각하면서 즐기지 않습니다. "이건 사랑도 아니고 아름다운 것도 아니에요. 화장만 짙게 했지, 그것만 벗겨내면 아주 추하다구요. 이건 사랑이 아니라 멸망으로 끌고 가는 것입니다." 이렇게 속지 않아야 합니다. 주로 실제적인 사고를 하는 분들은 할머니들이에요. 할머니들은 환상이 없습니다. 안 속아요. 실제적이지 않은 것을 골라내는 데 귀신입니다.

인정할 것은 인정하고 거부할 것은 거부하는 사실적인 사고, 이것이 우리 마음을 엿보는 허황된 교만과 음란한 상상을 막을 수 있습니다.

제사로도 용서받을 수 없는 죄

하나님께서는 이스라엘 백성들의 이 죄는 많은 제물로도 용서받을 수 없다고 말씀하십니다. 6절을 보십시오.

"저희가 양떼와 소떼를 끌고 여호와를 찾으러 갈지라도

만나지 못할 것은 이미 저희에게서 떠나셨음이라."

　이스라엘 백성들이 죄를 용서받기 위해 양떼나 소떼를 끌고 하나님의 성전을 찾아갑니다. 그러나 그들은 거기서 하나님을 만날 수 없으며 죄를 용서받을 수 없습니다. 그 이유가 무엇입니까? 하나님께서 이미 그들을 떠나셨기 때문입니다.

　예수님은 유대인들에게 "누구든지 말로 인자를 거역하면 사하심을 받겠지만, 성령을 거역하면 이 세상과 오는 세상에서 사하심을 얻지 못한다"고 말씀하셨습니다. 말로 인자를 거역한다는 것은 모르고 죄짓는 것입니다. 예수님의 외모만 보면 그를 몰라볼 수도 있습니다. 그래서 그를 인정하지 않고 일시적으로 그의 말씀을 거부할 수 있습니다. 그런 경우에는 죄를 회개하고 하나님께 돌아올 수 있습니다.

　그러나 그를 통해 나타나는 성령의 역사는 그가 분명히 하나님의 아들임을 나타냅니다. 그가 행하시는 기적, 그가 하시는 말씀은 분명히 성령의 역사입니다. 비천한 출신과 초라한 외모가 그것을 감출 수 없습니다. 그러므로 그가 귀신을 쫓아내고 병자를 고치는 것을 보면서도 인정하지 않고 거부하는 것은 하나님의 은혜를 거부하는 것이기 때문에 용서받을 수 없습니다.

　성령을 거역하는 것은 연약해서 실족하는 것이 아닙니다. 지금 자기가 행하는 것이 죄인 줄 알면서도, 분명한 하나님의 역사가 눈에 보이고 그 반대편에 서면 안 되는 줄 알면서도 거부하는 것입니다. 그런 경우에는 이미 하나님의 은혜가 그를 떠난 것이기 때문에 회개하기가 굉장히 어렵습니다.

이스라엘 백성들은 실수나 우연으로 음행에 빠진 것이 아니었습니다. 하나님께 버림받는다는 것을 분명히 알면서도 그렇게 했습니다. 그들이 넘지 못할 선을 넘었을 때 하나님의 은혜는 그들을 떠났고 그들은 돌아올 수 없게 되었습니다. 그들이 양떼나 소떼를 끌고 하나님을 찾아오는 일은 물론 없겠지만, 설사 그런 마음을 가지고 있다고 하더라도 용서받을 수 없다고 하나님은 말씀하십니다.

우리는 자주 성령을 근심하시게 합니다. 분명히 죄인 줄 알면서도 육신의 소욕에 넘어가서 양심을 고통스럽게 할 때가 많습니다. 그럴 때 하나님 앞에 나아가서 회개하면 다 용서해 주시고 성령의 은혜를 회복시켜 주십니다. 그러나 의도적으로 마음을 악하게 만들어서 스스로 죄를 합리화하고 즐기면서 죄를 지을 때, 그리고 나중에 한꺼번에 몰아서 회개하겠다고 생각할 때, 하나님의 은혜는 이미 그 사람을 떠난 것입니다.

여러분, 하나님은 결코 이용당하시는 분이 아닙니다. 젊었을 때 실컷 죄짓고 늙어서 십자가에 달린 강도처럼 회개하겠다는 것은 하나님을 이용하는 것입니다. 이미 하나님의 은혜가 그를 떠났고, 그는 그 은혜를 회복하지 못할 것입니다. 연약한 자는 아무리 자주, 아무리 많이 잘못해도 회개하면 용서해 주십니다. 그러나 "나는 이럴 수밖에 없어. 하나님이 날 이렇게 만드셨고 날 죄짓는 자리로 밀었으니까 이 책임은 하나님께 있다구" 하는 사람은 돌이킬 수 없습니다.

7절을 보십시오.

"저희가 여호와께 정조를 지키지 아니하고 사생자를 낳았으니
그러므로 새 달이 저희와 그 기업을 함께 삼키리로다."

다시 어느 한 여자의 예로 돌아갑시다. 이 여자가 어쩔 수 없어서 우연히 범죄했다면 용서받을 수 있습니다. 그러나 이런 생활을 즐기고 사랑하며 이런 생활의 대가를 받고 자식까지 두었다면 이것은 실수라고 말할 수 없습니다.

이스라엘 백성들의 죄는 실수가 아니었습니다. 그들은 죄를 사랑했고 그런 생활을 원했습니다. 하나님은 '새 달'이 되면 모든 것이 끝장날 것이라고 선언하십니다. '새 달'은 큰 절기로서, 하나님께 예배드리고 기뻐해야 할 때입니다. 그때 그들은 예배드리는 장소 대신에 다른 곳에 있게 될 것입니다. 하나님께 예배드리는 시간에 교도소에 갇혀 있거나 전쟁이 나서 피난 가고 있다면 얼마나 비참하겠습니까?

한번 멀리 떠나 보십시오. 가장 영광스러운 기억은 다른 백성들과 함께 예배드리던 시간이며, 성도들과 함께 사랑으로 교제하던 시간입니다. 그 기쁨을 잃으면 모든 기쁨이 사라집니다. 하나님께서는 다른 것을 빼앗아 가시지 않습니다. 바로 하나님께 예배드리는 시간을 빼앗아 가십니다. 예배 시간에 돈을 헤아리고 사람들을 만나게 하시고 예배드려야 할 그 시간에 다른 곳에서 방황하게 하시는 것은 하나님의 은혜가 이미 떠나고 있다는 증거입니다.

우리는 성령을 훼방하는 것이 무엇인지 바로 알아야 합니다. 성령을 훼방하는 것은 우발적인 실수가 아닙니다. 몰라서 죄에 빠지

는 것이 아닙니다. 모든 것을 다 알고 있으면서도 자기의 기질과 고집 때문에 인정할 것을 인정하지 않는 것입니다. 바로 그 고집이 우리를 망하게 합니다. 분명히 자기가 틀렸고 자기가 옳지 않은 편에 서 있으면서도 체면이나 자존심이나 상처 때문에 돌이키기를 거부할 때 하나님은 그를 떠나십니다. 5절을 보십시오.

"이스라엘의 교만이 그 얼굴에 증거가 되나니"

교만해서 알고도 돌이키지 않는 것입니다. 하나님께서 우리에게 원하시는 것이 무엇입니까? 나는 틀릴 수 있고 죄에 빠질 수 있으며 늘 고침을 받아야 한다는 것을 인정하는 것입니다. 그렇게 할 때 하나님이 우리를 위로해 주십니다. 하나님은 그 백성들에게 '정조'라는 표현을 쓰시면서 이것을 지키라고 말씀하십니다. 하나님의 백성으로서 순수함을 지키고 유지하라는 것입니다.

어떻게 하면 이 세상의 끓어오르는 정욕과 죄악 가운데서도 물들지 않고 순수함을 지킬 수 있습니까? 한 번도 죄짓지 않고 나쁜 생각을 하지 않는다는 것은 불가능한 일입니다. 그러므로 우리가 더러워지지 않는 방법은 자주 빠는 것입니다.

"이제껏 눈물을 많이 흘렸으니 이젠 그만 울자"고 하는 사람이 있는데, 아닙니다. 아직 멀었습니다. 우리는 죽을 때까지 울어야 합니다. 그래야 정결을 유지할 수 있습니다. "오, 주님! 새롭게 하소서. 저를 용서해 주소서. 제 양심이 또 더러워졌습니다. 제 속에 또 이상한 손님이 들어와서 어지럽게 만들었습니다. 저의 이 악한 기질을 치료해 주십시오. 제 마음의 상처를 치료해 주십시오."

다른 사람들이 "왜 그렇게 우울해 보이냐? 왜 그렇게 자주 우냐?"고 비난해도 어쩔 수 없습니다. 그것이 정결을 유지하는 길입니다. 그렇게 할 때 기쁨과 평안이 임합니다. 마음이 찢어질 것같이 가난하고 고통스럽고 힘들다가도 갑자기 평안해집니다. 속이 쓰라리고 아팠는데 갑자기 하나도 아프지 않습니다. 성령께서 오셔서 회복해 주시고 치료해 주시고 기뻐하게 하십니다. 기도하다가 갑자기 기뻐지고, 찬송하다가 갑자기 춤추고 싶어집니다. '내가 이래 가지고서야 신앙생활 할 수 있겠나' 하면서 절망했는데, 그것을 인정하는 순간 갑자기 달라지는 겁니다.

여러분, 날마다 주님 앞에서 눈물 흘리며 회개하는 일을 반복한다고 해서 낙심하거나 비관하지 마십시오. 변하고 있습니다. 기질이 달라지고 있습니다. 내 안에 자리잡고 있던 음란한 마음과 음란한 문화가 점점 물러가면서 거룩한 마음이 자리를 잡아가고 있습니다. 주님이 나와 함께 계시다는 것이 더 분명하게 느껴집니다.

하나님께서는 이스라엘 백성의 죄를 구조적인 죄로 규정하면서 그들은 알면서도 돌아올 수 없는 상태에 있다고 말씀하셨습니다. 이스라엘 백성들의 죄가 이 지경까지 가게 하신 것은 죄가 가지는 가공할 힘과 포악한 성격을 보게 하기 위해서입니다. 죄와는 어떤 타협도 있을 수 없습니다. 죄와는 타협해서는 안 됩니다.

죄는 히틀러나 스탈린 같은 존재입니다. 여기에는 타협이 있을 수가 없습니다. 오직 승리뿐이지요. 십자가의 진리로 이기는 길뿐입니다. 그래서 죄가 나한테 찾아와서 "우리 적당히 타협해 봅시다, 형씨!" 할 때, "죄와는 타협이 안 된다고 그랬어. 오직 승리뿐이야. 예수님, 빨리 오세요!" 하면서 죄를 물리쳐야 합니다.

이스라엘 백성들은 그 음란한 가치관 때문에 문제가 드러났음에도 불구하고 그것을 심각하게 생각하지 않았습니다. 오늘 우리의 성 풍속도는 굉장히 위험합니다. 하나님과 음란한 마음은 같이 있을 수가 없습니다. 음란한 마음이 있으면 하나님은 분명히 나가십니다. 또 하나님이 들어오시면 음란한 마음이 나가야 합니다. 공존할 수가 없습니다.

오늘 본문이 우리에게 말씀하시고 있는 것이 무엇입니까? 속아서는 안 된다는 것입니다. 그리스도인들은 실제적이어야 합니다. 이것은 맨날 돈만 헤아리는 현실주의자가 되라는 뜻이 아닙니다. 있는 것을 있는 그대로 인정하고 아닌 것은 아니라고 하라는 것입니다. 허황된 꿈과 말도 되지 않는 허풍은 신앙 안에 있을 자리가 없습니다. 자기 모습을 있는 그대로 보는 솔직함이야말로 이 음란하고 허풍스러운 사회와 문화에서 우리를 지켜줄 것입니다.

성령을 소멸하는 것과 성령을 거역하는 것은 다릅니다. 우리는 말씀대로 살고 싶어하면서도 욕심 때문에 쓰러지고 좌절합니다. 이것은 회개할 수 있는 죄입니다. 하나님은 우리가 회개할 때마다 오히려 더 큰 은혜와 위로를 주시며 주님은 우리 안에서 더 주님이 되십니다. 그러나 하나님의 은혜를 남용하고 합리화하면서 "하나님은 무한히 은혜로우시니까 나는 더 죄에 머물러도 되고 더 죄를 즐겨도 돼" 하는 사람은 이미 하나님의 은혜 밖으로 나가 있는 것입니다. 예정을 강조하면서 의도적으로 죄에 머무는 것은 예정을 욕되게 하는 일일 뿐만 아니라 회개의 기회마저도 놓치는 일입니다.

오늘 우리에게 필요한 것은 하나님 앞에 겸비한 마음으로 우리의 약한 부분을 눈물로 내놓는 일입니다. 이것이 우리를 성령으로 새롭게 하며 주님을 닮아가게 합니다. 그러므로 "나는 말씀을 너무 많이 들었어", "나는 너무 많이 울었어"라고 말하지 마십시오. 우리는 말씀을 조금밖에 모릅니다. 제가 5년 동안 설교를 해왔는데 성경을 너무 조금밖에 모르고 있습니다. 부끄러워요. 제 소원은 성경을 좀 더 많이 아는 것입니다.

우리는 자기 자신에게 너무 쉽게 만족하고 도취하는 것 같습니다. 우리에게는 더 가난한 마음이 필요합니다. 우리는 너무나 모릅니다. 저는 성경을 대할 때마다 철문 앞에 선 것 같습니다. 성경이 너무나도 완강하게 문을 닫고 있어요. 그래서 성경 중에 탐사하지 못한 것이 너무너무 많습니다. 아무리 많이 읽어도 모르겠어요. 알고 싶습니다. 하나님 앞에 더 가까이 나아가고 싶고 더 솔직해지고 싶고 더 정직해지고 싶습니다. 이것이 저의 고백이고 솔직한 심정입니다.

여러분, 우리가 다 됐다고 생각하면 큰일납니다. 우리는 너무 안 울었습니다. 우리 마음은 너무 완악하고 너무 단단합니다. 우리는 더 많이 울어도 괜찮습니다. 더 가까이 가야 합니다. 그래야 주님이 더 나에게 주님이 되시고 우리 안에 있는 이 악한 기질과 본성이 빠져나갈 것입니다.

9

하나님의 보응

호세아 5:8-15

^{5:8} "너희가 기브아에서 나팔을 불며 라마에서 호각을 불며 벧아웬에서 깨우쳐
소리하기를 '베냐민아, 네 뒤를 쫓는다' 할지어다.

9 견책하는 날에 에브라임이 황무할 것이라. 내가 이스라엘 지파 중에 필연 있을 일을
보였노라.

10 유다 방백들은 지계표를 옮기는 자 같으니 내가 나의 진노를 저희에게 물같이
부으리라.

11 에브라임은 사람의 명령 좇기를 좋아하므로 학대를 받고 재판의 압제를 당하는도다.

12 그러므로 내가 에브라임에게는 좀 같으며 유다 족속에게는 썩이는 것 같도다.

13 에브라임이 자기의 병을 깨달으며 유다가 자기의 상처를 깨달았고 에브라임은
앗수르로 가서 야렙 왕에게 사람을 보내었으나 저가 능히 너희를 고치지 못하겠고
너희 상처를 낫게 하지 못하리라.

14 내가 에브라임에게는 사자 같고 유다 족속에게는 젊은 사자 같으니 나, 곧 내가
움켜갈지라. 내가 탈취하여 갈지라도 건져낼 자가 없으리라.

15 내가 내 곳으로 돌아가서 저희가 그 죄를 뉘우치고 내 얼굴을 구하기까지
기다리리라. 저희가 고난을 받을 때에 나를 간절히 구하여 이르기를"

5:8-15

우리는 어떻게 해서든지 이 세상에서 좀더 안정된 위치에서 살고 싶어합니다. 예를 들면 남의 집에 세들어 사는 것보다는 자기 집이나 다른 재산을 더 가지고 싶어하고, 언제 그만둘지 모르는 영세한 직장보다는 대기업이나 공공단체 같은 곳에 시험을 쳐서 당당하게 입사하는 것을 더 성공한 것으로 생각합니다. 이 세상에서 안정된 삶은 그냥 주어지는 것이 아니라 많은 시간을 들여서 피땀 흘려 노력한 결과로 겨우 얻는 것입니다. 그래서 이런 것을 얻는 것 자체를 성공이라고 믿습니다.

사람들이 이런 안정되고 부요한 삶을 원하는 이유가 무엇입니까? 이 세상이 너무나도 불안정하기 때문입니다. 언제 무슨 일이 일어날지 모르기 때문에 내 나름대로 대비책이 있어야 어려움을 견딜 수가 있습니다.

그런데 하나님께서는 그 백성들에게 이것과 전혀 다른 삶을 원하고 계십니다. 그것은 이 세상에서 좀더 낮고 안정된 생활을 얻기 위하여 피땀 흘려 노력하는 삶이 아닙니다. 하나님은 그 이상의 삶을 원하십니다. 하나님께서 그 백성들에게 원하시는 것이 무엇입니까? 하나님이 주신 말씀대로 사는 것입니다.

하나님께서는 그 백성들이 하나님을 모르는 사람들과 근본적으로 다르기를 원하십니다. 무엇이 어떻게 다릅니까? 믿는 자들에게는 하나님이 가장 든든한 보장이 되어 주십니다. 그래서 내가 스스로 안정되는 것을 목적으로 삼지 않습니다. 그들에게 가장 귀한 것은 하나님이 주신 말씀입니다. 그래서 그 말씀을 배우고 실천하는 것이 가장 중요한 삶의 방식이 되어야 합니다. 그렇지 않고 이 세상에서 좀더 안정된 삶을 살기 위하여 말씀을 버릴 때 하나님께서는 그들을 버리시겠다고 말씀하십니다.

오늘 본문 말씀은 이스라엘 백성들이 불안정한 상황 가운데서 어떻게 그들 나름대로 살아남을 방식을 마련했는지 보여줍니다. 그러나 하나님께서는 그들이 그렇게 하는 것을 분명히 죄라고 말씀하십니다. 그들은 아무리 불안정해도 하나님만 의지해야 합니다. 불안정해도 하나님의 말씀만 붙들고 걸어가야 합니다. 하나님께서 나를 위하여 어떤 일을 하실 것을 믿어야 합니다. 이것은 완전히 모험입니다. 하나님께서 그 백성들에게 원하시는 것은 바로 이런 모험적인 신앙입니다.

오늘 본문은 이스라엘 백성들이 불안한 나머지 말씀보다는 인간의 길을 택했을 때 어떤 결과가 나타났는지 말씀하고 있습니다.

전쟁의 소리를 들으라

오늘 우리들에게 가장 두려운 것이 있다면 바로 전쟁이 터졌다는 소리입니다. 우리는 전쟁의 맛을 한번 보았습니다. 전쟁은 모든 것을 빼앗아갑니다. 얼마나 많은 사람이 죽을지 모릅니다. 이스라엘 백성에게도 가장 두려운 것은 전쟁의 소식이었습니다.

오늘 본문에는 전쟁의 나팔소리가 들리고 있습니다. 5장 8절을 보십시오.

> "너희가 기브아에서 나팔을 불며
> 라마에서 호각을 불며 벧아웬에서 깨우쳐 소리하기를
> '베냐민아 네 뒤를 쫓는다' 할지어다."

'너희가 기브아에서 나팔을 불며 라마에서 호각을 분다'는 것은 바로 이런 도시에서 전쟁이 일어났다는 뜻입니다. 이 나팔은 전쟁 나팔이고 이 호각은 전쟁을 알리는 호각소리입니다. 그런데 중요한 것은 여기서 말하는 기브아나 라마는 이스라엘에서 전쟁의 피해가 가장 적었던 안전한 곳이라는 사실입니다. 기브아와 라마와 벧엘은 모두 사마리아와 예루살렘 중간에 있는 도시들입니다. 만일 적이 쳐들어 오면 북쪽에서 내려오든지 아니면 남쪽에서 올라오기 때문에 이 도시들은 언제나 피해가 적었습니다.

호세아가 말하는 것이 무엇입니까? 하나님의 백성들에게는 지정학적으로 가장 안전한 곳도 결코 안전하지 않다는 것입니다. 이런 곳들도 전쟁의 소용돌이를 피할 수가 없습니다. '베냐민아, 네 뒤를 쫓는다 할지어다' 라는 말씀은 '다음 차례는 베냐민 바로 너' 라는 것입니다.

상식적으로 생각하면 바로 이런 곳들이야말로 가장 안전한 곳입니다. 그러나 하나님의 백성들에게는 기브아나 라마나 벧엘이나 베냐민이 결코 안전한 곳이 되지 못합니다. 하나님의 말씀을 버린 이스라엘 백성들에게 안전한 곳은 존재하지 않습니다. 사람이 적이 아니라 하나님이 적이 되시기 때문입니다. 하나님이 적이 되시는데 어디로 피할 수 있겠습니까? 그래서 시편 기자는 죄를 짓고 나서 이렇게 말했습니다.

내가 주의 신을 떠나 어디로 가며
주의 앞에서 어디로 피하리이까?
내가 하늘에 올라갈지라도 거기 계시며
음부에 내 자리를 펼지라도 거기 계시니이다 (시 139:7-8).

이 사실을 가장 잘 경험한 선지자가 바로 요나입니다. 요나는 하나님의 말씀에 순종하기 싫어서 멀리 외국으로 가는 배를 탔고 그 배 밑창에서 눈을 감아 버렸습니다. 그리고 자버렸어요. 눈만 감고 있으면 아무도 자기를 찾지 못할 것이라고 생각했습니다. 그러나 말씀에 불순종한 선지자가 하나님을 피할 수 있는 곳은 그 어디에도 없었습니다. 하나님은 아주 정확하게 배 밑에서 눈을 감고 있는 선지자를 잡아 내십니다. 우리가 주의 신을 떠나 어디로 가겠습니까? 하늘 끝에 가도 거기 계시고, 지옥까지 도망가도 "이제 오냐?" 하면서 맞이하십니다.

하나님의 백성이 세상에서 사는 원리는 하나님을 모르는 자들과 완전히 다르다는 것을 인정하지 않으면 절대로 형통할 수 없습니다. 물론 하나님을 모르는 자들이 자기의 성을 쌓고 안전대책을 세우는 것이 옳다는 말은 아닙니다. 그러나 이것 외에 무슨 방도가 있겠습니까? 그들은 자기를 믿고 사는 수밖에 없습니다. 인간적인 방법들을 죽 나열해본 다음에 가장 유리한 것을 하나 택해서 밀어부칠 수밖에 없는 것입니다. 물론 언젠가는 그들이 쌓은 성이 무너지고 그들의 방법이 패배하겠지만, 일시적으로는 하나님이 허용하십니다.

그러나 하나님의 백성들에게는 절대로 이것을 허용하시지 않습니다. 왜냐하면 하나님이 계시기 때문입니다. "내가 있는데 왜 너는 다른 방식으로 안정을 구하느냐? 내가 있는데 왜 기브아에 땅을 사놓고 라마에서 투기를 하느냐? 거기는 편할 줄 알았느냐? 거기서 먼저 나팔소리가 날 것이고, 다음 차례는 베냐민이야."

열심히 노력해서 자기 나름대로 안전하고 평안하다고 생각하던 어느 날, 갑자기 나팔소리가 들리고 호각소리가 들리기 시작합니다. 그리고 '누구누구 차례'라는 말이 들립니다. 그러면 그때부터는 정신을 차릴 수가 없습니다. 자기가 의지했던 것을 다 **빼앗깁니다**. 그때 입에서 무슨 말이 나옵니까? "내가 하나님을 피하여 어디에 숨겠느냐?"는 말이 나오지요. 우리는 하나님의 눈을 피할 수가 없습니다.

하나님의 백성들에게 안전한 곳은 따로 없습니다. 전셋집이라고 해서 불안하고 자기 집이라고 해서 안전한 것이 아닙니다. 서울이라고 해서 불안하고 미국이라고 해서 안전한 것이 아닙니다. 오직 하나님의 말씀이 있고 그 말씀에 순종하는 마음이 있는 곳이 안전합니다.

교인들은 집이나 직장을 구할 때 어떤 기준으로 해야 합니까? 집은 값이 싸고 평수가 넓은 곳을 골라야겠고, 직장은 수입이 많고 승진 가능성이 있는 곳을 골라야겠지요. 그게 당연한 겁니다. 그런데 하나님의 백성은 그런 기준으로 선택하지 말라는 겁니다. 내가 이곳으로 이사하거나 이 직장을 선택하는 것이 하나님의 말씀대로 사는 것과 어떤 관계가 있느냐가 훨씬 더 중요한 기준입니다. 하나님께서 주신 말씀은 우리 인간이 소유할 수 있는 것 중에서 가장 귀중한 보배입니다. 하나님께서는 우리가 이 말씀을 존중하기를 원하십니다. 11절 말씀을 보십시오.

> "에브라임은 사람의 명령 좇기를 좋아하므로
>   학대를 받고 재판의 압제를 당하는도다."

이 구절은 참으로 번역이 어려운 구절입니다. 그 이유는 바로 '명령'이라는 단어 때문입니다. '명령'은 히브리어로 '짜브'(צַו)라는 말인데 이 말의 뜻이 분명하지 않습니다. 구약에 몇 번 나오면 뜻을 알 수 있겠는데, 구약 전체를 통틀어 딱 한 번밖에 나오지 않습니다. 그래서 많은 영어 성경들은 철자는 다르지만 발음이 비슷한 '우상'으로 번역했습니다.

그런데 우리말 성경은 그런 영어 번역을 따르지 않고 원래대로 '명령'이라고 번역했습니다. 그냥 '명령'이라고 하면 '하나님의 명령'과 혼동이 되니까 '사람'이라는 말을 넣어서 '사람의 명령'이라고 번역했는데, 이것은 대단히 뛰어난 의역입니다. 본문의 의미를 가장 정확하게 드러낸 번역이 아닌가 생각합니다.

이스라엘 백성들은 하나님의 말씀을 따르지 않고 사람의 명령을 따랐습니다. 이것은 인간의 가치관을 따라서 행동했다는 뜻입니다. 역사서를 읽어 보면 이스라엘 왕들이 '악한 여로보암의 길을 따랐다'는 말이 계속 나오는 것을 볼 수 있습니다. 이 '여로보암의 길', '여로보암의 명령'이 바로 '짜브'로서, 하나님을 버리고 자기가 살길을 택하는 것입니다.

이스라엘 백성들은 지정학적으로나 그밖의 사정으로 볼 때 하나님의 말씀만 붙들고서는 살 수가 없었습니다. 그래서 그들은 여로보암의 길을 따라 많은 사람들의 충고와 명령대로 살 길을 선택했습니다. 그들은 이렇게 함으로써 많은 이들을 친구로 만들었지만 하나님 한 분을 적으로 만들고 말았습니다.

결국 그들은 어느 곳에 가도 안전치 못한 상태가 되었습니다. 아마도 이스라엘의 돈 많은 사람들은 기브아나 라마 같은 곳에 땅을 사놓았을 것입니다. 그곳이 가장 안전하다고 생각했기 때문이지요. 그러나 하나님은 바로 그곳에서 전쟁의 나팔소리와 호각소리가 날 것이라고 말씀하십니다. 하나님의 말씀을 떠난 백성들은 어떤 방법으로도 안전할 수 없습니다. 가장 안전하다고 생각해서 피한 곳이 바로 사자의 입이 될 것이며 바로 거기서 재앙이 기다리고 있을 것입니다.

이 사실이 말해주는 바가 무엇입니까? 하나님은 그 백성을 쉽게 포기하지 않으신다는 것입니다. 우리는 너무나도 쉽게 신앙을 버립니다. 세례받을 때 약속한 것을 얼마 지나지 않아서 잊어버립니다. 그러나 하나님은 잊지 않으십니다. 하나님을 피하여 어디로 도망을 치든지 그곳에서 기다리시다가 꼼짝 못하게 잡아서 다시 말씀이 있는 곳으로 끌고 오시며, 그들을 위대한 하나님의 말씀대로 사는 하나님의 백성으로 만드십니다.

우리 인간에게 가장 위대한 것이 무엇입니까? 좋은 집에서 잘 사는 것이 아닙니다. 이 위대한 하나님의 말씀대로 사는 것이 참으로 위대한 것입니다. 이 가치를 모르고 그저 눈에 보이는 것에서 행복과 만족을 찾으려는 정신 나간 백성들을 하나님은 하나씩 잡아내십니다. 9절 말씀을 보십시오.

"견책하는 날에 에브라임이 황무할 것이라.
　내가 이스라엘 지파 중에 필연 있을 일을 보였노라."

우리는 눈에 보이는 것을 현실이라고 생각합니다. 그러나 하나님께서는 눈에 보이는 것은 현실이 아니라고 말씀하십니다. 이것은 환상입니다. 서울의 이 번화한 거리는 모두 환상입니다. 사람이 건

설해놓은 것은 실재가 아닙니다. 하나님의 말씀대로 사는 것만이 실재입니다. 인간의 방법으로 만들어낸 것은 가공의 것이고 안개에 젖은 것이며 곧 허물어질 것입니다. 말씀대로 사는 사람에게는 그가 걸어온 참된 모습이 현실화될 때가 있습니다. 그리고 하나님의 말씀을 저버리고 가공의 건물을 지으며 가공의 도시에 안주하면서 사는 사람에게도 역시 그의 참된 모습이 드러날 때가 있습니다.

하나님이 찾아오셔서 책망하시는 견책의 날에 에브라임은 황무해질 것입니다. '황무하다'는 말은 에브라임에 쓸 만한 것이 하나도 없다는 뜻입니다. 하다못해 아파트 쓰레기를 뒤져도 쓸 만한 것이 나오지만 에브라임에는 쓸 만한 것이 하나도 없습니다. 하나님의 말씀을 떠나 부요해진 사람들, 하나님의 말씀을 떠나 안정된 삶을 택한 자들은 어떤 날이 이르렀을 때 쓸 것이 하나도 없을 것입니다.

그러므로 현재의 성공이나 안정된 삶을 믿지 마십시오. 오히려 그런 거짓된 안정 가운데서 나팔소리를 들으십시오. 전쟁의 호각소리를 들으십시오. '전쟁이 일어날 거야. 조심해' 하는 소리가 양심에서 들리는데도 사람들은 그냥 덮어버리고 행복해 합니다. 그러나 실제로는 행복하지 않아요. 결국 전쟁이 터집니다.

그러나 호각소리를 미리 들으면 살 수가 있습니다. "이건 진실이 아니야. 이렇게 살면 안돼. 내가 이렇게 한다고 해서 하나님을 피할 수는 없어. 눈을 감는다고 해서, 양심을 닫는다고 해서 하나님을 피할 수는 없어. 하나님은 어디에나 계셔. 지옥에도 따라오시는 분이야. 하나님은 굉장히 질긴 분이셔." 이것을 미리 안다면 우리는 살 수 있습니다.

유다와 이스라엘의 정책

하나님께서는 유다와 이스라엘에서 가장 싫어하시는 정책을 하나씩 지적하고 계십니다. 유다의 문제는 팽창정책이었습니다. 10절을 보십시오.

> "유다 방백들은 지계표를 옮기는 자 같으니
> 내가 나의 진노를 저희에게 물같이 부으리라."

'지계표'는 이스라엘 백성들 사이에 땅의 소유를 표시하기 위해서 세운 나무입니다. 그러므로 지계표를 옮긴다는 것은 자기 땅을 그만큼 넓힌다는 뜻입니다. 하나님께서는 이스라엘 백성 모두에게 땅을 주셨습니다. 그래서 이스라엘 자손들은 모두 농노가 아닌 자유민이었습니다. 농민이 자기 땅을 가진다는 것이 얼마나 큰 축복인지 아십니까? 자기 땅을 가지면 그 땅에서 나는 것으로 충분히 먹고도 남을 도우면서 살 수 있습니다.

욕심이 많은 사람은 흉년이 들어서 어려울 때 비싼 이자를 붙여서 곡식이나 돈을 빌려줍니다. 그렇게 흉년이 몇 년만 계속되면 그것이 눈덩이처럼 불어나는데 그때 땅을 빼앗고 표시를 거기까지 옮겨놓는 것이지요. 이것이 지계표를 옮기는 것입니다.

이스라엘 노예들은 노예생활을 6년만 하고 돌아오게 되어 있습니다. 그래서 땅주인들은 그들이 아예 돌아오지 못하도록 외국에 노예로 팔아버렸습니다. 그 노예 상인들이 두로와 에돔 사람이었습니다. 아모스서에 보면 두로와 에돔의 서너가지 죄를 절대로 용서하지 않으신다는 말씀이 나옵니다. 하나님은 아모스서 서두에서 이들이 이스라엘과 유다의 악독한 자들과 결탁해서 영구적으로 땅을 차지하기 위해 백성들을 외국에 팔고, 형제끼리 같이 노예로 가고 싶어서 우는데도 한 명은 이 나라로, 또 한 명은 저 나라로 떼어보낸 그 원한을 절대로 용서하지 않겠다고 말씀하십니다.

이처럼 지계표를 옮기는 것은 단순히 소유를 늘리는 것이 아니었습니다. 어려운 이웃을 철저하게 짓밟으면서 자기의 행복을 추구하는 것이었습니다. 흉년은 사랑을 실천해야 할 기회입니다. 그런데 그들은 눈덩이처럼 불어나는 이자를 붙여서 가난한 사람들의 땅을 빼앗고 자기의 지계표를 옮기는 기회로 삼았습니다.

유다의 방백들이 '지계표를 옮기는 자와 같다' 는 것은 그들의 정책이 근본적으로 팽창정책이었다는 것입니다. 가난한 사람의 것을 빼앗아서 자기 땅을 넓히고 주위의 약한 나라를 흡수 통합해서 점점 나라를 키워나가는 부국강병책, 이것이 유다 방백들의 기본 정책이었습니다.

하나님의 백성들에게 중요한 것은 하나님께서 나에게 주신 것을 잘 지키는 것입니다. 하나님께서 나에게 주신 땅을 잘 지키는 것이 중요해요. 다른 사람이 와서 바꾸자고 해도 바꿀 필요가 없습니다. 이것은 하나님이 나에게 주신 영원한 기업이기 때문입니다.

하나님께서 나에게 주신 가정을 지키는 것이 중요합니다. 가정을 몇 개씩 만들면 안 됩니다. 또한 하나님께서 나에게 하라고 하신 일을 잘 하는 것이 중요합니다. 그래서 하나님의 백성들은 수익이 더 많다고 해서 자기가 하는 일을 금방 바꾸지 않습니다. 특히 하나님께서 나에게 주신 은사나 선물이라고 생각되는 것들은 아무리 다른 사람이 알아주지 않고 힘들어도 쉽게 버리지 않습니다.

하나님께서 믿는 사람들에게 주신 것은 굉장히 값지고 귀중한 것이며 이 세상에 없는 것들입니다. 그런데 유다 방백들의 기본 정책에는 '하나님이 나에게 주신 것'이라는 개념이 없었습니다. 그냥 닥치는 대로 가졌고 닥치는 대로 먹었습니다. 그러나 하나님의 백성들은 자신의 행복을 극대화하지 않습니다. 행복의 극대화나 능력의 극대화를 추구하지 않아요. 오늘날 세상 사람들이 뭐라고 말합니까? "사람들의 뇌세포는 얼마얼마인데, 우리가 얼마나 조금 쓰고 있는지 압니까? 뇌세포를 다 쓰세요." 아닙니다. 다 쓰면 터져버립니다.

사사기에 나오는 기드온은 큰 용사였습니다. 그러나 그는 자녀를 기르는 일에는 믿음을 잘 적용하지 못했습니다. 그 당시에 자식은 아버지의 능력이요 힘이었습니다. 그래서 기드온은 자식을 칠십 명이나 두었습니다. 그런데 그 자식 중에 아비멜렉이라는 아들이 세겜 사람들과 뜻이 맞아서 나머지 아들들을 다 죽이고 세겜의 왕이 되었습니다. 그때 간신히 도망친 아들이 요담입니다. 요담은 그리심 산으로 도망쳐서, 세겜 사람들을 불러 놓고 비유를 하나 들었습니다.

나무들이 왕을 뽑기로 했는데 감람나무가 적격일 것 같았습니다.

그래서 감람나무를 찾아가 왕이 되어달라고 했더니 "나는 기름으로 하나님과 사람을 영화롭게 하는데 내가 왜 그것을 버리고 나무들 위에 우쭐거리겠느냐"고 하면서 거절했습니다. 그래서 이번에는 무화과나무를 찾아가서 부탁했습니다. 그러자 무화과나무는 "나에게는 달콤하고 아름다운 열매가 있는데 왜 내가 이 열매를 버리고 나무들 위에 우쭐거리면서 그 위에서 요동을 치겠느냐"고 하면서 거절했습니다. 그래서 이번에는 포도나무를 찾아갔습니다. 포도나무는 "내게는 사람을 기쁘게 하는 포도가 있고 포도주가 있는데 내가 왜 이것을 버리고 나무들 위에 요동을 치겠느냐"고 거절했습니다. 그래서 마지막으로 가시나무를 찾아가서 왕이 되어달라고 부탁했더니 굉장히 좋아하면서 왕이 되었습니다.

요담은 이 이야기를 하면서 "너희가 기드온의 가정을 이렇게 버리고 아비멜렉을 왕으로 삼은 것이 옳으면 좋지만 그렇지 않으면 아비멜렉에게서 불이 나와서 세겜 사람들을 불사를 것이요, 세겜에서 불이 나와서 아비멜렉을 불사를 것이다"라고 말하고 도망을 쳤습니다.

요담이 말한 것이 무엇입니까? 하나님의 백성들은 야망을 위해 사는 것이 아니라 하나님이 주신 열매로 남을 기쁘게 하고 남을 돕기 위해서 산다는 것입니다. 남 위에서 왕이 되어 우쭐대며 군림하는 것은 하나님 백성의 존재 목적이 아닙니다. 요담은 만약 세겜 사람들이 야망에 따라 지도자를 뽑는다면 결국 서로 사이에 불이 나서 다 멸망하고 만다는 사실과, 다른 나라는 그렇게 살아도 될지 몰라도 하나님 나라는 그렇게 존재할 수 없다는 사실을 분명히 밝혔습니다.

하나님 백성의 특징은 하나님께서 나에게 주신 것이 무엇인지 생각하고 그것을 아주 귀중하게 여기는 것입니다. 여러분, 하나님께서 나에게 주신 것은 집을 늘리는 것이나 이 세상에서 인정받는 것과 비교될 수 없을 만큼 귀중합니다. 하나님께서 나에게 주신 것이 무엇입니까? 하나님께서 나에게 주신 깨달음이 무엇이며 기쁨이 무엇이며 노래가 무엇입니까? 그것으로 남을 섬기고 축복하고 행복하게 해주는 것이 우리의 존재 이유입니다. 가시나무처럼 할 일 없이 있다가 왕 시켜준다고 하니까 좋아서 우쭐거리는 것은 하나님 백성의 일이 아닙니다.

이스라엘 지도자들은 무슨 일을 했습니까? 13절을 보십시오.

"에브라임이 자기의 병을 깨달으며
  유다가 자기의 상처를 깨달았고
  에브라임은 앗수르로 가서 야렙 왕에게 사람을 보내었으나
  저가 능히 너희를 고치지 못하겠고
  너희 상처를 낫게 하지 못하리라."

여기서 '에브라임이 자기 병을 깨닫고 유다가 자기 상처를 깨달았다'는 말은 그들이 근본적인 문제를 깨달았다는 뜻이 아닙니다. 현실적인 어려움을 깨닫기 시작했다는 뜻이지요. 아주 피상적인 문제에 그들은 어려움을 느꼈습니다. 조공을 내야 하는데 낼 만한 돈이 없다거나 흉년이 들었는데 곡식을 구할 수 없다는 것 등이 그들

이 느낀 어려움이었습니다.

그들은 이 작은 어려움을 통해서 더 근본적인 어려움을 깨닫지 못했습니다. 몸이 아픈 것을 통해서 죄의 문제를 깨달으며 일이 뜻대로 되지 않는 것을 통해 하나님의 계획을 깨달은 것이 아니라, 어려움을 느끼자마자 곧장 앗수르 왕을 찾아갔습니다. '야렙 왕'은 앗수르 왕의 별명으로서 '싸움꾼 왕'이라는 뜻입니다. 이들은 어려운 일이 있을 때마다 해결사를 동원했습니다. 작은 어려움을 통해서 좀더 근본적인 어려움으로 나아가는 대신 돈으로 때워 버렸습니다.

이스라엘 백성들은 자기 상처를 깨달았을 때 무엇을 했어야 합니까? 작은 상처를 통해서 큰 문제를 발견했어야 합니다. 양식이 떨어졌을 때 어디서 돈을 꾸어서 한끼를 해결할 것이냐를 생각하는 것이 아니라, 이것이 무엇을 의미하며 이것을 통해서 내가 깨달아야 할 것이 무엇인지 생각해야 한다는 것입니다. 이들을 때린 분은 하나님입니다. 야렙 왕이 돕거나 고치지 못합니다. 싸움꾼은 그들을 돕지 못합니다. 하나님 외에는 그 아픔을 치료해 줄 자가 없습니다.

그 당시에는 팔레스타인의 정세가 너무나 불안정했기 때문에 강대국에 업히지 않고서는 나라가 존재할 수 없었습니다. 어떻게 하든 강대국에 업혀야 했고 동맹을 맺어야 했습니다. 그러나 하나님은 이스라엘과 유다가 유지되는 것은 강대국의 세력 덕분이 아니라 하나님의 말씀 때문이라고 말씀하십니다.

여러분, 이 세상에 하나님의 백성들이 존재한다는 것 자체가 모험이고 기적입니다. 하나님께서 함께 해주셔야 여기서 존재할 수 있어요. 하나님의 백성이 믿지 않는 자의 힘을 의지하는 것은 스스로 망하는 길밖에 되지 않습니다. 물론 믿지 않는 세력과 나쁘게 지낼 필요는 없습니다. 때때로 하나님은 그들을 통하여 우리를 돕기도 하십니다. 그러나 그들은 우리의 치료자가 되지 못하며 우리의 돕는 자가 되지 못합니다. 하나님께서 그쪽을 통해서 우리를 도우시고, 그들을 통해 내 물질적인 필요를 채우신다고 하더라도 그들은 나의 치료자가 아니고 나의 돕는 자가 아닙니다. 하나님만이 믿는 자의 치료자가 되실 수 있습니다.

하나님 백성들의 상처와 고통에는 반드시 영적인 부분이 있습니다. 그렇기 때문에 야렙 왕이 도와주지 못하고 돈 많은 사람이 도와주지 못합니다. 하나님 앞에서 헌신하지 못했던 부분과 불신앙은 야렙 왕이 도와줄 수 없는 부분들입니다. 모든 질병이나 고통이 죄와 직접 연결되는 것은 아니지만, 하나님은 그런 고통을 통해 나에게 직접적인 의사표시를 하십니다. "이제까지 너의 삶은 네가 끌고 왔다. 그러나 이제부터는 내가 끌고 가겠다. 내가 주인이고 너는 나의 소유이니 이제 꼼짝마라!" 이 의사표시를 하시는 것이지요. 이것을 야렙 왕이 어떻게 도와줄 수 있으며 앗수르 왕이 도와줄 수 있습니까?

하나님의 반응

하나님의 백성들이 믿음으로 살지 않고 하나님을 모르는 사람들과 똑같은 방식으로 눈에 보이는 것을 추구하면서 살 때 하나님은 어떻게 하십니까? 우선 12절에 소극적인 일단계 작전이 나옵니다.

> "그러므로 내가 에브라임에게는 좀 같으며
>   유다족속에게는 썩이는 것 같도다."

'좀'이나 '썩이는 것'이 어떤 것입니까? 겉으로 드러나지 않지만 은근히 파고들어 가서 썩게 만드는 것입니다. '썩이는 것'은 곰팡이 같은 것입니다. 하루 이틀은 표시가 안 납니다. 그러나 자기도 모르는 사이에 좀이 먹고 곰팡이가 피어서 조금만 지나면 못 먹고 못 쓰게 됩니다.

하나님의 백성들이 하나님의 말씀대로 살지 않으면 자꾸 힘이 빠지고 마음에 기쁨이 없어지며 말씀대로 살 수 있는 능력이 없어집니다. '이러면 안 되는데……' 하면서도 그냥 하는 거예요. 죄를 거절할 수 있는 힘이 없어집니다. '율법에는 안 된다고 그랬는데 나는 되네' 하면서 힘없이 끌려가 버립니다. 자기 생각에는 옛날처럼 힘 있게 모든 것을 다 할 수 있을 것 같지요. 그런데 안 됩니다. 실제로 그 사람은 쓸모없는 사람이 되고 맙니다. 이미 좀이 슬어 버린 것입니다.

우리의 문제는 감정이나 생각을 내 의지대로 통제할 수 있다고 생각하는 것입니다. 우리의 생각과 의지에는 관성의 법칙이 있습니다. 한번 가면 계속 가고, 한번 안 가면 계속 머물려고 합니다. 평소에 자꾸 화를 내는 사람은 화를 낼 일이 없는데도 자동적으로 화가 납니다. 누가 신경을 건드리지 않는데도 화가 나요. 완전히 자동점화입니다. 그리고 행복하지가 않아요. 조건을 따져보면 다 행복한데 실제로는 행복하지가 않아요. 왜 그래요? 그쪽으로 훈련이 돼서 그렇습니다. 그런 사람은 성령이 역사하셔도 못 느낍니다.

음란한 책을 보면서 줄 치고 외우고 자꾸 그 생각만 하면 계속 그쪽으로 갑니다. 거의 천재적으로 갑니다. 그래서 모든 게 음란하게 보이고 이 음란한 욕구를 들어주지 않으면 정서가 막 불안정해지기 시작합니다. 밤에 잠이 안 오고 손이 떨리기 시작하고 되는 일이 없는 거예요. 그런 사람은 음란해져야 편안합니다. 그런데 문제는 경건해야 할 자리에서도 음란한 농담이 나와 버린다는 겁니다. 선보는 자리에서도 통제가 안 되고 음란한 이야기가 나옵니다. 또 잘 걱정하는 사람들은 자꾸 걱정이 됩니다. 모든 게 걱정거리입니다. 자꾸 걱정이 되고 의심이 가서 설교도 들리지 않습니다.

하나님의 축복을 제대로 누리는 데 제일 중요한 것은 감정과 생각과 행동을 훈련하는 것입니다. 훈련 때문에 그리스도인이 되지는 않습니다. 그러나 그리스도인은 훈련해야 합니다. 생각하면 안 될 것은 생각하면 안 됩니다. 그리고 감정을 통제해서 지나치게 과장된 표현은 쓰지 말아야 합니다. 조금 행복한데 "너무 행복해요! 막 죽을 것 같아요!" 하는 것은 거짓말입니다.

생각이나 감정은 평소에 훈련한 그대로 나와 버립니다. 나의 생사를 결정하는 가장 중요한 순간에 통제가 안 되고 평소에 하던 그대로 나와 버립니다. 물론 신앙이야 있지요. 그런데 분명히 그런 이야기를 하면 안 되는 줄 알면서도 말이 자동적으로 나와버리는 거예요. 결정적인 순간에 자기를 통제할 수 있을 것 같은데 통제가 안 됩니다.

그러므로 우리는 스스로 길들여 나가야 합니다. 알기는 아는데 그대로 움직여지지 않는 교인은 '좀먹은 교인', 또는 '녹슨 신자'입니다. 성을 내면 안 되는데 막 성을 내고, 음란하면 안 되는데 음란한 것을 다 채우고, 생각이 허황되게 막 발전하는데도 전혀 통제가 안 되는 교인은 녹슨 깡통 교인입니다. 이런 사람은 하나님 나라에서 써먹을 수가 없어요. 생각이나 감정이 하나님 말씀으로 통제가 안 됩니다. 기분이 나쁘면 성령님이 오셔도 기분이 나빠야 하고, 음란하고 싶으면 성령님이 오셔도 계속 음란해야 하는 사람은 아무 데도 쓸 수가 없습니다.

우리는 우리 자신에 대해서 장담할 수 없습니다. 정말 자신의 것을 통제하고 사로잡아서 정직한 감정을 표현하며, 울 때 울고 이야기할 때 이야기하는 것을 제대로 조절하는 사람이 적습니다. 전부 울리면 안 되는 시간에 땡땡거리고 제멋대로 바늘이 돌아가는 시계 같아요.

이스라엘 백성이 하나님 말씀에 계속 자기 자신을 맞추고 순종하지 않았을 때 그들도 모르는 사이에 힘을 잃었습니다. 겉으로는 똑같은 자리에 앉아 있는 것 같습니다. 그러나 그들 속에 경건의 능력이 하나도 없었습니다. 그들은 자기 감정이 이끄는 대로, 이 세상이 이끄는 대로 끌려갈 수밖에 없는 정신적인 노예가 되었습니다.

그런데 하나님은 거기에서 그치지 않고 결정타를 먹여서 쓰러지게 하겠다고 말씀하고 계십니다. 14절을 보십시오.

> "내가 에브라임에게는 사자 같고
> 유다 족속에게는 젊은 사자 같으니 나, 곧 내가 움켜갈지라.
> 내가 탈취하여 갈지라도 건져낼 자가 없으리라."

여기서 사자는 앗수르를 가리킵니다. 그런데 하나님께서 '내가 물고 가겠다'고 하시는 것은 앗수르가 그들을 물고 가도록 내버려 두겠다는 말입니다. 자신을 하나님 말씀에 계속 맞추고 하나님께 순종하며 감정을 통제하려고 노력하는 대신 자기가 하고 싶은 대로 하는 사람은 그 힘이 다 빠지도록 내버려두겠다는 겁니다. 그들은 결정타를 맞고 넘어질 것입니다. 이 당시에 가장 큰 불행은 노약자나 어린이들이 사자에게 물려가는 일입니다. 사자가 물고 가면 건져낼 길이 없습니다. 이처럼 이스라엘 백성들은 일격을 맞아서 앗수르의 포로가 될 것이며 아무에게도 도움을 받지 못할 것입니다.

말씀에 불순종하는 백성들은 서서히 힘을 잃어갑니다. 겉으로는 아무 표시가 안 납니다. 자기는 자기의 감정이 지금 통제되지 않고 있다는 것과 자기의 생각이 굉장히 허망한 것을 향하여 방황하고 있다는 것과 자기의 삶이 하나님의 말씀에 따라서 움직여지지 않고 있다는 것과 자기의 온몸이 다른 의지에 끌려가고 있다는 것을 모릅니다. 하나님은 그들을 그대로 내버려 두시다가 사탄의 일격에 쓰러지게 하십니다.

우리는 오늘 호세아 5장 후반부를 읽으면서 몇 가지 의문을 가지게 됩니다. 첫째로 '왜 하나님께서는 자기 백성들이 무엇을 하든지 그냥 두시지 않고 이토록 괴롭히시는가' 하는 것입니다. 오늘 말씀만 보면 하나님이 자기 백성에게 감정이 있어서 어떻게 해서든지 그들을 멸망시키려고 하는 고약한 심보를 가진 분 같습니다. 그러나 사실은 하나님이 이스라엘을 괴롭힌 것이 아니고 이스라엘이 하나님을 괴롭힌 것입니다. 전능하신 하나님의 부르심을 받고서도 하나님을 의지하지 않고 세상적인 방법을 택하는 것은 하나님을 괴롭히는 것이며, 하나님을 너무나도 아프게 하는 것입니다.

하나님께서 우리를 택하실 때에는 아주 놀라운 계획을 가지고 계십니다. 그러나 우리는 하나님이 나에게 선한 계획과 뜻을 가지고 계시다는 것을 못 믿습니다. 이 세상에서는 눈에 보이는 것 외에는 아무것도 믿을 수 없기 때문입니다. 이렇게 하나님의 선한 뜻을 이루는 일에 온 마음과 정성을 다하지 않고, 믿지 않는 사람들과 비교하며 그들처럼 되는 것에 만족하는 것은 하나님 앞에 큰 고통이 됩니다.

하나님의 부르심을 받은 사람은 자신을 하나님께 맡겨야 합니다. 이것은 인간적인 노력을 하지 않고 게으르게 있으라는 뜻이 아닙니다. 제 욕심으로 바쁘게 살던 사람이 말씀을 보고 이것이 틀렸다는 것을 깨닫게 되면 그 순간부터 할 일이 없어집니다. 그래서 늦게 일어나고 기도도 안 하고 '하나님이 알아서 하시겠지' 합니다.

그러나 무화과에는 달콤한 무화과 열매가 있고 감람나무에는 아픈 사람을 낫게 하는 기름이 있습니다. 또 포도나무에는 슬픈 사람에게 기쁨을 주는 술이 있습니다. 단지 이 세상이 알아주지 않을 뿐이지요.

이처럼 하나님의 백성에게는 귀한 것이 있습니다. 그것을 개발하고 훈련해야 합니다. 내 감정과 생각을 거기에 계속 맞추어서 어떻게 하든지 나를 향한 하나님의 뜻이 이루어지게 해야 하며, 남이 비웃든지 조롱하든지 인정하지 않든지 간에 하나님께서 주신 열매로 남을 기쁘게 하고 행복하게 하기 위해 온 힘을 다 기울여야 합니다. 그렇게 하지 않는 것은 똑같이 죄짓는 것입니다.

하나님은 가시나무를 그대로 두십니다. 누군가는 찍어버릴 테니까요. 하나님이 손을 대지 않아도 가시나무는 찍히게 되어 있습니다. 그러나 무화과나무나 감람나무나 포도나무가 열매가 없으면 그것을 찍어내고 다른 나무를 심어서 열매를 맺어야 합니다. 그래서 열매 맺지 않는 이스라엘 백성들을 찍어버리신 것입니다.

여러분, 이 세상에는 의지할 것이 아무것도 없지만 하나님 말씀에 의지해서 살면 반드시 하나님의 역사가 있다는 사실을 기억하십시오. 하나님은 우리가 이해할 수 없는 방법으로 우리를 지켜주시고 내가 상상할 수 없는 엄청난 열매를 맺게 하셔서 많은 사람들에게 주게 하실 것입니다. 하나님을 의지하는 사람은 절대로 망하지 않습니다. 아무리 국제정세가 불안정하고 이 세상이 험난하다고 해도 하나님의 영광스러운 능력으로 보호될 것입니다. 왜냐하면 이들이 있어야 세상이 존재하기 때문입니다. 감람나무가 있어야 하고 포도나무가 있어야 하고 무화과나무가 있어야 합니다.

우리에게 가장 안전한 길이 무엇입니까? 이 영광스러운 하나님의 말씀을 실천하면서 사는 것입니다. "말씀 그대로 사는 사람이 세상에 어디 있습니까?" 그 말이 맞습니다. 이 영광스러운 말씀대로 사는 것은 쉽지 않습니다. 그러나 당장은 어려워 보여도 한번 살아 보십시오. 여러분의 좁은 머리로 살지 말고 말씀대로 한번 걸어가 보십시오. 제가 늘 말씀드리는 것이 우리는 인생을 더 살아봐야 한다는 것입니다. 조금 더 살아보십시오. 이 말씀대로 사는 것이 얼마나 영광스러운지, 얼마나 많은 열매가 있는지 보게 될 것입니다.

말씀 없이 형통한 것을 절대로 부러워하지 마십시오. 그들은 좀먹고 녹슬었습니다. 경건의 능력이 없는 교인, 선을 보고도 행할 줄 모르는 하나님의 백성, 자신의 감정이나 생각을 절제하지 못하는 성도는 녹슨 교인입니다.

오늘 본문이 우리에게 이야기하고 있는 것이 무엇입니까? 하나님의 택함을 받은 백성은 다르다는 것입니다. 삶의 원리가 다릅니다. 하나님의 백성은 아무리 불안정하고 아무리 의지할 것이 없어도 말씀으로 삽니다. 말씀이 없으면 어느 곳에 가더라도 하나님의 눈을 피할 수 없습니다. 하나님은 그들을 지켜보실 것이고 그들을 잡아내실 것입니다. 라마와 기브아와 벧아원이 안전하지 못합니다. 그리고 그 다음은 베냐민 차례입니다.

여러분, 하나님의 말씀이 우리에게 주어진 것이 얼마나 위대하고 엄청난 일입니까? 이 죄인이 하나님 말씀을 적용해서 그대로 한번 살아본다는 것이 얼마나 특별한 일입니까? 하나님께서는 우리를 그 삶으로 이끌기 위해서 이 세상 어느 곳에도 안전한 요새를 두지 않으셨습니다. 말씀이 있는 곳 외에 그 어느 곳에도 안전한 곳은 없습니다. 반드시 거기에서 나팔소리가 날 것이며 호각소리가 들릴 것입니다.

하나님께서는 유다의 팽창주의를 거부하셨습니다. 팽창주의를 추구하지 마십시오. 내 것을 지키십시오. 하나님이 내게 주신 것이 있지 않습니까? 왜 남처럼 되고 싶어합니까? 그 사람은 그 사람이고 나는 나입니다. 왜 내가 다른 사람의 흉내를 내다가 나에게 있는 귀중한 것을 빼앗겨야 합니까? 나에게 주신 귀중한 것들, 하나님이 주신 노래, 하나님이 주신 말씀, 하나님이 주신 깨달음, 하나님이 하라고 하신 작은 일들을 주님 오실 때까지 지키는 것이 우리의 일입니다. 하나님의 백성은 하나님이 주신 것을 굉장히 소중하게 생각하며, 그것을 빼앗기지 않습니다.

이스라엘 사람들은 자기의 상처가 드러났을 때 '여기에 영적인 문제가 있구나. 하나님이 주권을 주장하시는구나. 나를 책임지겠다고 하시는구나' 하고 생각하지 않고 야렙 왕에게 달려가고 해결사에게 뛰어갔습니다. 하나님은 이것을 대단히 가슴 아프게 생각하셨습니다.

우리가 경험하고 있는 문제 속에는 분명히 영적인 문제가 들어 있습니다. 이것은 이 세상 어느 누구도 해결할 수 없는 부분입니다. 내가 하나님 앞에 온전하게 돌아오기 전까지는 아무도 이 상처를 치료할 수 없습니다.

우리가 하나님을 떠나면 서서히 힘을 잃기 시작합니다. 그리고 일격에 넘어갑니다. 그러나 오늘 말씀을 뒤집으면 우리에게 엄청난 축복이 있다는 것을 알 수 있습니다. 우리는 모험적인 신앙을 가지고 살아갑니다. 눈에 보이는 것이 없어도 말씀이 있으면 걸어가라고 하십니다. 하나님의 말씀이 나와 함께 있으며 하나님이 어제도 위로하시고 주일에도 위로하시고 오늘도 위로하시는 그것을 믿고 걸어가라고 하십니다. 아무리 불안정하게 보이고 의지할 것이 없어도 걸어가라고 하십니다. 이것이 하나님이 우리에게 원하시는 모험적인 삶입니다.

하나님은 우리에게 가장 귀한 것을 주십니다. 어느 누구도 가지지 못한 값진 것을 나에게 주십니다. 그것을 사용해서 다른 사람의 슬픔을 위로하고 다른 사람을 붙들어주고 축복해주는 이것이 하나님 백성들의 목적입니다. 야망을 향해 달려가는 것은 우리의 목적이 아닙니다.

여러분, 우리의 감정이나 생각이나 행동은 우리 말을 듣지 않습니다. 이것은 훈련을 받아야 하고 주님의 말씀과 성령에 길들여져야 합니다. 하나님의 성령에 민감해지는 훈련을 하십시오. 감정이 어린아이처럼 되어서 성령의 말씀과 위로에 온전히 반응할 수 있어야 합니다. 헛된 생각을 버려야 하고 감정의 썩은 부분을 잘라낼 수 있어야 합니다. 그렇게 하지 않으면 결정적인 순간에 역사가 나타나지 않습니다. 그래서 녹슨 교인, 좀먹은 교인이 되지 않도록, 살아서 움직이는 사람들이 될 수 있도록 늘 주님의 말씀에 자신을 맞춥시다. 우리의 생각과 의지가 주님의 말씀을 따르게 합시다.

10

하나님은 인애를 원하신다

호세아 6:1-11

⁶:¹ "'오라, 우리가 여호와께로 돌아가자. 여호와께서 우리를 찢으셨으나 도로 낫게
하실 것이요 우리를 치셨으나 싸매어 주실 것임이라.

² 여호와께서 이틀 후에 우리를 살리시며 제삼일에 우리를 일으키시리니 우리가 그
앞에서 살리라.

³ 그러므로 우리가 여호와를 알자. 힘써 여호와를 알자. 그의 나오심은 새벽빛같이
일정하니 비와 같이, 땅을 적시는 늦은 비와 같이 우리에게 임하시리라' 하리라.

⁴ 에브라임아, 내가 네게 어떻게 하랴? 유다야, 내가 네게 어떻게 하랴? 너희의
인애가 아침 구름이나 쉬 없어지는 이슬 같도다.

⁵ 그러므로 내가 선지자들로 저희를 치고 내 입의 말로 저희를 죽였노니 내 심판은
발하는 빛과 같으니라.

⁶ 나는 인애를 원하고 제사를 원치 아니하며 번제보다 하나님을 아는 것을 원하노라.

⁷ 저희는 아담처럼 언약을 어기고 거기서 내게 패역을 행하였느니라.

⁸ 길르앗은 행악자의 고을이라. 피 발자취가 편만하도다.

⁹ 강도떼가 사람을 기다림같이 제사장의 무리가 세겜 길에서 살인하니 저희가 사악을
행하였느니라.

¹⁰ 내가 이스라엘 집에서 가증한 일을 보았나니 거기서 에브라임은 행음하였고
이스라엘은 더럽혔느니라.

¹¹ 유다여, 내가 내 백성의 사로잡힘을 돌이킬 때에 네게도 추수할 일을
정하였느니라."

6:1-11

어느 집에 사고뭉치 청년이 있었습니다. 이 청년은 술을 마시고 행패를 부리다가 경찰서 신세를 지는 경우가 많았고, 그때마다 가족들은 경찰서에 가서 그를 빼내 와야 했습니다. 가족들이 할 수 있는 일은 경찰서의 연락을 받고 그를 꺼내오는 것이 고작이었습니다. 제발 그런 생활을 하지 말라고 아무리 설득해도 그때뿐, 청년은 말을 듣지 않았습니다.

그러던 중 이 청년에게 아주 큰일이 일어났습니다. 그만 고층에서 떨어져 죽게 된 것입니다. 사람들은 그가 다시 살 수 없을 것이라고 생각했습니다. 그러나 그는 살아났고 그 과정에서 하나님의 놀라운 사랑을 체험하게 되었습니다. 자신의 목숨을 지켜주기 위하여 너무나 많은 것들이 준비되어 있었다는 사실을 알게 된 것입니다. 사고가 일어나기는 했지만 이 모든 것이 자기를 살리는 과정으로 준비되었다는 것과 하나님께서 자기처럼 무가치한 사람을 얼마나 사랑하시는지 깨달은 청년은 허망한 생활을 던져버리고 새 사람이 되었습니다.

이것이 바로 우리가 하는 일과 하나님이 하시는 일의 차이입니다. 우리가 할 수 있는 일은 사고를 치고 경찰서 유치장에 갇힌 형제를 끄집어오는 일밖에 없습니다. 그러나 하나님은 그렇게 일하지 않으십니다. 하나님이 치실 때는 경찰서에 넣는 것으로 끝나지 않습니다. 사자처럼 덤벼들어서 완전히 찢어 놓으십니다. 그리고 무엇을 기다리십니까? 그의 속에서 죄를 뉘우치고 회개하는 마음이 일어나기를 기다리십니다.

만일 그런 절망 가운데서 조금이라도 마음을 바꾸고 하나님께 돌아오려고 하면 어떻게 하십니까? 그냥 유치장에서 꺼내는 것이 아닙니다. 아예 유치장을 박살내 버립니다. 다시는 그런 곳이 필요하지 않게 만드십니다. 만일 적의 압제 아래 있다면 그 적을 박살내 버리십니다. 사자에게 찢겨서 도저히 살 수 없게 되었다면 찢어지기 전보다 더 건강하게 고치십니다. 이것이 하나님이 하시는 구원입니다.

오늘 5장 마지막 말씀과 6장 말씀이 연결되는가에 대해서는 논란의 여지가 있습니다. 우리말 성경을 보면 5장 끝에 "내가 내 곳으로 가서 저희가 그 죄를 뉘우치고 내 얼굴을 구하기까지 기다리리라. 저희가 고난을 받을 때에 나를 간절히 구하여 이르기를"이라고 되어 있습니다. 그러니까 우리 성경은 5장과 6장이 연결되는 것으로 번역하고 있는 것입니다. 그러나 히브리 성경에는 '이르기를' 이라는 표현이 없습니다. 이 표현은 주후 200년 전에 히브리어 성경을 헬라어로 번역한 칠십인경에 나오는 것입니다.

그렇다면 '이르기를'이 있는 것과 없는 것 사이에 무슨 차이가 있습니까? '이르기를'이라는 말이 있으면 6장 처음의 '하나님께 돌아가자'는 권면은 고난당한 성도들이 하나님을 새로 발견하고 회개하면서 하는 말이 됩니다. 다시 말해서 6장에 나오는 말은 호세아가 지금의 이스라엘 백성에게 하는 말이 아니고, 앞으로 파멸에 빠질 이스라엘 백성들이 스스로에게 하는 말이 되는 것입니다.

그러나 만일 '이르기를'이라는 표현이 없으면 6장의 '하나님께 돌아가자'는 말은 회개하는 이스라엘 백성들이 하는 말이 아니고 호세아가 지금의 이스라엘 백성들에게 '너희들이 이렇게 완악하고 이렇게 깨닫지 못하지만 우리 하나님께 돌아가자'는 권면이 될 것입니다.

그러나 이 부분은 우리 성경의 번역이 더 좋다고 생각합니다. 6장을 끝까지 살펴보면 이스라엘 백성들은 전혀 하나님께 돌아올 준비가 되어 있지 않습니다. 그들은 아직도 정신을 차리지 못하고 있으며 하나님이 치실 때 얼마나 아픈지 경험하지 못한 상태입니다. 이들은 싸매어 주실 만큼 찢어져 있지 않습니다. 물론 영적으로는 찢어질 대로 찢어져서 만신창이가 되어 있지만, 그래도 목구멍에 밥이 넘어가고 직장이 든든하니까 회개하고 돌아올 생각이 없는 것입니다.

사실 참 안타까운 것이 그것입니다. 영적으로는 피폐해질 대로 피폐해져 있고 심령은 찢어질 대로 찢어져 있는데도 아직 밥이 있고 수입이 있으니까 하나님께 돌아오지 않는 이런 경우보다 더 답답한 노릇이 없습니다.

그래서 '오라, 우리가 하나님께로 돌아가자'는 권면은 호세아가 지금 있는 이스라엘 백성들에게 하는 말이라기보다는 하나님께 맞아서 영육이 찢어질 대로 찢어져 아무런 소망도 보이지 않지만 그 가운데서도 하나님을 생각하고 하나님께 돌아가기를 원하는 자들을 초청하시는 말씀으로 생각이 됩니다.

치료하시는 하나님

사람이 저지르는 일 가운데는 자신이 책임질 수 없는 것들이 많습니다. 화가 나서 물건을 던졌는데 너무 심하게 부서진 경우에는 자기도 어쩔 도리가 없습니다. 그러나 하나님이 하시는 일 중에는 책임지지 못할 일이 하나도 없습니다.

하나님께서는 불순종하는 이스라엘 백성들을 앞으로 어떻게 징계하실 것인가에 대해 미리 말씀하고 계십니다. 아직 이스라엘은 완전히 파멸되지 않았습니다. 좀 어렵기는 하지만 그런 대로 먹고 살 만하고 견딜 만하며, 좀 참으면 생활이 회복될 것도 같습니다. 그러나 하나님께서는 그들을 기다리고 있는 것이 철저한 파멸이라고 말씀하십니다. 5장 14절을 보면 "사자처럼, 혹은 젊은 사자처럼 덤벼들어서 그들을 찢어놓겠다"고 말씀하십니다. 그렇게 하고 나서 어떻게 하십니까? "내 곳으로 돌아가겠다"고 하십니다.

하나님께서 하나님의 집으로 돌아가 버리십니다. 다시 말해서 그들을 철저히 외면하시며 그들이 아무리 고통 가운데 부르짖어도 돌보지 않겠다는 말씀입니다. 하나님이 언제까지 기다리십니까? '그 죄를 뉘우치고 하나님의 얼굴을 구하기까지' 기다리십니다. 모든 교만이 꺾이고 진정한 회개가 그 입에서 나오기까지 그들을 방치하시고 외면하십니다.

오늘 말씀은 찢어질 대로 찢어져서 도저히 회복될 가능성이 없는 가운데서도 마음속에 아주 작게 '하나님께 돌아가겠다' 는 마음을 품고 있는 자들을 향한 초청과 치료의 약속입니다. 하나님은 고난 가운데 있는 이스라엘 백성들에게 세 가지 초청을 하면서 아주 강력하게 그들을 일으켜 세우고 계십니다.

그 첫째 초청은 '여호와께 돌아가자' 는 것입니다. 6장 1절을 보십시오.

> "오라, 우리가 여호와께로 돌아가자.
> 여호와께서 우리를 찢으셨으나 도로 낫게 하실 것이요
> 우리를 치셨으나 싸매어주실 것임이라."

'여호와께로 돌아간다' 는 것은 지역적인 이동을 의미하지 않습니다. '지금 우리가 있는 곳은 하나님한테서 너무 머니까 이제 하나님께 돌아가자' 는 뜻이 아닙니다. 이것은 장소를 바꾸는 것이 아니라 마음의 상태를 바꾸는 것입니다. 어떻게 바꾸는 것입니까? 지금까지는 하나님이 내게 원하시는 삶이 있다는 것을 인정하지 않았습

니다. '하나님은 하나님이고 나는 나'라는 식으로 살았습니다. 그러니까 하나님 때문에 손해 볼 이유가 없지요. 그런데 이제 어떻게 되었습니까? 하나님의 뜻대로 살 마음이 생겼습니다. 왜냐하면 완전히 망해버렸기 때문입니다. 망해도 완전히 망해버렸습니다. 찢어져도 너무 찢어져 버렸습니다. 그때 무슨 생각이 듭니까? '이렇게 망할 줄 알았으면 차라리 그때 하나님의 말씀에 순종할걸……'

오늘 본문은 바로 그런 자들을 초청하는 말씀입니다. 지금 어떤 상태에 있더라도 마음속에 '내 병은 약으로도, 돈으로도 안 돼. 오직 하나, 하나님께 돌아가야 낫는 병이야' 하는 마음을 조금이라도 가진 사람들을 초청하고 있는 것입니다.

자기 생각에는 이리저리 머리를 굴리고 열심히 하면 될 줄 알았습니다. 그런데 뭐가 잘못되었는지 하는 일마다 안 되는 겁니다. 쫄딱 망했어요. 찢어져도 너무 찢어졌고 상처를 입어도 너무 심하게 상처를 입어서 도저히 일어설 수가 없습니다. 그때 마음속에 아주 희미하게나마 '내가 이렇게 망할 줄 알았으면 하나님 뜻대로 사는 건데' 하는 마음이 듭니다. 그때 돌아오라는 겁니다. 하나님이 생각나면 오라는 거예요. "오라, 우리가 여호와께로 돌아가자!" 너무 염치없고 부끄럽고 뻔뻔스러운 것 같아도 마음속에 '하나님만이 살길이다. 하나님 외에는 내 아픔을 치유해주실 분이 없다'는 생각이 들면 그때 바로 오라는 겁니다.

그렇게 하면 어떻게 하신다고 약속하십니까? "찢으셨으나 도로 낫게 하실 것이요 우리를 치셨으나 싸매어주실 것임이라"고 말씀하십니다. 여기서 치료하시고 싸매 주신다는 것은 왕진가방을 들고

119구급차를 타고 와서 응급처치를 해주고 주사를 놔주고 상처를 보살펴주고 약을 발라주는 것이 아닙니다. 하나님은 절대로 그런 식으로 구원하지 않으십니다. 하나님은 나를 억누르고 있는 모든 상황을 쳐부수어 버리십니다. 원수를 내리치시고 감옥을 부수어서 거기서 당당하게 걸어나오게 하십니다. 하나님이 나를 구원하시는 것을 모든 이들이 목격하게 하십니다.

하나님의 말씀에 불순종하여 내 욕심대로 살았기 때문에 아주 비참한 상태에 빠져서 다시는 소생할 가망성이 없다고 하더라도, 엎어진 그 자리에서 하나님을 인정하고 하나님의 뜻에 복종하는 마음으로 돌아설 때 하나님은 이렇게 구원하십니다. "이제는 내가 하나님의 뜻대로 살겠습니다. 먹고사는 것이나 다른 그 무엇도 지금 내게 급한 것이 아닙니다. 이제부터는 하나님 뜻대로 살겠습니다." 이렇게 할 때 하나님은 옥문을 부수고 원수를 파멸시키시고 큰 구원을 이루셔서 우리를 돌아오게 하십니다.

하나님의 구원은 단순한 치료 이상의 것입니다. 그러므로 교만과 죄 때문에 절망에 빠졌을 때 내 귀에 '하나님을 찾으라'는 소리가 들리면 아무것도 걱정하지 말고 그 자리에서 바로 하나님을 향해 돌이키십시오. 그러면 하나님의 큰 구원을 보게 될 것입니다.

이것은 하나님을 구하고 하나님을 향해 마음을 돌이키는 것이 얼마나 복된 일인지 보여줍니다. 나를 괴롭히고 학대하고 배신한 사람이 문제가 아닙니다. 내가 처해 있는 형편이 문제가 아닙니다. 오직 내가 하나님 앞에서 교만하고 하나님을 전적으로 신뢰하지 않으면서 혼자 똑똑한 척한 것 하나가 문제입니다.

어떤 동생이 언니한테 "나는 믿어도 언니처럼은 안 믿어!" 하고 말했습니다. 그것이 무슨 뜻입니까? '나는 언니처럼 매달리고 울고 불고 하면서 광신적으로 믿지는 않는다'는 겁니다. '나는 믿어도 이성적으로, 타당성 있게, 절제하면서 믿겠다'는 것이지요. 그러나 언니가 얼마나 복된 사람인지 알 때가 옵니다.

여러분, 이런 신앙도 있고 저런 신앙도 있는 것이 아닙니다. "신앙에는 색깔이 많습니다. 빨주노초파남보, 가지각색이지요" 하고 말하는 사람이 있는데 그런 소리 하지 마세요. 믿음은 하나입니다. 울면서 매달리는 것 하나뿐입니다. 아직 교만하기 때문에, 아직 계산이 많이 남아 있기 때문에 언니처럼 안 믿는 것입니다. 어린아이처럼 무조건 하나님 한 분만 붙들고 울고 매달리는 것이 얼마나 복된 일인지 모릅니다. 대학생의 신앙이 따로 있고 직장인의 신앙이 따로 있고 40대의 신앙이 따로 있고 노인의 신앙이 따로 있는 것이 아닙니다. 신앙은 오직 하나입니다. 울면서 매달리는 불쌍한 언니 같은 신앙, 그것 하나밖에 없습니다.

하나님께 돌아오면 어떻게 하십니까? 놀라운 속도로 회복시키십니다. 2절을 보십시오.

"여호와께서 이틀 후에 우리를 살리시며
제삼일에 우리를 일으키시리니 우리가 그 앞에서 살리라"

하나님은 어떤 분이십니까? 이틀 후에 살리시며 삼일 만에 일으키시는 분입니다. '이틀 후에 살리시며 제삼일에 일으키신다'는 것은 아주 빠른 속도로 치료하시고 회복시키신다는 뜻입니다. '삼일 후에 일으키신다'는 말 때문에 이것을 예수님의 부활에 대한 예고로 생각하는 경우가 있습니다. 그러나 이것은 히브리인들이 자주 쓰는 표현방법입니다. 아모스서에도 "다메섹의 서너 가지 죄로 인하여"라는 말씀이 있는데 이것은 그들의 죄가 꼭 서너 가지라는 뜻이 아닙니다. 몇 안 되는 죄이지만 너무 치명적인 죄를 지었기 때문에 다메섹이 멸망을 피할 수 없다는 뜻이지요. 그러므로 여기서 '이틀 후에 살리시며 제삼일에 일으키신다'는 표현도 아주 짧은 시간 안에, 긴박하게, 초읽기 하듯이 찾아오셔서 그들을 일으키시고 치료하여 주시며 회복시키신다는 뜻입니다.

사자에게 찢겨서 다친 사람을 보고 구경꾼들이 고개를 흔듭니다. 젊은 사자가 몸을 너무 많이 찢어놓았기 때문입니다. 도저히 회복이 불가능해요. 그런데 그렇게 치명적으로 다친 사람이 이틀만에 벌떡 일어나더니 사흘째 되니까 막 돌아다니는 겁니다. 내가 모든 일을 포기하고 하나님 앞에 돌아온 이후의 이틀과 사흘은 너무나도 중요한 시간입니다. 이 하루하루에 역사가 나타나기 시작하는데, 이십년 삼십년에 걸쳐 일어날 역사가 이틀 사흘에 다 일어납니다.

하나님께서 우리들에게 요구하시는 것이 무엇입니까? 그것은 진정한 겸손입니다. 참으로 내가 하나님 앞에 아무것도 아니며 하나님의 은혜 없이는 단 하루도 살 수 없다는 그 고백만 있으면 아무리 파괴된 상태에 있는 사람이라도 믿을 수 없을 정도로 빠른 속도로 회복되기 시작합니다. 다른 사람들은 이 사람이 소생할 수 있으리라고 믿지 않습니다. 이런 사람은 살 수 없다고 전부 고개를 흔듭니다. 그러나 그 사람의 귀에 하나님의 말씀이 들릴 때, 그래서 사생결단하고 하나님의 말씀을 붙들 때, 믿는다고 하면서도 남을 판단하고 계산하고 말이 많고 이유가 많았던 것과 하나님이 명령하실 때 이 핑계 저 핑계 대면서 순종하지 않았던 것과 교만했던 것을 다 버리고 돌아올 때 하루하루가 무서울 정도로 하나님의 역사가 나타납니다.

교만 때문에 어려운 역경에 빠졌습니까? 하나님의 말씀에 귀를 기울이십시오. 그리고 하나님 앞에서 낮아지십시오. 만약 그 겸손이 진정한 겸손이라면, 내가 정말 하나님 앞에서 낮아졌다면 그 회복은 상상할 수 없을 정도로 빠르고 놀랍게 이루어집니다. 찢어진 것이 오히려 다행이었다 싶을 정도로, 차라리 고난이 축복이었고 면류관이었고 훈장이라고 이야기하고 싶을 정도로 회복됩니다.

"우리가 그 앞에서 살리라"는 말씀은 우리가 하나님 앞에서 얼마나 당당한 자격을 갖게 되는지를 보여줍니다. 예전에는 우리가 교만해서 하나님의 영광의 존전에서 쫓겨났고 가장 비참한 자리에 떨어졌으며 다시는 하나님의 얼굴을 뵐 수 없을 것 같았는데, 회개하고 돌아오니 영원히 하나님 앞에서 살게 된 것입니다. 우리는 영원히 추방되지 않을 것입니다.

이 말씀은 '이제 우리가 다시는 하나님을 떠날 생각을 하지 말자'는 말이기도 합니다. 하나님을 떠난 결과가 무엇입니까? 당장은 편하고 당장은 무엇인가 얻는 것 같았지만 그 결과는 무서운 파멸이었습니다. 그러나 '우리가 하나님 앞에 간다고 받아주실까?' 하면서 돌아오니, 하나님께서는 존귀로 옷을 입히시고 영원히 있어도 괜찮다고 말씀하시는 것입니다.

"하나님, 제가 여기서 계속 살아도 돼요? 우리집에 안 가도 돼요?"

"계속 내 앞에서 살아. 계속 있어."

마귀는 뭐라고 이야기합니까? "이 세상에 할 일이 얼마나 많고 신기한 것도 얼마나 많은데 하나님 앞에만 있냐? 여기에만 있으면 다 잃어버려, 이 밥통아!" 그래서 기를 쓰고 어디든 가지요. 예배 마치자마자 교회 밖으로 뛰어나갑니다.

그러나 여러분, 가장 귀중한 것은 하나님 앞에 있습니다. 이 세상은 거기서 흘러나가는 찌꺼기 은혜로 삽니다. 이 세상이 제일 원하는 것이 무엇입니까? 예수쟁이들이 제발 제대로 믿는 겁니다. 교회가 교회다워지는 것입니다. 예수쟁이들이 제발 제대로 믿어서 이 세상에 은혜의 국물이 흘러가야 이 세상이 제대로 돌아갑니다. 사람이 얼마나 미련한지 하나님의 존전에서 쫓겨나기 전까지는 이 축복이 얼마나 귀한 것인지 모릅니다.

셋째 권면은 힘써 하나님을 알자는 것입니다. 3절을 보십시오.

> "'그러므로 우리가 여호와를 알자. 힘써 여호와를 알자.
> 그의 나오심은 새벽빛같이 일정하니
> 비와 같이, 땅을 적시는 늦은 비와 같이
> 우리에게 임하시리라' 하리라."

"여호와를 알자. 힘써 여호와를 알자"는 말은 너무나도 숨가쁜 초청입니다. 어떤 진귀한 비밀을 알게 되었을 때 이것을 붙들고, 이것에 눈을 못박아 놓고 불러들이는 초청입니다. "내가 굉장히 귀중한 것을 발견했습니다! 나는 하나님의 귀한 성품을 발견했어요. 그러니 우리 하나님을 압시다. 빨리 와서 우리 하나님을 배웁시다!"

하나님은 새벽빛같이 일정하다고 말씀하십니다. 밤이 깊어질 때 보면 다시는 새벽이 올 것 같지 않고 영원히 밤만 계속될 것 같습니다. 고난 가운데 있는 성도들의 탄식이 무엇입니까? 새벽이 오지 않는다는 것입니다. 이 고생이 영원히 지속될 것 같다는 것입니다. 밤에 보초를 서면서 새벽을 기다리는 군인들은 기다리다가 지쳐 버립니다. 하늘이 점점 다 캄캄해지는 것 같아요. 그러나 아침은 너무나 갑자기 옵니다. 그래서 저는 이렇게 표현하고 싶습니다. '아침은 우지끈 왕창 온다.'

아침은 갑자기 옵니다. 새벽을 기다려본 사람은 그것을 알아요. 새벽이 얼마나 큰 소리를 내면서 우지끈 오는지 압니다. 고난당하는 성도가 보기에는 하나님이 기도를 듣지 않으시는 것 같고 나를 버린 것 같지요. 아무리 기도해도 새벽이 오지 않는 것 같습니다. 그런데 갑자기 우지끈 하면서 아침이 와버리는 거예요. 벌써 해가 중천에 떠 있습니다. 이렇게 하나님은 새벽빛같이 찾아오십니다.

팔레스타인에는 이른 비와 늦은 비가 오는데 이 두 번 외에는 비가 오지 않습니다. 사람들은 비가 오지 않아서 밭이 타 들어가는 것을 보면서 영원히 비가 오지 않을 것처럼 생각합니다. 그런데 갑자기 비가 내리기 시작합니다. 특히 늦은 비는 억수같이 쏟아지는 비입니다.

'땅을 적시는 늦은 비'가 무슨 말입니까? 하나님은 자신을 찾는 자를 절대로 실망시키지 않으며 부끄럽게 하지 않으신다는 것입니다. 하나님께 돌아오려는 갈망이 아무리 작다고 하더라도 하나님은 새벽빛같이, 땅을 적시는 늦은 비같이 반드시 찾아오셔서 그를 만나주시고 치료하시며, 그 눈에서 흘린 눈물을 날수대로 갚아서 그모든 아픔을 제하고도 남는 은혜로 채워주시는 것입니다.

하나님은 자기를 찾는 자에게 예외없이 자비로운 얼굴을 나타내십니다. 하나님 앞에서 자신을 낮추고 교만을 꺾으며 "하나님, 제가 교만했습니다. 이건 장난이지 믿는 것도 아니었습니다. 제가 하나님을 가지고 놀았습니다. 그러나 이제는 사느냐 죽느냐 하는 문제가 달렸다는 것을 압니다. 하나님, 저를 살려 주십시오" 하고 나아가면 반드시 찾아오십니다. 어둠을 우지끈 깨고 아침이 찾아옵니다. 메말랐던 땅에 갑자기 비가 쏟아지면서 강물이 넘쳐 흐릅니다.

하나님이 원하시는 것

하나님이 자기 백성들에게서 원하시는 것은 하나밖에 없습니다. 그것은 인애입니다. 인애는 상대방을 책임지는 신실한 사랑을 말합니다.

이스라엘 백성들이 지금 이런 상황에 처하게 된 이유가 무엇입니까? 4절을 보십시오.

"에브라임아, 내가 네게 어떻게 하랴?

유다야 내가 네게 어떻게 하랴?

너희의 인애가 아침 구름이나 쉬 없어지는 이슬 같도다. "

'내가 네게 어떻게 하랴?'는 것은 도대체 어떻게 하면 좋겠느냐는 것입니다. "이런 방법도 써보고 저런 방법도 써보고 온갖 방법을 다 써봤는데 도대체 어떻게 하면 너희들이 내 심정을 알겠으며 내가 가장 중요하게 생각하는 그것을 되찾겠느냐? 유다야, 내가 네게 어떻게 하랴? 에브라임아, 내가 어떻게 하면 너희들이 이 인애를 되찾을 수 있겠느냐?" 하는 것입니다.

그들에게 인애가 없는 것이 아닙니다. 그들이 말하는 것을 보면 참으로 신실한 것 같습니다. 그런데 돌아서서 보면 그게 아닙니다. 그들의 약속은 아침 구름 같았습니다. 가뭄이 심할 때 아침에 구름이 잔뜩 끼어 있으면 사람들은 소망을 가집니다. '이렇게 구름이 많으니까 오늘은 비가 오겠지.' 그러나 해가 뜨자 구름은 금방 사라져 버렸습니다. 오히려 태양볕이 더 심하게 내리쬐었습니다.

하나님께서 이스라엘 백성들이 회개하고 뉘우치는 모습을 보시면서 '이제는 무슨 일이 일어나겠구나. 이제는 큰 역사가 일어나겠구나' 하셨는데, 그냥 그 말로 끝인 겁니다. 막 소리지르면서 기도했는데 그것으로 끝이에요. 변한 것이 아무것도 없습니다. 말하는 것을 보면 뭔가 굉장한 일이 일어나는 것 같아요. 제직회 할 때 사람들이 "우리가 잘못했습니다. 우리는 신실하지 못했어요. 우리가 하나님께 약속을 지킨 것이 무엇이 있습니까?" 하면서 회개하는 것을 보시고 하나님이 박수를 치면서 "야! 이번 제직회에서는 뭔가 역사가 일어나겠구나!" 하고 기다리셨는데, 그것으로 끝입니다. 아무 것도 없습니다.

이스라엘이나 유다가 회개하는 것 같은 눈치가 전혀 없었던 것이 아닙니다. 그들은 매번 회개하고 매일 회개했어요. 그러나 그 회개가 몇 십 분, 몇 시간을 가지 못했습니다. 그 이유가 무엇입니까? 하나님을 몰랐기 때문입니다. "우리가 여호와를 알자. 힘써 여호와를 알자"고 소리치는 이유가 여기에 있습니다. 그들은 여호와를 몰랐습니다. 그들은 하나님이 자기들의 실제적인 부분을 돕지 못한다고 생각했고, 세상과 하나님을 대립된 자리에 놓았습니다. '하나님은 성전 안에서 우리에게 은혜를 주시며 우리의 죄를 용서해 주시지만 이 복잡한 세상에서는 우리를 돕지 못한다'고 생각한 것입니다.

"누가 돈을 거저 줍니까? 내가 뛰어다녀야지요. 하나님이 빨리 응답하는 거 봤습니까? 그냥 사람 속을 태우고 태우다가 죽기 일보 직전에 마지못해서 들어줬지 언제 자발적으로 기도 들어준 적 있습니까? 그러니까 예배는 예배대로 드리고 세상은 세상대로 뛰어다녀야 살 수 있는 거예요." 이것이 그들의 말입니다. 그러니까 조급해질 수 밖에 없습니다. 예배를 시작할 때부터 조급해지면서 예배 끝날 때에는 숨이 목에 찰 정도로 급해집니다. '빨리 가야지. 먹고 살아야 하니까.'

그리스도인이나 목사들이 착하고 헌신된 사람들인데도 문제가 있는 경우가 있는데, 조급해서 그렇습니다. 하나님이 이 문제에서만큼은 나를 도울 수 없다고 생각하니까 지속적으로 다른 사람들을 사랑하거나 책임지는 인애가 없는 것입니다. 실제로 모든 것을 다 내가 해야 한다고 생각하면 자꾸 조급해지고 변덕스러워집니다. 오늘날 그리스도인의 사랑은 이기적이고 변덕스럽습니다. 왜 그렇습니까? 구체적인 내 삶의 현장에서 하나님의 능력을 믿지 못하기 때문입니다.

이 세상을 한번 경험한 사람은 정신을 바짝 차립니다. 정말 정신을 바짝 차리지 않으면 살아남을 수 없는 흉악한 세상이기 때문입니다. 너무 경쟁이 치열하기 때문에 이를 악물어야 살아남을 수가 있어요. 신앙생활 잘한다고 중고등부 다닐 때 열심을 내다가도 재수를 한번 해보면 이 세상에서는 신앙만으로 안 된다는 것을 깨닫게 됩니다. 대학부 때 그렇게 열심히 교회생활 했는데 받아주는 회사가 없을 때 이 세상이 얼마나 흉악하며 이론만으로는 안 되는 세상인지를 압니다. 그때 무슨 생각이 파고들어 옵니까? 하나님의 말씀대로 살면 안 되겠다는 겁니다. 이것저것 다 양보하면 절대로 살아남을 수가 없다는 것입니다. '나도 마음을 독하고 악하게 먹어야겠다'는 것입니다. 그래서 이기적인 사랑을 합니다. 딱 봐서 나에게 유익하면 사랑하고, 손해 볼 것 같으면 매몰차게 버립니다.

하나님은 우리가 이 세상에서 힘들게 살고 있다는 것을 다 알고 계십니다. 하나님은 우리를 제일 힘든 곳에 심어 놓으셨습니다. 그런데도 거기에서 이기적인 사랑이 아니라 헌신적인 사랑, 책임을 지는 사랑, 목숨을 거는 사랑을 하라고 하십니다. 6절을 보십시오.

  "나는 인애를 원하고 제사를 원치 아니하며

번제보다 하나님을 아는 것을 원하노라."

이것은 하나님이 예배를 기뻐하시지 않는다는 뜻이 아니라 예배와 생활을 분리하지 말라는 뜻입니다. 실제생활에서는 하나님을 인정하지 않고 내 머리와 내 능력으로 살면서 교회에 와서는 "주여, 제가 왔습니다. 저의 이름을 기억해 주십시오" 하는 예배는 하나님께서 기뻐하시지 않는다는 뜻입니다. 성경에 '하나님께서 제사를 기뻐하시지 않는다' 는 표현이 나오면 '아, 이 백성들이 너무나도 세상을 두려워한 나머지 하나님의 능력을 제한하고 자기 머리나 자기 힘으로 살려고 했구나' 라고 생각하면 틀림없습니다.

'사업에 실패하고 대학 시험에 떨어지고 나니까 순진하게 믿음만 가지고는 안 되겠구나. 이제는 내 방법으로 나가야겠다' 고 생각할 때 하나님은 꼭 이 말씀을 하십니다. "나는 제사를 기뻐하지 아니하고 인애를 원하노라."

우리는 이 세상에서 못 살게 되어 있습니다. 세상 사람들은 먹고 사는 일에 전력을 다합니다. 그러나 우리는 그렇게 못합니다. 예배도 드려야지요, 구역예배도 있지요, 성경도 읽어야지요, 이렇게 하면서 어떻게 이 세상에서 살겠습니까? 우리는 어차피 이 세상에서 실패하게 되어 있는 사람들입니다.

그러므로 우리가 살아남을 수 있는 방법은 하나님이 우리 삶에 개입하시는 것 하나뿐입니다. 하나님이 나의 삶에 오셔야 살 수가 있습니다. 그렇다면 하나님이 내 삶에 개입하도록 초청한다는 것이 어떤 것입니까? 바로 인애를 베푸는 것입니다. 내가 다른 사람을 향해 이기적이지 않고 희생적일 때, 책임을 지는 사랑을 베풀 때, 내가 내 욕심을 향해 달려가지 않고 다른 사람을 긍휼히 여기며 그들에게 마음을 열 때 하나님이 내 삶에 개입하십니다. 그것만이 우리가 살 수 있는 유일한 길입니다. 그렇지 않으면 신앙을 버리든지 이 세상에서 폐인이 되든지 둘 중에 하나가 됩니다. 여러분, 세상은 결코 만만하지 않습니다.

7절을 보십시오.

> "저희는 아담처럼 언약을 어기고
> 거기서 내게 패역을 행하였느니라."

창세기에는 아담이 하나님과 언약을 맺었다는 표현이 없습니다. 그러나 호세아서는 아담이 하나님과 언약을 맺었다는 것을 증명하고 있습니다. 아담과 하나님이 맺은 것은 하나님의 부탁이 아니라 영원한 생명이 걸린 언약이었습니다. 그리고 그 언약은 아담이 지킬 수 있는 것이었습니다. 하나님이 어떤 분이신지 알기만 했다면 그는 얼마든지 이 약속을 지킬 수 있었을 것입니다.

하나님께서는 이런 배신을 이스라엘과 유다 안에서 보고 계십니다. 그들이 하나님께 범죄한 것은 하나님이 너무 무리한 것을 요구하셨기 때문이 아닙니다. 이 언약은 그들이 지키려고 마음만 먹었다면, 또한 하나님이 어떤 분이신지 알기만 했다면 얼마든지 지킬 수 있는 것이었습니다. 그러나 그들은 아담이 그 아름다운 에덴동산에서 하나님께 패역했던 것처럼 가나안 땅에서 하나님께 패역을 행했습니다.

5절 말씀을 보십시오.

> “그러므로 내가 선지자들로 저희를 치고
>   내 입의 말로 저희를 죽였노니
>   내 심판은 발하는 빛과 같으니라.”

하나님께서 지금까지 하신 것은 선지자들을 보내서 그들을 치고 그 입의 말로 그들을 죽인 것이었습니다. 이 말씀이 잘 실감나지 않지요? 하나님께서 선지자를 보내서 책망하신 것은 사실이지만 이스라엘 백성들은 죽지도 않았고 충격도 받지 않았습니다. 그들은 상처를 입기는커녕 오히려 선지자들을 무시했고 죽였어요. 그런데 왜 하나님은 선지자로 저희를 치고 입의 말로 저희를 죽였다고 말씀하십니까?

하나님께서 선지자들을 통하여 하신 말씀은 제대로 듣기만 한다면 그 자리에서 거꾸러질 수밖에 없는 충격적인 말씀이었습니다. 하나님께서는 이렇게 심각하고 무게 있고 엄중한 말씀으로 권면하셨지만 그들은 받아들이지 않았습니다. 그 말씀은 마치 엑스레이 광선처럼 그들 속에 있는 죄를 전부 다 들추어내는 말씀이었지만 이스라엘 백성들에게는 아무 소용이 없었습니다.

여러분, 하나님의 말씀은 결코 약한 말씀이 아닙니다. 무시무시한 말씀입니다. 그러나 하나님을 두려워하지 않는 자들에게는 아무 소용이 없습니다. 무슨 뜻입니까? 하나님의 말씀을 두려워할 줄 알아야 가능성이 있다는 것입니다. 하나님의 말씀을 두려워하지 않는 자에게는 아무 대책이 없습니다. 아무리 선지자의 입으로 저들을 치고 말로 저희를 죽여도 소용이 없어요.

에브라임과 유다는 말을 두려워하지 않았습니다. 눈에 보이는 재앙이 없으니까 겁을 내지 않는 거지요. 이것이 참 문제입니다. 사람들은 얼마나 미련한지 아직 나에게 집이 있고 직장이 있고 먹을 것이 있기만 하면 멸망의 길을 가고 있으면서도 겁을 내지 않습니다. 그러나 신실한 사람은 모든 것이 말로 끝납니다. 긴 이야기를 할 필요가 없어요. 하나님이 한마디 하시면 그 자리에 쓰러져서 아주 깊은 상처를 받습니다. 모든 것이 피부에 와닿지 않아도, 가시화되지 않아도, 당장 집이 무너지고 지진이 나지 않아도 말 한마디에 그냥 쓰러져 버립니다. "하나님께서 나를 이렇게 보고 계시는구나. 내 상태가 이렇구나. 하나님, 저는 죽어 버렸습니다. 오늘 설교를 듣고 저는 그냥 쓰러져 버렸습니다. 제게는 절망뿐입니다. 제발 저를 살려주십시오!" 이것이 하나님 백성들의 정상적인 모습입니다.

모든 것이 재앙으로 가시화될 때는 너무 늦습니다. 그때에야 인정하는 것은 바로 아담의 속성입니다. 우리는 아무 일이 일어나지 않아도 말씀만으로 모든 것을 볼 수 있어야 합니다.

이스라엘의 숨은 죄

하나님께서 한편으로는 용서의 말씀을 하시면서 다른 한편으로는 이스라엘의 또 다른 죄를 끄집어 내시는 것은 이 죄가 아주 교묘하기 때문에 이런 식으로 지적하지 않으면 깨닫지 못하기 때문입니다. 하나님께서 지적하시는 죄는 두 가지입니다. 하나는 이스라엘 제사장들의 죄이고, 다른 하나는 이스라엘에 깊이 만연된 죄입니다. 한 가지는 너무나도 깊이 감추어진 죄라서 사람들이 알지 못하는 것이고, 다른 하나는 너무나도 보편화되어서 사람들이 죄라고 생각하지 않는 것입니다.

　죄라고 하는 것이 얼마나 간교하며 얼마나 다양한 얼굴을 가지고 있는지 여기에서 알 수 있습니다. 지도자들의 죄는 너무 깊이 감추어져 있기 때문에 사람들이 그 사실을 모릅니다. 또 일반 백성들의 죄는 그렇게 하지 않는 사람이 없기 때문에 죄인 줄 모릅니다. 하나는 너무 깊이 감추어졌고 하나는 너무나도 개방되어 있습니다. 하나님은 죄의 이러한 은밀함과 뻔뻔스러움을 책망하고 계십니다.

　먼저 제사장들의 죄를 보십시오. 8절과 9절 말씀입니다.

　　"길르앗은 행악자의 고을이라. 피 발자취가 편만하도다.
　　강도떼가 사람을 기다림같이 제사장의 무리가 세겜 길에서
　　살인하니, 저희가 사악을 행하였느니라."

　여기서 길르앗이나 세겜은 도피성입니다. 하나님께서는 의도적으로 살인한 것이 아니라 부지불식간에 살인한 자의 생명을 지켜주기 위해서 요단 동편과 서편에 여러 개의 도피성을 두어서 피하게 하셨습니다. 요단 동편에 있는 도피성 중 하나가 길르앗이고 서편

에 있는 것 중 하나가 세겜이었습니다. 그곳에 피한 자들은 설사 다른 사람을 살해했다고 하더라도 조사 결과 이것이 정말 우연이고 의도적인 살인이 아니라고 판단되면 대제사장이 죽을 때까지 거기서 살 수 있었습니다.

그런데 길르앗과 세겜에서 어떤 일이 일어났습니까? 사람을 죽이는 일이 일어났습니다. 이스라엘에는 쿠데타가 자주 일어났기 때문에 그때마다 사람들은 보복을 피해서 길르앗과 세겜 성으로 피했습니다. 그런데 거기로 피한 사람은 예외 없이 다 죽는 거예요. 왜 그렇습니까? 제사장들이 청부살인업자들이었기 때문입니다. 제사장이라고 해서 그들을 믿고 피한 사람들은 여지없이 죽임을 당했습니다. 사람들은 그들이 어떻게 해서 죽었는지 모릅니다. 설마 제사장이 그들을 죽였다고는 생각지도 못합니다. 그러나 하나님은 제사장의 무리가 사람을 죽이기 위하여 길에서 매복하고 있었던 것을 알고 계셨습니다.

최근에 농성 중인 노동자들이 명동성당과 조계사에 도피해 있다가 정부가 공권력을 동원해 잡아갔다고 해서 항의가 대단합니다. 불교나 천주교에서 '거룩'의 개념을 장소적으로 생각하고 있는 탓입니다. 성당은 거룩한 곳이고 부처의 상이 있는 절 경내는 성스럽다는 믿음이 손상되었기 때문에 정부에 화를 내는 것입니다. 그러나 하나님께서 원하시는 것은 이런 장소적인 특권이 아닙니다. 하나님은 제사장들이 참으로 믿을 수 있는 사람이 되기를 원하십니다. 이쪽에서 청탁이 들어오고 저쪽에서 청탁이 들어온다고 해서 이쪽에 붙었다가 저쪽에 붙었다가 해서는 안 된다는 것입니다.

특히 도피성은 그리스도의 예표입니다. 남을 죽인 죄로 죽을 수밖에 없는 사람이 도피성으로 피해 올 때 대제사장의 생명과 이 죄인의 생명이 연합함으로써 대제사장이 살아 있는 한 그는 살아 있을 수 있습니다. 그리고 대제사장이 죽으면 무죄로 풀려나게 되어 있습니다. 이 도피성이 가지고 있는 신학은 참 놀랍습니다.

목회자는 교회 안에서 가난하고 힘이 없는 사람들이 주님을 믿고 바르게 신앙생활을 하도록 지켜주고 보호해 주어야 합니다. 교회도 다 인간들의 모임이기 때문에 힘 있고 돈 있는 사람들 중심이 되기 쉽습니다. 교회가 욕심을 내면 힘 없는 사람들이 눈에 들어오지 않습니다. 그래서 그들이 어떤 마음의 상처를 받으며 어떤 부분에서 낙심하여 신앙을 버리는지 모릅니다. 그러나 목회자는 그렇게 약한 자들이 절대로 교회를 떠나지 못하도록 지켜주어야 하고 그들의 대변인이 되어주어야 합니다. 학벌이 없는 사람들, 돈이 없는 사람들, 병든 사람들, 과부들, 믿지 않는 남편을 둔 아내들이 편안하게 주님을 만날 수 있도록 대변인이 되어주어야 합니다.

오랫동안 신앙생활을 한 사람이나 직분자들은 죄를 위장하는 능력이 뛰어납니다. 처음 믿는 사람들의 죄는 전부 다 드러나게 되어 있습니다. 성경공부 시간에 아내든지 아이든지 말을 합니다. "우리 아빠가 어제 이상한 비디오를 봤는데 그래도 돼요, 목사님?" 이러면 요즘 그 사람이 휴일을 어떻게 보내고 있는지 알 수 있지요. 그러나 중요한 직책을 맡은 사람들은 죄를 감추는 능력이 굉장히 뛰어나서 죄가 드러나지를 않아요. 그래서 나중에 문제가 터졌을 때에는 이미 회복할 수 없을 정도로 썩어버린 것을 보게 됩니다.

제가 아직까지 우리 형제 자매들에게 귀하게 생각하는 것은 그래도 책망을 달게 들으려고 한다는 것입니다. 조금 더 지나서 사회적으로 신분이 올라가면 책망할 때 얼굴색이 딱 굳어지지요. "네가 뭔데 나한데 이래라 저래라 하냐?" 그러면 다음부터는 아무 소리도 안 하게 되고, 결국 나중에 문제가 터졌을 때는 회복이 불가능해집니다. 완전히 썩은 호박이 되어서 건지고 어쩌고 할 것이 없어요. 이스라엘 제사장들의 죄가 그랬습니다. 썩을 대로 썩어 있어서 어디다 버릴 데도 없었습니다.

책망받기 싫어하고 스스로 완벽한 척하는 사람은 쓰러질 때 크게 쓰러지고 쓰러진 후에는 다시 일어나지 못합니다. 높은 구두 신고 잘난 척하던 처녀 이스라엘은 쓰러져서 못 일어났습니다. 이스라엘이 너무 큰 소리를 내면서 쓰러지니까 사람들이 다 놀랐습니다. 다른 나라에는 독립운동이니 빨치산이니 하는 것이 있는데, 여기에는 그런 것도 하나 없었습니다. 그냥 완전히 멸망해버린 겁니다. 그 이유가 무엇입니까? 썩을대로 썩어 문드러졌기 때문입니다. 남에게 존경받고 잘난 척하는 것이 좋은 것이 아닙니다. 한번 쓰러지면 건질 수가 없습니다. 쓰러진 채로 그냥 묻어버려야 합니다.

일반 백성들의 죄는 아주 보편화된 음란이었습니다. 10절을 보십시오.

"내가 이스라엘 집에서 가증한 일을 보았나니
  거기서 에브라임은 행음하였고 이스라엘은 더럽혔느니라."

'이스라엘 집'은 이스라엘 사람들이 하나님께 예배하는 성전을 말합니다. 호세아가 '성전'이라고 표현하지 않은 이유는 도저히 이곳을 하나님께 예배드리는 곳으로 볼 수 없었기 때문입니다. 그들의 예배 중에는 풍년을 기원하는 성행위가 있었습니다. 그런데 그렇게 하지 않는 사람이 한 명도 없었기 때문에 아무도 이것을 죄라고 생각하지 않았습니다. 오히려 이렇게 하지 않는 사람이 이상해 보였습니다. 어느 누구도 이것을 죄라고 지적하지 않았어요. 왜냐하면 그 목적이 자기들에게 유익했기 때문입니다.

"풍년 들기 위해서 섹스하는데 뭡으냐? 만약 섹스 안 해서 흉년 들면 네가 책임질래?"

"난 책임 못져."

"그러면 해야지! 누구는 하고 싶어서 하는 줄 알아? 다 먹고살려고 하는 짓이지."

하나님께서는 이들에게 무엇이라고 하십니까? 11절입니다.

> "유다여, 내가 내 백성의 사로잡힘을 돌이킬 때에
>   네게도 추수할 일을 정하였느니라."

죄를 바로잡기 싫은 백성들은 포로로 잡혀갈 수밖에 없다는 뜻입니다. 정직과 진실이 그토록 부담스러운 자들은 포로로 잡혀갈 수밖에 없습니다.

오늘 우리 사회를 보면 이 두 가지 모습이 다 있습니다. 지도자들의 죄는 너무 교활하게 은폐되어 있기 때문에 죄인 줄 모릅니다.

또 다른 한 부분은 너무나도 보편화되어 있어서 그렇게 하지 않는 것이 오히려 이상하기 때문에 죄인 줄 모릅니다. 하나님은 그렇게 정직하게 사는 것이 부담스럽고 진실하게 사는 것이 힘들다면 너희들은 하나님의 축복을 누릴 자격이 없다고 말씀하십니다.

하나님이 유다에게 무어라고 말씀하십니까? "유다야, 지금은 네가 이스라엘보다 잘 믿는지 모르겠지만 내가 보기에는 오십보 백보다." 군인이 적군을 보고 도망을 쳤는데 한 군인은 오십보를 도망쳤고 한 군인은 백보를 도망쳤습니다. 그러면 누가 처벌 받습니까? 도망친 군인은 다 처벌받습니다.

하나님은 "너희는 오십보 도망쳤다고 해서 이스라엘 교회를 보면서 '저 타락한 교회, 저 부패한 이단 같은 교회'라고 손가락질하는데 너희도 도망치지 않았느냐? 그러니까 이스라엘을 포로로 보냈다가 돌이킨 다음에 너희들을 손볼 일이 있다"고 이야기하십니다. 지금 유다는 이스라엘만큼 타락하지는 않았습니다. 그러나 그들의 음란 수위는 점점 높아지고 있고 점점 이스라엘을 닮아가고 있습니다. 그러므로 하나님이 이스라엘부터 먼저 추수하시겠지만 유다도 결코 예외가 될 수 없었습니다.

오늘날 제대로 안 된 교회와 자신의 교회를 비교하면서 '저기 비하면 우리는 너무 거룩해. 너무 천국에 붙어 있는 것 같아' 하고 생각하는 사람들이 있다면 오늘 이 말씀을 주의 깊게 들을 필요가 있습니다. 오십보 백보, 거기서 거기입니다. 아무리 복음적인 체하고 잘난 체해도 그게 그겁니다. 하나님께서는 오십보 백보를 가리시는 것이 아닙니다. 이쪽이냐 저쪽이냐, 완전히 결판내리기를 바라십니다. 그것이 이스라엘이 완전히 살 수 있는 길이었습니다. 우리가 허황된 교만을 가지고 남을 판단하는 모습은 하나님 보시기에 우스운 것입니다.

오늘 본문이 이야기하고 있는 것이 무엇입니까? 하나님의 치료는 놀라운 치료라는 것입니다. 하나님이 너무 찢으시고 너무 깊은 상처를 주셨다고 하더라도 하나님께 돌아갈 마음이 있어서 부르짖는 자는 성처 입기 전보다 더 강하고 온전하게 만드시며, 옥문을 부수고 원수를 쳐부수어서 큰 구원으로 회복시킨다고 말씀하고 있습니다.

우리에게 필요한 것은 진정한 겸손입니다. 하나님은 우리의 신앙이 종교적인 장난인지 정말 하나님을 신뢰하는 것인지 물으십니다. 오십보 백보는 통하지 않습니다. 우리는 왜 신실하게 사랑하지 못합니까? 왜 교회에서의 모습과 실제의 모습이 다릅니까? 실제적인 상황에서 하나님을 믿지 못하기 때문입니다. 하나님이 교회에서는 역사하시지만, 이 세상은 너무나도 경쟁적이고 살벌하기 때문에 하나님만 믿고 살 수 없다는 것이지요.

그러나 우리는 이 세상에서 못 살게 되어 있습니다. 우리가 살 수 있는 유일한 길은 내 삶에 하나님을 초청하는 것이고 하나님께서 내 삶에 개입하는 것입니다. 그리고 그렇게 하기 위해서는 다른 사람에게 긍휼과 자비를 베풀어야 합니다. 남에게 시간을 나누어 주어야 하고 돈을 나누어 주어야 하며 나 혼자 완벽하게 살려고 해서는 안 됩니다. 내가 다른 사람을 향하여 문을 닫으면 하나님도 나에게 문을 닫으실 것이며, 일시적으로는 세상에서 형통한 것 같아도 결국은 이 세상에 먹히고 말 것입니다.

죄가 가지는 특성의 하나는 너무 깊이 감추어져서 완전히 곪기 전까지는 모른다는 것입니다. 그리고 다른 하나는 너무나도 보편화되어서 사람들이 그것을 느끼지 못하는 가운데 죄를 짓는다는 것입니다.

호세아의 말씀은 오늘 우리들에게 하시는 말씀입니다. 혹시 남이 모르는 어려움과 절망 가운데 '하나님만이 나의 살 길'이라고 생각하고 계십니까? 그렇다면 하나님께 돌아오기를 주저하지 마십시오. 자존심이나 다른 사람들의 이목에 신경 쓰지 마십시오. 내 상황을 생각하지 마십시오. 하나님은 내가 비참해지기 전보다 더 놀랍게 회복시키실 것입니다.

우리는 왜 신실하지 못합니까? 왜 그렇게 하나님께 인색합니까? 왜 그렇게 형제자매들에게 인색합니까? 이 세상의 맛을 보았기 때문입니다. 이 세상은 너무 무섭기 때문에 하나님께서 내 삶에 개입하셔야 합니다. 하나님께서 나를 찾아오시고 내 삶을 연주하시며 나를 사용하셔야 나는 살 수 있습니다.

나보다 훨씬 신앙이 못한 사람과 자신을 비교하면서 스스로 거룩한 것처럼 생각하는 사람은 추수 때 결국 하나님의 손에 넘어가게 될 것입니다. 모든 교만을 버리고 티끌 같은 이 죄인을 긍휼히 여겨 달라고 간구하십시오. 살든지 죽든지 하나님만이 내 삶의 존귀함이 되시며 예수 그리스도의 이름만이 존귀케 되도록 구하십시오. 내 모든 계획을 버리고 하나님이 나를 쓰고 싶은 대로 쓰시도록 드리십시오. 하나님이 내 삶에 계획을 가지고 계시며 이 세상을 주관하고 계시다는 것을 믿으십시오. 그때 우리의 상처는 치유될 것입니다.

11

이스라엘을 치료할 수 없는 이유

호세아 7:1-16

^{7:1} "내가 이스라엘을 치료하려 할 때에 에브라임의 죄와 사마리아의 악이 드러나도다. 저희는 궤사를 행하며 안으로 들어가 도적질하고 밖으로 떼지어 노략질하며

2 내가 그 여러 악을 기억하였음을 저희가 마음에 생각지 아니하거니와 이제 그 행위가 저희를 에워싸고 내 목전에 있도다.

3 저희가 그 악으로 왕을, 그 거짓말로 방백들을 기쁘게 하도다.

4 저희는 다 간음하는 자라. 빵 만드는 자에게 달궈진 화덕과 같도다. 저가 반죽을 뭉침으로 발교되기까지만 불 일으키기를 그칠 뿐이니라.

5 우리 왕의 날에 방백들이 술의 뜨거움을 인하여 병이 나며 왕은 오만한 자들로 더불어 악수하는도다.

6 저희는 엎드리어 기다릴 때에 그 마음을 화덕같이 예비하니 마치 빵 만드는 자가 밤새도록 자고 아침에 피우는 불의 일어나는 것 같도다.

7 저희가 다 화덕같이 뜨거워져서 그 재판장들을 삼키며 그 왕들을 다 엎드러지게 하며 저희 중에는 내게 부르짖는 자가 하나도 없도다.

8 에브라임이 열방에 혼잡되니 저는 곧 뒤집지 않은 전병이로다.

9 저는 이방인에게 그 힘이 삼키웠으나 알지 못하고 백발이 얼룩얼룩할지라도 깨닫지 못하는도다.

10 이스라엘의 교만은 그 얼굴에 증거가 되나니 저희가 이 모든 일을 당하여도 그 하나님 여호와께로 돌아오지 아니하며 구하지 아니하도다.

11 에브라임은 어리석은 비둘기같이 지혜가 없어서 애굽을 향하여 부르짖으며 앗수르로 가는도다.

12 저희가 갈 때에 내가 나의 그물을 그 위에 쳐서 공중의 새처럼 떨어뜨리고 전에 그 공회에 들려준 대로 저희를 징계하리라.

13 화 있을진저, 저희가 나를 떠나 그릇 갔음이니라. 패망할진저, 저희가 내게 범죄하였음이니라. 내가 저희를 구속하려 하나 저희가 나를 거슬러 거짓을 말하고

14 성심으로 나를 부르지 아니하였으며 오직 침상에서 슬피 부르짖으며 곡식과 새 포도주를 인하여 모이며 나를 거역하는도다.

15 내가 저희 팔을 연습시켜 강건케 하였으나 저희는 내게 대하여 악을 꾀하는도다.

16 저희가 돌아오나 높으신 자에게로 돌아오지 아니하니 속이는 활과 같으며, 그 방백들은 그 혀의 거친 말로 인하여 칼에 엎드러지리니 이것이 애굽 땅에서 조롱거리가 되리라."

7:1-16

몸이 아파서 의사를 찾아갔을 때에는 아픈 증세를 자세히 이야기해야 합니다. 자꾸 속이거나 거짓말을 하면 의사도 도와줄 수 없습니다. 물론 요즘은 의학이 워낙 발달해서 대충 이야기를 듣고 종합검사를 해보면 어느 곳이 고장났다는 것을 환자보다 정확하게 알 수 있습니다. 또 대체로 병원에 온 사람들은 몸이 아파서 온 사람들이기 때문에 거짓말을 하지 않을 뿐 아니라 엄살까지 붙여가면서 어디가 아픈지 자세하게 설명합니다. 오히려 의사가 그 모든 하소연을 다 들어줄 수 없는 것이 문제지요.

그러나 정신적인 질병은 그렇지 않습니다. 정신병으로 병원에 찾아온 사람은 지금 구체적으로 어디가 아픈 것도 아니고 당장 죽는 것도 아니기 때문에 병원에 왔으면서도 진실을 이야기하지 않고,

자기에게 가장 고통스러운 부분이 어디인지 이야기하지 않습니다. 그러니까 병원에 가도 병이 잘 낫지 않지요. 의사들은 자신의 문제를 솔직하게 인정하고 도움을 호소하면 생각보다 빨리 치료될 수 있다고 이야기합니다. 7장 1절 말씀을 보십시오.

> "내가 이스라엘을 치료하려 할 때에
> 에브라임의 죄와 사마리아의 악이 드러나도다."

무슨 말씀입니까? 이스라엘 백성들이 호소하고 있는 고통이나 어려움은 병의 핵심적인 부분이 아니라는 것입니다. 이스라엘 백성들은 어려움을 당했을 때 하나님을 찾지 않은 것도 아니고, 하나님 앞에서 기도하지 않은 것도 아니었습니다. 그런데 하나님이 그 기도 소리를 듣고 막상 찾아와서 보시니까 그들의 부르짖음 중에 정말 부르짖어야 할 내용이 빠져 있었습니다. 그들은 참으로 기도해야 할 것을 가지고 기도하지 않았습니다. 그들이 소리지르며 구하고 있는 것은 하나님이 보시기에는 전혀 중요하지 않은 것이었습니다. 그들은 정말 자신들을 어렵게 하고 고통스럽게 하는 것, 그들을 이 모양 이 꼴로 만든 그것에 대해서는 언급조차 하지 않았습니다.

하나님께서는 이스라엘 백성들에게 "그러면 내가 너희들을 어떻게 치료하겠느냐"고 말씀하십니다. 정말 문제의 원인이 되는 것들은 다 감추어 두고, 원인과는 거리가 먼 피상적인 것들과 작은 어려움들과 약간 힘든 것들을 가지고 와서 죽는다고 소리를 지르고 뒹굴면 어떻게 고쳐줄 수 있느냐는 것입니다.

오늘 본문의 요절은 13절과 14절 말씀입니다.

"화 있을진저, 저희가 나를 떠나 그릇 갔음이니라.
패망할진저, 저희가 내게 범죄하였음이니라.
내가 저희를 구속하려 하나
저희가 나를 거스려 거짓을 말하고
성심으로 나를 부르지 아니하였으며
오직 침상에서 슬피 부르짖으며
곡식과 새 포도주를 인하여 모이며 나를 거역하는도다."

하나님께서는 이스라엘 백성들을 진정으로 치료하며 구속하기 원하셨습니다. 여기서 구속한다는 것은 다른 사람에게 빚지고 있는 것을 대신 다 갚아 주겠다는 뜻입니다. 돈이 없으면 돈을 줄 용의가 있고 다른 사람에게 진 빚이 있으면 그것을 갚아 줄 용의가 있다는 것입니다. 그런데도 그들을 고치실 수 없었던 것은 그들의 중심에 있는 거짓된 마음 때문이었습니다.

그들은 하나님께 돌아올 생각이 전혀 없었습니다. 그들이 통곡하고 기도한 것은 곡식과 새 포도주가 없었기 때문이며 이자낼 돈이 없었기 때문이지, 정말 하나님께 돌아가고 싶어서가 아니었습니다. 곡식과 새 포도주가 생기면 어떻게 됩니까? 그때부터는 하나님께 부르짖을 필요도 없고 기도할 이유도 없습니다. 입시 때문에 기도하는 것이지, 입시만 끝나면 기도해야 할 이유도 없고 성경 읽어야 할 이유도 없는 것과 같습니다.

하나님은 이스라엘이 가지고 있는 신앙의 이중성과 거짓된 회개 때문에 그들을 고치실 수가 없었습니다. 그들의 신앙은 너무나 얄팍했습니다. 당장 눈앞에 어렵고 힘든 일이 있으니까 기도하면서 도와달라고는 했지만 그 기도 속에는 정작 중요한 것이 없었습니다. 그들은 하나님을 떠나 그릇 간 것, 하나님께 범죄한 것, 하나님을 믿지 않고 있는 것에 대해서는 일언반구도 하지 않았습니다.

오늘 본문은 내용이 상당히 길면서도 해석하기 어려운 말씀 중에 하나입니다. 그러나 여기에는 오늘 본문을 해석할 수 있는 중요한 비유 세 가지가 나옵니다. 이것들은 하나같이 기가 막힌 비유들로서, 이스라엘 백성들의 문제를 그대로 보여주고 있습니다. 이 비유가 해석되지 않으면 호세아서 7장은 전혀 해석할 수가 없습니다. 하나님께서는 이 비유들을 통해서 이스라엘 백성들의 모습과 하나님께 치료받기 위해 필요한 것들을 말씀하십니다.

빵 만드는 자의 화덕

첫째 비유는 빵 만드는 자의 달궈진 화덕입니다. 4절을 보십시오.

"저희는 다 간음하는 자라.
빵 만드는 자에게 달궈진 화덕과 같도다."

우리는 이스라엘 백성들이 어떤 화덕으로 빵을 만들었는지 잘 모르기 때문에 이 말씀을 이해하기 어렵습니다. 이스라엘 사람들은 개인적으로도 빵을 만들기도 했지만 대개는 동네 한가운데 빵 굽는 거대한 화덕을 만들어놓고, 그 화덕에서 공동으로 빵을 구웠습니다. 요즘이야 불을 껐다 켰다 하기가 쉽지만 이때는 한번 불을 꺼뜨리면 다시 지피기가 여간 어렵지 않았기 때문입니다. 그래서 아예 빵 만드는 사람이 따로 있어서 빵을 반죽할 때는 불을 좀 약하게 해놓았다가 빵을 구울 때는 불을 잔뜩 지피곤 했습니다.

하나님께서는 이스라엘 백성들의 상태가 이 빵 만드는 화덕과 같다고 말씀하십니다. 간음하는 자와 화덕이 무슨 상관이 있습니까? 우리는 옛날에 물레방아에서 역사가 이루어졌는데 이스라엘 사람들은 화덕에서 무슨 일이 있었던 것일까요?

하나님께서는 이스라엘을 간음하는 여자에 비유하고 계십니다. 이 여자가 잠잠할 여자가 아닌데 잠잠하길래 그 성질을 고쳤나 생각했더니, 그게 아니고 잠시 쉬느라고 기질을 숨긴 것이었습니다. 잠깐 정욕의 불을 낮추어 놓았던 것입니다. 그런데 기회가 오니까 지난 번보다 더 불을 지펴서 맹렬하게 타올랐습니다. 4절 하반절을 보십시오.

　　"저가 반죽을 뭉침으로 발교되기까지만
　　 불 일으키기를 그칠 뿐이니라."

이 여자가 조용히 집에 있는 것은 마음을 돌이켰기 때문이 아니라, 무언가 반죽하고 있는 중이고 무언가 구상하는 중이기 때문입니다. 그러니까 이 여자는 아직 기회가 주어지지 않았기 때문에 집에 있을 뿐, 절대로 가만히 있을 여자가 아닙니다. 6절을 보십시오.

> "저희는 엎드리어 기다릴 때에 그 마음을 화덕같이 예비하니
>   마치 빵 만드는 자가 밤새도록 자고
>   아침에 피우는 불의 일어나는 것 같도다."

조용한 것은 잠깐이고 금방 다시 불이 올라오는데, 마치 빵 만드는 사람이 밤에 불을 낮추어 놓았다가 아침에 맹렬히 불을 올리는 것과 같았습니다.

이스라엘 백성들 가운데 자리잡은 이 정욕의 불길이 도대체 무엇이었을까요? 쉽게 '성욕'이라고 생각할 수도 있습니다. 그러나 여기서 불같이 일어나는 욕구는 성욕이 아닙니다. 성욕은 당연히 있는 것이고, 여기에서 일어나는 불길은 다른 욕심입니다. 1절 말씀을 다시 보십시오.

> "내가 이스라엘을 치료하려 할 때에
>   에브라임의 죄와 사마리아의 악이 드러나도다.
>   저희는 궤사를 행하며 안으로 들어가 도적질하고
>   밖으로 떼지어 노략질하며"

이스라엘의 병이 무엇이며 에브라임의 죄가 무엇입니까? 오늘 본문에는 그 내용이 드러나 있지 않습니다. 그러나 한 단어가 이 문

제의 실마리를 풀어주고 있습니다. 그 단어는 바로 1절에 나오는 '궤사' 입니다. '궤사' 는 '거짓말', 또는 '거짓 증거' 라는 뜻입니다. 하나님께서는 아홉 번째 계명에서 '네 이웃에 대하여 거짓 증거하지 말라' 고 하셨습니다. 이것이 무슨 말입니까?

이스라엘 백성들 중에 가난한 사람이 빚을 갚지 못해서 종으로 팔려가면 6년 후에 돌아옵니다. 그때 자기 땅을 되찾으려면 이웃들이 이 사람에 대해 정직하게 증거해 주어야 합니다. 이 사람은 전에 이곳에 살던 사람이고 이 밭과 땅의 주인이라는 것을 신실하게 증거해 주어야 하는 것입니다. 그러나 땅을 빼앗으려는 사람들은 바로 이런 땅을 노렸습니다. 빚을 갚지 못해서 노예로 잡혀간 사람의 땅을 차지하지 않고서는 이스라엘에서 떼돈을 벌 수 있는 기회가 없었기 때문입니다.

사실 돈 있는 사람들이 이런 땅을 차지하는 것은 어려운 일이 아니었습니다. 재판장과 동네 사람들에게 뇌물을 주고 그 사람이 전에 여기 살지 않았다는 증거를 받아내서 그 사람을 쫓아낸 다음 영원히 자기 땅으로 차지하면 되니까요. 이것이 '궤사' 입니다. 이스라엘 사람들은 가난한 사람의 땅만 보면 눈이 뒤집히고 속에서 불길이 솟아올라서 무슨 수를 써서라도 그 땅을 차지해야 했습니다. "저희는 궤사를 행하며 안으로 들어가 도적질하고 밖으로 떼지어 노략질하며"라는 것은 바로 이런 식으로 가난한 자들의 땅을 강제로 탈취한 것을 말합니다. 이런 부동산 투기를 가장 심하게 한 사람들은 바로 이스라엘의 지도층이었습니다.

이것이 에브라임의 죄이고 사마리아의 죄입니다. 이것 때문에 이스라엘이 치료되지 못하는 것입니다. 이스라엘의 어려움은 비가 오지 않거나 흉년이 든 것에 있지 않았습니다. 치료할 수 없는 그들의 병은 끊임없이 가난한 자의 것을 빼앗아서 자기 욕심을 채우려고 하는 탐심의 불길이었습니다. 그들은 하나님께 나와서 "양식이 떨어졌습니다, 병들었습니다, 어려움이 있습니다" 하고 말했지만, 이것은 문제의 본질이 아니었습니다. 그들의 속에 있는 치료할 수 없는 병은 욕심이었습니다. 어떻게 해서든 다른 사람의 것을 빼앗아서 떼부자가 되려는 생각이었습니다.

우리는 사람이기 때문에 약한 부분이 많습니다. 오늘 이 말씀은 우리가 그 약한 부분을 하나님 앞에 내어놓고 "하나님, 치료해 주시고 도와주십시오" 하는데도 하나님이 못 고치시겠다는 말이 아닙니다. 그것은 불치의 병이 아닙니다. 하나님이 치료해 주십니다. 그러나 근본적으로 말도 안 되는 생각을 가지고 있으면서 그것은 감추어 놓은 채 하나님 앞에 나아와서 치료해 달라고 하고 해결해 달라고 할 때 하나님은 그럴 수 없다고 하십니다.

마음속에 근본적으로 세상에 대한 욕심이 있고 남의 것을 빼앗아서 잘되려는 탐욕이 있으며 하나님을 섬길 생각이라고는 털끝만큼도 없는데, 하나님이 어떻게 치료해 주시겠습니까? 이스라엘 백성들이 실제로 원한 것은 하나님께 돌아오는 것이 아니었습니다. 세상의 것들을 무한히 차지하면서 잘먹고 잘사는 것이었습니다.

그들은 끊임없이 왕과 재판장을 매수했습니다. 3절을 보십시오.

"저희가 그 악으로 왕을,

그 거짓말로 방백들을 기쁘게 하도다."

'악'과 '거짓말'은 다른 사람의 재산을 빼앗아서 그것으로 뇌물을 바치는 것을 말합니다. 5절을 보십시오.

"우리 왕의 날에 방백들이 술의 뜨거움을 인하여 병이 나며
    왕은 오만한 자들로 더불어 악수하는도다."

'왕의 날'이 무엇입니까? 아마도 왕의 생일이나 왕의 즉위기념일이었을 것입니다. 그날은 바로 이런 자들의 뇌물로 엄청난 잔치가 벌어지는 날입니다. 방백들은 술의 뜨거움으로 병이 날 지경입니다. 하루 이틀이 아닙니다. 몇 주 몇 달을 두고 술을 마시니 술독이 오르지 않을 수 없습니다. 그런데 그 돈이 다 어디서 나왔습니까? 가난한 자들에게 탈취한 재산에서 나온 것입니다. 자기 돈이 아니에요. 자기 돈으로 이렇게 퍼마시는 사람은 한 명도 없습니다.
    2절을 보십시오.

"내가 그 여러 악을 기억하였음을
    저희가 마음에 생각지 아니하거니와
    이제 그 행위가 저희를 에워싸고 내 목전에 있도다."

그들은 하나님께서 그들의 모든 행동을 보고 계시다는 사실을 두려워하지 않았습니다. 이스라엘 백성들의 근본적인 문제가 무엇입

니까? 하나님이 주신 것에 만족하지 못하는 것입니다. 하나님이 주신 땅은 너무 작습니다. 다른 사람의 땅을 보면 그것을 차지하고 싶은 생각이 불같이 일어나서 참을 수가 없습니다. 땅이 없을 때는 기도해도, 땅만 보이면 기도고 뭐고 없습니다. 그래서 땅을 차지하기 위해서 재판장에게 얼마나 돈을 먹이고 술을 퍼마셨는지 방백들은 전부 술독이 올라서 병이 날 정도였습니다. 할 일이 없을 때는 그래도 신앙생활을 하는 것 같아요. 그러나 조금이라도 기회만 생기면 그곳을 향해 불같이 달려갑니다. 그들은 이 모든 것을 하나님이 보고 계신다는 것을 기억하지 않았습니다.

여러분, 하나님을 두려워하지 않으면 이 세상에서 하지 못할 짓이 없습니다. 무슨 짓이든지 다 할 수 있어요. 지금 세상 사람들은 하나님을 전혀 두려워하지 않습니다. 그러니까 눈에 펼쳐진 것이 전부 공짜예요. 그래서 하는 말이 "10년만 젊었더라면"입니다. "지금 기력이 없어서 다 못 가지는 것이지 왜 사람들이 빌딩도 하나 못 가지고 있는지 이해가 안 돼. 눈에 보이는 저게 다 내 것이 되었어야 하는데 시간이 너무 모자라네." 죽음이 너무 빨리 찾아오는 것이 원통합니다. 세상에 있는 모든 돈이 다 자기 것 같고 투기할 만한 곳이 지도에 물감을 들여놓은 것처럼 눈에 팍팍 들어옵니다. 단지 힘이 없는 게 문제지요.

오늘 이 세상에서 하나님을 인정하지 않으면 못할 짓이 없습니다. 남자들이 보기에는 세상 여자가 다 자기 여자 같습니다. 한 가지 문제가 있다면 힘이 없는 겁니다. 힘만 있으면 내키는 대로 이혼하고 다른 여자하고 살다가 또 이혼하고 새로 결혼하고, 그러면서 살고 싶습니다. 여자가 얼마나 많은데 바보같이 한 여자만 생각하면서 죽어야 합니까? 하나님을 두려워하지 않으면 못할 짓이 없어요. 그냥 시간이 제한되어 있고 몸이 하나인 것이 원통할 뿐이지요.

하나님만 겁나지 않으면 돈 버는 것도 어렵지 않습니다. 꼭 순도 높은 참기름만 팔아야 합니까? 제가 어렸을 때 얹혀 살던 공장이 가짜 참기름 만들던 공장이었는데, 참기름에 이것저것 섞는 기술이 많아요. 하나님만 겁내지 않으면 못할 것이 없습니다. 소원 성취하고도 남습니다.

그러나 그들이 모르는 것이 있습니다. 그것은 바로 그들을 조용히 지켜보면서 비웃고 있는 분이 계시다는 사실입니다. "내가 그 여러 악을 기억하였음을 저희가 마음에 생각지 아니하거니와 이제 그 행위가 저희를 에워싸고 그 목전에 있도다."

모든 것은 하나님께서 일시적으로 빌려주신 것입니다. 그러므로 이 몸을 내 것이라고 생각하면 안 됩니다. 이것은 하나님께 빌린 것이고 때가 되면 돌려드려야 하는 것입니다. 이 세상에 있는 재물과 지식들은 다 하나님께서 빌려주신 것입니다. 그런데 이것을 빌린 것으로 생각하지 않고 한없이 긁어모을 때 하나님은 비웃으십니다. 지금 하나님은 이스라엘의 욕심을 비웃고 계십니다.

하나님께서 우리 이방인들을 택하셔서 하나님의 백성으로 삼으신 이유가 무엇입니까? 잘먹고 잘살라고 그렇게 하신 것이 아닙니다. 우리를 하나님의 은혜의 통로로 삼으시려고 선택하신 것입니다. 그리스도인들은 자기를 위해서 사는 사람들이 아닙니다. 교회는 교회를 위하여 존재하지 않습니다. 교회는 남을 위하여 존재하며, 은혜의 통로가 되기 위하여 존재합니다.

오늘날 우리의 교회는 엄청나게 비대합니다. 못사는 사람들이 거의 없습니다. 사람들이 조용히 예배드릴 때는 전부 무언가 회개하는 것 같지만 천만의 말씀입니다. 잠시 숨을 돌리고 있을 뿐입니다. 세상에서 돈 벌고 술 마시느라 너무 지쳐서 잠시 숨을 돌리고 있는 것이지 정말 하나님께 돌아온 것이 아닙니다. 예배시간만 끝나면 속에서 불이 화덕같이 올라오면서 정신을 못 차립니다. 그 사람들은 믿으려고 교회에 와서 앉아 있는 것이 아니에요. 너무 돈을 벌다보니까 힘들어서 호흡조절을 하고 있는 겁니다. 사람들은 맨 앞자리에 앉아서 기도하는 모습을 보면서 '감동받아서 저러나보다' 생각할지 몰라도 하나님은 속지 않으십니다.

그래서 하나님이 우리를 그냥 교회에 불러 앉혀놓기만 하면 안됩니다. 그냥 곱게 교회에 데리고 오시면 안 돼요. 사회적인 불구자나 정신적인 폐인을 만드셔야 합니다. 밖에 나가도 할 일이 없고 불붙을 땔감이 없어야 합니다. 교회 마치고도 급히 갈 곳이 없는 사람은 정말 은혜 받은 사람입니다. 너무너무 망해서 할 일이 없어요. 조금이라도 밑천이 있어야 이것도 해보고 저것도 해볼 텐데 하나도 없으니까 그냥 오래오래 기도하는 것밖에 할 일이 없습니다.

음모를 꾸밀 수 없을 정도로 망해버린 사람, 단지 정욕의 불을 낮춘 것이 아니라 세상적으로 아예 가능성이 끝나버린 사람이 복 받은 자입니다. 왜냐하면 그 사람은 하나님을 급히 떠날 이유가 없기 때문입니다.

그래서 하나님이 자기 백성을 부르실 때는 그냥 곱게 앉혀 놓지 않으십니다. 그러면 그 앞에 가만히 있지를 않아요. 완전히 불구자를 만들어서 여기에서나 밖에서나 할 일이 없도록 만들 때에야 비로소 진정한 눈물을 흘리면서 "하나님, 제가 망했다는 사실은 본질적인 문제가 아닙니다. 진짜 문제는 실제로 제가 하나님을 믿지 않았다는 것입니다. 저는 굉장히 교만했고 제 삶에서 하나님을 인정한 적이 한 번도 없었습니다" 하고 매달립니다. 이래야 제대로 된 기도지요.

여러분들이 정말 사회적으로 실패해서 집에 있어도 심심하고 밖에 나가도 할 일이 없어서 주님 전 앞에 왔다면, 그것이야말로 하나님이 확실하게 자기 백성을 확보해놓는 방법임을 아십시오. 그렇다면 여러분은 참으로 하나님의 은혜를 받은 자들입니다. "하나님, 제가 하나님 앞에서 교만했습니다." 이 소리가 입에서 나오기가 얼마나 힘든지 모릅니다. 이것은 완전히 폐인이 되기 전에는 절대로 나오지 않는 말입니다.

뒤집지 않은 전병

하나님은 이스라엘 백성들이 빵 굽는 자의 화덕 같을 뿐 아니라 뒤집지 않은 전병 같다고 말씀하십니다. 전병은 얇게 구운 과자입니다. 전병을 구울 때에는 이쪽저쪽을 잘 구워서 골고루 익혀야 합니다. 그런데 이스라엘은 뒤집지 않은 전병과 같았습니다. 한쪽은 아직 익지 않아서 생 밀가루 그대로 있고 뒤쪽은 타서 새까맣게 되

었습니다. 그러니까 먹을 수가 없어요. 하나님은 '에브라임의 혼잡'
이 이와 같다고 말씀하십니다. 8절을 보십시오.

> "에브라임이 열방에 혼잡되니
> 저는 곧 뒤집지 않은 전병이로다."

전병은 하나님의 전에 바치는 떡으로서, 이스라엘의 전적인 헌신
을 의미합니다. 그들은 하나님께서 주신 첫 곡식을 빻아서 전병을
만들어 하나님의 전에 바쳤습니다. 그러므로 전병을 바친다는 것은
"우리의 삶은 전부 하나님께 바쳐졌습니다. 우리는 온전히 하나님
이 주시는 힘으로 살겠습니다" 하는 고백입니다.

그런데 어느 순간부터 이스라엘 백성들은 이상한 떡을 바치기 시
작했습니다. 이 떡은 앞뒤가 달랐습니다. 앞은 흰색이고 뒤는 검은
색입니다. 한쪽은 아직 익지도 않았고 다른 쪽은 새카맣게 타버렸
습니다.

이것은 이스라엘의 외교정책을 가리키는 비유입니다. 이스라엘
은 유일하신 하나님을 믿는 믿음으로 존재합니다. 그들은 군사력이
나 다른 나라와의 동맹관계로 나라를 지탱하지 않습니다. 그러나
눈에 보이는 물질을 좋아하다 보니 하나님이 눈에 보이지 않게 되
었습니다.

이스라엘은 하나님이 안 계셨다면 도저히 존재할 수 없을 만큼
약한 나라였습니다. 그래서 그들은 다른 나라와의 동맹관계를 통해
서 이 나라를 유지하고 있었습니다. 그런데 이런 군사적인 동맹을

맺은 나라는 이스라엘 백성들에게 무리한 조공을 요구했고, 그 조공 때문에 이스라엘의 국력은 급격하게 쇠약해지고 있었습니다. 가만히 있으면 돈이 안 드는데 인간적인 방법으로 관계를 좋게 하려니까 돈이 빠져나가게 되고 결국은 국력이 약화되는 결과가 빚어지고 만 것입니다.

신앙이 아주 좋아 보이는 교인이 있었습니다. 그 사람은 입만 벌리면 하나님의 은혜에 감사한다고 말했고, 행사가 있을 때마다 돈을 척척 내놓았습니다. 다른 사람들은 정말 하나님께서 이 사람을 축복하셔서 그렇게 여유가 있는 줄 알았습니다. 그런데 알고 보니 이 사람은 빚으로 살고 있었습니다. 기왕 못 갚을 거니까 돈도 펑펑 쓰고 무스탕도 사 입으면서 막 산 것입니다.

바로 이것이 뒤집지 않은 전병 같은 삶입니다. 겉으로는 아주 잘 삽니다. 그러나 실제로는 빚과 이자가 눈덩이처럼 불어나고 있어서 굉장히 위험한 상황에 처해 있습니다. 그러다가 결국 어떻게 됩니까? 무스탕 입고 밤에 도망치는 수밖에 없습니다.

이스라엘 백성들이 그랬습니다. 겉으로는 나라가 잘 유지되고 있었습니다. 그러나 그 나라를 유지하는 힘은 앗수르에게 바친 조공에서 나오고 있었고, 그 빚 때문에 이스라엘의 국고는 완전히 탕진되었습니다. 9절을 보십시오.

"저는 이방인에게 그 힘이 삼키웠으나 알지 못하고
백발이 얼룩얼룩할지라도 깨닫지 못하는도다."

이스라엘의 힘은 이미 앗수르가 다 먹어버렸습니다. 여러분, 사람이 한번 힘을 굉장히 많이 쓰고 고민을 심하게 하면 어떻게 됩니까? 머리가 얼룩얼룩해지지요. 옆 사람이 보면 머리가 완전히 하얗게 센 것이 보입니다. 그러나 자기는 몰라요. 얼마나 고민을 했는지 머리가 다 세어 버렸는데도 자기는 그 사실을 깨닫지 못합니다.

이스라엘의 능력은 어디에 있습니까? 하나님을 의지하는 믿음에 있습니다. 그런데 그들은 말로는 "하나님이 우리를 지켜주신다"고 했지만 실제로는 앗수르의 힘에 의지하고 있었습니다. 그리고 앗수르의 마음에 들려고 노력하는 가운데 그들의 힘은 싹 다 빠져 버렸습니다.

교회의 능력은 어디에 있습니까? 교회의 힘은 조직에 있지 않습니다. 많은 사람의 수에도 있지 않습니다. 오직 성령의 능력에 있습니다. 그러나 사람들은 많은 경우에 성령의 능력보다는 사람의 수나 조직에 의존합니다. 이것은 끊임없는 힘의 낭비입니다. 사람을 조직해야 하지요, 관리해야 하지요, 행정을 해야 하지요, 그러다 보면 힘이 다 빠져 버립니다. 이런 교회는 이미 덩치가 커서 돈이 많이 나가기 때문에 그것을 유지하기 위해 계속 사람들을 끌어모아야 합니다.

그리스도인들에게는 주님이 주시는 힘이 있습니다. 그런데 그것으로 살지 않고 다른 사람의 비위를 맞추려고 들면 얼마나 신경이 쓰이는지 모릅니다. 하나님께 기도할 시간이 어디에 있습니까? 다른 사람의 마음을 맞추느라 나오지도 않는 웃음을 웃어가면서 이런저런 것들을 사다주다가 나중에는 백발이 얼룩얼룩해지는데도 자기는 모릅니다. 그는 하얀 백발이 되었을 때 "나는 성공했어!" 하고 한 마디 하고서는, 그 자리에서 쓰러져 죽습니다. 사람의 비위를 맞추는 일은 그만큼 힘듭니다.

하나님 백성의 능력은 하나님이 주시는 힘에 있으며 성령의 능력에 있습니다. 이스라엘이 유지되는 능력은 하나님의 말씀의 힘에 있었습니다. 그러나 그들이 앗수르의 힘으로 지탱하려고 했을 때 실제로는 도저히 한 걸음도 옮기지 못할 정도로 지쳐버렸고 그들의 힘은 다 탕진되었습니다.

여러분, 이 세상에 보조를 맞추려고 하면 곧 쓰러집니다. 이 세상에서 제대로 살려고 마음 먹으면 너무나도 할 일이 많아요. 컴퓨터도 해야지요, 운전도 해야지요, 영어도 해야지요, 일어도 해야지요, 커피도 마셔야지요, 술도 마셔야지요, 일주일 내내 이 사람 저 사람 만나야지요. 그러다가 어느 날 거울을 보면 주름이 너무 많아져 있습니다. 힘이 하나도 남아 있지 않습니다. 경건의 능력을 잃어버렸어요. 기도가 안 나와요. 설교가 귀에 들어오지 않습니다. 왜 사는지 모릅니다. 기쁨이 없습니다. 그런데도 자기는 이 심각함을 깨닫지 못합니다. 왜냐하면 교회에 빠지지 않고 나가서 숨쉬기 운동은 계속 했거든요. 그러니까 자기가 그렇게 경건의 능력을 잃어버렸는지 모릅니다. 그러나 일단 시험이 오면 딱 걸려 넘어집니다. 그때 사탄이 심장에 비수를 꽂고 갑니다.

그러므로 신앙생활에 기쁨이 없으면 완전히 비상을 걸어야 합니다. 집에 오면 마구 신경질이 나면서 애를 못살게 굴고 싶고 회사에 가도 매사에 화가 나고 모든 것이 불만이라면 성령의 능력이 고

갈된 것입니다. 그때는 모든 것을 중단하고, 회사에도 월차를 내고 하루종일 교회에 와서 기도하면서 문제를 찾아야 합니다. '내가 사람의 힘으로 살려고 했구나. 하나님의 능력을 끌어와서 이 세상을 살아나갈 힘을 공급받아야 하는데 사람의 힘으로 살려고 하다가 내가 완전히 지쳐버렸구나. 너무 시달렸구나.' 그때 눈가에 눈물이 돌기 시작하면서 기쁨이 회복됩니다.

하나님께서 이스라엘을 무엇이라고 책망하십니까? 10절을 보십시오.

> "이스라엘의 교만은 그 얼굴에 증거가 되나니
> 저희가 이 모든 일을 당하여도 그 하나님 여호와께로
> 돌아오지 아니하며 구하지 아니하도다."

이 정도면 이스라엘 백성들이 하던 일을 다 중단하고 금식하면서 "하나님, 우리 큰일났습니다. 지금 쓰러지기 직전입니다. 도와주십시오" 해야 할 텐데 아무도 그렇게 안 하는 겁니다. 아직은 모든 것이 돌아가고 있거든요. 아직은 내 입에 밥이 들어가고 있거든요. 기쁨이 있든 없든, 성령의 능력이 있든 없든, 아직까지는 관리가 되고 아직까지는 유지가 되니까 '나중에 어떻게 되겠지' 하는 마음으로 하루하루 지내는 것입니다. 위기에 처한 사람들이 가장 담대하게 하는 말이 바로 이 '어떻게 되겠지'입니다. 그래서 그들은 기도하지 않습니다.

내가 주님이 주시는 성령의 힘으로 살지 않고 세상적인 지식과

돈으로 살고 있다면, 나에게 어떤 어려움이 닥쳤을 때 '돈으로 해결해야지' 하는 생각이 먼저 들거나 '나한테는 지식이 있고 학위가 있고 자격이 있으니까' 하는 생각이 먼저 든다면 나는 굉장히 위험한 상태에 있는 것입니다. 돈이나 지식이나 자격은 보완적으로 필요한 것이지 주된 것이 아닙니다. 하나님이 원하시는 것은 제로 상태에서 새로 시작하는 것입니다. 믿는 사람들의 가장 큰 축복이 무엇입니까? 무언가 문제가 있다고 생각되는 순간에 모든 것을 제로에 놓고 새로 시작하는 것입니다. 애굽에서 노예로 나온 사람들이 두려워할 것이 뭐가 있습니까? 하나님 앞에서 죄인이었다가 구원받은 사람들이 겁날 것이 무엇이 있습니까?

백발이 얼룩얼룩하고 힘이 없고 완전한 어려움 가운데 빠졌습니까? 지금 돌아오십시오. "하나님, 제가 여기서부터 출발합니다. 저는 아무것도 없습니다. 그냥 빈손으로 왔습니다. 저는 가난한 집의 아들이었고 가난한 집의 손자였습니다. 제가 겁날 것이 무엇이 있겠습니까? 저는 죄인이었습니다. 저는 빈손으로 여기에 왔습니다. 서울에 올 때도 삼등열차 타고 왔습니다. 저는 겁날 것이 없습니다. 여기서 다시 시작하겠습니다" 하고 기도하십시오. 그렇게 하기만 하면 잃었던 모든 것이 회복될 것입니다. 그러나 사람들은 지금 가지고 있는 욕심과 얼마 되지 않는 재산과 지식을 놓치기 아까워서 그렇게 기도하지 않습니다.

11절을 보십시오.

"에브라임은 어리석은 비둘기같이 지혜가 없어서

애굽을 향하여 부르짖으며 앗수르로 가는도다. "

새 중에도 똑똑한 새가 있고 모자라는 새가 있습니다. 똑똑한 새는 한쪽을 향하여 바로 날아가는데 멍청한 새는 뒤를 바라보고 날아갑니다. 이스라엘 백성들은 몸은 앗수르로 가는데 얼굴은 애굽을 향하고 있었습니다. 다시 말해서 머릿속으로는 끊임없이 '애굽이 우리를 도와줬으면 좋겠는데' 하고 생각하면서 몸은 앗수르를 향했던 것이지요. 이스라엘 백성들은 앗수르와 애굽 중에서 사실은 애굽의 도움을 더 받고 싶었지만 어쩔 수 없어서 앗수르 쪽으로 갔습니다.

그때 애굽이 도와주겠다고 나서면서 이제 이들은 그물에 걸려듭니다. 이스라엘은 이 제안을 받아들이면서 앗수르와의 관계를 끊고 애굽으로 돌아섰습니다. 그러나 그 약속은 부도수표였습니다. 애굽은 이스라엘을 도울 능력이 없었던 것입니다. 결국 이 그물에 걸려서 이스라엘은 앗수르에게 망합니다.

이것은 하나님을 의지하던 사람이 어떤 식으로 망하는지 아주 잘 보여주고 있습니다. 하나님을 의지하다가 의지하지 않으면 그 공백이 너무나도 큽니다. 그래서 하나로는 만족하지 못하고, 나를 도와줄 수 있는 사람을 있는 대로 다 끌어들입니다. 그러다가 결국 부도수표 하나 받아들고 망하는 것입니다.

우리의 부도수표가 무엇입니까? 하나님이 아닌 것을 의지하는 것입니다. 다른 사람은 몰라도 믿는 우리를 도울 수 있고 우리의 문제를 해결할 수 있는 분은 하나님 한 분밖에 없습니다. 하나님 외에 다른 사람이 도와주겠다고 하고 책임지겠다고 하는 것은 전부 부도수표입니다. 오직 하나님께 돌아올 때에만 하나님이 다른 사람을 통하여 나를 도우시며, 나에게 도움을 줄 만한 사람을 만나게 하십니다.

12절을 보십시오.

> "저희가 갈 때에 내가 나의 그물을 그 위에 쳐서
>   공중의 새처럼 떨어뜨리고
>   전에 그 공회에 들려준 대로 저희를 징계하리라."

이미 하나님은 공회에서 말씀을 다 하셨습니다. 그들은 그때 일을 다 잊어버렸지만 하나님은 그 일을 기억하시고 그때 설교한 대로 징계하시겠다고 합니다. 13절에서 무엇이라고 말씀하십니까?

> "화 있을진저, 저희가 나를 떠나 그릇 갔음이니라.
>   패망할진저, 저희가 내게 범죄하였음이니라.
>   내가 저희를 구속하려 하나
>   저희가 나를 거스려 거짓을 말하고"

몸은 교회에 오지만 얼굴은 자꾸 세상을 향합니다. 몸은 천성을 향하여 가지만 얼굴은 세상을 향하고 있습니다. 롯의 아내처럼 몸은 소돔을 떠났지만 얼굴은 소돔을 향할 때, 사람들은 그물에 걸려들게 되어 있습니다. 세상이 도와주겠다고 할 때 확 돌아서서 그쪽으로 가는 것은 부도수표를 받으러 가는 것입니다.

하나님을 두려워하는 사람은 세상의 제안에 쉽게 말려들지 않습니다. 아무리 좋은 제안이 나오고 아무리 좋은 조건이 나온다 하더라도 하나님이 싫어하실 일은 하지 않습니다. 그러니까 그물에 안 걸려드는 것이지요. 바보새는 그물에 걸려들게 되어 있습니다. 그러나 몸과 마음이 하나님을 향하고 있는 사람들은 그물에 걸리지 않습니다.

속이는 활

하나님께서 셋째로 사용하시는 비유는 '속이는 활'입니다. 활은 주인이 쏘는 곳으로 날아가야 합니다. 그러나 아무리 정확하게 겨냥해서 쏘아도 다른 곳으로 날아간다면 무엇이 문제일까요? 활이 잘못 만들어진 것입니다. 총을 가지고 쏘면 잘 맞을 것 같지요? 조준을 잘 해놓지 않은 총은 겨냥해서 쏘면 쏠수록 더 다른 곳으로 날아갑니다. 16절을 보십시오.

"저희가 돌아오나 높으신 자에게로 돌아오지 아니하니
  속이는 활과 같으며,
  그 방백들은 그 혀의 거친 말로 인하여 칼에 엎드러지리니
  이것이 애굽 땅에서 조롱거리가 되리라."

활이 하나님을 향해 날아와야 하는데 오다가 쓱 휘더니 다른 곳

으로 가버립니다. 그래서 속이는 활입니다. 이스라엘이 회개하지 않은 것이 아닙니다. 그들은 어려운 일이 있을 때마다 회개했습니다. 그러나 그 회개는 진정으로 자신들의 죄를 내어놓는 회개가 아니라 일단 급한 불부터 끄려고 하는 회개였습니다. 먹을 양식이 없고 돈이 없으니까 이 문제부터 해결하고 보자는 회개였어요. 14절을 보십시오.

> "성심으로 나를 부르지 아니하였으며
> 오직 침상에서 슬피 부르짖으며
> 곡식과 새 포도주를 인하여 모이며 나를 거역하는도다."

그들이 하나님 앞에서 울부짖고 기도한 것은 정말 자기의 죄를 깨닫고 애통했기 때문이 아니라 곡식이 없고 새 포도주가 없기 때문이었습니다. 그들이 원하는 것은 아무 어려움 없이 편안하게 사는 것입니다. 그래서 회개를 하기는 했는데 무엇이 잘못되었는지도 모르고 회개했습니다.

하나님께서 원하시는 것이 무엇입니까? 그것은 그냥 울부짖는 소리가 아닙니다. 하나님은 바른 양심이 회복되기를 원하십니다. 이 복잡한 세상 가운데서 오직 하나님 한 분만 의지하는 신앙으로 돌아오기를 원하십니다. 하나님의 손에 붙잡힌 화살이 되어 하나님이 쏠 때 정확하게 과녁을 맞추기를 원하십니다. 하나님께서 이스라엘 백성들의 팔힘을 길러주신 이유가 무엇입니까?

"내가 저희 팔을 연습시켜 강건케 하였으나
저희는 내게 대하여 악을 꾀하는도다" (7:15)

하나님께서 이스라엘의 팔힘을 강하게 하신 것은 하나님의 손에 들린 화살이 되어 정확한 목표를 향해 날아가게 하기 위해서입니다. 우리에게 먹을 것을 주고 좋은 집을 주고 공부를 시켜서 대학을 졸업하게 하신 것은 하나님의 손에 잡힌 화살이 되어 그가 원하시는 방향으로 날아가게 하기 위해서입니다. 하나님은 이스라엘 백성들을 그가 마음껏 쓰실 수 있는 도구로 삼기 위해 강건하게 하셨습니다. 하나님이 도우라는 자를 돕고 하나님이 치라는 자를 치게 하기 위해서 그 팔에 힘을 주신 것입니다.

오늘 우리에게 중요한 것이 무엇입니까? 내 방식대로 잘 믿는 것이 아닙니다. 그런 것은 누구든지 할 수 있습니다. 하나님께서 원하시는 것은 나를 하나님으로부터 떼어내려고 하는 것들을 다 뿌리치고, 오직 하나님의 손에 잡힌 도구가 되어 하나님의 뜻대로 움직이는 것입니다. 하나님이 휘두르면 휘둘려지고 하나님이 던지면 날아가는 것입니다.

하나님과 주파수가 맞아야 합니다. 하나님과 생활리듬이 맞아야 해요. 하나님은 급한데 자기는 천천히 여유 부리는 사람, 하나님은 여유 있는데 자기 혼자 날뛰는 사람은 얼마 지나지 않아 쓰러집니다. 그런 사람을 어디에 쓰겠습니까? 진짜 하나님의 주파수에 자기 자신을 맞추는 사람, 하나님을 기다릴 때는 몇 년이라도 조용히 기다리고 급하게 몰아칠 때는 하나님과 함께 힘차게 나가는 사람을 보기가 참 어렵습니다.

제멋대로 믿는 사람은 많아요. 하나님이 눈에 보이지 않으니까 얼마든지 제멋대로 열심을 낼 수 있고 사람들의 눈에는 그것이 좋아 보일 수도 있습니다. 그러나 그런 사람은 속이는 화살입니다. 날아가야 할 곳으로 안 날아가고 엉뚱한 곳으로 날아가 버립니다.

왜 우리의 신앙에는 그렇게 기다림이 많습니까? 이 주파수를 맞추는 훈련을 하기 위해서입니다. 그렇게 하염없이 기다리게 하시다가도 급하게 다그치기 시작하시면 아주 짧은 시간에 엄청난 일을 해내야 합니다. 그리고 그 일이 끝나면 곧바로 원래 상태로 돌아와 있어야 합니다. 그래야 또 다음 일을 향하여 달려나갈 것 아닙니까?

우리는 신체리듬을 굉장히 중요하게 생각해서 누가 내 생활리듬을 깨뜨리는 것을 아주 싫어합니다. 나는 자야 할 시간에 자야 하고 놀아야 할 시간에 놀아야 합니다. 그러나 여러분, 그것이 뭐가 그리 중요합니까? 하나님의 리듬에 자신을 맞추어야지요. 그러면 기적이 일어납니다. 성경에 기록된 기적이 오늘 그대로 일어나고, 능력의 삶이 나타나며, 아주 놀라운 일들이 나타납니다. 기왕 신앙 생활 할 바에야 제멋대로 날뛰는 신앙이 아니라, 하나님의 주파수에 따라 움직이며 하나님의 손에 들린 화살이 되어서 정확하게 목표를 향해 날아가는 신앙, 능력과 축복의 역사가 나타나는 신앙을 갖고 싶지 않습니까?

하나님은 이스라엘 백성을 치료하기 원하셨지만 치료하실 수 없었습니다. 그들이 정작 중요한 문제를 내놓지 않았기 때문입니다. 교회에 오기는 옵니다. 그러나 정말 하나님께 돌아오기 위해서 교회에 오는 것이 아닙니다. 그냥 와서 잠시 쉬려고 오는 것이지요. 조금 위로 받으려고 오는 겁니다. "조금만 위로해 주시고, 이것저것 부담주지 마세요." 이것이 모든 사람들이 원하는 것입니다.

하나님은 우리가 실제로 하나님을 믿지 않았다는 사실을 인정하기 원하십니다. 오래 교회를 다녔지만 내 삶에서 하나님을 인정하지 않았고, 하나님이 살아 계시며 역사하신다는 것을 인정하지 않았다는 사실을 인정하기 원하십니다. 그 기도가 내 입에서 나올 때에야 비로소 치료의 역사가 나타납니다.

여러분, 세상 사람들에게 맞춰서 사는 일은 굉장히 피곤합니다. 끝없이 가다가 결국은 기진맥진해서 쓰러지게 됩니다. 그래서 누군가 나에게 무슨 요구를 할 때 내가 감당할 수 있는 것인지 감당할 수 없는 것인지 잘 생각해야 합니다. 이것이 하나님으로부터 나를 떼어놓는 것이라면 받아들이지 마십시오. 결국은 같이 쓰러질 것이기 때문입니다.

하나님은 우리가 하나님의 도구가 되기를 원하십니다. 그래서 거추장스러운 것이 많으면 좋지 않습니다. 다윗은 사울의 갑옷이 자기에게 맞지 않는다는 것을 알았습니다. 자신이 이런 갑투를 쓰고 이 자리에 있으면 하나님의 뜻대로 움직일 수 없다는 것을 알았어요.

또 기드온은 30,000명의 용사가 하나님의 뜻을 이룰 수 없다는 것을 알았기 때문에 나머지 사람들이 어떻게 생각하든지 간에 특공대 300명과 끝까지 싸웠습니다. 그는 어떤 것이 자기에게 맞는 방식이고, 어느 것이 자신의 갑옷이며, 어떻게 해야 자신이 하나님의 손에 붙들려서 그가 원하시는 대로 움직여질 수 있는지 알았기 때문에 이스라엘의 왕이 되어달라는 요구를 거절했습니다. 높은 자리에 있거나 감투를 쓰거나 학위를 뒤집어쓰는 일이 좋은 것 같이 보여도 그런 사람들은 쉽게 움직일 수가 없습니다. 너무 걸리적거리는 것이 많고 체면에 부딪치는 것이 많아서 절대로 하나님 뜻대로 움직여지지 않습니다.

여러분, 하나님께서는 오늘 말씀을 통해서 우리 안에 깊이 감추어진 불신앙과 교만을 내놓고 기도하라고 하십니다. 하나님을 믿는다고 하면서도 뭔가 의심스러워서 하나님 외에 복잡한 생각과 많은 계획을 가지지는 않았는지 돌아보라고 하십니다. 지금 우리의 얼굴을 들여다보면서 남 좋은 일 다 시켜주다가 너무 지쳐서 거의 쓰러질 형편에 와 있지는 않은지 생각해 보라고 하십니다. 여러분, 내가 살아야 직장도 도울 수 있고 가정도 도울 수 있고 다른 사람도 도울 수 있습니다. 내가 지치고 침체되면 아무것도 할 수가 없습니다.

하나님께서 오늘 우리에게 원하시는 것은 속이는 화살이 아니라 정확하게 날아가는 화살입니다. "하나님이 원하시는 대로 사용되고 싶습니다. 저를 쓰십시오. 저는 하나님을 믿습니다. 하나님이 왼쪽으로 가라시면 왼쪽으로 갈 것이며 오른쪽으로 가라시면 오른쪽으로 가겠습니다. 제 맘대로 하지 않고 하나님의 리듬에 맞추겠습니다" 하고 기도하십시오. 그때 성경에 나타난 모든 축복과 역사가 나

에게 나타날 것입니다. 그때 하나님께서 내 속에 있는 어려움들을
다 치료해 주시며, 회복시키시며, 영광스럽게 하시며, 앗수르 없이
도 당당하게 살게 해주실 것입니다.

12

사마리아의 송아지

호세아 8:1-14

^{8:1} "나팔을 네 입에 댈지어다. 대적이 독수리처럼 여호와의 집에 덮치리니 이는 무리가 내 언약을 어기며 내 율법을 범함이로다.

2 저희가 장차 내게 부르짖기를 '나의 하나님이여 우리 이스라엘이 주를 아나이다' 하리라.

3 이스라엘이 이미 선을 싫어 버렸으니 대적이 저를 따를 것이라.

4 저희가 왕들을 세웠으나 내게서 말미암지 아니하였고 저희가 방백들을 세웠으나 나의 모르는 바며, 저희가 또 그 은, 금으로 자기를 위하여 우상을 만들었나니 파멸을 이루리라.

5 사마리아여, 네 송아지는 버리웠느니라. 내 노가 무리를 향하여 타오르나니 저희가 어느 때에야 능히 무죄하겠느냐?

6 이것은 이스라엘에서 나고 공장이 만든 것이라. 참 신이 아니니 사마리아의 송아지가 부숴뜨리우리라.

7 저희가 바람을 심고 광풍을 거둘 것이라. 심은 것이 줄기가 없으며 이삭은 열매를 맺히지 못할 것이요 설혹 맺힐지라도 이방 사람이 삼키리라.

8 이스라엘은 이미 삼키웠은즉 이제 열국 가운데 있는 것이 기뻐하지 아니하는 그릇 같도다.

9 저희가 홀로 처한 들나귀처럼 앗수르로 갔고 에브라임이 값 주고 연애하는 자들을 얻었도다.

10 저희가 열방 사람에게 값을 주었을지라도 이제 내가 저희를 모으리니, 저희가 모든 방백의 임금의 지워 준 짐을 인하여 쇠하기 시작하리라.

11 에브라임이 죄를 위하여 제단을 많이 만들더니 그 제단이 저로 범죄케 하는 것이 되었도다.

12 내가 저를 위하여 내 율법을 만 가지로 기록하였으나 저희가 관계없는 것으로 여기도다.

13 내게 드리는 제물로 말할지라도 저희가 고기로 제사를 드리고 먹거니와 여호와는 그것을 기뻐하지 아니하고 이제 저희의 죄악을 기억하여 그 죄를 벌하리니 저희가 애굽으로 다시 가리라.

14 이스라엘은 자기를 지은 자를 잊어버리고 전각들을 세웠으며 유다는 견고한 성읍을 많이 쌓았으나 내가 그 고을들에 불을 보내어 그 성들을 삼키게 하리라."

8:1-14

우리는 이 세상에서 가장 기본적인 두 가지 관계를 발견할 수 있습니다. 하나는 자연발생적인 관계로서 출생에 따라 자동적으로 어떤 관계 안에 들어가게 되는 것입니다. 예를 들어 부모와 자식 간의 관계가 그렇습니다. 부모와 자식 간의 관계는 계약서를 쓰거나 도장을 찍지 않아도 태어나기만 하면 자동적으로 이루어지는 관계입니다.

이 자연발생적인 관계의 특징은 이것이 자기중심적인 관계라는 것입니다. 자식은 부모에게 무한정의 희생을 요구합니다. 어렸을 때부터 장성한 사람이 될 때까지 온갖 투정을 다 받아주고 부족한 것을 다 채워주어야 합니다. 그리고 자식이 밉다고 해서 버릴 수도 없습니다. 한번 태어나면 영원히 내 자식이고, 자식인 이상 돌봐주어야 하는 것이 자연발생적인 관계의 특징입니다.

또 다른 하나는 언약의 관계입니다. 언약의 관계는 서로의 약속과 헌신에 따라 이루어지는 관계입니다. 부부 사이는 언약의 관계입니다. 그래서 부부는 서로에게 헌신해야 합니다. 물론 부부는 서로 사랑하기에 약한 부분을 돌보아 주지만, 근본적으로 이 관계에는 서로에 대한 헌신이 전제되어 있습니다. 그러므로 서로 헌신하지 않으면 그 관계는 깨지고 맙니다. 예를 들어 부부관계를 헌신의 관계로 생각하지 않고 자연발생적인 관계로 생각해서 남편이 책임은 지지 않으면서 아내에게 무한한 용납과 희생을 강요할 때 그 결혼은 대단히 불행해질 수밖에 없습니다.

그러면 신앙은 이 두 관계 중에서 어느 것에 해당될까요? 중요한 것은 신앙이 결코 자연발생적인 관계가 아니라는 사실입니다. 신앙은 출생에 따라 자연적으로 하나님과 맺어진 관계가 아닙니다. 한 사람 한 사람이 하나님과의 언약 관계에 들어가야 합니다. 물론 난 지 8일만에 할례를 받음으로 부모가 대신 그 언약을 체결해 주지만, 그럼에도 불구하고 한 사람 한 사람이 개별적으로 이 언약 안에 들어가야 하는 것입니다.

이스라엘 백성들의 불행은 바로 이 관계를 오해한 데 있습니다. 그들은 이스라엘 백성으로 태어나기만 하면 자동적으로 하나님의 은혜를 받을 자격이 있다고 생각했습니다. 그들은 신앙을 언약의 관계로 생각하지 않았습니다. 그래서 내가 잘했거나 못했거나 무조건 부모님이 잘해주시고 용서해 주시고 편들어 주시는 것처럼, 하나님도 무조건 자신들을 용서해 주시고 돌보아 주시고 축복해 주셔야 한다고 생각했습니다. 그 결과 만들어낸 신앙이 바로 사마리아의 송아지 신앙입니다.

사마리아의 송아지라고 해서 실제로 사마리아에 무슨 송아지 우상이 있었던 것은 아닙니다. 송아지 우상이 있었던 곳은 사마리아가 아니고 단과 벧엘이었습니다. 그런데 왜 호세아는 북쪽 이스라엘의 신앙을 '사마리아의 송아지 신앙'이라고 부르고 있을까요?

송아지는 끊임없이 희생합니다. 고기도 주고 가죽도 주고 꼬리도 주고 머리도 주고 하다못해 똥까지 연료로 줍니다. 이스라엘 백성들은 이렇게 송아지가 사람을 위해 끊임없이 희생하는 것처럼 하나님도 자신들을 위해 무조건 희생하고 돌보아 주어야 한다고 생각한 것입니다.

그러나 하나님을 믿는 신앙은 송아지 신앙이 아니고 '두 돌비 신앙'입니다. 두 돌비 신앙은 시내 산에서 하나님이 모세에게 주신 것으로서, 그 신앙의 핵심은 '하나님 앞에서의 거룩'입니다. '내 신앙의 핵심이 하나님 앞에서 거룩이냐, 아니면 나의 번영이냐' 하는 문제는 이스라엘 백성들이 직면했던 가장 중요한 문제인 동시에 지금 우리들이 직면하고 있는 가장 중요한 숙제이기도 합니다.

하나님께서 이스라엘 백성들을 택하신 것은 거룩한 하나님의 백성이 되게 하기 위해서였습니다. 그러나 그들은 하나님의 사랑을 눈먼 송아지의 사랑으로 바꾸었습니다. 자기들은 온갖 못된 짓을 다하면서도 하나님은 여전히 그들을 사랑하셔야 하고 그들에게 복을 주셔야 한다고 믿었던 것입니다. 오늘 본문 말씀은 하나님께 대한 참된 헌신이 없는 이 송아지 신앙이 어떤 결과를 낳는지 분명히 보여주고 있습니다.

대적이 여호와의 집을 덮치리라

하나님께서는 호세아 선지자에게 전쟁의 나팔을 입에 대고 사정없이 불라고 명령하십니다. 8장 1절을 보십시오.

"나팔을 네 입에 댈지어다.
대적이 독수리처럼 여호와의 집에 덮치리니
이는 무리가 내 언약을 어기며 내 율법을 범함이로다."

하나님께서는 호세아에게 빨리 전쟁을 알리는 나팔을 입에 대고 불라고 말씀하십니다. 그 이유는 여호와의 집에 대적이 덮칠 것이기 때문입니다. 이 1절 말씀의 우리말 번역은 약간 의역된 것입니다. 그대로 직역하면 '나팔을 네 입에 대어라. 독수리처럼 여호와의 집 위에 있다'가 됩니다. 그런데 무엇이 독수리처럼 그 위에 있는지 주어가 없기 때문에 우리 성경에서는 '대적이 독수리처럼 여호와의 집을 덮친다'고 의역한 것입니다. 집 위에 독수리가 떠 있으면 어떻게 해야 합니까? 굉장히 조심해야 합니다. 독수리는 한순간에 내리꽂히듯이 병아리나 아기들을 덮쳐서 낚아채가기 때문입니다.

그런데 '대적이 여호와의 집을 덮친다'는 말 속에는 상당한 아이러니가 있습니다. 일반 사람들은 이 말씀을 들을 때 '어떻게 감히 원수들이 여호와의 집을 덮칠 수 있는가?' 하고 생각할 것입니다. 사실 이것은 일반 이스라엘 백성들의 믿음이기도 했습니다. 하나님께서는 그런 이스라엘 자손들의 믿음에 대해서 "너희가 스스로를 '여호와의 집'으로 여기면서 신앙이 대단히 좋은 것으로 생각하고 있는데 웃기는 소리 하지 마라. 너희가 생각하는 하나님의 집은 아무것도 아니야. 대적이 독수리처럼 그 곳을 덮칠 것이다" 하고 말씀하고 계십니다.

이스라엘 백성들이 입만 벌리면 하는 말이 무엇입니까? 자기들은 '여호와의 집'이라는 것입니다. 입만 벌리면 '여호와'이고 사람들끼리 만나서 이야기만 하면 '하나님'입니다. 그래서 다른 사람들이, 더구나 대적이 이렇게 신앙이 좋은 사람들이 모인 여호와의 집을 덮치리라고는 상상도 못했습니다. 그러나 하나님께서는 그들이 스스로를 '여호와의 집'이라고 믿는 것이 얼마나 허술하며 엉터리 같은 생각인지 한번 좀 보라고 비꼬십니다.

얼마 전에 어느 대기업이 부도났을 때 그 사장의 말이 가관이었습니다. "우리 기업이 몇대 기업 안에 들었다면 감히 정부가 우리를 부도내지 못했을 것"이라는 것입니다. 자기 회사가 몇대 기업 안에 들면 정부가 감히 부도내지 못할 것이기 때문에 회사를 그렇게 팽창시켰다는 것이지요.

어떤 사람은 우리나라는 절대로 망하지 않을 것이라고 말합니다. 교회가 이렇게 많고 신자가 이처럼 많은데 감히 하나님이 우리를 멸망시키겠느냐는 것입니다. 하나님은 그에 대해서 "너희가 스스로를 하나님의 집으로 믿는 것이 얼마나 엉터리인지 보여주겠다"고

하십니다. "너희가 입만 벌리면 '하나님, 하나님' 하는데 그것이 얼마나 엉터리이고 웃기는 신앙인지 똑똑히 보게 될 것이다"고 하십니다.

이스라엘 백성들의 신앙이 이러했습니다. 그들은 '어려움이나 위험은 있겠지만 늘 그랬던 것처럼 조금 위협만 하시고 말겠지' 라고 믿었습니다. 그러나 하나님께서는 대적이 독수리처럼 여호와의 집에 덮칠 것이라고 말씀하고 계십니다. 왜 그렇게 하십니까? 그들이 하나님의 언약을 버렸으며 더 이상 하나님께 헌신하지 않았기 때문입니다.

여기서 하나님께서는 '내 언약'과 '내 율법'을 동일시하십니다. 하나님의 언약이 무엇입니까? 하나님의 율법의 말씀대로 사는 것입니다. 하나님의 율법은 두 가지로 요약될 수 있습니다. 하나는 온 마음과 뜻을 다하여 하나님을 사랑하는 것입니다. 왜냐하면 이 세상에 하나님보다 더 귀한 분이 없고 하나님보다 더 아름다운 분이 없기 때문입니다.

세상에서 참으로 아름다운 것을 보았을 때 하루종일 거기에 마음을 빼앗긴다고 해서 탓할 사람은 아무도 없습니다. 그런데 하나님은 우리가 완전히 마음을 빼앗기다 못해 미쳐 버린다고 해도 부족할 정도로 아름다운 분이십니다. 하루종일 하나님만 생각해도 부족할 만큼 아름다운 분이에요. 그러나 이스라엘 백성들은 하나님을 생각하지 않았습니다. 하루종일 자기 자신만 생각했습니다. 내 이익, 내 권리, 내가 누리고 살 삶만 생각했어요.

또한 하나님은 이웃을 내 몸처럼 사랑하라고 말씀하십니다. 하나님은 우리가 호흡하고 있는 동안 다른 사람들을 사랑하고 돕게 하시려고 우리를 은혜의 통로로 선택하셨습니다. 그러나 이스라엘 백성들은 하루종일 생각하는 것이 자기 이익이고 자기 권리이고 자기의 수지타산이었습니다. 하나님은 그들이 하나님을 사랑하고 이웃을 사랑할 때 견고한 반석 위에 설 것이며 하나님의 은혜를 결코 거두지 않겠다고 약속하셨습니다. 그러나 그들은 더 이상 하나님을 생각하지 않고 다른 사람의 행복을 생각하지 않은 채 오로지 자기의 이익과 돈벌이와 편안한 생활에만 몰두했습니다. 그러면서도 "우리는 하나님의 집인데 어떻게 대적이 감히 우리를 덮칠 수 있겠어? 어떻게 우리에게 불행한 일이 일어날 수 있겠냐구?"라고 이야기했습니다.

우리는 더 이상 하나님을 생각하지 않습니다. 하루종일 생각하는 것이 내 감정, 내 문제, 남이 나에게 한마디 한 것들이지요. 이렇게 내 문제가 너무 크고 심각하기 때문에 남이 도움을 요청하는 소리를 거절합니다. 그러면서도 우리는 하나님의 백성이니까 그의 은혜가 우리를 지켜주실 것이라고 생각하는 것입니다. 2절을 보면 아주 가관인 말이 나옵니다.

"저희가 장차 내게 부르짖기를
'나의 하나님이여, 우리 이스라엘이 주를 아나이다' 하리라."

우리말 번역에는 '장차'라는 말이 들어있는데 이것 역시 의역입니다. 이것은 히브리 문법으로 미완료형인데, 여기에는 현재진행형의 의미도 있고 미래의 의미도 있습니다. 우리 번역을 한 분은 그 중에서 미래의 의미로 생각해서, 현재 이스라엘 백성들은 하나님의 뜻대로 살지 않지만 미래에 이스라엘의 남은 자들은 이런 식으로 회개하면서 돌아올 것이라는 의미로 번역했습니다. 그러나 그렇게 번역하면 1절과 2절과 3절은 완전히 단절되고 맙니다.

문맥을 보면 이것은 미래에 이스라엘이 회개하는 말이 아니라 현재 이스라엘 백성들이 하고 있는 소리입니다. 이스라엘 백성들이 늘 하는 소리가 무엇입니까? "우리는 하나님을 사랑합니다. 하나님을 섬깁니다. 우리는 하나님을 잘 압니다" 하는 것입니다. 그러나 그들의 실상은 어떠했습니까? 3절을 보십시오.

"이스라엘이 이미 선을 싫어 버렸으니
  대적이 저를 따를 것이라."

그들은 늘 하나님을 사랑한다고 말했지만 실상은 선을 행하기를 아주 싫어했다는 것입니다. 입으로는 신앙이 아주 좋은 것 같았지만 움직이는 것은 굉장히 싫어했습니다.

우리는 '의'를 생각할 때 바울의 신학 차원에서만 생각합니다. 바울의 복음이 주장하는 것은 '사람이 믿음으로 의롭다 함을 받는다'는 것입니다. 구원은 사람의 행위에 있지 않고 오직 하나님의 은혜에 있습니다. 그러나 그와 같이 의롭다 함을 받은 사람은 어떻게 살아야 합니까? 하나님의 말씀대로 움직여야 합니다. 행함이 있어야 합니다. 믿음으로 의롭다 함을 받은 것에 만족하면서 전혀 행동하지 않는다면 어떻게 그가 하나님을 사랑한다고 할 수 있으며, 어떻게 믿음으로 의롭다 함을 받았다고 할 수 있겠습니까?

송아지 신앙의 문제는 '의롭다 함을 받은 후에 어떻게 살아야 하는가'에 대한 관심이 완전히 빠져 있다는 것입니다. 이것이 바로 이스라엘의 문제요, 오늘 우리 교회들의 문제입니다.

송아지 종교의 특징

사마리아 신앙의 특징은 그들이 만든 송아지에 있었습니다. 5절을 보십시오.

> "사마리아여, 네 송아지는 버리웠느니라.
> 내 노가 무리를 향하여 타오르나니
> 저희가 어느 때에야 능히 무죄하겠느냐?"

이 말씀은 십계명의 두 번째 계명을 생각나게 합니다. 하나님께서는 이스라엘 백성들에게 새긴 우상을 만들지 말라고 하셨습니다. 위로 하늘에 있는 것이나 아래로 땅에 있는 것이나 땅 아래 물속에 있는 것의 아무 형상이든지 만들지 말며 그것들을 섬기지 말라고 하셨습니다. 그 이유가 무엇입니까? 하나님께서 말씀으로 다스리기 위해서입니다. 하나님은 어떤 형상을 통해서 위협함으로써 강제로 다스리는 것이 아니라, 그들의 마음을 바꾸어서 자발적으로 하나님의 말씀에 순종하는 백성을 만들기 위해 말씀으로 그들을 찾아오시고 말씀으로 그들을 다스리십니다.

그러나 하나님을 어떤 형상에 제한해 버리면 하나님의 통치는 있을 수가 없습니다. 하나님을 송아지 형상으로 만들어 버리면 하나님의 순한 부분만 표현되고 우리가 순종해야 할 살아 계신 하나님은 없어지고 맙니다. 그저 '하나님은 소처럼 순하다'는 말밖에 할 수 없는 거예요. 그러니 어떻게 하나님께 복종하며 하나님의 다스림을 받겠습니까? 오늘 나를 찾아오시며 나에게 말씀하시고 그릇된 확신을 제거하시며 말씀에 따라 움직이기를 원하시는 하나님을 어떻게 송아지의 모습에서 발견할 수 있습니까? '송아지 송아지 얼룩송아지 엄마 소도 얼룩소 엄마 닮았네' 하는 것 말고 송아지한테 느낄 수 있는 감동이 또 있습니까?

송아지 신앙의 특징은 하나님을 할 수 있는 한 제한해 놓고 자신들은 무한히 해방됨으로써 제멋대로 사는 것입니다. 하나님은 일요일에만 제한해 버립니다. 일요일도 안 되면 예배시간에만, 예배시간도 안 되면 설교시간에만, 아니면 교회 안에만 하나님을 제한해놓고 제멋대로 사는 것이 이 송아지 신앙의 특징이에요.

자기는 마음대로 합니다. 그러나 하나님은 송아지 코에 고삐를 묶어 놓듯이 아무것도 하지 못하게 묶어 놓습니다. 그것도 안 되면 다리를 돌로 만들어서 단 아래로 내려오지 못하게 해놓습니다. 무한하시고 전능하신 하나님이 우리를 다스리시고 우리의 모든 것을 보시며 통치하셔야 하는데 오히려 그 반대가 되어버린 것입니다. 하나님은 그냥 송아지일 뿐이고, 자기는 무엇이든지 하고 싶은 대로 다 합니다.

사마리아의 송아지는 왜 생겨났습니까? 예루살렘에 대한 시기심 때문에 생겼습니다. 하나님께서는 다윗과 언약을 맺으시면서 앞으로 계속 다윗의 집을 통해 이스라엘을 다스리겠다고 약속하셨습니다. 그리고 만약 그들이 하나님의 뜻에 순종하지 않으면 사람 채찍과 인생 막대기로 때려서라도 결국 그들을 바른 목자로 세우겠다고 약속하셨습니다.

하나님께서 다윗의 집을 통하여 이스라엘을 다스리겠다고 하시는 것은 율법만으로는 안 된다는 뜻입니다. 사람들은 율법만으로는 알아서 신앙생활을 할 수가 없었습니다. 그 역사를 보여주고 있는 것이 사사기입니다. 사사기에 계속 나오는 표현이 무엇입니까? "이스라엘에 왕이 없으므로"입니다. 율법만으로는 안 되더라는 겁니다. 이스라엘의 죄성이 너무나 크고 완고하기 때문에 율법만 가지고 자발적으로 하나님을 섬길 수 없더라는 겁니다. 그들에게는 목자가 필요했습니다. 그래서 하나님은 다윗과 다윗의 집을 이스라엘의 목자로 세우셨습니다.

그런데 북쪽에 있는 열 지파가 무엇이라고 했습니까? "우리는 너무 똑똑하기 때문에 다윗 같은 목자가 필요없어요. 우리는 율법만 가지고도 얼마든지 신앙생활 잘 할 수 있습니다. 다윗이 우리와 무슨 상관이 있습니까?" 그 결과, 그들은 금송아지를 만들어 냈습니다.

오늘날 사람들은 대학에서 훈련한 이성을 사용하거나 신학서적을 읽음으로써 신앙생활을 잘 할 수 있다고 생각합니다. 그래서 굉장히 말이 많고, 자기 멋대로 기독교를 만들어 냅니다. 그러나 이것은 송아지를 만들어내는 짓입니다. 우리는 이성만으로는 제대로 신앙생활 하지 못합니다. 우리에게는 목자가 필요합니다. 예수 그리스도가 우리의 목자가 되셔서 하루하루 순간순간 우리의 삶을 이끌어 주셔야 합니다. 또 우리에게는 교회가 필요합니다. 우리는 교회의 다스림과 인도를 받아야 합니다.

하나님의 눈은 속일 수 있을지 몰라도 사람의 눈은 속일 수 없습니다. 이상하지요? 사람의 눈은 속일 수 있을지 몰라도 하나님의 눈은 속일 수 없다고 해야 맞을 것 같지 않습니까? 물론 실제로는 불꽃 같은 하나님의 눈을 더 속일 수 없지요. 하지만 하나님은 눈에 보이지 않으니까 사람들은 하나님보다 사람을 더 두려워합니다. 그래서 서로 모여서 충고 듣고 잔소리 듣고 감독받지 않으면 그 사람의 신앙과 거룩은 엉터리가 됩니다. 혼자서 성경책 펴놓고 테이프 들으면서, 혼자 기도하면서 신앙생활 하는 것은 엉터리입니다. 눈에 보이는 사람한테 잔소리 듣고 구박받고 "너 그렇게 살아서 어떻게 할래?" 하면서 야단도 맞아야 겨우 신앙이 잡힐지 말지 하는 거지요.

오늘날 교인들은 말씀의 권위에 자꾸 도전합니다. 설교 듣는 것보다 원투원(one-to-one) 하는 걸 더 좋아해요. "내가 왜 한 시간씩 앉아서 일방적으로 들어야 해? 나도 할 말이 많은데 같이 한번 토론해보자"는 것이지요. 이렇게 하는 것은 근본적으로 자신의 삶을 간섭받기 싫어하는 마음이 있기 때문입니다.

그러나 여러분, 나의 삶이 사사건건 간섭받아서 내 맘대로는 아무것도 할 수 없는 그것이 신앙의 출발점입니다. 내 멋대로 다 하고 살면서 "나는 하나님의 백성입니다" 하는 것은 말도 안 되는 엉터리 소리예요. 그런 신앙이 어디 있습니까? 그건 송아지 신앙입니다.

4절을 보십시오.

> "저희가 왕들을 세웠으나 내게서 말미암지 아니하였고
>   저희가 방백들을 세웠으나 나의 모르는 바며,
>   저희가 또 그 은, 금으로 자기를 위하여
>   우상을 만들었나니 파멸을 이루리라."

이스라엘에 지도자들이 없었던 것이 아닙니다. 그러나 그 지도자들은 하나님이 세운 지도자가 아니었습니다. 무슨 말입니까? 그들은 참된 신앙의 목자가 아니라 백성들의 뜻을 무조건 인정해주고 그들을 격려해 줌으로써 그들 멋대로 살게 해주는 목자였다는 말입니다. 위기의 순간이 왔을 때 하나님의 말씀을 제시하고 하나님의 말씀으로 돌아오게 하는 것이 참 지도자입니다. 사람들에게 아첨이나 하고 듣기 좋은 소리나 하는 것은 사람들을 우상으로 몰아내는 짓입니다. 그들은 결국 함께 망할 것입니다.

우리 생각에는 스스로 잘 판단해서 걸어가는 것 같지요. 하지만 중요한 문제는 절대로 혼자 결정하지 못합니다. 특히 신앙에는 지도자가 있어서 내 신앙을 이끌어 주어야 합니다. 자기 마음대로 지도자가 된 사람과 하나님이 세우신 지도자의 근본적인 차이는 위기 때 나타납니다. 믿음은 위기의 순간에 그 위기를 푸는 것입니다. 미

련한 지도자는 위기의 순간이 올 때마다 사람들을 막다른 골목으로 몰고 가서 결국은 모두 다 멸망하게 되는 선택만 골라서 합니다. 이스라엘이 택한 지도자들은 그 백성들을 생명 없는 은과 금의 우상에게 데리고 가서 결국 위기의 순간에 모두 멸망하게 했습니다.

사마리아에 있는 우상의 정체가 무엇입니까? 6절을 보십시오.

"이것은 이스라엘에서 나고 공장이 만든 것이라.
참 신이 아니니 사마리아의 송아지가 부숴뜨리우리라."

이것은 참 신이 아닙니다. 이것은 하나님에게서 난 것이 아니라 이스라엘이 만들어낸 것이며 기술자의 작품입니다. 예수님께서 예루살렘의 지도자들에 대해 무엇이라고 말씀하셨습니까? "나보다 먼저 온 자는 다 절도요 강도니 양들이 듣지 아니하였느니라"(요 10:8). 예수님보다 먼저 왔다는 것은 시간적으로 먼저 온 것이 아니라 존재론적으로 먼저 온 것을 말합니다. 세례 요한은 시간적으로는 예수님보다 먼저 왔지만 절대로 예수님 앞에 서지 않았습니다. 그는 "내 뒤에 오시는 분의 신들메를 푸는 것 조차도 감당치 못하겠다"고 하면서 예수님을 존재론적으로 앞세웠습니다.

그러면 누가 도둑입니까? 사람의 영혼을 책임질 수 없음에도 불구하고 자기가 책임질 수 있는 것처럼 예수님보다 앞에 서서 결정적인 이야기를 하는 사람들은 전부 도둑이고 강도이며 사기꾼입니다. 그들은 자기를 절대시합니다. "내 말만 들으세요. 그러면 영원히 문제가 없을 겁니다" 하고 장담하는 사람들은 사람들의 영혼을 도둑질해서 결국 우상에게 끌고 갑니다. 우상은 사람의 머리에서 나온 것이기 때문에 이해도 잘 되고 따라가기도 쉽습니다.

그러나 참된 지도자는 자기의 뜻을 내세우지 않습니다. 참된 지도자는 사람들을 주님께 인도합니다. "여러분, 저를 의지하면 굉장히 위험합니다. 주님께 가십시오. 항상 주님을 의지하십시오." 이것이 참되고 정직한 지도자가 하는 말입니다.

주님은 이처럼 하기 위하여 다윗 집안을 택하셨습니다. 다윗 집안은 자기를 주장하지 않고 주님을 내세웠습니다. 그러나 사람들은 다윗이 너무나도 재미가 없고 자기들을 지지해주지 않았기 때문에 다윗을 버리고 가짜 목자를 택함으로써 우상의 길로 갔습니다. 우상이나 자기가 만든 신념은 평소에는 통하지만 위기의 순간에는 통하지 않습니다. 그것이 문제입니다.

7절을 보십시오.

"저희가 바람을 심고 광풍을 거둘 것이라.
　심은 것이 줄기가 없으며 이삭은 열매를 맺히지 못할 것이요
　설혹 맺힐지라도 이방 사람이 삼키리라."

바람을 심었는데 거두는 것은 광풍입니다. 시작할 때는 바람이 슬슬 불어서 모든 것이 형통한 것 같았는데 좀 지나고 나니까 광풍이 불어서 모든 것을 다 날려버리고 맙니다. 헛된 것을 의지하면 그 결과가 광풍입니다. 다 날아가 버려요. 헛된 우상을 섬기면 그것으로 끝나는 것이 아닙니다. 철저한 파멸로 끝납니다. 처음에는 순풍

에 돛단 것 같지요. 그러나 그 순풍은 곧 광풍으로 변합니다. 왜냐하면 하나님이 불어 버리시기 때문입니다. 또 무엇을 심어도 거기줄기가 없습니다. 혹시 열매가 맺힌다고 해도 대적이 다 빼앗아가버립니다. 철저한 파멸입니다.

사마리아의 송아지가 무엇입니까? 하나님을 완전히 버리는 것이아닙니다. 여전히 하나님은 믿습니다. 그런데 헌신의 신앙으로 믿지 않으며 언약의 신앙으로 믿지 않습니다. '나는 내 멋대로 살지만 그래도 하나님은 날 사랑해줘야 하고 날 복주셔야 해. 나는 온갖 못된 짓을 다 해도 하나님은 내 편이어야 해' 하는 것이 송아지신앙의 내용입니다.

그들이 목자를 세우지 않는 것이 아닙니다. 반드시 목자를 세웁니다. 그러나 그 목자는 자기들에게 좋은 소리만 해주는 목자입니다. 그 결과가 무엇입니까? 그 목자들은 백성들을 이끌어 헛된 것을 믿게 했고, 그 결과 바람과 함께 모든 것이 사라지게 되었습니다.

자기중심적인 신앙의 결과

이스라엘 백성들의 자기중심적인 신앙은 두 가지 방향으로 나타났습니다. 하나는 하나님을 의지하지 않는 외교적인 수단으로 나타났고 다른 하나는 말씀 없는 종교적 열심으로 나타났습니다. 그들의 불신앙 외교를 보십시오. 8절과 9절 말씀입니다.

"이스라엘은 이미 삼키웠은즉 이제 열국 가운데 있는 것이
기뻐하지 아니하는 그릇 같도다.
저희가 홀로 처한 들나귀처럼 앗수르로 갔고
에브라임이 값주고 연애하는 자들을 얻었도다."

하나님께서는 이스라엘 백성들의 상태에 대하여 두 가지 비유를
사용하십니다. 하나는 기뻐하지 않는 그릇의 비유이고, 다른 하나
는 홀로 처한 들나귀의 비유입니다. '기뻐하지 않는 그릇'은 대단
히 점잖은 표현입니다. 우리 표현으로 하면 '깨진 그릇'이나 '이빨
빠진 그릇'이지요. 여자들이 이빨 빠진 그릇들은 기뻐하지 않습니
다. 그런 그릇은 주로 개밥그릇으로 사용하지요. 집에 찾아온 손님
을 이빨 빠진 그릇으로 대접하면 굉장히 기분 나빠합니다. 본차이
나고 뭐고 간에 이빨 빠진 그릇은 기뻐하지 않는 그릇입니다.

이처럼 이스라엘을 좋아하는 사람은 아무도 없었습니다. 그들은
모두에게 찬밥 신세였습니다. 하나님의 말씀대로 살지 않는 이스라
엘 백성들은 아무도 좋아하지 않습니다. 그들이 겸손하기를 합니
까? 손해 보는 법이 있길 합니까? 그래서 그들은 기뻐하지 않는 그
릇이 되었고 결국 개밥그릇으로밖에 쓸 수 없게 되었습니다. 이스
라엘 백성들은 온 세계에서 찬밥 신세였습니다. 힘은 없는데 교만
하기는 얼마나 교만하고 자존심은 또 얼마나 센지 좋아할래야 좋아
할 데가 없었어요.

여러분, 하나님의 백성은 참 매력적이어야 합니다. 교회 안에서
뿐 아니라 밖에서도 "이 사람은 정말 귀한 그릇이다. 참 매력적인

사람이야" 하는 소리를 들어야 합니다. 힘도 없고 아무것도 없으면서도 자존심만 세서 혼자 까부는 그릇을 어디에 쓰겠습니까?

또 홀로 처한 들나귀를 보십시오. 친구 하나 없이 언제나 혼자입니다. 왜 그렇습니까? 들나귀는 정착을 못해요. 어디에서도 만족을 느끼지 못합니다. 그런 사람은 영원히 방랑합니다. 그는 이미 하나님의 절대적인 기준을 알아버렸기 때문에 어느 것에도 만족하지 못합니다. 하나님의 기준을 자기 자신에게 적용해야 겸손해질 텐데 남에게만 적용하기 때문에 마음에 드는 데가 없는 거예요. "이 교회는 사랑이 없어", "이 교회는 너무 작아", "이 교회는 말씀이 시원치 않군." 그러니까 들나귀로 계속 방황할 수밖에 없습니다.

그런 사람은 영원히 고독해야 마땅합니다. 교만한 신자는 늘 고독합니다. 그런 잘난 사람과는 아무도 친구가 되지 않습니다. 들나귀는 힘이 빠질 때까지 길길이 날뛰는 수밖에 없습니다. 이스라엘 백성이 꼭 그랬습니다. 깨진 그릇이고 홀로 처한 들나귀였습니다.

여기서 '값주고 연애하는 자들을 얻었다' 는 것은 의역입니다. 이 의역 때문에 무슨 말인지 이해하기가 어렵습니다. 원문은 연애하는 자를 '고용했다' 는 것입니다. 이스라엘이 늘 앗수르를 사모하고 좋아하다가 이제는 막대한 비용을 들여서 앗수르를 고용한 것입니다. 그러나 실제로 그들은 어떻게 됩니까? 10절을 보십시오.

"저희가 열방 사람에게 값을 주었을지라도
　　이제 내가 저희를 모으리니, 저희가 모든 방백의 임금의
　　지워준 짐을 인하여 쇠하기 시작하리라."

이스라엘은 앗수르를 고용했습니다. 그러나 하나님이 앗수르를 바쁘게 하시니까 앗수르는 돈을 받았으면서도 이스라엘을 도와줄 수가 없습니다. 그리고 이스라엘은 그 돈 때문에 기운이 점점 빠집니다. 왜 그렇습니까? 온 세상 나라를 다스리는 분은 하나님이신데 이스라엘이 그것을 믿지 않고 앗수르를 믿었기 때문입니다. 14절에 무엇이라고 말씀하고 있습니까?

> "이스라엘은 자기를 지은 자를 잊어버리고 전각들을 세웠으며
>   유다는 견고한 성읍을 많이 쌓았으나
>   내가 그 고을들에 불을 보내어 그 성들을 삼키게 하리라."

여기서 '불'은 분명히 앗수르를 의미합니다. 앗수르는 불입니다. 물론 이스라엘 백성들이 성을 쌓고 방비를 철저히 하는 것이 나쁘다는 말은 아닙니다. 하나님을 믿는다고 하면서 아무것도 하지 않는 것보다는 나을 것입니다. 그러나 중요한 것은 그들을 지은 자가 누구인지 잊어버렸다는 것입니다. 누가 우리를 만드셨으며 우리가 왜 존재하는지 다 잊어버리고 그냥 살기 위해서 성을 쌓고 전각을 세웠다는 것입니다. 그들을 세우신 분은 하나님이시고 하나님은 그들의 안전한 산성이십니다. 그러므로 그들이 하나님의 뜻에 순종해서 사는 이상 절대로 멸망할 리가 없습니다.

하나님께서 교회를 세우신 이유가 무엇입니까? 큰 교회로 부흥시켜서 찬란한 건물을 짓게 하기 위해서도 아니고, 카페트를 편안하게 깔아서 교회에 들어오면 엉뚱한 생각을 하게 하기 위해서도

아니며, 교인들이 잘먹고 잘살게 하기 위해서도 아닙니다. 오직 하나, 더 거룩한 백성을 만들기 위해서입니다. 하나님께 헌신하는 백성들, 하나님께서 나에게 은혜를 베푸시는 것을 믿고 그 하나님의 뜻에 온전히 자기 자신을 드리는 자들, 자신의 행복이나 불행을 하나님이 주장하시도록 넘겨드리고 하나님의 뜻대로 살기를 원하는 자들, 그 거룩한 무리들을 만들기 위해서 교회를 세우신 것입니다.

우리나라에 바른 설교가 이루어지면 교회는 원래의 목적을 되찾을 수 있을 것입니다. 그러나 피난방법을 택해서 아주 편하게 잘되려고 할 때 교회는 바람을 심고 광풍을 거두게 될 것입니다. 오늘날 사람들은 자꾸 편한 길을 택하고 있습니다. 그 결과는 광풍입니다.

말씀을 연속적으로 묵상하거나 연속적으로 설교해 보십시오. 주제는 하나, '거룩' 입니다. 성경 전체가 '거룩' 으로 되어 있습니다. 하나님께서 우리에게 요구하시는 것은 더 거룩해지는 것입니다. 더 하나님을 알아가고, 더 하나님을 닮아가며, 물질적이든지 정신적이든지 더 이웃을 사랑하는 것입니다. 그것이 없는 종교는 사마리아의 송아지 종교입니다. 하나님은 이스라엘의 역사를 통해서 이 송아지 종교의 결과를 우리에게 미리 보여주고 계십니다.

11절 말씀을 보십시오.

"에브라임이 죄를 위하여 제단을 많이 만들더니
　그 제단이 저로 범죄케 하는 것이 되었도다."

여기서 '죄를 위하여'라는 것은 진정으로 죄를 회개했다는 뜻이 아니라, 속죄제사를 드리기 위해 제단을 만들었다는 뜻입니다. 그러나 실제로는 속죄제가 아니라 감사제이고 서원제였습니다. 에브라임이 드린 많은 제사의 특징은 그것이 참으로 죄를 회개하는 제사가 아니라, 이렇게 저렇게 해달라는 서원의 제사였으며 이러저러한 물질에 대한 감사의 제사였다는 것입니다.

여러분, 종교가 타락할 때 나타나는 특징이 무엇입니까? 죄는 회개하지 않으면서 엄청난 감사의 제사와 서원의 제사를 드린다는 것입니다. 유다에서도 산당은 신앙의 고질적인 문제였습니다. 그래서 열왕기를 보면 "산당을 제하지 아니하였으므로"라는 말이 거듭 나옵니다.

산당에서 도대체 무슨 일이 있었길래 이런 말씀을 하시는 걸까요? 산당이라고 해서 다 나쁜 것은 아닙니다. 사무엘도 산당에서 제사를 드렸습니다. 그러나 산당의 제사는 근본적으로 속죄제가 아니었습니다. 자기 욕심을 위한 서원제이고 감사제였으며, 풍요를 기원하는 제사였습니다. 그래서 결국은 급격하게 이방의 신앙들을 받아들여서 범죄하는 제단이 되고 말았습니다.

산당의 신앙이 이야기하는 바가 무엇입니까? 간단합니다. "하나님은 우리가 가난한 것을 원치 않습니다. 하나님은 우리가 병들어 있는 것을 기뻐하시지 않습니다. 그러므로 우리의 병은 반드시 나을 수 있으며, 우리는 반드시 성공할 수 있습니다. 기도하십시오. 바치십시오"라고 가르치는 것입니다. 어디서 많이 듣던 소리 아닙니까?

물론 하나님은 우리가 잘되기를 원하시고 우리가 건강하기를 원하십니다. 그러나 우리가 바른 신앙을 가지도록 하기 위하여 고난도 주시고 질병도 주심으로써 하나님의 더 큰 사랑을 깨닫게 하시고 우리의 신앙을 넉넉하게 하십니다.

우리가 자기중심적인 신앙에 빠지는 것은 바로 하나님의 축복을 막는 길입니다. 반면에 우리가 하나님 앞에서 겸손하기만 한다면 참으로 누리지 못할 축복이 없습니다. 오늘날 우리 신앙이 얼마나 자기중심적인지 모릅니다. 온 천지가 송아지 소리로 가득 찬 것 같습니다. 오늘날 교회가 참으로 죄를 회개하고 하나님 앞에서 회복되는 제단이 아니라 점점 더 자기의 풍요를 기원하는 산당이 되고 있다면 교회의 위치는 대단히 불안해질 것입니다.

12절을 보십시오.

"내가 저를 위하여 내 율법을 만 가지로 기록하였으나
저희가 관계없는 것으로 여기도다."

'율법을 만 가지로 기록하였다'는 말씀도 강조하기 위해서 의역한 것으로서 '율법을 아주 많이 기록하였다'는 뜻입니다. 하나님은 율법을 하나도 아니고 아주 많이 기록하셨습니다. 그 말씀 중에 어느 부분을 묵상하고 어느 부분을 연구해도 하나님에 대한 거룩을 되찾고 축복을 회복할 수 있으며 하나님의 은혜로 돌아올 수 있도록 굉장히 많은 말씀을 기록하셨어요. 그런데도 그들은 읽지 않았을 뿐 아니라 자기들과는 아무 상관없는 것으로 생각했습니다.

오늘날 놀라운 사실 가운데 하나는 믿는다고 하는 사람들이 성경을 엄청나게 읽지 않는다는 것입니다. 그 많은 시간을 고민하고 방황하고 토론하면서도 성경은 읽지 않습니다. 성경 한 장만 진지하게 읽어도, 설교 한 번만 진지하게 들어도 그 모든 어둠의 권세를 떨쳐버리고 자기의 목숨을 되찾을 수 있음에도 불구하고 성경을 읽으려고 하지 않습니다. 그들은 성경을 자기와 아무 상관이 없는 것으로 생각하면서 쓸데없는 자기 열심에 빠져 삽니다.

13절을 보십시오.

> "내게 드리는 제물로 말할지라도
> 저희가 고기로 제사를 드리고 먹거니와
> 여호와는 그것을 기뻐하지 아니하고
> 이제 저희의 죄악을 기억하여 그 죄를 벌하리니
> 저희가 애굽으로 다시 가리라."

여기 눈이 번쩍 뜨이는 말씀이 나옵니다. 그것은 그들이 다시 애굽으로 가야 한다는 말씀입니다. 여러분, 말씀이 없는 종교는 다시 어두운 우상숭배의 암흑으로 돌아갈 수밖에 없습니다. 사람들마다 다 어두운 방황의 시기가 있습니다. 말씀이 없으면 다시 그 어두운 생활로 돌아갈 수밖에 없습니다. 오늘이 있기까지, 이 말씀의 자유가 있기까지 얼마나 많은 눈물과 피와 희생을 치루면서 왔는데 이제 와서 말씀의 소중함을 잊어버리고 자기 욕심에 빠져서 자기 자식이나 챙기고 자기 집이나 생각합니까? 그는 하나님의 은혜를 누릴 자격이 없습니다. 그는 결국 어두웠던 방황의 시기로, 그 우상 숭배와 굴욕의 시점으로 다시 돌아갈 수밖에 없습니다.

오늘 말씀이 우리들에게 말씀하는 것이 무엇입니까? 신앙은 자연발생적인 관계가 아니라 헌신의 관계라는 것입니다. 하나님께서 나에게 은혜를 베푸시고 사랑을 베푸시는 그만큼 나도 하나님께 헌신해야 하며, 하나님의 뜻에 배치되는 것을 버리고 하나님을 향해 열심을 내서 하나님께 돌아와야 한다는 것입니다. 하나님이 우리에게 원하시는 것은 거룩입니다. 거룩을 회복하는 것보다 더 중요한 것이 없습니다. 이것이 시내 산 율법과 사마리아 송아지의 차이입니다.

사마리아의 송아지는 우리가 잘사는 것이 바로 하나님이 축복이며 그것이 신앙의 전부라고 이야기합니다. 그러나 그것은 거짓말입니다. 성경은 그렇게 말하지 않습니다. 그것은 송아지 종교이고 만들어낸 것입니다. 하나님이 우리를 택하시고 그리스도가 우리를 위해 십자가에 못 박혀 죽으신 것은 죄짓는 생활과 어두운 방황을 끝내고 하나님의 뜻대로 살게 하기 위해서입니다.

시내 산의 율법은 거룩을 요구하는 법입니다. 이 거룩은 엄숙으로 가득 찬 종교적인 거룩이 아니라 사랑으로 충만한 거룩입니다. 온 마음을 다하여 하나님을 사랑하십시오. 왜 자기를 사랑합니까? "그러면 나는 어떻게 됩니까?" 내가 어떻게 되는 것은 하나님이 알아서 하신다고 믿는 그것이 신앙입니다. 또한 이웃을 내 몸처럼 사랑하십시오. 도움이 필요한 곳이 있으면 찾아가서 적극적으로 도와

주십시오. "그러면 나는 어떻게 됩니까?" 모르지요. 그러나 하나님은 이것보다 더 안전한 길이 없다고 말씀하십니다.

거기에 비해서 사마리아의 종교는 자기중심적입니다. 내가 복 받고 잘되기 위하여 하나님을 송아지 안에 가두어놓고 "나의 하나님이여, 이스라엘이 주를 사랑하나이다"라고 부르짖는 신앙은 성경이 이야기하는 기독교가 아니라 송아지 신앙입니다. 이것은 한국에서 기독교와 토속신앙을 섞어서 만들어낸 거예요.

"감히 누가 여호와의 집을 덮치겠느냐?"라고 말하지 마십시오. 대적이 여호와의 집을 덮칠 때가 올 것입니다. 아무리 교회가 많고 교인이 많아도 교인들조차 구원받지 못할 때가 올 것입니다. 이번에 백화점에서 살아남은 사람들이 대부분이 불교인이라는 사실에 저는 굉장히 충격을 받고 있습니다.

오늘날의 종교는 사마리아 종교입니다. 내가 복 받고 잘되기 위해서 하나님을 송아지 안에 가두어놓고 말로만 주님을 사랑한다고 하는 신앙은 하나님이 인정하지 않으십니다. 하나님은 우리에게 움직일 것을 요구하십니다. 그러므로 하나님과 이웃을 위해 움직이십시오. 하나님의 말씀이 내 삶을 주장하게 하십시오. 사사건건 나를 얽어매서 아무것도 못하게 하는 것, 하나님이 원하지 않으시는 것들을 모조리 몰아내십시오.

지금 중요한 것은 우리에게 아직 시간이 있다는 것입니다. 변명하지 마십시오. 주님께는 변명이 통하지 않습니다. 주님께 헌신하고 주님께 몰두하며 주님께 내 자신을 드리는 것, 주님 때문에 굶주리고 주님 때문에 핍박받고 주님 때문에 가난해지는 것이 얼마나 안전하며 튼튼한 길인지 모릅니다. 그런 사람들은 이 세상이 뒤집히더라도 절대로 소멸되지 않을 것이라고 오늘 말씀은 약속하고 있습니다.

여러분, 우리에게 필요한 것은 참된 겸손입니다. 우리는 교회를 소중하게 생각해야 하고 신앙적으로 지도를 받아야 합니다. 내가 배운 것, 내가 경험한 것, 내가 알고 있는 것을 의지하는 것은 송아지를 한 마리 데리고 사는 것과 같습니다. 하나님은 우리가 하나님을 사랑하는 신앙으로 돌아가기만 하면 우리의 모든 허물을 사하시며 그 은혜로 우리를 지키시겠다고 약속하십니다.

우리 안에는 죄성이 남아 있기 때문에 아무리 몸부림치고 회개해도 완전히 거룩해질 수 없습니다. 거룩해지려고 하는 순간 어느새 어두운 그림자가 우리 안에 들어오고 죄악성이 파고들어 옵니다. 그래도 계속 하나님 앞에서 회개하고 눈물로 하나님 앞에 나아오십시오. 그래서 하나님이 나에게 온전히 하나님 되시고 실제적인 분이 되시며, 내 삶을 주장하시고 다스리시며 그 뜻대로 끌고 가시게 하십시오. 그 삶은 안전하고 견고합니다.

오늘 우리 신앙의 치명적인 병폐는 옛날에 잘못 믿던 신앙과 비교하면서 끊임없이 스스로 만족하는 것입니다. 다른 사람이 모르는 것을 나는 알고 있다는 것이지요. 그래서 어쨌단 말입니까? 다른 사람은 모르는 것을 나는 이미 들어서 알고 있다고 한들 그것이 어쨌단 말입니까? 알았으면 움직여야 할 것 아닙니까? 그 말씀이 나를 주장해야 할 것 아닙니까? 달라져야 할 것 아닙니까? 달라지는 것이 하나도 없는 채로 그냥 듣고 즐기는 데서 그친다면 그것은 또 다른 송아지를 만드는 것입니다.

이 8장 말씀은 오늘날 우리 교회가 번영한 결과가 무엇인지 명확하게 이야기해 주고 있습니다. 여러분, 그것을 부러워해서는 안 됩니다. 인간적인 외교 방법을 의지해서는 안 됩니다. 돈을 가지고 있습니까? 돈이 있으면 위험합니다. 저는 돈이 없습니다마는 그나마 돈이 좀 있을 때 기도 대신 돈으로 문제를 해결하려고 하는 나 자신을 발견했습니다. 돈이 있으면 문제가 생길 때 "돈 얼마 들어?" 하는 말부터 합니다. 하지만 돈이 없으면 "아이고, 기도해야지. 주여, 또 터졌습니다" 하고 하나님을 의지합니다. 다른 사람한테 문제가 터졌을 때도 돈이 있으면 "돈 얼마 들어?" 하는 말부터 합니다. 하지만 돈이 없으면 "나는 돈도 없고 능력도 없으니까 기도합시다"고 말합니다.

돈이 있으면 신앙이 굉장히 어려워져요. 내 입에서 "얼마 드는데?" 하는 소리가 나오면 벌써 굉장히 위험한 것입니다. 돈이 없어야 해요. 그래서 죽으나 사나 하나님께 매달리면서 역사해 달라고 기도하고, "나는 도울 길이 없지만 주께서 찾아오셔서 그를 간섭해 주시며 축복해 주시고 그를 뒤집어엎어 주십시오" 하고 기도할 때 그 기도대로 역사가 나타납니다. 돈으로 어떻게 하겠다는 겁니까? 돈은 사람을 교만하게 만듭니다. 눈물을 마르게 만듭니다.

오늘 말씀을 생각해 보십시오. 신앙은 헌신의 관계입니다. 유아세례 받은 모태신앙이기 때문에 맺어진 자연발생적인 관계가 아니라 헌신의 관계입니다. 그러므로 유아세례나 모태신앙이 자녀들에게 의미를 갖게 하려면 죽도록 가르쳐야 합니다. "나한테 너 전도

하라고 유아세례 받은 거야. 네가 믿음에서 벗어나지 않도록 죽도록 가르치라고 유아세례 받은 거야" 하고 계속 가르치지 않으면 그 유아세례와 모태신앙은 완전히 엉터리가 됩니다.

하나님께서 우리를 부르신 것은 우리를 거룩하게 만들기 위해서입니다. 오늘날 우리는 어떻게 하면 거룩을 향한 열망을 되살리며 자신에 대해서 염려하던 것들을 포기하고 다른 사람들에게 관심을 가질 수 있을지 생각해야 합니다. 그렇게 하지 않으면 모든 외교적인 수단과 종교적인 열정이 허무하게 무너질 것이며, 그토록 믿고 따르던 지도자들도 아무 도움이 되지 못할 것입니다.

하나님께서는 아직 우리에게 그 말씀을 들려주고 계십니다. 그리고 이 말씀이 나의 전부를 지배하고 다스릴 수 있도록 초청하라고 말씀하고 계십니다. 오늘 들은 말씀이 내 삶을 변혁시키고 나를 뒤집어엎게 하십시오. 자신에 대한 여러가지 염려와 계획을 포기하고 하나님의 계획이 세워지기를 구하십시오. 하나님의 선하심과 인자하심을 믿으십시오. 이것이 오늘 말씀이 우리에게 요구하는 것입니다.

13

타작마당에서 생긴 일

호세아 9:1-17

^{9:1} 이스라엘아, 너는 이방 사람처럼 기뻐 뛰놀지 말라. 네가 행음하여 네 하나님을 떠나고 각 타작마당에서 음행의 값을 좋아하였느니라.

² 타작마당이나 술틀이 저희를 기르지 못할 것이며, 새 포도주도 떨어질 것이요,

³ 저희가 여호와의 땅에 거하지 못하며, 에브라임이 애굽으로 다시 가고, 앗수르에서 더러운 것을 먹을 것이니라.

⁴ 저희가 여호와께 전제를 드리지 못하며 여호와의 기뻐하시는 바도 되지 못할 것이라. 저희의 제물은 거상 입은 자의 식물과 같아서 무릇 그것을 먹는 자는 더러워지나니 저희의 식물은 자기 먹기에만 소용될 뿐이라. 여호와의 집에 드릴 것이 아님이니라.

⁵ 너희가 명절일과 여호와의 절일에 무엇을 하겠느냐?

⁶ 보라. 저희가 멸망을 피하여 갈지라도 애굽은 저희를 모으고 놉은 저희를 장사하리니, 저희의 은 보물은 찔레가 덮을 것이요 저희의 장막 안에는 가시덩굴이 퍼지리라.

⁷ 형벌의 날이 이르렀고 보응의 날이 임한 것을 이스라엘이 알지라. 선지자가 어리석고 신에 감동하는 자가 미쳤나니 이는 네 죄악이 많고 네 원한이 큼이니라.

⁸ 에브라임은 내 하나님의 파수꾼이어늘 선지자는 그 모든 행위에 새 잡는 자의 그물 같고 또 그 하나님의 전에서 원한을 품었도다.

⁹ 저희는 기브아의 시대와 같이 심히 패괴한지라. 여호와께서 그 악을 기억하시고 그 죄를 벌하시리라.

¹⁰ "옛적에 내가 이스라엘 만나기를 광야에서 포도를 만남같이 하였으며 너희 열조 보기를 무화과나무에서 처음 맺힌 첫 열매를 봄같이 하였거늘, 저희가 바알브올에 가서 부끄러운 우상에게 몸을 드림으로 저희의 사랑하는 우상같이 가증하여졌도다.

¹¹ 에브라임의 영광이 새같이 날아가리니, 해산함이나 아이 뱀이나 잉태함이 없으리라.

¹² 혹 저희가 자식을 기를지라도 내가 그 자식을 없이하여 한 사람도 남기지 아니할 것이라. 내가 저희를 떠나는 때에는 저희에게 화가 미치리로다.

¹³ 내가 보건대 에브라임은 아름다운 곳에 심긴 두로와 같으나 그 자식들을 살인하는 자에게로 끌어내리로다."

¹⁴ 여호와여, 저희에게 주소서. 무엇을 주시려나이까? 청컨대 배지 못하는 태와 젖 없는 유방을 주시옵소서.

¹⁵ "저희의 모든 악이 길갈에 있으므로 내가 거기서 저희를 미워하였노라. 그 행위가 악하므로 내 집에서 쫓아내고 다시는 사랑하지 아니하리라. 그 방백들은 다 패역한 자니라.

¹⁶ 에브라임이 침을 입고 그 뿌리가 말라 과실을 맺지 못하나니 비록 아이를 낳을지라도 내가 그 사랑하는 태의 열매를 죽이리라."

¹⁷ 저희가 듣지 아니하므로 내 하나님이 저희를 버리시리니 저희가 열국 가운데 유리하는 자가 되리라.

가끔 교인들 집을 심방해보면 난을 키우는 집들이 있습니다. 난을 키우는 데는 공이 많이 든다고 합니다. 예를 들어 어떤 난 전문가가 한 섬에 가서 아주 희귀한 난 한 그루를 발견했다고 합시다. 그의 반가움은 말로 다 표현할 수 없을 것입니다. 그는 당장 그 난을 캐서 집에 가지고 왔습니다. 희귀한 난을 잘 키워서 번식시키기 위해서였습니다. 그런데 집에 가지고 와 보니 무슨 이유인지 모르겠지만 평범한 잡초로 변해 있었습니다. 그가 이 난을 어떻게 하겠습니까? 아깝지만 잡초로 변한 그 난을 버릴 것입니다. 이 잡초는 더 이상 그렇게 귀하게 키울 필요가 없기 때문입니다.

호세아서 9장은 참 해석하기 어려운 본문입니다. 그런데 여기에서 요절을 하나 골라서 풀면 본문 전체가 풀리게 되어 있습니다. 호세아서 9장의 요절은 당연히 10절입니다.

> "옛적에 내가 이스라엘 만나기를
> 광야에서 포도를 만남같이 하였으며
> 너희 열조 보기를 무화과나무에서 처음 맺힌
> 첫 열매를 봄같이 하였거늘"

하나님께서 처음 이스라엘 백성들을 만났을 때 느끼신 반가움은 마치 아무런 생물이 없는 거친 광야를 여행하다가 포도가 열린 포도나무를 발견한 것과 같았습니다. 광야는 어떤 곳입니까? 살아 있는 식물을 구경할 수 없는 곳입니다. 혹시 있다면 잡초나 가시나무뿐이지요. 그런데 광야를 가다가 아주 탐스러운 열매가 달린 포도나무를 만난 것입니다. 그런 포도는 너무 귀해서 얼른 못 먹습니다.

또 무화과나무의 첫 열매를 생각해 보십시오. 무화과나무를 한번 심으면 5, 6년이 지나도록 열매가 맺히지 않습니다. 그런데 어느 날 나가보니까 열매가 처음으로 딱 하나 맺혀 있는 겁니다. 그걸 보자마자 따 먹는 사람은 무식한 사람입니다. 어떻게 처음 열린 열매를 다짜고짜 따 먹을 수 있습니까? 그 열매를 보면서 "너 누구냐? 정말 반갑다" 하고 나서 먹어야 제대로 된 것이지요.

하나님은 이스라엘 백성들이 하나님의 말씀을 듣고 그 말씀대로 사는 것을 볼 때 너무 반갑고 사랑스러워서 마치 광야에서 포도를 만난 것 같고 무화과나무의 첫 열매를 보는 것 같았다고 말씀하십니다. 많은 족속들이 이 세상에 있었지만 그들은 하나님을 몰랐고 거룩을 몰랐고 사랑을 몰랐습니다. 그러나 이스라엘 백성들은 죄가 무엇인지 알았고 하나님이 누구신지 알았으며, 부족하지만 하나님이 원하시는 뜻대로 사는 백성들이었습니다.

하나님께서는 이 희귀한 백성을 고이고이 파서 가나안 땅에 옮겨 심으셨습니다. 이 젖과 꿀이 흐르는 땅에서 하나님을 알고 죄가 무엇인지 알며 사람의 인격과 생명을 존중할 줄 아는 이 희귀한 백성이 늘어나게 하기 위해서였습니다.

그런데 이게 어떻게 된 일입니까? 그들은 가나안 땅에 옮겨놓자마자 잡초로 변해서 다시는 열매를 맺지 못했습니다. 광야에서 보았던 그 귀한 삶과 거룩한 모습들은 더 이상 찾아볼 수 없게 되었습니다. 마치 난 전문가가 자기 집에 옮겨 심은 귀한 난이 잡초로 변한 것처럼, 이스라엘 백성들은 가나안 땅에 심기자마자 잡초와 가시덤불이 되고 말았습니다. 하나님께서 어떻게 하셔야 합니까? 너무나 아깝지만 결국은 파내서 버리실 수밖에 없습니다.

호세아의 이번 설교는 타작마당에서 시작합니다. 원래 타작마당은 시끄럽고 요란한 법입니다. 그러나 이스라엘 백성들의 타작마당은 분명히 그 정도가 지나쳤습니다. 그들은 타작마당에서 술을 마시고 뛰놀고 남녀가 어울려서 음란한 짓을 하는 광란의 파티를 벌였습니다. 이것은 바로 이방인의 풍년제사였습니다.

하나님께서는 이런 꼴을 보려고 그들을 가나안에 심으신 것이 아닙니다. 이스라엘 백성들에게는 하나님이 주신 독특한 감사의 방법이 있었습니다. 그러나 그들은 가나안 땅에 심기자마자 변질되어 다른 가나안 족속들과 똑같아졌고, 심지어 어떤 부분에서는 가나안 족속들보다 더 부패한 모습을 보였습니다.

"이렇게 변질된 너희가 어떻게 여호와의 땅에 있을 수 있느냐? 하나님이 너희를 이 땅에 심으신 것은 거룩이 무엇인지 알고 사랑이 무엇인지 아는 이 희귀한 백성을 번식시키기 위해서였는데, 이제 가나안 족속과 다를 것이 하나 없는 너희를 왜 여기 심어서 이 땅을 더럽히겠느냐?" 호세아는 이렇게 말하면서 이방 백성들을 이토록 좋아하는 이스라엘 백성들은 결국 이방으로 쫓겨가야 한다고 말합니다. "그렇게 더럽고 추잡한 생활을 원한다면 아예 거기로 가서 실컷 그렇게 살아라. 그렇게 얽매이기 좋아하는 너희들에게는 자유가 필요없다. 얽매인 채 살아라. 그렇게 더러운 음식이 좋으면 가서 실컷 처먹어라" 하는 것이 이 9장의 이야기입니다.

자신의 존귀함을 깨닫지 못하는 하나님의 백성은 결국 그 존귀함을 빼앗기고 말 것입니다. 새가 한번 푸드득 날아가고 나면 다시 돌아오지 않는 것처럼 이스라엘의 영광도 결코 회복되지 않을 것입니다. 그들은 너무나도 귀한 것을 값싸게 생각하고 업신여기며 짓밟았기 때문입니다.

타작마당에서 뛰노는 백성들

타작마당은 이스라엘의 변질된 모습을 단번에 볼 수 있는 곳이었습니다. 이스라엘 백성들에게는 가장 중요한 절기가 세 가지 있습니다. 그것은 무교절과 오순절과 수장절입니다. 그런데 이 세 절기는 모두 추수와 연결되어 있습니다. 무교절은 처음 보리를 추수하는 때입니다. 오순절은 보리 추수를 마친 때입니다. 그리고 수장절은 추수감사절과 시기가 같습니다.

그러나 이 세 절기는 모두 이스라엘 백성의 구원과 연결되어 있는 날이기도 합니다. 무교절은 이스라엘 백성을 애굽에서 구하신 하나님의 큰 구원을 기념하는 절기로서, 하나님이 애굽의 장자를 죽이심으로써 그들을 구원하신 날입니다. 오순절은 이스라엘 백성들이 하나님과 언약을 맺고 율법의 돌비를 받은 것을 기념하는 절기인데, 이것은 신약시대에 성령이 임하신 날과 정확하게 일치하고 있습니다. 그러니까 성령이 오심으로써 예수님이 마지막 만찬에서 피로 세운 언약을 확인한 날인 것입니다. 또한 수장절은 이스라엘 백성들이 40년 동안 광야를 방황하는 가운데 하나님께서 그들을 지켜주신 것과, 특히 반석에서 물을 내심으로써 그들을 살리신 것을 기념하는 절기였습니다.

이스라엘 백성들에게 중요한 것은 추수 그 자체가 아닙니다. 그들에게 중요한 것은 하나님의 구원입니다. 그들은 하나님의 구원을 기뻐하는 사람들이었습니다. 처음으로 보리를 추수할 때는 유월절 어린 양의 피로 구원받은 것을 기뻐하고 감사합니다. 보리 추수가 끝날 때에는 시내 산에서 하나님과 언약을 맺음으로써 하나님의 백성된 것을 기뻐합니다. 그리고 가을 추수가 끝날 때에는 하나님께서 광야 40년 동안 그들을 지켜주시고 인도해주신 은혜에 감사드립니다.

이처럼 그들에게 중요한 것은 하나님의 구원입니다. 그러나 이 구원은 말로만 기뻐하는 구원이 아닙니다. 하나님께서는 그것을 추수와 연결시킴으로써 이 구원이 얼마나 복되며 풍성한 것인지 깨닫게 하셨습니다. 그러므로 중요한 것은 추수가 아닙니다. 추수는 하나님의 구원에 자동적으로 따라오는 결과이자 축복이기 때문입니다.

그러나 이스라엘 백성들의 타작마당에서는 어떤 일이 일어나고 있었습니까? 1절을 보십시오.

> 이스라엘아, 너는 이방 사람처럼 기뻐 뛰놀지 말라.
> 네가 행음하여 네 하나님을 떠나고
> 각 타작마당에서 음행의 값을 좋아하였느니라.

이스라엘 백성들은 하나님의 구원이 기뻐서 뛰노는 것이 아닙니다. 그들은 추수 자체를 기뻐하고 있습니다. 그리고 내년에 더 많은 수확을 거두기 위해 지금 이 짓을 하고 있습니다. 그 당시 이방인들에게 가장 중요한 것은 다음 해에도 비가 많이 와서 많은 수확을 거두는 것입니다. 그러기 위해서는 추수 때 큰 잔치를 벌여서 청년들이 많은 성행위를 함으로써 바알에게 힘을 주어야 한다고 생각했습니다. 이것이 가나안 족속의 추수법이요 바알의 추수법입니다. 여기에서 '각 타작마당'이라는 말에 주의해야 합니다. 이것은 모든 타작마당에서 이런 일이 일어나고 있었다는 뜻입니다.

이스라엘 백성들은 '하나님이 우리를 구원하셨구나. 그러니까 이 구원을 기억하고 찬양하며, 이 구원의 결과로 주어지는 풍성한 추수로 하나님께 영광을 돌려야겠구나'하고 생각하는 대신, 수확물 자체를 더 가지기 위해 이방인의 방법에 따라서 술을 마시고 뛰놀며 이방 신에게 제사를 드리고 남녀가 어울려서 행음했습니다.

오늘 본문이 이야기하고 있는 것이 무엇입니까? 이스라엘 백성들은 그들만이 가지고 있던 독특한 맛을 잃어버렸다는 것입니다. 이스라엘 백성에게 중요한 것은 하나님의 구원입니다. 애굽에서 구원하신 것, 시내 산에서 언약을 맺으신 것, 광야에서 그들을 구원하신 것이 중요했습니다. 추수는 그 결과로 따라오는 것이지요. 그래서 그들은 이 모든 것이 죄사함의 결과로 얻게 된 선물이라는 뜻으로 감사의 제사를 드릴 때에도 소제나 전제만 드리지 않고 반드시 속죄제사를 함께 드렸습니다. 그런데 이 구원의 감격을 잊어버린 것입니다. 그들은 눈에 보이는 이 결과와 수확물을 더 많이 가지기 위해서 이방인들과 똑같은 방법으로 기뻐하고 뛰놀았습니다.

물론 이스라엘 백성들이 하나님께 소제와 전제를 드리지 않은 것은 아닙니다. 소제는 곡식의 제사이고 전제는 포도주 제사인데, 그들은 곡식과 포도주로 제사를 드렸습니다. 그러나 그것은 이미 우상에게 모든 감사와 영광을 다 돌리고 난 후에 남은 찌꺼기에 불과했습니다. 그들은 우상에게 제사 지내고 남은 것을 가지고 와서 여호와의 전에 소제와 전제를 바친 것입니다. 호세아는 이것을 뭐라고 부르고 있습니까? "너희들의 추수는 구원의 선물이 아니고 음행의 값이다!"

이스라엘 백성들이 누리고 있는 풍성한 삶은 전부 구원의 선물이었습니다. 하나님께서 이스라엘 백성들을 구원하시고 이 구원을 더 풍성하게 하시려고 주시는 선물이었습니다. 그러나 이스라엘 백성들이 지금 누리고 있는 부요한 삶은 음행의 값이었습니다. 그들이 잘먹고 잘사는 것은 바알과 음란한 짓을 하고 얻은 팁이었어요.

오늘날 많은 그리스도인들은 얼마나 많은 돈을 벌어서 얼마나 많이 헌금했느냐에 관심을 가지고 있습니다. 그러나 하나님이 중요하게 보시는 것은 우리가 얼마나 많은 돈을 벌어서 얼마나 많이 바치느냐가 아닙니다. 하나님께 중요한 것은 우리가 어떤 일을 믿음으로 했느냐입니다. 그 사람이 적게 벌었다고 하더라도 믿음으로 한 것은 구원의 선물입니다. 그러나 아무리 많이 벌었다고 하더라도 믿음으로 하지 않고 거짓과 술수로 했다면 이것은 하나님이 주신 것이 아니라 음행의 팁입니다. 똑같은 돈을 받는다고 하더라도 아내가 자기 남편에게 받는 것은 결혼의 선물이지만 다른 남자에게 받는 것은 위험한 음행의 값인 것과 같습니다.

"하나님은 나에게 큰 구원을 베푸시고 나를 죄에서 건져내셨을 뿐만 아니라 공부하게 하시고 건강하게 하시며 직장도 주셔서 이렇게 살게 하신다. 그러니까 이 모든 것은 구원에 따라오는 하나님의 선물이다. 하나님이 구원만 약속하셔도 너무너무 기쁜데 이렇게 다른 것도 함께 주시니 정말 기쁘다! 이 모든 것을 가지고 하나님을 찬양하자. 그리고 다른 욕심을 내지 말자." 이렇게 할 때 그 사람이 누리고 있는 직장생활과 공부와 교제는 다 구원의 선물이 됩니다.

그러나 하나님의 구원은 밀어놓고 "나는 무조건 잘살아야 하고 배불러야 해. 적어도 어느 수준 이상은 살아야 한다구. 신앙이고 뭐고 필요없어. 일단 성공하고 나서 고아원도 세우고 교회에도 바쳐야지" 한다면 하나님께서는 그것을 '음행의 값'이라고 부르실 것입니다. "애야, 그것은 내가 준 것이 아니다. 미안하지만 그것은 술집 사람들이 받는 팁이야. 그런 것을 교회에 바치려고 생각하지 마라."

사람들은 이 차이를 잘 구분하지 못합니다. 왜냐하면 사람 속에 들어있는 믿음의 분량과 동기를 잘 분간하기가 어렵기 때문입니다. 그러나 하나님은 이것을 명확하게 구분하십니다. 하나님은 우리가 세상에서 돈 벌고 공부하고 일하는 것이 하나님이 주신 것인지, 아니면 다른 사람이 준 것인지 금방 구분하십니다. 그러므로 하나님이 안 주셨는데도 잘먹고 잘살고 있으며 하나님이 축복하지 않으셨는데도 복을 받고 있다면, 그것은 이상한 축복이며 음행의 값입니다.

우리는 구원은 작게 생각하면서 이 세상에서 잘먹고 잘사는 것에는 자꾸 관심을 가집니다. "구원은 이미 받았으니까 다 끝난 이야기 아닙니까? 이제는 다른 것이 필요합니다." 이것은 아주 간교한 생각입니다. 우리는 삶과 예배를 자꾸 분리하지만 예배와 삶은 분리될 수 없는 하나입니다. 삶이 더러우면 예배도 더럽습니다. 삶이 깨끗하면 예배도 깨끗합니다. 깨끗하지 않은 삶을 살면서 드리는 예배는 아무리 거창해도 더러운 예배입니다.

하나님께서 이스라엘 백성들에게 애석하게 여기시는 것은 그들이 그 맛을 잃어버렸다는 것입니다. 이스라엘 백성들이 그 유일한 맛을 잃어버리고 이 세상이 주는 물질적인 풍요로 기뻐하고 있을 때, 하나님은 "너희들은 너무나도 큰 것을 잃어버리고 기뻐하고 있다"고 말씀하십니다.

하나님은 맛을 잃어버린 이스라엘 백성들을 어떻게 버리실지에 대해 무려 네 번이나 반복해서 말씀하고 계십니다. 첫째로, 그들은 더 이상 가나안 땅의 곡식과 포도주를 먹지 못할 것입니다. 2절을 보십시오.

　타작마당이나 술틀이 저희를 기르지 못할 것이며
　새 포도주도 떨어질 것이요

　하나님께서 이스라엘 백성들을 가나안 땅에 있는 곡식과 포도주로 키우시는 이유가 무엇입니까? 그들을 오늘까지 장성하게 하신 이유가 무엇입니까? 그들이 하나님의 백성으로서 가지고 있는 그 독특한 맛, 곧 거룩함 때문입니다. 그들이 가지고 있는 신앙심, 거룩함, 죄에 대한 느낌, 이웃에 대한 사랑, 이것이 너무나도 귀하기 때문에 하나님께서는 그들을 가나안 땅에 옮겨 심어서 이 땅에 있는 곡식과 포도주로 그들을 키우신 것입니다.

　그러나 지금 그들의 모습은 완전히 잡초의 모습입니다. 그들은 아무데서나 흔히 볼 수 있는 가시덤불이 되었습니다. 멱살 잡고 싸우는 사람들, 자기 하고 싶은 대로 다 하는 사람들은 시장에 가면 얼마든지 만날 수 있습니다. 입만 벌리면 욕하는 사람들은 굉장히 많아요. 그런 사람들은 굳이 가나안 땅에 옮겨 심어서 거기에 있는 곡식과 포도주로 귀하게 키울 이유가 없습니다.

　하나님 앞에서 귀한 사람은 똑똑하고 공부 잘하고 지위가 높은 사람이 아닙니다. 그런 사람들은 세상에 너무나 많아요. 하나님 앞에서 귀한 사람들은 하나님이 주신 그 독특한 맛을 잃지 않고 사는 자들입니다. 하나님의 백성은 만나보면 금방 알 수가 있어요. 그들은 정말로 겸손합니다. 눈빛만 보면 그것을 알 수 있어요. 아무리 입으로 예수님을 찬양해도 눈빛이 벌써 사납고 살기등등할 때 사람들은 절대로 속지 않습니다.

하나님의 백성은 금방 알 수가 있습니다. 인종이 다르고 언어가 달라도 금방 알 수가 있습니다. 하나님의 백성은 참으로 온유하고 자기를 주장하지 않습니다. 그리고 독특한 맛을 가지고 있습니다. 그 독특한 맛은 자기가 가지고 있는 돈이나 직책이나 힘으로 살지 않고 믿음으로 사는 것입니다. 그 독특한 맛은 눈에 보이지 않는 것을 믿고 사는 데서 나오는 것입니다.

여러분, 오늘 말씀이 우리에게 이야기하고 있는 것이 무엇입니까? 하나님이 주신 그 독특한 맛을 잃어버리고 세상을 부러워하면서 그들과 똑같이 사는 사람은 너무나도 큰 것을 잃어버리고 있다는 것입니다. 하나님께서 우리에게 좋은 집을 주시고 좋은 환경을 주시고 교회에 모이게 해서 말씀 듣게 하시는 것은 우리 안에 있는 믿음을 꽃피우고 열매 맺게 하기 위한 것입니다. 그런데 그 구원의 기쁨과 감격은 다 잃어버린 채 세상 사람들과 똑같이 산다면 그런 사람들을 하늘의 은혜와 성령의 은혜로 키우고 보호할 이유가 있겠습니까? 거칠고 막돼먹은 사람들은 어디서든지 만날 수 있습니다. 왜 굳이 그런 사람들을 귀한 하나님의 말씀과 성령의 역사로 키우겠습니까? 잡초에게 성령의 역사를 주면 굉장히 빨리 커버립니다. 그러니까 잡초는 빨리 뽑아서 버려야 합니다.

하나님이 나에게 주신 그 독특한 맛을 잃는 것은 모든 것을 다 잃는 것입니다. 그러므로 우리는 이것을 잃어버리고 승진하고, 이것을 잃어버리고 유학 가고, 이것을 잃어버리고 잘사는 모든 것을 거부해야 합니다. 하나님은 그렇게 하는 사람을 계속 사랑하시며 가나안의 곡식과 새 포도주로 먹이십니다. 그러나 맛을 잃어버린 이스라엘 백성들은 더 이상 키워야 할 이유가 없어요.

둘째로 그들은 다시 이방에 포로로 잡혀갈 것입니다. 3절을 보십시오.

> 저희가 여호와의 땅에 거하지 못하며
> 에브라임이 애굽으로 다시 가고
> 앗수르에서 더러운 것을 먹을 것이니라.

'여호와의 땅'은 거룩한 백성들을 키우는 곳입니다. 그런데 지금 이스라엘 족속들은 거룩하지 않으니까 여기에 있을 필요가 없습니다. 그들은 애굽으로 다시 돌아가야 합니다. 여기서 '애굽으로 돌아간다'는 것은 문자적으로 애굽으로 간다는 것이 아니라 옛날의 포로상태로 되돌아간다는 뜻입니다. 실제로 그들이 잡혀간 곳은 앗수르였습니다. 그들은 앗수르에서 율법적으로 더러운 음식을 먹게 될 것입니다. 그들이 아주 싫어하고 역겨워하던 부정한 음식을 앗수르에서 꾸역꾸역 먹게 되는 것이지요.

그 이유가 무엇입니까? 바로 자기들의 진정한 가치를 잃어버렸기 때문입니다. 하나님이 지금 말씀하시는 것은 가치를 모르는 자들은 바로 그런 상태로 가야 한다는 것입니다. 하나님이 가나안 땅에서 주시는 것은 아무리 작아도 값진 것이고 거룩한 것입니다. 그런데 그것이 싫어서 아무거나 닥치는 대로 먹는 사람은 돼지우리로 보내어 거기서 마음껏 더러운 것을 먹게 해야 옳지 않겠습니까? 하나님이 주신 것으로 만족하지 못하고 가나안 땅에서 이중적인 삶을 사느니, 아예 앗수르로 가서 돼지나 노예처럼 온갖 더러운 것을 먹으면서 사는 것이 그들에게 더욱 어울리지 않겠습니까?

여러분, 진정한 자유의 가치를 아는 사람은 자유가 주어져도 마음대로 못 씁니다. 자유를 주면 오히려 울면서 자유를 반납합니다. 그리고 계속 부족한 상태에서 살겠다고 합니다. 이것이 갈라디아서에서 말하고 있는 진정한 자유의 뜻입니다. "이 자유가 어떻게 해서 제게 주어진 것인데 남용할 수 있겠습니까? 저는 이 자유를 사용하지 않겠습니다. 계속 종의 상태에 있겠습니다" 하는 사람이야말로 자유를 오래오래 누릴 자격이 있는 사람이지요. 자유를 주었더니 "오 예! 자유! 땡큐!" 하면서 그날부터 술마시고 개판치고 새벽 3시에 들어왔다가 4시에 나가면서 제멋대로 사는 사람은 빨리 돼지우리에 보내서 거기서 진정한 돼지의 자유를 맛보게 해야 합니다.

하나님이 주신 이 엄청난 자유와 은혜와 죄사함을 확인한 사람은 겁이 나서 죄를 못 짓습니다. "내가 어떻게 죄 용서 받았는데, 예수님이 어떻게 십자가에 못 박혀서 내가 용서받은 건데, 성령이 어떻게 내게 임하셨는데 내 마음대로 살겠나!" 하는 사람은 범죄하고 실족할 때 너무너무 괴로워합니다. "하나님, 저는 정말 죽일 죄인입니다. 머리로 벽이라도 박을까요? 제가 너무나 밉습니다." 그러면 실족하기 전보다 더 큰 기쁨과 은혜가 그에게 주어지지요.

그러나 "하나님은 죄를 용서하시는 분이니까 언제라도 회개하면 되지 않겠습니까?" 하면서 제멋대로 사는 사람은 빨리 돼지우리에 보내는 것이 하나님의 뜻이고 성경이 말하는 바이며 영원한 율법이라고 호세아는 말하고 있습니다. "너희들이 가야 할 곳은 앗수르다. 너희들이 먹을 음식은 앗수르의 그 더러운 음식이다. 너희는 이 가나안 땅에 있어야 할 이유가 없다!"

여러분, 성도가 누리는 가장 귀한 것이 무엇입니까? 주님 앞에 무릎 꿇고 "주여, 이 강퍅한 마음을 고쳐주십시오" 했더니 마치 주님이 내 가슴에 손을 대신 것처럼 딱딱한 마음이 풀어지면서 기쁨으로 충만해지는 것, 이것입니다. "마음은 풀어졌다. 그러나 현금이 없는 게 문제군. 그러니까 난 여기에 만족할 수 없다"는 사람은 하나님의 은혜를 짓밟는 사람입니다. 그는 빨리 앗수르로 가서 자기에게 걸맞는 생활을 해야 합니다. 호세아는 그런 사람에게 "너희들이 도대체 얼마나 귀한 백성인데 이 귀한 것을 잃어버리고 가나안 백성들이 좀더 먹고 좀더 수확을 거두는 것이 탐나서 그들과 같이 뛰놀고 술 마시고 음행하느냐? 너희는 전혀 귀하게 대접할 필요가 없다"고 말합니다.

여러분, 우리는 그리스도 안에서 우리의 존귀함을 빨리 발견해야 합니다. 우리에게 가장 귀한 것이 무엇입니까? 나의 완악한 마음이 성령으로 변하는 것입니다. 그리고 내 입술을 벌려서 하나님을 찬양하는 것입니다. 하나님의 말씀이 내 귀에 들리고 내 기쁨이 되며 양식이 된다면, 내 죄가 용서받았다는 확신이 있다면 이것은 하나님이 우리를 굉장히 진지하게 대접하고 계신 것입니다. 이것이 있는 사람은 남들보다 좀 부족한 집에 살고 사회적으로 인정받지 못한다 하더라도, 좀 굶는다고 하더라도 거기에 매이지 않습니다. 그 사람은 자기의 가치를 잘 알고 있기 때문입니다.

입을 벌려서 하나님을 찬양하는 이것이 얼마나 귀한 것입니까? 그러나 "찬양은 불렀지만 배가 고파서 만족할 수 없어" 하는 사람은 돼지우리로 가야지요. 앗수르로 가야 합니다.

셋째로 하나님께서는 그들이 드리는 제사를 막겠다고 말씀하십니다. 4절과 5절을 보십시오.

저희가 여호와께 전제를 드리지 못하며
여호와의 기뻐하시는 바도 되지 못할 것이라.
저희의 제물은 거상입은 자의 식물과 같아서
무릇 그것을 먹는 자는 더러워지나니
저희의 식물은 자기 먹기에만 소용될 뿐이라.
여호와의 집에 드릴 것이 아님이니라.
너희가 명절일과 여호와의 절일에 무엇을 하겠느냐?

이스라엘 백성들이 하나님께 드리는 전제는 이미 바알에게 충분히 감사의 뜻을 표하고 난 후에 가져오는 것이었습니다. 그러니 이 썩은 포도주가 어떻게 하나님께 기쁨이 되겠으며 하나님께 드릴 마땅한 전제가 되겠느냐는 것입니다. 집에서 너희들이나 먹지 왜 이것을 성전까지 가지고 오느냐는 것입니다.

하나님은 초상집에 있는 식물을 부정하다고 말씀하십니다. 우리는 이 말씀을 보고서 '아, 초상집 음식은 부정하구나! 이제부터 초상집에 가서는 절대로 음식을 먹지 말아야지' 하고 생각해서는 안 됩니다. 구약시대에는 세균이나 박테리아의 존재를 알지 못했습니다. 그래서 그들은 죽어 있는 소를 먹는 것과 살아 있는 소를 죽여서 먹는 것에 무슨 차이가 있는지 이해하지 못했습니다. 또 사람이 죽으면 시체가 빨리 썩으니까 그 집을 구분해서 특별하게 위생적으로 처리해야 한다는 개념이 없었어요. 그러니까 일단은 총체적으로 부정하다고 규정한 것입니다.

이스라엘 백성이 우상에게 바친 후에 그 제물을 다시 하나님께 바치는 이 형식적인 제사는 하나님께 정말 역겨운 것이었고, 하나님을 견딜 수 없이 분노케 하는 것이었습니다. 이런 제사를 드릴 때 예배드리는 사람들의 마음은 너무나도 더러웠습니다. 예배를 드릴 때에는 예배드리는 사람들이 전부 다 살아 있고 기쁨이 충만하며 성령으로 하나가 되어야 합니다.

그런데 세상적으로 누릴 재미를 다 누리고 와서 형식적으로 예배를 드리면 거기에 동참하는 사람들의 영혼이 죽어갑니다. 사람들은 '예배는 이렇게 맥이 빠져도 되는 것이구나. 대충 졸다가 축도가 끝남과 동시에 쏜살같이 밖으로 나가는 것이구나' 하고 생각하게 됩니다. 예배에 왔을 때 하나님의 거룩한 영이 임재하시는 것을 같이 느끼고 경험하며 예배의 영광을 깨달을 때 예배드리는 사람의 영혼이 소생되고 그 믿음이 살아서 움직이는 것이지, 세상의 자랑으로 가득 찬 채 찬송과 설교와 기도에는 관심도 없고 광고시간에만 눈이 번쩍 뜨이면서 누가 어떻게 했더라 하는 것에 모든 관심이 집중되는 예배는 예배드리는 사람의 믿음을 갑자기 죽여 버립니다. 그런 예배는 그나마 조금 있는 믿음조차 아예 짓밟아서 완전히 죽은 상태로 집에 돌아가게 합니다.

넷째로, 하나님은 혹시 그들이 재앙을 피해 도망친다고 하더라도 결코 성공하지 못할 것이라고 말씀하십니다. 6절을 보십시오.

보라. 저희가 멸망을 피하여 갈지라도
애굽은 저희를 모으고 놉은 저희를 장사하리니
저희의 은 보물은 찔레가 덮을 것이요
저희의 장막 안에는 가시덩굴이 퍼지리라.

그들은 늘 도망칠 수 있는 마지막 보루를 염두에 두고 있었습니다. 그 보루가 어디입니까? 애굽입니다. 여기 나오는 '놉'은 북애굽의 옛 이름입니다. 그러나 그들이 생각하던 모든 방법과 계략은 철저하게 망할 것이며, 하나님은 어떻게 해서라도 그들을 사로잡아 앗수르로 보내겠다고 말씀하십니다.

이 모든 이유가 어디에 있습니까? 그들이 독특한 맛을 잃어버렸기 때문입니다. 하나님의 백성에게는 독특한 맛이 있습니다. 이 맛을 잃어버리고 편안하게 사는 것은 재앙입니다. 이스라엘 백성들이 하나님이 주신 구원보다 가나안 땅에서 얻는 곡식과 포도주에 더 마음을 빼앗기고 그들에게 주신 믿음을 잃어버리며 세상 사람과 똑같아져 버렸을 때, 하나님은 어떻게 해서든지 그들을 파내어서 돼지우리 같은 앗수르에 던져 넣겠다고 결심하십니다. "너희는 더 이상 가나안 땅에 있으면 안 돼. 너희는 내 은혜를 절대로 누리지 못하며 너희 계획과 의지는 성공하지 못한다. 내가 철저하게 막을 것이다."

하나님의 백성이 겸손을 잃어버리고 잘사는 것은 굉장히 위험합니다. 하나님의 백성에게 기쁨이 없어지는 것은 굉장히 위험합니다. 하나님의 백성이 믿음으로 살지 않고 은행에 있는 돈과 든든한 직장을 믿고 사는 것은 굉장히 위험합니다. 여러분, 잘사는 것이 하나님의 구원의 선물이 되게 하십시오. 내가 공부하고 직장생활하는 것이 구원의 결과로 주시는 풍성한 삶이 되게 하십시오. 그렇지 않으면 그것은 음행의 값이 될 것이며 하나님의 손에 철저하게 파헤쳐질 것입니다.

오늘 이 타작마당에서 하나님이 말씀하시는 것이 무엇입니까? '너희의 그 존귀함을 좀 알라'는 것입니다. "내가 너희를 어떻게 도왔느냐! 광야에서 열매가 열린 포도나무를 보는 것처럼 너희를 반가워했고 첫 열매가 맺힌 무화과나무를 보듯이 너희를 기뻐했는데, 너희는 돈 많은 사람들, 잘 나가는 사람들과 비교해서 이 구원의 감격과 기쁨을 포기하고 그들을 따라가느냐? 너희는 정말 큰 것을 놓친 것이다. 너희는 이제 노예 같은 상태가 되었다!"

여러분, 예수를 만날 때 우리에게는 새로운 맛이 생깁니다. 이것을 잃어버리고 잘살고, 이것을 잃어버리고 승진하고, 이것을 잃어버리고 출세하는 것은 스스로 앗수르로 가는 표를 사는 것과 같습니다. 이 맛을 절대 잃지 마십시오.

선지자의 거짓 증거

이스라엘 백성들이 이 지경까지 오게 된 것은 거짓 선지자들 때문이었습니다. 호세아 선지자는 지금 이스라엘 백성들이 어떤 상태에 있다고 선언합니까?

형벌의 날이 이르렀고 보응의 날이 임한 것을
이스라엘이 알지라.
선지자가 어리석었고 신에 감동하는 자가 미쳤나니
이는 네 죄악이 많고 네 원한이 큼이니라 (9:7).

이미 형벌의 날이 이르렀고 보응의 날이 임했습니다. 이제 얼마 있지 않으면 모두 포로가 되어 앗수르로 잡혀가는 무서운 일이 일어날 것입니다. 실제로 호세아가 설교한 지 20년이 되지 않아 이 일이 일어났습니다. 그러나 지금 아무도 이 사실을 인정하려 들지 않습니다. 왜 그렇습니까? 선지자들이 미쳤기 때문입니다.

여기서 학자들은 '여기서 말하는 선지자가 참 선지자냐? 아니면 거짓 선지자냐?' 하는 문제를 놓고 많은 논란을 벌였습니다. 참 선지자라고 해석하는 사람들은 참 선지자가 있기는 해도 워낙 이스라엘 백성들이 안 믿으니까 이들이 바보나 미친 사람처럼 놀림을 당했다는 뜻으로 해석합니다. 그러나 여기에서 말하는 선지자는 참 선지자가 아니라 거짓 선지자들입니다.

'어리석다'는 것은 더 이상 도덕적인 교훈을 줄 수 없다는 뜻입니다. 선지자가 더 이상 도덕적으로 경고하지 못하고 사람들을 바로잡지 못할 때 그 선지자는 어리석은 자이고 미친 자입니다. 무슨 말입니까? 여기서 선지자가 미쳤다고 하는 것은 하나님의 영으로 예언하는 것이 아니라 제멋대로 지껄여댄다는 것입니다. 자기 기분대로, 자기 생각대로 지껄여대는 선지자가 미친 선지자입니다.

여러분, 참 선지자는 미칠 수가 없습니다. 그들은 그렇게 어리석지 않습니다. 참 선지자는 죄인들이 설교 들으러 왔을 때 절대로 편하게 돌려보내는 일이 없습니다. 이 죄인이 자기 죄를 깨닫고 자기 문제를 발견할 수 있는 유일한 시간이 말씀 듣는 시간인데 왜 그냥 돌려보내겠습니까? 어떻게 해서든지 물고 늘어져서 이를 갈게 하든지 화를 내게 하든지 성질을 긁어서라도 자기 죄를 보게 해야지요. 그러나 미친 선지자의 설교는 아무리 신경써서 들어도 무슨 소리인지 알 수가 없습니다. 방언을 하는 것도 아닌데 도덕적으로 각성할 수 있는 말을 한 마디도 들을 수 없습니다.

오늘날 목회자들의 문제가 여기에 있습니다. 목사님들이 관심을 가지고 있는 일은 교회가 별 무리 없이 돌아가는 것입니다. 그들은 행정가와 관리자로서 만족하는 것 같습니다. 그러나 그들이야말로 어리석은 자들이요 미친 자들입니다. 왜 죄인을 그냥 돌려보냅니까? 왜 죄를 짓고 온 사람한테 기분 좋게 면죄부를 줘서 보냅니까? 왜 목사가 설교 들으러 온 죄인들에게 "주님이 복 주실 겁니다. 평안히 가십시오" 해서 보냅니까? 미친 설교자의 특징은 한 시간 내내 설교를 들어도 느끼는 것이 아무것도 없다는 것입니다. 그들은 사람들의 마음을 상하게 할 말을 절대로 하지 않습니다.

왜 이스라엘에 미친 선지자들이 그렇게 많았습니까? 호세아는 여기에서 무서운 이야기를 하고 있습니다. 그들의 죄악이 많고 원한이 크기 때문이라는 것입니다. 그들이 지은 죄가 너무 많기 때문에 깨닫지 못하도록 미친 선지자를 막 풀어 놓았다는 것입니다. 어리석은 선지자가 많은 이유는 하나님이 보시기에 이스라엘의 죄가 너무 많아서 이들을 용서하지 않기로 작정하셨기 때문입니다. 내가 정말 죄를 짓고 예배를 드리는데도 목사님이 위로의 말씀, 은혜의 말씀만 하는 경우, '내가 너무 많은 죄를 지었기 때문에 하나님이 저 미친 선지자를 보내셨구나. 나는 회개할 길이 없구나' 하고 생각하면 틀림없습니다.

8절을 보십시오.

> 에브라임은 내 하나님의 파수꾼이어늘
> 선지자는 그 모든 행위에 새 잡는 자의 그물 같고
> 또 그 하나님의 전에서 원한을 품었도다.

본문에는 '선지자'라는 주어가 생략되었다고 봅니다. 그러니까 '선지자는 에브라임의 하나님의 파수꾼'이라고 번역할 수 있습니다. 파수꾼의 역할은 그 사회의 위험을 경고하는 것이지요. 도덕적인 타락을 책망하는 것이 선지자의 사명입니다.

그러나 에브라임에 있는 선지자는 무서운 올무였습니다. 사람들이 절대로 바른 길로 돌아가지 못하도록 잡고 늘어지는 올무였습니다. 절대로 그냥 빠져나가게 하지 않습니다. 거짓 선지자는 사람을 보고 예언하기 때문에 사람을 놓치지 않아요. 어떻게 해서든 듣기 좋은 소리, 추켜세워 주는 소리를 해서 자기의 영향력에서 빠져나가지 못하게 합니다.

참 선지자는 그렇게 예언하는 법이 없습니다. 죄인을 가로막고 서서 "왜 그냥 가려고 합니까? 도대체 살려고 그럽니까? 죽으려고 그럽니까?" 하고 붙들고 늘어집니다. 그러나 거짓 선지자는 절대로 그렇게 하지 않습니다. 사람을 마구 추켜세워 주고 인정해 주면서 절대로 빠져나가지 못하게 하는데, 이것이 올무입니다. 이렇게 인간의 정으로 한번 딱 매어놓으면 모든 것을 버리기 전까지는 절대로 그 올무에서 빠져나오지 못합니다.

그래서 내가 진리가 아닌 곳에 서 있다는 생각이 들면 모든 것을 다 버려야 합니다. 거기서 누리고 있는 것들과 혜택들을 다 포기하지 않으면 절대로 빠져나올 수가 없어요. 거짓 선지자의 특징은 사람의 교만을 추켜세우고 자존심을 세워주는 것입니다. 그러니까 사람이 완전히 낮아지기 전까지는 진리로 돌아오지 못합니다.

하나님께서 이스라엘의 부패상을 언제와 비교하고 계십니까? 기브아 시대와 같다고 하십니다. 기브아 시대는 이스라엘이 가장 무섭게 타락해 있었을 때입니다. 어떤 레위인에게 첩이 있었는데 그 첩이 도망을 쳤습니다. 레위인에게 첩이 있다는 것 자체가 문제입니다. 레위인은 하나님을 섬기는 자인데 하나님을 섬기는 자에게 첩이 있었어요. 그런데 그 첩이 도망을 간 거예요. 그래서 찾아가 잘 구슬러서 데리고 오는 길에 기브아에서 하룻밤을 자게 되었습니다.

그런데 기브아에 있는 대부분의 남자들이 동성연애자였습니다. 이들은 레위인을 겁탈하려고 밤에 몰려왔습니다. 그래서 대신 첩을 내주었어요. 첩은 밤새도록 강간당하다가 아침에 죽었습니다. 레위인은 첩의 시신을 열두 토막 내서 이스라엘 열두 지파에 하나씩 보내면서 기브아의 죄를 고발했습니다.

온 이스라엘 백성들은 함께 모여 기브아에 있는 베냐민 지파에게 그 동성연애자들을 내놓으라고 했습니다. 그러나 베냐민의 자존심이 그것을 허락하지 않았습니다. "너희가 뭔데 감히 우리를 치리하느냐? 우리 베냐민을 어떻게 보고 이러는 거야?" 그렇게 해서 전쟁이 일어나 600명을 제외한 베냐민 전체가 살륙당했습니다.

무슨 말입니까? 지금 호세아가 이야기하는 이 시대에 이스라엘 남자들이 대부분 동성연애자였다는 것입니다. 그리고 그들은 그 죄를 인정하려고 하지 않았습니다. 여러분, 동성연애는 하나님의 심판을 부르는 불입니다. 동성연애는 굉장히 무섭습니다. 심판의 바로 앞단계가 동성연애예요. 그런데 그들은 이것을 죄로 인정하지 않았습니다.

교회가 타락할 때 나타나는 특징은 성적으로 굉장히 문란해질 뿐만 아니라 그것을 잘 인정하려 들지 않는다는 것입니다. 오히려 바른 가르침을 대적합니다. 징계가 통하지 않습니다. 징계하면 더 대들거나 다른 교회에 가버립니다. 이것이 기브아 시대 때 있었던 일입니다.

에브라임의 영광은 회복되지 않는다

하나님께서는 이스라엘의 영광에 대하여 무엇이라고 말씀하십니까? 11절을 보십시오.

> "에브라임의 영광이 새같이 날아가리니
> 해산함이나 아이 뱀이나 잉태함이 없으리라."

새가 앉아 있는 것을 본 어떤 아이가 그 새를 잡으려고 살금살금 다가가는데 그만 새가 푸드덕 날아가 버렸습니다. 그러면 어떻게 됩니까? 그 새는 다시는 돌아오지 않습니다. 하나님은 이처럼 이스라엘의 영광 또한 절대로 회복되지 않을 것이라고 말씀하십니다. 왜냐하면 다시는 이스라엘에 해산함이나 잉태함이 없을 것이기 때문입니다.

어떤 나라나 민족이 다시 부흥하려면 그 자손들 가운데 회복의 기미가 보여야 합니다. 어른들은 좀 비실비실하고 덜 똑똑해도 자라는 아이들이 눈이 초롱초롱하고 목적의식이 분명하면 미래가 있는 것이지요. 그런데 어른들은 더할 나위 없이 잘났는데 애들은 눈이 풀어져 있고 목적의식도 없고 허구한 날 게임이나 한다면 그 민족의 앞날은 대단히 어둡지요.

하나님께서는 이스라엘의 후손에게 절대로 복을 주지 않겠다고 말씀하십니다. '다시는 해산함이나 아이 뱀이나 잉태함이 없을 것'이라는 말씀은 문자적으로 아무도 아기를 낳지 못한다는 뜻이 아니라, 어머니들의 의식이 깨어 있어서 세상적인 방법이 아니라 믿음으로 자식을 키우는 이런 역사가 다시는 이스라엘 가운데 일어나지 않을 것이라는 뜻입니다. 즉 이스라엘에서 믿음의 어머니들을 없앤다는 말씀입니다.

여러분, 어머니들의 의식이 깨어 있고, 어머니들이 고난을 많이 받으며, 어머니들이 아이에게 "너는 하나님의 자녀야. 너는 절대 네 마음대로 못 살아. 너는 하나님께서 나한테 맡기신 존재야. 그러니까 너는 반드시 진리대로 커야 해" 하고 가르칠 때 그 민족의 후대에는 분명히 영광이 옵니다. 그러나 "아휴, 눈에 넣어도 안 아픈 내 새끼! 물고 빨고 잘 때도 귀에 꽂고 싶은 내 새끼" 한다면 그 민족의 앞날은 대단히 불행합니다. 그런 자녀들은 정말 짐승새끼같이 큽니다.

베냐민 지파는 그래도 남자 600명은 살아남았습니다. 그중에서 200명은 대충 짝을 맞추었고, 나머지 400명은 타작마당에서 여자들을 도둑질해 와서 살아남았습니다. 그러나 지금 이스라엘에 있는 열 지파는 회복되지 못할 것입니다. 베냐민보다 훨씬 더 이그러져서 다시는 이스라엘의 영광이 회복되지 않을 것입니다. 하나님께서 '그렇게 은혜를 베풀고 귀한 것을 주었는데도 깨닫지 못하는 이스라엘은 절대로 회복되어서는 안 된다' 라고 결심하고 계시기 때문입니다.

여러분, 우리나라가 앞으로 제대로 될 나라인지 아니면 망할 나라인지는 어른을 보고 알 수 없습니다. 양복 입고 번드르하게 앉아 있는 어른들을 보면 잘 몰라요. 그러나 자라는 세대를 보면 금방 압니다. 어른들이 좀 어리석고 힘이 없어도 아이들이 착하고 진리대로 살려고 한다면, 어린이들 가운데 영적부흥의 역사가 일어난다면, 우리나라에는 가망이 있습니다.

옛날에 제가 어린이 부흥회를 한 적이 있었는데 그 부흥회가 굉장히 뜨거웠습니다. 어린이들이 얼마나 설교를 좋아하고 열심히 찬양했는지 모릅니다. 그런데 지금은 어린이 부흥의 역사가 일어나지 않습니다. 청소년들도 교회에 오지만 사실 그들은 그리스도인이 아닙니다. 그들이 믿는 것은 예수님의 능력이 아니라 좋은 대학의 학벌입니다. 물론 그중에는 신자도 있지만 거의 대부분은 신자가 아닙니다. 그냥 부모가 보내니까 오는 것이지요. 부모가 먼저 "1부 예배만 드리고 도서관에 가" 하고 말합니다.

"죽든지 살든지 기도해. 여기 이 자리가 네 지정석이니까 너 여기서 죽어. 도시락 싸들고 와서 여기서 기도해." 부모가 이렇게 하면 역사가 바뀝니다. 그런데 부모가 "절대 앞자리에 앉지 마. 맨 뒤에 앉았다가 빨리 나가. 빨리 도서관에 가서 단어라도 하나 더 외워" 한다면 이것은 자녀를 죽이는 일이고, 결국 나라를 말아먹는 일입니다.

제가 보기에 한국의 21세기에는 가능성이 없습니다. 자라는 세대 가운데서 참된 부흥의 역사를 보기가 어렵기 때문입니다. 정말 이 진리를 소중하게 생각하고 어떻게 하든지 이 진리로 크고자 하는 어린이나 청소년들을 거의 볼 수가 없어요. 여러분, 이것을 주의해서 보십시오. 과연 자라는 세대 가운데 참된 부흥의 역사가 일어나고 있는지 보세요. 어린이나 청소년들이 수적으로만 부흥하는 것이 아니라 정말 진심으로 기도하고 열심히 성경 읽고 울면서 기도하고 찬송하는 역사들이 과거에 있었습니다. 저도 그 부흥 세대 중 한 명입니다. 옛날 청소년들은 신앙에 대해 굉장히 고민을 많이 했고 어떻게 하든지 성경대로 살려고 했으며 성경적인 질문이 많았습니다.

우리나라의 청년들이나 자라는 세대의 신앙에서는 이미 하나님의 영광이 떠났습니다. 이 세상에서 누구든지 잘 할 수 있는 것, 머리 좀 좋고 열심히 노력만 하면 얻을 수 있는 것들을 높이 평가하고 인정하는 사람은 하나님의 구원의 역사를 누릴 자격이 없습니다. 그것은 다른 사람에게로 넘어가야 합니다. 앞으로 우리 교회의 영광은 지금 있는 어른들 세대로 끝날 가능성이 많습니다. 그래서 대학생운동 하는 사람들 보면 참 감사해요. 이분들이 없으면 어떻게 한국교회가 유지될까 싶습니다.

이스라엘의 영광은 급격하게 쇠퇴할 것이며 이스라엘의 부흥은 새가 한번 날아가면 다시 돌아오지 않는 것처럼 회복되지 않을 것입니다. 12절을 보십시오.

> "혹 저희가 자식을 기를지라도 내가 그 자식을 없이하여
> 한 사람도 남기지 아니할 것이라.
> 내가 저희를 떠나는 때에는 저희에게 화가 미치리로다."

하나님이 떠나시기만 하면 이스라엘은 끝장나는 것입니다. 또 13절과 14절을 보십시오.

"내가 보건대 에브라임은 아름다운 곳에 심긴 두로와 같으나
　그 자식들을 살인하는 자에게로 끌어내리로다."
여호와여, 저희에게 주소서. 무엇을 주시려나이까?
청컨대 배지 못하는 태와 젖 없는 유방을 주시옵소서.

이것은 자식을 낳아봐야 참혹하게 죽을 테니까 차라리 자식을 낳지 않는 것이 복 있다는 말씀입니다. 16절을 보십시오.

에브라임이 침을 입고 그 뿌리가 말라
과실을 맺지 못하나니 비록 아이를 낳을지라도
내가 그 사랑하는 태의 열매를 죽이리라.

참 무서운 이야기입니다. 그런데 한국 교회에 이미 이런 현상들이 나타나고 있습니다. 신앙 가진 어머니들이 참 드물어요. 아까 선지자들이 미쳤다고 말했지만 사실은 엄마들이 미쳤어요. 엄마들이 자식들에게 신앙을 물려줄 생각을 하지 않습니다. 생각이 다른 데가 있기 때문이에요. 교회 안에서 학생들의 숫자나 어린이의 숫자가 줄고 있는 것은 물론이고, 그나마 있는 아이들의 영성도 너무나 보잘것없습니다. 왜냐하면 가르치는 부모들이나 선생들의 신앙이 껍데기이기 때문입니다. 그들은 복음의 능력을 모릅니다. 모든 믿는 자에게 구원을 주시는 하나님의 능력을 모르고 있어요. 위기가 오면 그들의 신앙이 얼마나 빛 좋은 개살구인지 드러날 것입니다.
하나님께서 이스라엘 백성들을 축복하시고 이와 같이 가나안 땅

에 심으신 이유가 무엇입니까? 그들에게 말씀이 있었고, 구원의 기쁨이 있었고, 거룩하게 살고자 하는 삶이 있었고, 감사하는 마음이 있었기 때문입니다. 하나님께서는 이 귀한 신앙이 더 많이 생기고 더 크게 확대되게 하시려고 그들을 가나안 땅에 심으신 것입니다. 그러나 하나님께서는 가나안 땅에 심기도 전에 변질되어 버린 그들의 모습을 보고 큰 충격을 받으셨습니다. 10절을 보십시오.

> "옛적에 내가 이스라엘 만나기를
> 광야에서 포도를 만남같이 하였으며
> 너희 열조 보기를 무화과나무에서 처음 맺힌
> 첫 열매를 봄같이 하였거늘
> 저희가 바알브올에 가서 부끄러운 우상에게 몸을 드림으로
> 저희의 사랑하는 우상같이 가증하여졌도다."

바알브올 사건은 이스라엘 백성들이 가나안 땅에 들어가기 직전에 모압 평야에서 있었던 사건입니다. 발람 선지자가 오랫동안 거짓 사상을 유포시킨 것도 아니고 신학적인 논쟁을 한 것도 아니고 소책자를 돌린 것도 아닙니다. 그냥 모압 여자들이 음식을 차려놓은 다음에 대충 옷 입고 춤추니까 몽땅 몰려간 거예요. 40년 동안 수련회 하고 나서 돌아오는 길에 여자들이 춤추는 게 보이니까 그냥 달려가서 끌어안고 입맞추다가 그날 하루에 3만 명이 죽어 버렸습니다.

하나님은 이 사건에 굉장히 충격을 받으셨습니다. "내가 40년 동

안 모세를 통해서 가르친 결과가 이것인가!" 여자들이 유별나게 유혹한 것도 아니에요. 그냥 대충 입고 흔드니까 자동적으로 와서 하루살이처럼 다 죽어버린 거예요.

이것은 우리 안에 있는 죄성이 얼마나 뿌리 깊으며 우리의 부패가 얼마나 순식간에 이루어지는지 보여주고 있습니다. 아무리 좋은 신앙이라도 한순간에 변질될 수 있고 부패할 수 있다는 사실을 기억하십시오. 여러분, 좋은 교회가 타락하는 데 오랜 시일이 걸리지 않습니다. 그냥 한순간에 변질됩니다.

그래서 우리는 절대로 우리 자신을 믿어서는 안 됩니다. 어제까지 아무리 좋은 신앙을 가졌다고 하더라도 오늘 새로 시작해야 합니다. 주님 앞에서 교만한 마음을 고백하고 늘 겸손한 마음으로 하나님의 은혜를 갈급해 하며 "주여, 저는 죄인이오니 받아 주시옵소서. 저에게 말씀을 주십시오. 저는 제일 은혜가 필요한 사람입니다. 저보다 더 썩은 본성을 가진 사람이 없습니다. 주여, 저를 긍휼히 여기소서" 하고 기도하지 않는 사람은 이미 썩어가고 있는 것입니다. 말씀 앞에 갈급해 하지 않는 사람은 이미 썩어도 많이 썩은 것입니다.

17절을 보십시오.

저희가 듣지 아니하므로 내 하나님이 저희를 버리시나니
저희가 열국 가운데 유리하는 자가 되리라.

바로 이것입니다. 하나님의 말씀을 듣지 않습니다. 그 말씀을 듣기만 했더라도 오늘날 이렇게 되지 않았을 것입니다.

　오늘 우리 자신에게 이 말씀을 한번 적용해 봅시다. 하나님께서 우리에게 풍족하지는 않지만 은혜를 주시고 직장을 주시고 집을 주시고 보호해 주시는 것은 하나님께서 참으로 우리를 귀하게 생각하시기 때문입니다. 하나님이 우리를 보실 때 너무 신기한 거예요. "어떻게 이런 사람들이 다 있을까? 죄가 뭔지, 거룩이 뭔지 알고 있잖아. 이 사람들은 사람이 소중하다는 것을 알고 있는 데다가 겸손하기까지 하네. 내가 만들긴 했지만 너무 잘 만들었구나." 그래서 우리를 지켜 주시고 보호해 주시고 필요를 채워 주십니다.

　우리가 이 가치를 모르고 단순히 다른 사람들이 이 세상에서 성공해서 잘먹고 잘사는 것을 보고 구원의 감격을 잃는다면 이 모든 소중한 맛을 잃어버리는 것이 됩니다. 오늘 이 말씀은 내 마음대로 성공해서 헌금 많이 바치는 짓을 제발 하지 말라는 거예요. 그러면 다른 사람까지 썩는다는 것입니다. 이 세상에서 돈 번 것은 집에서 고기 구워서 혼자 실컷 먹고 제발 교회에는 가지고 오지 말라는 거예요. 그런 것을 가지고 오면 성령의 역사가 없어지는데 왜 그렇게 해서 다른 사람의 신앙까지 죽이느냐는 것입니다.

　하나님께서는 순종하지 않는 자, 믿음으로 살지 않는 자가 가져온 성공의 결과를 기뻐하시지 않습니다. 오히려 그것을 '음행의 값'이라고 부르시면서 "그 팁은 너 혼자 먹고 치워라"고 하십니다. 그것은 하나님이 주신 성공이 아니기 때문입니다. 하나님이 주신 성공은 하나님이 먼저 아십니다.

"주여, 당신이 제 병을 고치셨지요. 감사합니다."

"그래, 그건 바로 내가 고친거야. 네가 그것을 감사하게 생각하니 정말 기쁘구나."

이렇게 해야 제대로 되고 있는 것입니다.

"하나님이 저에게 이렇게 공부할 기회를 주셨습니다. 이것은 제 머리로 한 것이 아니에요. 저는 원래 머리가 굉장히 나쁜데 하나님께서 저에게 지혜를 주셨습니다. 이제 제가 어떻게 감사를 해야 할까요? 교회 앞에서 책을 한번 읽어 버릴까요? 책을 바쳐 버릴까요? 좌우간 하나님 감사합니다."

"하나님, 제가 사업을 했는데 이상하게 믿음으로 해도 되네요. 이것은 절대 내 것이 아닙니다. 왜냐하면 하나님이 하신 것이고 하나님이 주신 것이기 때문입니다. 회사를 다 바칠 수도 없고 돈 좀 드린다고 기뻐하실 리도 없지만, 좌우간 하나님, 정말 감사합니다."

이렇게 할 때 성령의 역사가 나타나고 기쁨이 충만해지며 어둠의 세력이 물러가고 영혼을 살리는 역사가 나타납니다. 아주 작은 감사를 표현했는데 하나님의 영광이 놀랍게 나타나는 겁니다.

하나님께서 우리를 버리실 때에는 우리를 추켜세워 주는 미친 선지자를 보내십니다. 그래서 우리에게 아첨하고 우리의 교만을 추켜세워서 도저히 그 말에서 떠나지 못하게 만듭니다. 그토록 잘 대해 주고 잘 알아주는 곳을 버리고 굳이 욕을 얻어 먹으면서까지 신앙생활 할 필요가 어디 있습니까?

교만한 자는 자기 함정에 빠집니다. 그는 결국 돼지우리 같은 앗수르에 가서 더러운 음식을 먹어야 직성이 풀릴 것입니다. 그 전에는 절대로 만족하지 못합니다. 돼지우리에 가서 먹지 못할 음식들을 먹으면서 "아, 내가 하나님의 은혜를 놓쳤구나" 할 때는 이미 늦습니다. 하나님의 영광은 다시는 회복되지 않을 것입니다.

아가서를 보면 솔로몬이 문을 열어달라고 할 때 술람미 여인이 귀찮아서 문을 열어주지 않았다가 솔로몬을 다시 찾느라고 굉장히 고생하는 것을 보게 됩니다. 이것은 하나님의 영광을 한번 잃어버리면 다시는 회복할 수 없다는 것을 보여줍니다.

에브라임의 영광은 날아가는 새와 같아서 다시 돌아오지 않습니다. 그러므로 기회가 있을 때 정신을 차려서 하나님께서 나에게 주신 작은 은혜들을 기뻐하십시오. "주님, 제 마음을 바꿔주시니 감사합니다. 제 마음속에 시기와 교만이 가득했는데 그것을 고백했더니 하나님이 제 마음을 바꾸셨습니다. 주여, 감사합니다. 이것으로 저는 만족합니다. 저를 성령으로 채워 주십시오. 제가 성령으로 충만한 이상 이 세상의 어떤 고생과 환란도 저를 이기지 못합니다. 어떤 것도 하나님의 사랑에서 저를 끊을 수 없습니다. 하나님, 제게서 이 사랑이 떠나가지 않게 해주십시오. 제게서 이 감사하는 마음이 멀어지지 않게 해주십시오. 제가 헛것에 정신을 잃지 않게 해주십시오." 바로 이것입니다. 이것이 그리스도인의 독특한 맛입니다.

그동안 우리는 너무나도 정신없이 신앙생활을 해왔습니다. 진리를 그냥 구경만 하는 사람, 이 세상에서 돈 잘 벌고 잘사는 사람들을 바라보면서 '어떻게 하면 나도 저기에 낄까' 하는 생각만 하는 사람, 구원은 너무나도 무시하고 과소평가하면서도 남이 좀 잘된 이야기를 들으면 속에서 열불이 터지는 사람은 정신없이 신앙생활

하는 사람입니다. 그런 사람은 "아멘, 아멘" 하면서 미친 선지자의 말을 들을 것입니다. 그리고 돼지우리에 들어가기 전까지는 절대로 깨닫지 못할 것입니다.

여러분, 하나님은 우리를 아주 귀하게 보고 계십니다. 한국 교회는 마치 광야에 맺힌 포도와 같았습니다. 한국 교회는 고난 가운데 큰 교회였고, 성령의 체험이 있었던 교회였고, 가난 속에서도 서로 사랑하면서 이 빛과 소금의 역할을 했던 교회였습니다. 그런데 지금은 어떻습니까? 맛이 가버렸습니다. 맛이 가도 완전히 가버렸습니다.

오늘 말씀이 우리에게 이야기하고 있는 것은 하나님 앞에서 내 존귀한 가치를 절대로 잃어서는 안 된다는 것입니다. 이것을 돈이나 명예나 편안하게 사는 삶으로 바꿔서는 안 된다는 것입니다. 이 맛을 붙들고 있는 이상 이 사람을 해칠 수 있는 자가 없습니다. 이 자를 해치는 것은 곧 하나님을 해치는 것과 같습니다. 이 사람은 어떤 상황 가운데서도 풍성하고 성공적인 삶을 살 것입니다. 그러므로 여러분, 맛을 잃지 마십시오. 맛을 지키십시오.

14

묵은 땅을 기경하라

호세아 10:1-15

10:1 이스라엘은 열매 맺는 무성한 포도나무라. 그 열매가 많을수록 제단을 많게 하며 그 땅이 아름다울수록 주상을 아름답게 하도다.

2 저희가 두 마음을 품었으니 이제 죄를 받을 것이라. 하나님이 그 제단을 쳐서 깨치시며 그 주상을 헐으시리라.

3 저희가 이제 이르기를 "우리가 여호와를 두려워 아니하므로 우리에게 왕이 없거니와 왕이 우리를 위하여 무엇을 하리요?" 하리로다.

4 저희가 헛된 말을 내며 거짓 맹세를 발하여 언약을 세우니 그 재판이 밭이랑에 돋는 독한 인진 같으리로다.

5 사마리아 거민이 벧아웬의 송아지를 인하여 두려워할 것이라. 그 백성이 슬퍼하며 그것을 기뻐하던 제사장들도 슬퍼하리니 이는 그 영광이 떠나감이며,

6 그 송아지는 앗수르로 옮겨다가 예물로 야렙 왕에게 드리리니 에브라임은 수치를 받을 것이요 이스라엘은 자기들의 계의를 부끄러워할 것이며

7 사마리아 왕은 물 위에 거품같이 멸망할 것이며

8 이스라엘의 죄된 아웬의 산당은 패괴되어 가시와 찔레가 그 단 위에 날 것이니, 그때에 저희가 산더러 "우리를 가리우라" 할 것이요 작은 산더러 "우리 위에 무너지라" 하리라.

9 "이스라엘아, 네가 기브아의 시대로부터 범죄하였거늘 무리가 기브아에 서서 흉악한 죽속을 치는 전쟁을 거기서 면하였도다.

10 내가 원하는 때에 저희를 징계하리니 저희가 두 가지 죄에 걸릴 때에 만민이 모여서 저희를 치리라.

11 에브라임은 마치 길들인 암소 같아서 곡식 밟기를 좋아하나 내가 그 아름다운 목에 멍에를 메우고 그의 위에 사람을 태우리니, 유다가 밭을 갈고 야곱이 흙덩이를 깨뜨리리라.

12 너희가 자기를 위하여 의를 심고 긍휼을 거두라. 지금이 곧 여호와를 찾을 때니 너희 묵은 땅을 기경하라. 마침내 여호와께서 임하사 의를 비처럼 너희에게 내리시리라.

13 너희는 악을 밭갈아 죄를 거두고 거짓 열매를 먹었나니 이는 네가 네 길과 네 용사의 많음을 의뢰하였음이라.

14 그러므로 너희 백성 중에 요란함이 일어나며 네 산성들이 다 훼파되되 살만이 전쟁의 날에 벧아벨을 훼파한 것같이 될 것이라. 그때에 어미와 자식이 함께 부숴졌도다.

15 너희의 큰 악을 인하여 벧엘이 이같이 너희에게 행하리니 이스라엘 왕이 새벽에 멸절하리로다."

10:1-15

우리 교회의 구석 몇 곳에는 가스누설 경보기가 있습니다. 가스는 눈에도 보이지 않고 냄새도 나지 않기 때문에 이 예배당 안에 가스가 차 있는지 없는지 육안이나 코로는 알 수가 없습니다. 가스가 새서 교회 안에 가득 차 있는데도 그것을 모르고 계속 찬송 부르고 설교를 듣는다면 그것은 굉장히 위험한 일이 될 것입니다. 그래서 우리는 안전장치를 곳곳에 만들어 놓아서 벨소리만 나면 문제가 있는 곳을 재빨리 찾아 조치를 취하게 해놓았습니다.

신앙을 가진 사람은 신앙을 가지지 않은 사람에 비하여 분명히 나은 점이 있습니다. 우리는 하나님을 전혀 모르거나 인정치 않는 무신론자보다는 하나님을 아는 사람이 무언가 좀더 희생적이고 모범적인 생활을 하기를 기대합니다. 그러나 신앙적인 부분에서는 너무나도 훌륭한데 생활 부분에서는 전혀 납득할 수 없는 사람들을 만날 때 우리는 혼란을 겪습니다. 예를 들어 신앙은 특심한데 성격이 너무 강해서 말이 도무지 먹혀들지 않는 사람을 보거나, 신앙은 뜨거운데 자기 자신의 이익을 추구하는 데에는 피도 눈물도 없는 냉혈인간을 볼 때 그렇습니다.

이러한 신앙의 이중성을 어떻게 이해해야 하겠습니까? 과학은 반드시 납득할 수 있는 검증과정을 거쳐야 합니다. 모든 사람이 동의할 수 있는 확인과정을 거치지 않은 것은 과학이 아닙니다. 그러나 신앙은 과학적으로 설명해서는 안 됩니다. 신앙은 우선 그 대상이 되는 하나님부터 눈에 보이지 않습니다. 그러니까 다른 것은 두말할 필요도 없지요. 하나님이 눈에 보이지 않는데 기도를 받으시는지 안 받으시는지 어떻게 확인하겠습니까? 하나님이 눈에 보이지 않는데 우리가 드리는 이 예배를 받으시는지 안 받으시는지 어떻게 알겠습니까?

하나님께서는 인간의 이런 악한 생각을 아시고 신앙에 안전장치를 해두셨습니다. 그 안전장치는 진정으로 하나님을 섬기고 있고 하나님의 은혜를 받은 사람들은 참으로 겸손하며 기꺼이 다른 사람에게 복종한다는 것입니다. 십계명의 제1계명이 무엇입니까? '여호와 하나님 외에 다른 신을 네 앞에 두지 말라'는 것입니다. 그리고 윤리에 대한 첫 번째 계명은 제5계명으로서 '네 부모를 공경하라'는 것입니다. 다시 말해서 진정으로 하나님을 섬기고 하나님을 사랑하는 사람은 자기 부모를 무시하거나 학대하거나 업신여길 수가 없다는 것입니다. 진정으로 하나님을 섬기고 하나님을 두려워하는 사람은 기꺼이 자기 자신을 부모의 권위 아래 두고 부모를 공경해야 합니다. 하나님께 은혜 받았다고 하면서 자기 부모를 무시하고 학대하고 업신여기는 사람은 가짜라는 사실을 드러내기 위해 하나님은 이런 안전장치를 만들어 놓으신 것입니다.

에베소서 5장 18절에서 사도 바울은 "술 취하지 말라. 이는 방탕한 것이니 오직 성령의 충만을 받으라"고 교훈하고 있습니다. 그러고 나서 "그리스도를 경외함으로 피차 복종하라"(5:21)고 말씀합니다. 다시 말해서 성령 충만하다는 것은 혼자 기뻐 날뛰면서 남을 무시하고 방종하는 것이 아니라 자신을 기꺼이 다른 사람의 통제 아래 두어서 그들의 정당한 말에 대해 복종하고 순종하는 모습을 통해 확인된다는 것입니다.

예를 들어 아내는 남편에게 복종하고 남편은 아내에게 복종하며, 자식은 부모에게 복종하고 부모는 자식을 사랑하는 관계를 통해서, 또 상전은 자기의 노예들을 학대하지 않고 노예들은 마치 주님을 섬기듯이 주인을 섬기는 모습에서 성령 충만함이 확인되는 것입니다. 만약 성령 충만하다고 하면서 부모를 거역하고 자식을 업신여기거나 남편을 우습게 알고 아내에게 전혀 구속받으려 하지 않는다면 이것은 자기 기분에 취해서 날뛰는 것이지 진정으로 하나님이 주신 은혜가 아닙니다.

우리는 모든 인간 안에 종교적인 본능이나 감정이 있다는 것을 인정해야 합니다. 그래서 꼭 하나님이 주신 성령의 기쁨이 아니더라도, 서로 만나서 자신을 개방하며 자기를 덮고 있던 위선의 탈을 벗으면 굉장한 감동과 기쁨이 오며 종교적인 희열을 느낄 수 있습니다. 그때 그것이 하나님이 주신 은혜인지 아닌지 어떻게 검증할 수 있습니까? 그 뒤에 나타난 겸손의 영을 보면 됩니다. 진정으로 은혜를 받은 사람은 자기 주위에 있는 사람을 소중하게 여기고 기쁨으로 복종합니다.

이스라엘 백성들이 애굽에서 나온 후에 하나님은 시내 산에서 그들과 언약을 맺으셨습니다. 이 시내 산 언약은 하나님의 백성이 어떻게 하나님을 섬겨야 하는지 잘 보여주고 있습니다. 그러나 하나님께서는 가나안 땅에 들어오고 난 후에 다윗과 또 새로운 언약을 맺으셨습니다. 그것은 다윗의 후손을 통해서 이스라엘을 다스릴 것이라는 언약이었습니다.

왜 이런 언약을 새롭게 맺으셨습니까? 시내 산에서 언약한 바대로 이스라엘 백성들이 진정으로 하나님을 섬기고 공경한다면, 그가 세우신 목자인 다윗을 기쁨으로 받아들이고 그의 부족함을 용납하며 그의 인도에 기꺼이 복종할 것이기 때문입니다. 다시 말해서 다윗의 언약은 시내 산 언약의 안전장치인 것입니다. 만약 이스라엘 백성들이 하나님을 잘 섬긴다고 하면서도 다윗의 통치를 거부한다면 이것은 그들의 신앙이 거짓된 것임을 드러내줄 것입니다.

어떤 사람은 너무나도 은혜를 많이 받은 나머지 아무도 그를 도울 수가 없습니다. 그는 어느 누구의 충고도 듣지 않고 교회의 도움도 거부합니다. 그럴 때 그 사람이 받았다는 은혜는 거짓입니다. 이렇게 하나님께서는 눈에 보이는 사람을 통해서 눈에 보이지 않는 하나님께 대한 믿음을 확인하도록 만들어 놓으셨습니다.

하나님은 눈에 보이지 않습니다. 그래서 사람들은 얼마든지 자기 안에 있는 종교적인 본성을 표출하면서, 그리고 실제로는 가지고 있지 않은 하나님에 대한 지식을 표출하면서 마치 그것이 하나님이 주신 은혜인 양 자랑할 수 있습니다. 그러나 하나님께서는 그가 얼마나 정당한 권위에 복종하며 얼마나 자기 자신을 겸손의 영으로 채우느냐를 통해서 그 은혜의 진위를 확인하게 하십니다. 이러한 이중구조를 확인하지 못하면 이 본문은 전혀 해석할 길이 없어집니다.

지금 이스라엘 백성들에게 종교적인 열심이 없어진 것이 아닙니다. 종교적인 열심은 더 강해졌습니다. 그러나 그들의 문제는 다윗의 가문을 인정하지 않는다는 데 있었습니다. 이들의 기질이 너무나도 강했기 때문에 아무도 도울 수가 없었습니다. 이들에게서는 진정한 겸손을 찾아볼 수가 없었습니다. 그때 하나님께서는 이들이 가진 신앙은 거짓 신앙이며 이 거짓 신앙 때문에 그들은 망할 수밖에 없다고 말씀하십니다.

거짓된 마음

하나님께서는 이스라엘 백성들을 '무성한 포도나무' 라고 부르십니다.

이스라엘은 열매 맺는 무성한 포도나무라.
그 열매가 많을수록 제단을 많게 하며
그 땅이 아름다울수록 주상을 아름답게 하도다 (10:1).

이스라엘 백성들은 귀한 열매를 맺는 포도나무였습니다. 포도나무가 열매를 맺으면 어떻게 해야 합니까? 가지를 치고 거름을 주어서 더 많고 좋은 열매를 맺게 해야 합니다. 그런데 이스라엘 백성들이 한 일은 제단을 더 많이 만들고 신의 신상을 새겨놓은 기둥을 아름답게 꾸미는 것이었습니다.

여기에서 '열매를 맺는 포도나무' 라는 것은 이스라엘 백성들이 하나님의 말씀으로 만들어내는 삶을 의미합니다. 이스라엘 백성들의 특징은 이 율법을 실천함으로써 옆 사람들에게 아주 신선한 감동과 충격을 주는 것이었습니다. 하나님께서는 바로 이러한 삶, 하나님의 말씀을 실천함으로써 남에게 기쁨을 주고 낙심한 사람에게 인생의 의미와 소망을 불어넣어 주는 삶을 원하셨습니다.

젊은이라고 해서 다 신선한 것이 아닙니다. 젊은이들을 많이 만나면서 확인하는 것은 맛이 갔다는 것입니다. 젊은이들이 왜 사는지 잘 몰라요. 사는 것이 권태롭고 지겹다고 합니다. 그러나 그리스도인들의 삶은 어떠해야 합니까? 삶이 아주 아름답고 생기 있으며 정말 살아볼 가치가 있다는 것을 다른 이들에게 깨닫게 해주며, 그들이 삶에 대해서 다시 생각해 보도록 격려하는 삶이 되어야 합니다. 이것이 이스라엘 백성들이 주위 사람들에게 줄 수 있는 열매였습니다. 그런데 그들은 그런 열매를 맺으려고 하는 대신, 제단과 주상을 열심히 만들고 화려한 장식으로 건물을 꾸미는 것으로 그 방향을 바꾸었습니다.

2절을 보십시오.

저희가 두 마음을 품었으니 이제 죄를 받을 것이라.

하나님이 그 제단을 쳐서 깨치시며 그 주상을 헐으시리라.

'두 마음'은 의역입니다. 원문에는 '거짓된 마음'이라고 되어 있습니다. 사실 거짓된 마음이나 두 마음이나 같은 것입니다. 하나님께서 이스라엘 백성들에게 원하신 것은 많은 종교행사가 아니었습니다. 건물을 많이 만들고 기둥을 꾸미는 것이 아니었습니다. 하나님께서 그들에게 원하신 것은 계속 하나님의 말씀을 가지고 살면서 이 삶을 통해서 다른 사람들에게 신선한 충격을 주고 기쁨을 주고 희망을 주는 것이었습니다. 마치 더위에 지친 사람에게 신선한 음료를 주어서 힘을 북돋아주는 것처럼 말씀대로 사는 삶을 통해서 남에게 힘을 주고 격려를 주고 "삶이라고 하는 것이 이런 것이구나. 야! 굉장히 멋지고 아름답다!" 하는 소망을 주기 원하셨습니다.

물론 신앙을 가지지 않은 사람들은 건물을 많이 만들고 기둥을 멋있게 꾸미는 것을 보고 탄복합니다. 그들은 신앙의 본질이 종교의식에 있는 것이 아니라 실천에 있다는 것을 모르기 때문입니다. 그들은 단지 신앙인들의 종교적인 열정과 그것이 만들어내는 예술성에 탄복할 따름입니다. 그러나 하나님은 이것을 대단히 불쾌하게 생각하십니다. 하나님께서 기대하신 것은 이런 것이 전혀 아닙니다.

기억하십시오. 하나님이 기대하신 것은 종교적인 업적이나 행사가 아닙니다. 그의 말씀대로 사는 삶입니다. 하나님은 "너희 삶을 보여줌으로써, 자기를 희생함으로써, 자기의 시간을 쪼개어 남을 도와줌으로써 남에게 소망을 주고 기쁨을 주고 희망을 주라고 했지 내가 언제 기둥 세워 놓으라고 했냐"고 하십니다.

왜 그들은 하나님 말씀대로 살지는 않으면서 제단과 기둥만 잔뜩 만들었습니까? 하나님이 눈에 보이지 않기 때문입니다. 믿는다고 하면서 아무것도 안 하면 미안하잖아요? 내 시간과 돈을 쪼개어주는 것은 싫지만 그렇다고 가만히 있으면 안 믿는 사람과 다를 것이 없잖아요? 그러니까 기둥이나 세워놓는 것입니다. 그래서 온통 기둥이고 온통 제단이었어요. 요즘만 교회가 많다고 생각하지 마세요. 이때도 교회가 굉장히 많았습니다. 기둥 천지였어요.

세상 사람들은 예수쟁이들이 기가 막히게 말 잘 하는 걸 보고 감탄합니다. 뭘 물어 보면 자기들이 상상하지도 못한 답을 척척 하거든요. "내가 왜 시간과 돈이 딸리는 줄 알아요? 기둥 때문이에요. 기둥 세우는 건 굉장히 힘든 일입니다. 이것을 우습게 알지 마세요. 나를 우습게 알지 마세요." 그러면 사람들은 감탄합니다. "종교적인 열정 때문에 저렇게 바빴구나. 종교적인 열정 때문에 세금도 안 내고 종교적인 열정 때문에 구제도 안 하고 부모도 굶겼구나. 정말 놀라운 열정이야. 나는 절대로 저렇게 못해." 그러나 하나님은 굉장히 불쾌하게 여기십니다.

물론 신앙이 어려서 진리를 받아먹기는 먹는데 다른 사람과 나눌 수 있는 능력은 아직 자라지 못한 상태에 있을 때가 있습니다. 그런데 이렇게 받아먹기만 하고 옆에 있는 사람과 나누지 못하는 것을 신앙이 어리기 때문이라고 생각하는 것이 아니라 신앙이 좋기 때문이라고 생각하는 것이 문제입니다. "나는 하나님 말씀을 굉장히 많이 받아먹었기 때문에 너희들 같은 죄인하고는 놀 시간이 없어." 그러나 내가 다른 이들과 진리를 나누지 못하는 것은 아직 어려서 그런 것이지 신앙이 좋아서 그런 것이 절대 아닙니다. 이것은 갓난아이의 신앙입니다.

오늘날 우리에게는 하나님께 바치는 만큼 가이사에게도 바쳐야 하는 이중적인 과제가 있습니다. 가이사 없이 하나님께만 헌금을 바치면 얼마나 좋겠습니까? 학교공부는 하지 않고 성경공부만 하면 얼마나 좋겠습니까? 집식구들 밥 해먹이지 않고 마냥 기도만 하면 얼마나 좋겠습니까? 그러나 하나님이 원하시는 것은 그런 것이 아닙니다. 우리는 두 가지를 모두 다 해야 합니다. 하나님께 세금을 바치는 만큼 가이사에게도 세금을 바쳐야 하고 성경공부하는 것만큼 학교공부도 해야 하고 기도에서 기쁨을 누리는 만큼 남편과 애들에게도 밥을 해먹여야 합니다. 이것이 안전장치입니다. 하나님도 믿고 이 세상의 삶도 살아야 하는 이 두 가지 의무가 안전장치예요.

멍에를 지기 싫어하는 사람은 자기 자신을 속이는 사람입니다. 학교공부는 완전히 팽개쳐놓고 존 스토트 책만 읽으면 존 스토트가 여러분을 속일 것입니다. 가정생활 다 팽개쳐놓고 로이드 존스 설교집만 읽으면 로이드 존스가 여러분을 속일 것입니다. 삶이라는 이 안전장치, 이 부담이 없다면 얼마나 편하겠습니까? 밥도 해먹지 않고 직장생활도 하지 않고 시집식구들도 없는 곳이 있다면 얼마나 좋겠습니까? "오, 주여. 왜 시집을 만드셨습니까?" 그러나 시어머니가 있는 이것이 진정한 부부사랑의 안전장치입니다.

이스라엘의 기질은 변하지 않는다

이스라엘 백성들이 참으로 하나님 앞에서 말씀을 들었다면, 그들이 정말 은혜 받은 자였다면 기질이 바뀌었을 것입니다. 그러나 이스라엘 백성들은 기질이 변하지 않았습니다. 오히려 얼마나 자존심이 센지 아무도 이스라엘 백성들을 건드릴 수가 없었습니다. 3절을 보십시오.

저희가 이제 이르기를
"우리가 여호와를 두려워 아니하므로
우리에게 왕이 없거니와
왕이 우리를 위하여 무엇을 하리요?" 하리로다.

이스라엘에는 왕이 필요없었습니다. '하나님도 우리에게 소용이 없는데 왕이 우리에게 무엇을 해주겠느냐'는 것이 그들의 생각이었습니다. 왕이 없어도 자기네들끼리 알아서 잘하고 있다는 것입니다. 그러나 이스라엘의 왕은 단순한 통치자가 아니었습니다. 이스라엘의 왕은 백성들이 방황할 때 그들을 하나님께 인도하는 목자였습니다. 하지만 이스라엘 백성들은 "왕이 우리에게 무슨 소용이 있어? 지가 뭔데 말이야. 우리가 왕보다 더 잘 안다구. 르호보암, 그 사람 소용없어. 그렇게 가르쳐도 돌대가리처럼 알아듣지도 못하잖아? 르호보암은 안 돼" 하면서 다윗의 집안을 거부했습니다. 그런데 막상 문제가 생기자 그들을 하나님께 인도할 목자가 없었습니다. 바른 목자들을 다 잡아죽였기 때문입니다.

　그들이 왜 목자들을 잡아죽였습니까? 하나님의 목자는 계속 죄를 가지고 설교를 하기 때문입니다. 처음에 가난하고 힘이 없었을 때는 그들의 말을 듣고 회개했습니다. 그런데 나중에 돈이 좀 생기고 배에 기름이 좀 끼고 보니까 회개 안 해도 장사가 잘 되는 거예요. 하나님의 말씀을 좀 거역해 봤는데 그래도 돈이 더 잘 벌리는 것입니다. 그러니까 그때부터는 회개하기를 싫어합니다. 그때부터는 참된 목자를 멀리하고 거짓된 목자를 찾으며, 자기 기분을 좋게 해주고 아첨해주는 목자를 찾습니다.

　돈이 좀 있고 직책이 있는 사람이 교회에 올 때는 말씀을 들으러 오는 것이 아니라 교회를 도우려고 옵니다. 그래서 말씀을 들을 생각은 하지 않고 "재정이 어렵지요?" 하는 말부터 합니다. 그러나 하나님이 원하시는 것은 교회 재정을 돕는 것이 아닙니다. 하나님이 원하시는 것은 내 기질을 꺾는 것입니다.

　오늘 본문에서 하나님의 율법은 '멍에'로 표현되고 있습니다. 하나님의 율법의 멍에는 애굽에서 노예생활 하던 멍에에 비하면 너무나도 가벼운 것이었습니다. 이 율법의 멍에는 이웃을 사랑하는 것이었습니다. 그러나 이스라엘 백성들은 이 멍에가 너무 힘들다고 불평했습니다. "이웃을 사랑하라니요! 왜 이렇게 힘든 짐을 우리에게 주십니까?" 그러나 하나님은 만일 이웃을 사랑하는 책임이 싫다면 애굽으로 돌아가야 한다고 말씀하십니다.

　11절을 보십시오.

"에브라임은 마치 길들인 암소 같아서 곡식 밟기를 좋아하나
내가 그 아름다운 목에 멍에를 메우고
그의 위에 사람을 태우리니
유다가 밭을 갈고 야곱이 흙덩이를 깨뜨리리라."

　이스라엘은 농사를 짓는 사회이기 때문에 호세아는 농사 비유를 많이 들고 있습니다. 그들은 암소를 두 가지 방식으로 다루었습니다. 잘 길들여진 암소에게는 곡식을 밟아 추수하는 일을 시켰습니다. 암소 중에서도 곡식을 밟는 암소는 최고였습니다. 곡식을 밟는 일은 놀면서도 할 수 있는 일이고, 특히 추수하는 암소의 입에는 굴레를 씌우지 않기 때문에 닥치는 대로 먹을 수 있거든요. 그래서 암소가 추수밭에 간다는 것은 특급대우를 받는 것입니다.

　그러나 전혀 길들여지지 않은 암소에게는 밭을 갈고 흙덩이를 부수는 일을 시켰는데, 이것은 가장 힘든 일이었습니다. 그리고 그것조차 안 되는 암소는 사람이 그 위에 올라타서 일을 했습니다. 그러니까 그 암소는 사람도 태우고 땅도 파고 흙도 부수어야 하는 것입니다. 완전히 노예의 일이지요. 원래 이스라엘 백성들은 애굽에서 이런 노예 일을 했습니다. 그런데 하나님께서는 애굽 바로의 멍에를 깨뜨리시고 아름다운 율법의 멍에, 곧 다른 사람을 사랑하는 멍에를 주셨습니다. 만약 이것이 싫다면 다시 사람을 태우고 땅 파는 일을 해야 합니다.

　여러분, 복음은 자유가 아닙니다. 복음은 멍에를 메는 것입니다. 모든 것을 다 할 수 있지만 사랑 때문에 자기 마음대로 다 하지 않

는 것, 이것이 복음이 우리에게 지워준 멍에입니다. 하나님께서는 이런 자들을 곡식 밟는 암소처럼 귀하게 대접하십니다. 하고 싶은 것이 많지만 하고 싶은 대로 하지 않는 소를 하나님은 추수밭으로 보내십니다. 그러니까 밭에서 그냥 실컷 먹고 밟으면 되는 거예요.

사실은 그 사람 속에도 욕망이 있습니다. 자기도 하고 싶은 것이 굉장히 많아요. 그런데 사랑 때문에, 다른 영혼에 대한 부담 때문에 그런 것을 하지 않고 가만히 있을 때 하나님께서 "죽지 않을 정도로만 먹어라" 하시면서 추수밭으로 보내시는 겁니다. 하나님은 그런 사람들을 굉장히 귀하게 생각하시며 그들의 기도를 소중하게 이루어 주십니다.

사람이 한번 죄에서 해방되고 나면 할 일이 스무 가지도 넘어요. 컴퓨터, 운전, 테니스, 볼룸댄스까지 왜 이렇게 안 배운 것이 많은지 아무리 시간표를 짜도 24시간이 모자랄 지경입니다. 그래서 기도합니다. "하나님, 36시간으로 늘려 주십시오. 아니면 일주일에 하루를 더 주시면 안 될까요? 구원해 주셨으면 이 정도는 해줘야 하는 것 아닙니까?" 그때 하나님이 뭐라고 하십니까? "치워라, 치워. 쟤, 애굽으로 보내버려."

나에게 주어진 자유를 건드리는 사람은 아무도 없습니다. 이렇게 쓸 수도 있고 저렇게 쓸 수도 있어요. 내 젊음은 내 마음대로 쓸 수 있습니다. 아무도 건드리지 않습니다. 그러나 그렇다고 해서 자기의 젊음을 아무렇게나 쓰는 사람, 제 맘대로 사는 사람, 밤인지 낮인지, 토요일인지 일요일인지, 자기가 어디에 있는지 구별이 안 될 정도로 뛰어다니는 사람은 결국 자기 위에 누가 올라타서 계속 노예의 일을 시키는 것을 경험하게 될 것입니다.

그러나 나에게 주어진 자유가 너무 귀하기 때문에 마음대로 쓰지 않는 사람은 하나님이 귀하게 여기십니다. 다윗이 샘물을 보고 마시고 싶어했을 때 세 용사가 목숨을 걸고 그 물을 떠왔습니다. 그때 그 물을 덥석 마시면 안 되지요. 그것은 그냥 물이 아니에요. 사랑하는 세 용사가 생명을 걸고 길어온 물입니다. 만약 다윗이 그것을 덥석 마시면서 "물맛이 좋구나" 했다면 사람들은 전부 다윗을 떠나고 말았을 것입니다. 그러나 다윗이 "내가 실수했구나. 내가 말을 잘못했다. 이 물은 마시면 안 돼. 여호와께 드려야겠다"고 했을 때 하나님은 다윗을 존귀하게 대접하셨습니다.

4절을 보십시오.

저희가 헛된 말을 내며 거짓 맹세를 발하여 언약을 세우니
그 재판이 밭이랑에 돋는 독한 인진 같으리로다.

이스라엘 백성들이 거짓말을 했다는 것은 다른 것이 아니라, 법정에서 거짓 증거를 해서 다른 사람의 땅을 빼앗은 것입니다. 그러니까 호세아서를 읽으면서 거짓말, 거짓 증거, 거짓 맹세라는 말이 나오면 바로 '땅을 빼앗으려고 한 짓'이라고 이해하면 됩니다. '인진'은 굉장히 어려운 한자인데, 밭에 가다가 한번 닿으면 온몸에 부스럼이 돋는 아주 무서운 독초입니다. 우리 나라의 옻나무를 생각하면 좋을 것입니다. 인진이 곧 옻나무는 아니지만 특징은 옻나무와 똑같습니다. 길을 가다가 이 풀이 몸에 스치면 온통 부스럼이 돋

아서 굉장히 고통을 받습니다. 죽는 것은 아니지만 차라리 죽고 싶을 정도로 가렵고 고통스럽습니다.

이스라엘의 재판이 그랬습니다. 누가 자기 땅을 빼앗으려고 하면 그냥 빼앗겨 버리는 게 나아요. 그 땅을 빼앗기기 싫어서 재판을 시작하면 멀쩡한 사람을 오라 가라 하면서 괴롭히기 시작하는데, 차라리 그냥 빼앗기고 마는 것이 낫지, 고생은 고생대로 하고 땅은 땅대로 빼앗기고 추방은 추방대로 당하고 맙니다. 이처럼 재판이 인진 같았다는 것은 탐욕 때문에 의로운 사람을 굉장히 욕보였다는 뜻입니다.

이스라엘 사회에서는 공의나 정직을 찾아볼 수 없었습니다. 그 대표적인 희생자가 나봇입니다. 아합이 포도원을 달라고 했을 때 그냥 줘버렸으면 되는데, '이것은 하나님이 주신 것'이라고 하면서 지키려다가 결국 거짓 재판에 넘어가서 돌에 맞아 죽었습니다. 나봇은 아주 미련한 사람입니다. 땅을 빼앗으려고 하면 그냥 줘버려야 해요. 그리고 떠나라고 하면 떠나버려야 합니다. 거기서 괜히 정의니 공의의 심판이니 하다가는 맞아 죽습니다.

하나님의 백성들이 사는 삶은 멍에를 메는 삶입니다. 이 멍에는 다른 사람의 행복을 위해서 자기의 욕망과 기질을 절제하는 것입니다. 그렇게 하지 않을 때 하나님께서 보여주시는 것은 하나밖에 없습니다. 곧 그들의 자유를 빼앗으시는 것입니다. 자신의 자유를 다 사용하는 자는 그 자유를 빼앗기게 될 것입니다. 그러나 자신의 욕심에 멍에를 씌워서 하나님과 다른 사람을 위해 시간을 바치는 사람은 하나님께서 굉장히 귀하게 대접하실 것입니다.

오늘 우리는 남 때문에 시간을 쓰거나 남 때문에 고통을 받을 때 어쩔 수 없이 그렇게 하면서도 입이 너무 많이 튀어나옵니다. 도무지 기쁘지가 않은 거예요. "지가 뭔데 내 시간을 써야 하고 지가 뭔데 나에게 이런 고통을 주냐 말이야!" 그때 하나님께서는 "쟤는 다른 밭에 보내야 되겠는데" 하는 결론을 내리실 것입니다. 자기 맘대로 살고 싶지 않은 사람이 어디 있으며, 하고 싶은 소리 참아가면서 살고 싶은 사람이 어디 있겠습니까? 그러나 그렇게 하지 않는 이유는 그것이 참으로 나를 복되게 하는 길이며 하나님의 은혜를 받는 길임을 알기 때문입니다.

9절 말씀을 보십시오.

> "이스라엘아, 네가 기브아의 시대로부터 범죄하였거늘
> 무리가 기브아에 서서 흉악한 족속을 치는 전쟁을
> 거기서 면하였도다."

기브아 사람들은 동성연애자들이었습니다. 그들은 레위인을 겁탈하려고 하다가 그 대신 그의 첩을 밤새도록 겁탈하여 죽였습니다. 문제는 그 다음입니다. 온 이스라엘 백성들이 모여서 이 동성연애자들을 내놓으라고 했을 때 베냐민 사람들은 그렇게 할 수 없다고 했습니다. 이들을 내놓으라고 하는 것은 정당한 요구였지만 이 요구를 받아들이기에는 베냐민 사람들의 자존심과 기질이 너무 강했습니다. "너희가 뭔데 우리 호모들을 내놓으라고 그러냐? 우리 베냐민에서는 호모도 권리가 있고 호모도 살아야 한다."

베냐민의 기질과 자존심과 어느 누구에게도 간섭받기 싫어하는 마음은 하나님을 섬기는 마음이 아니었습니다. 죄를 두둔하는 것은 사랑이 아닙니다. 아무리 나와 친한 사람이라고 하더라도 죄를 두둔하는 것은 절대로 잘하는 것이 아닙니다. 그래서 온 이스라엘이 이 흉악한 족속을 치는 전쟁을 했는데 이 전쟁으로 베냐민 족속이 다 죽을 뻔했습니다. 겨우 600명만 남았어요. 그런데 이번에는 그나마 600명도 남지 않는다고 하십니다.

우리는 얼마든지 자기의 종교적인 열성과 기질을 신앙으로 오해할 수 있습니다. 그래서 하나님은 눈에 보이지 않는 가스를 추적하듯이 우리의 신앙을 추적할 수 있도록 이러한 사회관계와 다른 사람에게 기꺼이 자신을 내어주는 봉사의 마음을 안전장치로 주셨습니다. 성령 충만한 사람은 성령 충만하면 할수록 다른 사람을 위해 손해 보는 것을 두려워하지 않으며, 다른 사람에게 사기당하는 것을 두려워하지 않고, 다른 사람의 공격을 두려워하지 않습니다. 왜냐하면 하나님이 주신 기쁨이 나를 지키고 있기 때문입니다.

현대에 올수록 교회생활이 소홀해지고 있는데, 이것은 사탄이 우리에게 주는 혼동입니다. 교회생활은 아주 중요합니다. 가정생활도 아주 중요합니다. 직장생활도 아주 충실하게 해야 합니다. 이것이 우리 신앙의 안전장치입니다. 가정에 살림살이가 없는 것은 없는 것이고 나는 내 의무를 다 해야 합니다. 우리집에 믹서기가 없다고 해서 밥도 안 하고 드러누울 권리는 없는 거예요. 믹서기가 없으면 그냥 손으로 하면 됩니다.

직장에서 마음에 들지 않는 상관이 있습니까? 한번 기꺼이 복종해 보십시오. 자존심은 좀 상할지 몰라도 다른 사람들은 굉장히 신선한 충격을 받을 것입니다. "아니, 저런 인간을 인간대접하는 사람이 다 있네! 참 신선하다." 또 전에는 남편한테 "이 인간, 저 인간" 하던 아내가 어느 날 "주님" 하면서 섬길 때 남편은 "아직도 저런 여자가 있다니!" 하면서 신선해 합니다. 이것이 하나님이 우리에게 주신 기독교의 본질이지요.

직장에서는 맨날 식사시간 30분 전에 사라지고 반찬은 절대로 나누어 먹는 법이 없고 주일 지킨다고 당직은 절대 안 서려고 할 때, 동네에서 온갖 야비한 짓과 얌체짓은 다하고 반찬 떨어지면 와서 얻어 가면서 자기 것은 절대 안 내놓는 부인이 구역예배 때는 온갖 것을 다 차려놓을 때 사람들은 삶을 더 지겹게 느끼며 불평할 것입니다.

오늘날 사람들의 종교적인 열심을 하나님은 정직하지 않게 보십니다. "내가 언제 기둥을 세우라고 했고, 그렇게 비싼 돈을 들여서 첨탑을 세우라고 했냐"고 하십니다. 사람들은 "이거 하느라고 너무 어려워서 도무지 옆에 있는 사람들을 돌아볼 틈이 없었구나" 하면서 놀라워할지 몰라도, 하나님은 불쾌히 여기시면서 "어떻게 그것이 종교의 본질이고 기독교의 생명이냐"고 물으십니다. 그래서 안전장치가 꼭 있어야 합니다. 안전장치가 없으면 신앙이 아닌 것을 신앙으로 생각하고, 성령이 주신 감동이 아닌 것을 성령이 주신 감동으로 착각해서 혼자 미쳐 날뛰다가 결국 망하고 마는 것입니다.

교만의 결과

이스라엘의 고집은 벧엘에 있는 송아지만큼이나 완고했습니다. 5절과 6절을 보십시오.

사마리아 거민이 벧아웬의 송아지를 인하여 두려워할 것이라.
그 백성이 슬퍼하며 그것을 기뻐하던 제사장들도 슬퍼하리니
이는 그 영광이 떠나감이며,
그 송아지는 앗수르로 옮겨다가 예물로 야렙 왕에게 드리리니
에브라임은 수치를 받을 것이요
이스라엘은 자기들의 계의를 부끄러워할 것이며

이스라엘 백성들이 고집스럽게 붙들었던 신앙은 벧엘의 송아지 신앙이었습니다. 그들이 이 송아지를 좋아했던 이유는 자기들에게 이래라 저래라 간섭하지 않았기 때문입니다. 송아지는 항상 웃고 있습니다. 아예 항상 웃는 얼굴을 새겨 놓았어요. 그러나 하나님은 그들이 이 송아지 때문에 부끄러워하게 될 것이라고 말씀하십니다.

송아지의 문제가 무엇입니까? 편할 때 웃는 것은 좋지요. 그런데 위기가 왔는데도 웃고 있다는 것이 문제입니다. 만사가 편할 때는 하나님이 세운 목자가 아닌 사람들이 그렇게 좋을 수가 없어요. 입에 먹을 것만 갖다주면 절대로 짖는 법이 없습니다. 그러나 문제는 위기의 순간에도 짖지 않는다는 것입니다. 개가 너무 시끄러워서 목수술을 해서 소리를 못 내게 만들었습니다. 개가 짖지 않으니까

참 좋아요. 그런데 도둑이 왔을 때도 안 짖는 게 문제지요.

신앙은 위기에 사용되어야 신앙입니다. 내가 다급할 때, 내 생명이 위태로울 때 여호와께서 임하시고 나에게 놀라운 승리를 주시는 것이 신앙이고, 내가 방황하고 있으며 생의 위기에 처해 있을 때 안전한 곳으로 인도해주는 사람이 진짜 목자입니다. 그런데 송아지는 위기가 와도 그냥 가만히 있습니다. 결국 이 송아지는 깡패왕이라는 별명을 가진 앗수르의 야렙 왕에게 예물로 바쳐질 것입니다.

이 당시의 전쟁은 모두 신들의 전쟁이었습니다. 전쟁에서 지면 자기 신을 바쳐야 합니다. 그러니까 송아지가 야렙 왕에게 바쳐지는 것입니다. 이스라엘 백성들은 여기에 극도의 수치를 느꼈습니다. 왜 그렇습니까? 그들은 이 송아지를 진짜로 믿었기 때문입니다. 그들에게는 이 송아지가 모든 것이었습니다. 그들은 송아지를 만들어놓고 대충 하나님으로 생각한 것이 아니라, 정말 그들에게 임재해서 복을 주는 하나님으로 믿었습니다. 그런데 결정적인 순간에 보니까 송아지는 쇳덩어리에 불과했습니다.

8절을 보십시오.

이스라엘의 죄된 벧아웬의 산당은 패괴되어
가시와 찔레가 그 단 위에 날 것이니
그때에 저희가 산더러
"우리를 가리우라" 할 것이요
작은 산더러 "우리 위에 무너지라" 하리라.

산에게 자신들을 가려달라는 것은 이대로 끌려가느니 산에 깔려 죽는 것이 낫다는 것입니다. 자존심이 센 사람이 하루아침에 거지가 되거나 죄인이 되어서 끌려가야 한다면 차라리 죽는 길을 택할 것입니다. 얼마 전에 어느 교수가 자기 아버지를 살해해서 잡혀 간 적이 있습니다. 그 교수가 원하는 것이 바로 산이 무너지는 것입니다. 그는 어제까지만 해도 존경받는 교수이자 경제학 박사였습니다. 그러나 하루아침에 아버지를 죽인 죄인이 되었습니다. 그의 심정이 어떻겠습니까? 산이 무너져서 그 아래 깔려 죽었으면 차라리 좋겠다는 마음일 것입니다.

이스라엘 백성들이 왜 이렇게 되었습니까? 이것은 모두 거짓된 것을 믿은 결과입니다. 믿어도 너무 믿었고, 교만해도 너무 교만했습니다. 얼마나 교만했는지 모든 것이 다 송아지로 통했습니다. 송아지 자존심, 송아지 고집, 송아지표 가방, 모든 것이 송아지였습니다. 그러던 사람들이 야렙 왕에게 끌려가면서도 그냥 웃는 송아지를 보니까 '이제 죽어야겠구나' 하는 생각이 드는 거예요.

예수님께서는 십자가를 지고 가시면서 앞으로 예루살렘 사람들이 이렇게 되리라고 말씀하셨습니다. 그들은 예루살렘을 믿었지만 이 성이 망할 때 산에서 깔려 죽기를 바라게 될 것입니다. 요한은 계시록에서 모든 왕들과 장군들과 부자들이 그리스도의 영광 앞에서 이런 말을 할 것이라고 말합니다.

땅의 임금들과 왕족들과 장군들과 부자들과
강한 자들과 각 종과 자주자가 굴과 산 바위틈에 숨어

산과 바위에게 이르되

"우리 위에 떨어져 보좌에 앉으신 이의 낯에서와

어린 양의 진노에서 우리를 가리우라"(계 6:15-16).

이 모든 것이 헛된 것을 믿은 결과입니다. 신이 아닌 것을 신으로 믿는 자들, 점괘를 믿는 자들, 사람의 말을 믿는 자들, 자기 생각을 절대적으로 믿는 자들의 결과는 바로 이렇게 무섭고 수치스러운 심판입니다. 신앙이 없는 사람은 그냥 재수없다고 하면서 끌려갑니다. 그런데 송아지를 믿었던 사람, 자기 나름대로 신앙적인 열정을 가졌고 자기 나름대로 잘 믿었으며 자기 나름대로 체험이 있었던 사람은 너무나 수치스러워서 "왜 산이 무너지지 않을까? 저 바위가 그냥 굴러내려서 나를 찍어 버렸으면" 한다는 것입니다.

사람들은 무언가 한 가지를 믿고 삽니다. 이 믿음이 강하면 강할수록 하나님의 말씀을 무시하고 죄를 두려워하지 않습니다. 그러나 그 결과는 무서운 심판입니다. 무슨 말입니까? 자기 나름대로는 다 이유가 있고 타당한 근거가 있었습니다. 그러나 그 믿음이 여지없이 깨지는 것을 볼 때 수치를 견디지 못하게 된다는 것입니다.

여러분, 자기 기질을 신앙으로 생각해서는 안 됩니다. 누구에게나 있는 종교적인 본능을 신앙으로 생각해서는 안 됩니다. 한때 기뻤던 것, 한때 감동을 주었던 것은 신앙이 아닙니다. 신앙은 하나님 한 분만 의지하는 것이며 예수 그리스도 외에는 대책이 없는 것입니다. 그분이 주신 은혜는 겸손을 통해서 나타나게 되어 있습니다. 겸손하게 하지 않는 은혜는 은혜가 아닙니다. 그것은 자기 자신을 속이는 것이며, 결국 "산아, 내 위에 무너져라!" 하고 부르짖는 결과를 낳을 것입니다.

하나님이 원하시는 것

오늘 중요한 내용은 이 네 번째 말씀에 나옵니다. 오늘 말씀은 이 정점을 향해 전개되고 있습니다. 하나님께서 이스라엘 백성들에게 원하신 것이 무엇입니까? 그것은 오직 하나, 묵은 땅을 갈아엎는 것입니다. 아직까지 한 번도 쟁기질을 하지 않아서 단단해질 대로 단단해진 그 땅을 갈아엎기만 하면 비는 하나님이 내리시겠다는 것입니다. 12절을 보십시오.

> "너희가 자기를 위하여 의를 심고 긍휼을 거두라.
> 지금이 곧 여호와를 찾을 때니 너희 묵은 땅을 기경하라.
> 마침내 여호와께서 임하사 의를 비처럼
> 너희에게 내리시리라."

지금 여호와를 찾으라는 것입니다. 송아지를 찾지 말고 하나님을 찾으라는 것입니다. 하나님을 찾는다는 것이 무엇입니까? 묵은 땅을 기경하는 것입니다. 묵은 땅은 아직까지 한 번도 갈아본 적이 없는 단단한 땅입니다. 그야말로 완고하고 절대적이어서 어느 누구의 쟁기나 호미도 허락하지 않았던 성역, 어느 누구의 간섭도 거부했던 절대적인 부분을 갈아엎으라는 것입니다. 그래야 너희들이 살 수 있다는 것입니다.

호세아는 "모든 정황이 너희들을 분명히 멸망시키는 길로 가고 있지만 지금도 늦지 않다"고 말합니다. 아무리 하나님께서 심판을 작정하셨다고 하더라도 아직은 기회가 있습니다. 그 기회는 지금이라도 하나님을 찾는 것이며, 아직 한 번도 손대본 적이 없는 묵은 땅을 갈아엎는 것입니다. 하나님 앞에 절대로 포기할 수 없었고 양보할 수 없었던 나의 영역, 완고하게 지키려고 했던 영역을 갈아엎는 것입니다. "맞아죽는 한이 있어도 내가 옳고 저 사람이 틀렸어" 하던 사람이 "내가 틀릴 수도 있다. 내가 잘못일 수도 있다. 내 생각이 아닐 수도 있다"고 하는 것입니다.

이스라엘 백성들의 묵은 땅이 무엇이었습니까? 땅에 대한 욕심이었습니다. 그들이 부유해질 수 있는 길은 땅을 더 차지하는 것밖에 없었습니다. 그래서 가난한 자들이 빚을 갚지 못할 때 수단과 방법을 가리지 않고 그들의 땅을 빼앗았습니다. 이제 그들이 할 수 있는 것이 무엇입니까? 그것을 포기하는 것입니다. "땅을 많이 차지하는 것이 분명히 이 땅에서는 잘사는 길이지만 이것은 하나님을 원수되게 하는 길이다. 땅을 포기하자. 원래 나에게 주신 삶으로 만족하자" 하는 그것이 묵은 땅을 기경하는 것입니다. 전혀 필요없으면서도 차지하고 있는 것들, 남에게 주어야 할 것인데 내가 차지하고 있는 영역들, 쓸 일도 없으면서 그냥 차지하고 있는 돈과 땅과 재물을 포기하는 것이 묵은 땅을 기경하는 것입니다.

사람들은 저마다 묵은 땅을 가지고 있으며, 끝까지 포기하지 않는 영역을 가지고 있습니다. 어떤 사람에게는 자식이 절대적인 존재입니다. 다른 것은 다 신앙적으로 되는데 자식은 하나님도 못 건드립니다. 그러나 "하나님, 내 자식만큼은 안 됩니다" 할 때 하나님은 "안 되는게 어디 있느냐? 그놈부터 갈아엎어라"고 하십니다. 그러니까 이 부모에게는 "이 자식은 내 자식이 아닙니다. 하나님이 주신 선물입니다" 하는 것이 갈아엎는 것입니다.

어떤 사람은 공부에서는 하나님을 인정하지 못합니다. "하나님, 저는 공부를 위해 태어났습니다. 내 삶은 공부를 위한 거예요." 그러던 사람이 "나도 무식할 수 있다. 이 공부를 중단할 수도 있다" 하고 단정을 내리면서 수많은 아르바이트와 만남과 교제를 포기하는 그것이 묵은 땅을 기경하는 것이지요. 어떤 사람은 끝까지 유학을 포기하지 않습니다. 유학 갈 가능성이 없는데도 포기하지 않아요. 그것을 갈아엎을 때 굉장한 일이 일어나는데도 그것을 버리지 못합니다.

내가 완강하게 고집하고 있는 그 영역이 하나님의 은혜를 고갈시킵니다. 하나님은 나를 마음대로 쓰실 수 있습니다. 우리가 매일 드리는 기도가 그것 아닙니까? "하나님, 오늘도 하나님이 저를 써주십시오. 너무너무 귀한 오늘 하루를 제 욕심을 위해서 보내지 않게 해주십시오." 여러분, 하루종일 공부하는 것은 굉장히 기분 좋은 일입니다. 아무 간섭도 받지 않고 내 맘대로 음악 듣고 TV 보고 책 읽는 것은 굉장히 기분 좋은 일입니다. 그런데 바로 그런 것을 갈아엎으라는 것입니다.

저도 공부에 대한 집념이 강했습니다. 머리는 나빠도 공부에 대한 집착은 오랫동안 버리지 못해서 손에서 책을 떼지 못했습니다.

그런데 지금은 하나님 앞에서 책을 버렸습니다. 책 한 권 읽지 않고 몇 달이 지나도 그렇게 기쁠 수가 없습니다. 지금은 굉장히 무식해져 있어요. 그게 제 아픔입니다. 그러나 앞으로도 저는 그렇게 살려고 합니다.

오늘날 교회의 묵은 땅은 성장에 대한 집착이라고 생각합니다. 물론 교회는 자라고 있으며 자라야 합니다. 그러나 교회의 순수성을 포기해 가면서까지, 복음을 양보해 가면서까지 무조건 크게 만들려고 하는 것은 묵은 땅입니다. 이것이 오늘날 교회를 너무나도 타락시키고 있어요. 목회자가 이것을 벗어버리지 못합니다. 이것을 갈아엎기 전에는 교회가 참 사랑을 회복할 수 없습니다.

오늘 교인들의 묵은 땅은 무엇입니까? 그것은 이 세상에서 잘살고 싶어하는 욕심입니다. 이 세상에서 남들 못지 않게 잘살아 보겠다고 생각하는 것, 하나님의 축복의 부스러기를 축복 그 자체나 하나님의 말씀과 동등하게 생각하는 것, 오히려 그보다 더 중요하게 생각하는 이것이 묵은 땅입니다. 그래서 그리스도인들이 고난을 싫어하고 고난에 준비되어 있지 않습니다. 사랑받고 위로받는 데에는 익숙한데 고난이 오면 굉장히 침체됩니다. 또 죄에 대한 책망 듣기를 싫어하고, 듣기 좋은 달콤한 소리와 아첨에 익숙합니다. 이것이 바로 벧아웬의 송아지요 사마리아의 왕입니다.

우리가 절대시하는 이 묵은 땅을 갈아엎을 때 하나님은 어떤 일을 일으키겠다고 약속하십니까?

"마침내 여호와께서 임하사 의를 비처럼

너희에게 내리시리라" (10:12하).

　이스라엘을 떠나셨던 여호와께서 임재하시겠다고 약속하십니다. 다시 이들을 찾아오셔서 영광을 회복시켜 주시고 의를 비같이 쏟으시겠다고 말씀하고 있습니다. 내가 손해 본 것은 돈 몇 푼인데 나타난 결과는 의가 하수같이, 공법이 물같이 쏟아지는 것입니다. 나는 너무 작은 것을 손해 봤는데 나타난 결과는 폭포수 같은 성령의 능력입니다. 삶의 변화입니다. 하나님의 영광의 회복입니다.

　그리스도인들은 손해 본 만큼 하나님의 은혜를 누리게 되어 있습니다. 주님을 위해서 목숨을 버린 자는 그 목숨만큼 그 영광과 능력을 체험할 것입니다. 주님 때문에 학벌을 잃고 재산을 잃은 사람은 잃은 만큼 하나님의 축복을 누릴 것입니다. 그러나 주님 때문에 잃은 것이 없는 사람은 얻는 것도 없을 것입니다. 그리고 주님의 이름을 악용해서 득을 본 자는 그 득을 본 만큼 고통을 당하게 될 것입니다.

　나에게 필요한 것이 있었습니다. 나에게는 아까운 것이었어요. 그런데 그것을 포기하고 조금 손해를 봤습니다. 그렇게 하나님의 약속을 믿고 나의 마지막 남은 자존심, 마지막 남은 미련을 포기했더니 마치 봇물이 터지듯이 하나님의 의가 회복되는 역사가 일어나는 거예요. 하나님은 우리가 그렇게 할 때 사람의 가치가 회복되고 개인의 삶이 회복되고 가정이 회복되고 교회가 회복되는 역사가 폭우같이 쏟아질 것이라고 약속하십니다.

　내 안에 있는 그 딱딱한 고집, 포기하기 싫은 자존심, 주님이 말씀하심에도 불구하고 완강하게 거부하고 있는 영역, 내 안에 있는 신전, 하나님의 뜻이 아닌데 송아지처럼 추구했던 이 욕망들을 포기하기 전까지는 하나님이 임재하지 않으십니다. 성령이 임재하지 않으십니다. 지금 교회들이 화려하게 세우는 주상과 제단들을 포기하기 전에는 성령이 그 공동체에 임하시지 않을 것입니다. 참으로 낮아지는 자들에게 하나님의 은혜가 임합니다. 부자가 많고 박사가 많은 교회가 좋은 교회가 아닙니다. 하나님의 은혜는 낮은 곳으로 임하게 되어 있습니다.

우리가 하나님의 은혜를 받기 위해서 해야 할 일이 무엇입니까? 더 강하게 기도하고 더 간절히 매달리는 것이 아닙니다. 하나님은 지금 그렇게 하지 말라고 이야기하십니다. 내 속에 남아 있는 그 마지막 자존심, 마지막 고집, 포기하지 못한 욕심을 갈아엎어서 다른 사람이 거기에 농사를 짓게 할 때, 내가 유학 가려고 했던 돈을 남이 쓸 때, 내 시간을 남이 쓸 때, 내 머리를 남이 쓸 때, 그때 의가 비같이 임하시고 성령이 임하신다는 것입니다.

아주 조금 손해 봤는데 나타난 결과는 넘치는 강입니다. 감당할 수 없는 은혜의 역사입니다. 내 감정과 내 기질과 내 믿음의 분량을 뛰어넘는 성령의 역사입니다.

여러분, 성령이 왜 임하시지 않는지, 왜 하나님의 의가 폭우같이 쏟아지지 않는지 고민할 필요가 없습니다. 이유는 단 하나, 내 고집과 자존심과 욕심을 절대로 포기하지 않기 때문입니다. 자기 생각 그대로 가기 때문입니다. 그런 사람이 만약 성령을 체험했다면 그것은 성령의 역사가 아닙니다. 자기의 기질과 누구나 가지고 있는 종교적인 본성이 일시적으로 표출되었을 뿐입니다.

기억하십시오. 복음은 멍에를 메는 것입니다. 우리는 반드시 두 멍에 중에 하나를 메야 합니다. 사랑의 멍에를 메고 자발적으로 다른 사람을 섬기든지, 아니면 사람이 내 위에 올라타서 죽도록 부려 먹게 하면서 거기서 약간 떨어지는 명예와 돈으로 만족해야 합니다.

13절을 보십시오.

> "너희는 악을 밭갈아 죄를 거두고 거짓 열매를 먹었나니
> 이는 네가 네 길과 네 용사의 많음을 의뢰하였음이라."

거짓 열매를 먹었다는 것은 자기 것이 아닌데 먹었다는 뜻입니다. 그들은 하나님께서 자기들에게 주신 것으로 만족하지 못했습니다. 그들은 하나님이 주신 선을 넘어서서 무한히 부요하려고 했습니다. 그리고 이처럼 하기 위해서는 악을 밭갈고 죄를 거둘 수밖에 없었습니다. 그들이 하나님을 두려워하지 않는 이유가 무엇입니까? 아직 자기들에게는 길도 많고 용사도 많다고 믿었기 때문입니다. 그들은 하나님 앞에서 자신을 포기하기에는 너무나 똑똑하고 길이 많다고 생각했습니다. 그래서 그 기질과 교만을 포기하지 않고 악를 밭갈고 죄를 거두는 생활을 계속했습니다. 호세아는 얼마 전에 살만이 쳐들어와서 벧아벨에서 부모와 자식을 함께 쳐죽였던 그런 일이 벧엘과 사마리아에 곧 나타날 것이라고 예고합니다.

중심이 변하지 않는 종교적인 열심은 자기를 속이는 것입니다.

하나님이 눈에 보이지 않기 때문에 얼마든지 자기의 기질과 열심으로 신앙이 좋은 척할 수 있지만 하나님은 절대로 속지 않으십니다. 진정으로 하나님의 은혜를 받은 자는 자기를 주장하지 않습니다. 자신을 아주 겸손한 위치에 두어서 나의 자유와 나의 권리를 다른 사람이 마음껏 사용하게 합니다. 이것은 나 혼자 쓰기에는 너무나도 아까운 인생이고 너무나도 아까운 시간입니다. 다른 누군가와 나누어야 합니다.

나는 티끌에 불과하며 목자가 필요한 존재임을 인정하십시오. "주님, 저에게는 목자가 필요합니다. 다윗을 허락하여 주십시오. 위기의 순간에 나를 하나님께 인도할 수 있는 참된 목자가 필요합니다. 나는 나를 믿을 수가 없습니다." 이런 고백을 하는 사람이 진정으로 은혜를 받은 사람입니다.

우리에게는 주님이 필요합니다. 우리에게는 사람이 필요합니다. 우리는 사람을 무시하고 바로 하나님께 직행할 수 없습니다. 내 남편, 내 아버지, 내 상관을 무시하고 하나님께 바로 직행할 수 없습니다. 인정할 것을 인정하고 세상에서 해야 할 도리를 다 하면서 신앙생활 하는 것이 참으로 은혜받은 자의 모습입니다. 다른 사람들이 이런 모습을 보면서 '기독교는 지저분하고 시끄러우며 남에게 혐오감을 주고 남을 괴롭히는 종교가 아니라, 남을 신선하게 하고 격려해주고 삶의 의미를 다시 생각하게 해주는 귀한 종교구나' 하고 느낄 때, 하나님께 영광이 돌아가게 될 것입니다.

여러분, 우리는 스스로 믿음이 좋다고 생각하지만 우리 안에는 다 포기하지 못한 완강한 묵은 땅이 있습니다. 누구에게나 다 있습

니다. 저도 제 안에 있는 묵은 땅을 갈아엎기까지 너무 많은 시간
이 걸렸습니다. 그래서 왜 처음부터 고분고분하게 갈아엎지 못했던
가, 왜 그렇게 오랫동안 하나님을 답답하게 만들었으며 하나님께
맡겨드리지 못했던가 하는 것이 요즘 가슴 아픈 기도제목 가운데
하나입니다. 내가 절대로 넘겨드리지 못하는 영역들이 성령의 은혜
를 막고 있고 나의 성장을 막고 있습니다. 오히려 그것을 두둔하고
그것을 더 확대하기 위해서 열심을 내는 것은 참된 종교가 아닙니
다. 그것은 거짓된 사마리아의 송아지 신앙입니다.

　성장에 대한 교회의 지나친 욕심은 묵은 땅입니다. 이 세상에 살
면서 남들처럼 잘먹고 잘살아야 한다고 생각하는 것은 묵은 땅입니
다. 다 같이 귀한 삶을 살고 있는데 왜 나만 잘살아야 합니까? '그
래, 나도 고생할 수 있다. 하나님께서는 날 마음대로 쓰실 수 있다.'
이렇게 생각하면서 내 작은 것을 포기할 때, 곧바로 등 뒤에서 의
의 홍수가 나를 덮치면서 이 사회가 변하고 교회가 새로워지는 역
사가 나타날 것입니다. 자기의 묵은 땅을 내놓는 사람들이 많아질
수록 교회는 교회다워질 것이고 사회는 참으로 가치 있는 사회로
변할 것입니다.

15

하나님의 불붙는 사랑

호세아 11:1-12

11:1 "이스라엘의 어렸을 때에 내가 사랑하여 내 아들을 애굽에서 불러내었거늘

2 선지자들이 저희를 부를수록 저희가 점점 멀리하고 바알들에게 제사하며 아로새긴
우상 앞에서 분향하였느니라.

3 그러나 내가 에브라임에게 걸음을 가르치고 내 팔로 안을지라도 내가 저희를 고치는
줄을 저희가 알지 못하였도다.

4 내가 사람의 줄, 곧 사랑의 줄로 저희를 이끌었고 저희에게 대하여 그 목에서
멍에를 벗기는 자같이 되었으며 저희 앞에 먹을 것을 두었었노라.

5 저희가 애굽 땅으로 다시 가지 못하겠거늘 내게 돌아오기를 싫어하니 앗수르 사람이
그 임금이 될 것이라.

6 칼이 저희의 성읍들을 치며 빗장을 깨뜨려 없이 하리니 이는 저희의 계책을
인함이니라.

7 내 백성이 결심하고 내게서 물러가나니 비록 저희를 불러 위에 계신 자에게로
돌아오라 할지라도 일어나는 자가 하나도 없도다.

8 에브라임이여, 내가 어찌 너를 놓겠느냐? 이스라엘이여, 내가 어찌 너를
버리겠느냐? 내가 어찌 너를 아드마같이 놓겠느냐? 어찌 너를 스보임같이
두겠느냐? 내 마음이 내 속에서 돌아서 나의 긍휼이 온전히 불붙듯 하도다.

9 내가 나의 맹렬한 진노를 발하지 아니하며 내가 다시는 에브라임을 멸하지
아니하리니 이는 내가 사람이 아니요 하나님임이라. 나는 네 가운데 거하는 거룩한
자니 진노함으로 네게 임하지 아니하리라.

10 저희가 사자처럼 소리를 발하시는 여호와를 좇을 것이라. 여호와께서 소리를
발하시면 자손들이 서편에서부터 떨며 오되

11 저희가 애굽에서부터 새같이, 앗수르에서부터 비둘기같이 떨며 오리니 내가 저희로
각 집에 머물게 하리라. 나 여호와의 말이니라."

12 에브라임은 거짓으로, 이스라엘 족속은 궤휼로 나를 에워쌌고 유다는 하나님, 곧
신실하시고 거룩하신 자에게 대하여 정함이 없도다.

11:1-12

누구와 비교하느냐에 따라서 우리는 자신에 대해 다른 평가를 내립니다. 자신보다 한참 못한 사람과 비교한다면 현재의 모습이 좀 부족하고 허물이 많아도 만족할 것입니다. 반대로 자신보다 월등하게 뛰어난 사람과 비교한다면 아무리 노력해도 늘 자신이 부족하게 느껴질 것입니다.

하나님께서는 이스라엘 백성들의 현재 상태를 평가하고 계십니다. 하나님이 이스라엘 백성들을 평가하실 때는 과거 그들의 모습이나 다른 나라의 모습과 비교하시지 않습니다. 하나님께서 처음 그들을 택할 때 가지셨던 그 생각, 그들을 부르실 때 가지셨던 그 선한 목적과 비교해서 지금 그들이 어떤 상태에 있는지를 보십니다.

하나님께서 우리를 부르실 때는 부르시는 목적이 있습니다. 그래서 우리를 평가할 때 현재 나의 모습이 과거에 비해서 얼마나 나아 졌는지, 또는 옆에 있는 다른 사람과 비교해서 얼마나 나은지를 보지 않으시고, 원래 부르신 목적에 얼마나 일치하는지를 보십니다.

우리가 9장에서 살펴본 바에 따르면, 하나님은 처음 이스라엘 백성들을 보셨을 때 아무것도 없는 광야에서 포도를 본 것처럼 기뻐하셨고 무화과나무에 처음 맺힌 열매를 본 것처럼 기뻐하셨습니다. 이것을 보면 하나님께서 이스라엘 백성들을 어떤 눈으로 보셨는지 알 수 있습니다. 하나님께서는 이 백성들이 참으로 귀한 존재가 되기를 원하셨습니다. 아무것도 없는 사막 가운데 맺힌 탐스러운 포도열매처럼, 또 아직까지 열매를 맺어본 적이 없는 무화과나무에 처음 맺힌 열매처럼 존귀한 자가 되도록 그들을 부르셨습니다.

그러나 하나님은 그들이 가나안 땅으로 들어가기도 전에 바알브올에 가서 자기 몸을 드림으로써 우상만큼이나 가증한 존재들이 되었다는 데 충격을 받으셨습니다. 하나님은 '옆에 있는 사람들은 우상을 이만큼 섬기는데 그들은 요만큼 적게 섬기니까 그래도 괜찮은 것 아니냐'는 식으로 비교하지 않으셨습니다. 하나님은 광야 가운데 있는 포도송이처럼 되라는 원래의 부르심에서 그들이 얼마나 멀어졌는지를 보셨습니다.

10장에서 하나님께서는 이스라엘 백성들에게 무엇을 기대하셨습니까?

"이스라엘은 열매 맺는 무성한 포도나무라" (10:1상).

하나님께서는 이스라엘 백성들에게 많은 열매를 기대하셨습니다. 열매는 하나님의 말씀에 따라 살면서 만들어내는 아름다운 삶을 의미합니다. 하나님은 이스라엘 백성들이 말씀에 순종함으로써 아름다운 삶을 아주 많이 창조해 내기를 바라셨습니다. 그러나 그들은 어떻게 되었습니까? 밭이랑에 돋는 독초같이 되었습니다.

하나님은 '이스라엘 백성들이 옛날에는 아주 심한 독초였는데 요즘은 조금밖에 독초가 아니다. 그러니까 발전했다'고 평가하지 않으십니다. '다른 나라 사람들은 굉장히 많은 부스럼을 일으키는데 이스라엘 백성들에게 스치면 조금밖에 가렵지 않다'는 식으로 평가하지 않으십니다. '나는 그들에게 많은 열매를 기대했는데 어떻게 이렇게 남에게 고통을 주며 남을 괴롭히는 독초 같은 존재가 되었느냐'를 가지고 말씀하십니다.

죄는 다른 것이 아닙니다. 하나님께서 나를 부르신 선한 목적에 일치하지 않는 것이 죄입니다. 하나님께서 나를 광야에 있는 포도나무처럼 존귀한 자가 되도록 부르셨으면 존귀한 자가 되는 것이 선(善)이며 의를 이루는 것입니다. 반면에 그런 존귀한 존재가 되지 못하고 바알브올에게 자기의 몸을 바쳐서 음란하게 지내는 것은 우상이고 죄입니다. 다른 사람에게 아주 선한 열매가 되기를 바라셨는데 독초가 되는 것이 죄인 것입니다.

오늘 본문은 하나님께서 이스라엘 백성들을 부르신 목적이 가장 명확하게 나타나고 있는 곳입니다. 이 부분은 호세아서의 극치로서, 사실 이 본문에서 호세아서가 끝나도 조금도 손상이 없을 것입니다. 이 호세아서 11장에는 구약성경이 가지고 있는 사상의 극치가 나타나 있습니다.

하나님은 무슨 목적으로 이스라엘 백성들을 부르셨습니까? 하나님은 이스라엘 백성들을 아들로 부르셨습니다. 그러나 그들의 실제 모습은 어떠했습니까? 아무리 불러도 등을 돌리고 반응하지 않는 망나니 같은 모습이었습니다. 아무리 불러도 대답이 없을 뿐 아니라 돌이키지조차 않는 패륜아의 모습, 이것이 바로 이스라엘 백성들의 모습이었습니다.

에베소서 4장에서 사도 바울이 교회를 향하여 권면하는 말씀이 무엇입니까? "너희가 부르심을 입은 부름에 합당하게 행하라"는 것입니다. 하나님께서 우리를 부르실 때에는 부르시는 목적이 있고, 우리가 어떤 사람이 되었으면 좋을지에 대한 선한 뜻이 있습니다. 그 부르심에 합당하게 행하고 합당하게 사는 것이 하나님께서 우리에게 원하시는 것입니다. 그러므로 항상 하나님이 내게 원하시는 그 선한 목적에 비추어서 현재의 나를 평가해야지, 하나님을 전혀 모르는 형편없는 도덕적 패륜아들과 자신을 비교해서 스스로 선하다고 평가하는 것은 하나님 앞에 죄를 범하는 것입니다.

오늘 본문은 세 부분으로 나누어서 생각해볼 수 있습니다. 첫째는 이스라엘의 과거입니다. 즉 과거에 이스라엘 백성들을 애굽에서 불러내실 때 하나님의 심정과 그들의 모습입니다. 둘째는 현재 이스라엘 백성들의 불순종과 그에 대한 하나님의 고민과 갈등입니다. 셋째는 앞으로 이스라엘 백성들을 어떻게 하실지에 대한 하나님의 계획입니다. 그래서 호세아 11장은 이스라엘 백성들의 과거와 현재와 미래가 다 포함되어 있는 아주 귀한 말씀일 뿐만 아니라, 이스라엘 백성들의 죄에 대해서 하나님이 얼마나 고민하셨으며 그렇게 고민하신 결과로 어떤 결론을 내리시는지가 잘 나타나고 있는 말씀입니다.

이처럼 호세아서 11장에는 하나님의 불붙는 사랑이 적나라하게 드러나 있습니다. 오늘 이 부분은 너무나도 뜨겁고 강렬한 사랑을 담고 있기 때문에 홀랑 타버리기 쉽습니다. 사실 우리는 오늘 이 말씀을 읽으면서 그냥 타버려야 합니다. 구약성경에서 용광로처럼 가장 뜨겁게 타오를 뿐 아니라 가장 눈부시게 빛나는 하나님의 사랑의 극치를 담고 있는 말씀이 바로 오늘 이 부분이기 때문입니다.

아들로 부르시다

오늘 본문에는 하나님이 이스라엘 백성들을 애굽에서 이끌어 내실 때 어떤 의도와 목적으로 부르셨는지가 가장 잘 나타나 있습니다. 1절을 보십시오.

> "이스라엘의 어렸을 때에 내가 사랑하여
> 내 아들을 애굽에서 불러내었거늘"

하나님은 이스라엘 백성들을 애굽에서 이끌어내실 때 그들을 자신의 아들로 불러내셨습니다. 우리말 성경에는 '아들을 불러내었다'고 되어 있어서 마치 진짜 아들을 불러낸 것 같습니다. 그러나 원문에는 '아들로 불러내었다'라고 전치사가 하나 붙어 있습니다.

이 말은 하나님이 진짜 아들을 불러낸 것이 아니라 '아들로 삼기 위하여' 불러냈다는 뜻입니다.

하나님께서 언제 이스라엘 백성들을 사랑하셨습니까? '이스라엘이 어렸을 때'입니다. 여기에서 어리다는 것은 나이가 어리거나 귀엽다는 뜻이 아닙니다. 여러분, 어린이들이 귀엽습니까? 물론 귀엽지만 악할 때가 굉장히 많습니다. 여기에서 어리다는 것은 이스라엘 백성들에게 하나님을 기쁘시게 할 만한 것이나 선한 것이 하나도 없었다는 뜻입니다. 오히려 귀엽거나 사랑스러운 것이 하나도 없을 때 하나님은 그들을 사랑하셨습니다. 하나님을 기쁘게 할 힘도 없고 기쁜 것이 무엇인지도 모르는 아주 천박한 노예일 때 그들을 사랑해서 아들로 삼고자 불러내셨습니다. 이것이 하나님이 가지셨던 원래의 선한 의도였던 것입니다.

하나님은 우리를 불러내실 때 무조건 하지 않으십니다. 우리에 대한 그림을 가지고 불러내십니다. '이 사람은 이런 모습이 되었으면 좋겠다', '저 사람은 저렇게 사용되었으면 좋겠다' 하는 아주 아름다운 그림, 아주 선한 의도를 가지고 불러내십니다. 하나님께서 이스라엘 백성들에게 가지셨던 그림이 무엇입니까? 그것은 '아들'이었습니다. 하나님께서는 그들을 아들로 삼기 위하여 부르셨고, 그들이 이 세상에서 하나님의 아들처럼 행동하기를 원하셨습니다.

이스라엘 백성들에게 '아버지와 아들'의 모형은 특별한 의미가 있습니다. 우리나라에서도 아버지와 아들의 모형은 굉장히 밀착된 관계를 나타냅니다. 그래서 아버지와 아들 사이에 어떤 독특한 생업의 비밀이 전수되는 일이 있었습니다. 지금은 아버지와 아들이 아무 상관없이 따로따로 살고 있어서 아버지가 들어오면 아들이 "누구세요?" 할 정도로 서로 타인이 되어 버렸지만 옛날에는 가장 밀착된 관계였습니다.

그런데 히브리 사회에서도 아버지와 아들의 모형은 아주 특별한 의미를 가지고 있었습니다. 이스라엘 사람들 사이에서 아버지와 아들은 유별나게 가까웠습니다. 아들은 아버지의 분신과 같았습니다. 아버지는 자기만 가지고 있는 비밀을 아들에게 전수해 주었고, 아들은 철저하게 아버지를 모방했습니다. 그래서 아들이 하는 짓을 보면 그가 누구의 아들인지 금방 알 수 있었어요. 그만큼 아버지와 아들은 닮았습니다.

하나님께서 이스라엘 백성들을 애굽에서 불러내시면서 원하신 모습이 무엇입니까? 철저하게 하나님을 모방하고 흉내 내는 것입니다. 하나님의 모든 귀한 것, 하나님만이 가지고 계시는 비밀스런 성품들, 어느 다른 신도 가지지 못한 그 특별한 부분들을 모방하고 흉내 내서 하나님이 하시는 그대로 이 세상에서 행하고 사는 것이 하나님이 우리에게 가지고 계신 그림이었습니다.

아기 예수님께서 헤롯을 피하여 애굽에 갔다가 돌아오실 때 마태가 바로 이 구절을 인용하고 있다는 것은 참 흥미롭습니다.

> 헤롯이 죽기까지 거기 있었으니 이는 주께서 선지자로
> 말씀하신 바 "애굽에서 내 아들을 불렀다" 함을
> 이루려 하심이니라 (마 2:15).

마태 사도는 헤롯을 피해 애굽에 가 있는 예수님을 불러내신 이 사건을 하나님이 이스라엘 백성들을 애굽에서 불러내신 것과 같은 의미로 해석하고 있습니다. 다시 말해서 하나님께서 이스라엘 백성들을 부르셨을 때 그들을 일꾼이나 잡역부가 아니라 아들의 자격으로 부르셨다는 것입니다. 하나님은 그들이 이 지상에서 하나님의 아들로 행동하면서 사는 그림을 가지고 그들을 부르셨습니다.

언제 그처럼 하셨습니까? 이스라엘이 어렸을 때입니다. 아무런 자격이 없고 아무런 능력이 없을 때, 아버지를 기쁘게 할 만한 것이 아무것도 없을 때 그들을 사랑하셔서 불러내셨습니다. 우리는 이와 똑같은 내용을 로마서 5장에서 찾아볼 수 있습니다.

> 우리가 아직 연약할 때에 기약대로 그리스도께서
> 경건치 않은 자를 위하여 죽으셨도다……
> 우리가 아직 죄인되었을 때에 그리스도께서
> 우리를 위하여 죽으심으로 하나님께서
> 우리에 대한 자기의 사랑을 확증하셨느니라 (롬 5:6-8).

이것은 우리에 대한 말씀입니다. 하나님께서 언제 우리를 사랑하셨습니까? 우리가 연약할 때입니다. 우리가 연약할 때는 우리가 죄인이었고 하나님을 기쁘시게 할 수 있는 능력이 전혀 없었을 때입니다. 우리가 한참 죄를 짓고 있고 하나님 앞에서 망령된 행동을 하며 술 마시고 개판치고 있을 때 하나님께서 우리를 사랑하셔서 우리에 대한 선한 목적을 가지고 부르셨다는 것입니다. 그 이유가 무엇입니까? 우리를 아들로 삼기 위해서입니다. 하나님은 우리가 하나님의 아들로 행동하는 그림을 가지고 우리를 불러내셨습니다.

그런 부르심에 대하여 이스라엘 백성들이 보인 반응이 무엇입니까? 2절을 보십시오.

> "선지자들이 저희를 부를수록 저희가 점점 멀리하고
> 바알들에게 제사하며 아로새긴 우상 앞에서
> 분향하였느니라."

이것이 하나님의 부르심에 대한 이스라엘 백성들의 반응이었습니다. 원문에는 '선지자들이'라는 말이 없습니다. 단순히 '그들이 저희를 부를수록'이라고 되어 있습니다. '그들'이 누구입니까? 아무래도 하나님께서 보내신 많은 선지자들이겠지요. 그래서 우리 성경에서는 '선지자들이 저희를 부를수록'이라고 의역하고 있습니다. 어떤 영어 성경에서는 복수를 단수로 바꾸는 모험을 감수하면서 '내가 저희를 부를수록'이라고 번역한 것도 있습니다. 이것은 이 구절이 참으로 번역하기 어렵다는 것을 보여줍니다. 그러나 저는 우리 번역이 더 타당하다고 생각합니다. '그들이 불렀다'고 하는 것은 결국 하나님께서 선지자들을 통해서 이스라엘 백성들을 부르셨다는 것이기 때문입니다. 선지자들이 부른 것이나 하나님께서 부르신 것이나 같은 것입니다.

무슨 말입니까? 하나님은 이스라엘 백성들을 아들로 삼기 위해 그들의 죄를 모두 용서하시고 애굽의 노예된 상태에서 불러내셨는데, 그들은 기를 쓰고 아들이 되지 않으려 했다는 것입니다. 그러면 그들은 무엇이 되려고 했습니까? 가나안 사람이 되려고 했습니다. 하나님은 그들을 특별하게 부르셨지만 그들은 특별하기를 원치 않았습니다. 기를 쓰면서 이 세상의 아들들이 되기를 원했고 소돔과 고모라의 자식이 되기를 원했습니다. 하나님께서는 그들에게 하늘의 것을 주고 싶어하셨는데 그들은 죽자고 땅의 것을 찾았습니다. 이것이 그들의 죄였습니다.

하나님은 이스라엘 백성들을 계속 부르셨습니다. 그러나 그들은 부르면 부를수록 멀리 갔습니다. 하나님의 말씀이 모호해서 착각을 했거나 듣지 못했기 때문이 아닙니다. 의도적으로 세상의 아들이 되기를 원했고, 기를 쓰면서 이 땅에서 먹고 마시기를 구했기 때문입니다.

하나님께서는 이스라엘 백성들을 말로만 부른 것이 아니라 직접 걸음마를 훈련시키셨습니다. 3절을 보십시오.

> "그러나 내가 에브라임에게 걸음을 가르치고
>   내 팔로 안을지라도
>   내가 저희를 고치는 줄을 저희가 알지 못하였도다."

이 부분은 엄마가 아기에게 걸음마 가르치는 장면을 생각나게 합니다. 엄마가 아기에게 걸음마를 가르치기 위해 "섰다! 섰다!" 하면서 팔을 놓습니다. 애가 한 발 한 발 움직이다가 넘어지려고 하면 엄마가 팍 안아주면서 "오냐, 내 새끼! 오늘 두 걸음 걸었네!" 하지요. 이렇게 엄마가 아이에게 걸음을 가르치듯이 하나님은 이스라엘 백성들을 한 걸음 한 걸음 가르쳐서 하나님께 가까이 나아오도록 훈련시키셨습니다. 이렇게 이스라엘 백성에게 걸음마를 가르치셨다는 것은 그들을 고치고 치료하셨다는 것입니다. 무엇을 고치고 치료하셨습니까?

이스라엘 백성들의 머릿속에는 거룩이라는 개념이 없었습니다. 그들은 거룩이 무엇인지 몰랐습니다. 그래서 하나님께서는 거룩이 무엇인지, 죄가 얼마나 더러우며 추잡한 것인지 하나씩 가르쳐 주시면서, 그들이 그것 때문에 실족하려고 할 때마다 금방 안아서 일으키고 위로하시면서 한 걸음씩 하나님을 향한 걸음마를 가르치셨습니다.

그런데 이스라엘 백성들은 하나님이 왜 이러시는지 알지 못했습니다. 자기들은 마냥 누워 있고 싶은데 왜 굳이 일으켜 세워서 걷게 하시는지, 쓰러지려고 할 때마다 왜 안아서 일으키시는지 몰랐습니다. 그냥 누워서 울면 젖이나 주시지 왜 굳이 걷게 하고 징징짜게 만드는지, 또 잡아주려면 확 잡아주지 왜 뒤로 물러섰다가 잡았다가 하는지 도무지 이해가 안 된다는 것이 그들의 생각이었습니다.

내가 물질적으로 어려울 때 하나님이 2억 정도 척 주시면 얼마나 좋습니까? 기도할 필요도 없고 매달릴 필요도 없지요. 그런데 왜 오천 원씩, 만 원씩 찔끔찔끔 주시는지 이해할 수가 없습니다. 하나님은 정말 능력이 많으시고 전지전능하시고 온 세상을 7일만에 창조하신 분인 것을 다 믿는데 왜 나는 그렇게 애끓게 하십니까?

때가 되면 척척 결혼도 하고 애도 낳으면 좋잖아요? 그런데 결혼도 잘 안 되고 애도 잘 안 생기고 애를 낳은 후에도 애가 아프거나 남편하고 잘 안 맞는 걸 보면서 왜 이렇게 세상 살기가 힘들고 믿는 것이 골치 아픈지 이해가 되지 않는 것입니다.

이 모든 과정은 무엇을 의미합니까? 왜 우리를 아프게 하시고 궁핍하게 하시고 결혼하자마자 열몇 번씩 이사하게 하십니까? 이것은 거룩이 무엇인지 가르치시는 과정입니다. 그런데 이스라엘 백성들 중에는 "내가 지금은 걸음마를 연습하고 있지만 며칠 후에는 달릴 것"이라고 생각하는 사람이 없었습니다. 그저 하나님이 왜 이러시는지 모르겠다고만 생각했습니다. 왜 이렇게 인생을 고달프고 힘들게 만드시는지, 왜 이렇게 신앙을 복잡하게 만드시는지 도저히 이해가 안 된다고만 생각했어요.

무슨 말입니까? 아기들이 걸음마를 배우지 않고 마냥 누워 있으면 편하고 좋지요. 그러나 그 아기는 인간 구실을 못 하게 됩니다. 그런데 이스라엘의 아기들은 마냥 누워 있고 싶어했고 마냥 누워서 젖 달라고 졸랐습니다. 그때마다 엄마가 달려와서 젖 주고 기저귀도 갈아주면 얼마나 편합니까? 그러나 나이 사십이 되어서도 젖 달라고 하는 사람은 괴물입니다.

이스라엘 백성들은 고달픈 것을 싫어했고 머리 쓰는 것을 싫어했습니다. 보행기에 앉아 있는 것도 힘들고 허리 아프다고 마냥 누워서 30년이고 40년이고 뭉개는 거예요. 하나님이 자신들을 왜 일으켜 세워서 비틀거리게 만들고 넘어져서 무릎이 깨지게 만드는지, 그리고 깨지게 했으면 그냥 내버려두지 왜 호호 불어가면서 고쳐

주시는지 모르겠다는 거예요. 등록금을 주려면 주고 안 주려면 말지 왜 여기서 조금, 저기서 조금 얻어다가 마감 지나서 겨우 때우게 하시는지, 더구나 다음 학기에도 왜 또 그 일을 반복하게 하시는지 모르겠다는 거예요. 학교를 그만두라고 하든지 아니면 목돈을 주어야 하는 것 아닙니까? 시간은 자꾸 가고 인생은 정신없이 바쁜데 왜 하나님은 인생을 그렇게 복잡하게 만드는지 모르겠다는 것입니다.

그러나 여러분, 우리는 걸음마를 배워야 합니다. 아무리 여러 번 넘어지더라도 꼭 배워야 합니다. 애들의 노래는 "안아줘"입니다. 엄마의 노래는 "안 안아줘"지요. 아이들더러 "네가 걸어" 하면 아주 생떼를 쓰면서 타락한 본질을 보여줍니다. 제 동생은 어렸을 때 얼마나 "안아줘", "업어줘" 하면서 매달렸던지 팔이 다 빠져서 접골원에 다니기도 했습니다. 아이들이 "안아줘", "업어줘", "먹여줘" 하는 것을 보면 이스라엘 백성들의 본성을 그대로 알 수가 있습니다.

아기들이 걸음마를 배우지 못하면 인간 구실을 하지 못합니다. 거룩의 개념이 그리스도인들의 머릿속에 들어오지 않으면 아무것도 못해요. 학력이 아무리 높고 머리가 아무리 좋아도, 인물이 아무리 삼삼해도 아무것도 못합니다. 그러나 이스라엘 백성들은 그것을 조금도 생각하지 않았습니다. 무조건 "하나님이 우리들을 힘들게 하네. 인생살이는 고달파. 하나님은 우리를 사랑하지 않아" 하면서 자꾸 하나님을 멀리하려고만 했습니다. 4절을 보십시오.

"내가 사람의 줄, 곧 사랑의 줄로 저희를 이끌었고
　저희에게 대하여 그 목에서 멍에를 벗기는 자 같이 되었으며
　저희 앞에 먹을 것을 두었었노라."

아마 그 당시에 이스라엘 백성들이 아이들에게 걸음마를 가르칠 때 줄을 가지고 당기면서 가르쳤던 것 같습니다. 그 줄 이름이 '사람의 줄'입니다. '사람의 줄'의 특징이 무엇입니까? 애의 손으로 줄을 잡게 해서 당기는 것입니다. 손이 아니라 목에 매서 잡아당기는 것은 짐승의 줄이고 멍에지요. 하나님께서는 이스라엘 백성들의 목에 줄을 감고 당기지 않으셨습니다. 전에는 바로가 그 목에 줄을 걸어놓고 짐승같이 끌었지만 하나님은 그들의 목에 있는 멍에를 벗기고 손으로 줄을 잡게 해서 한 걸음 한 걸음 사랑의 줄로 인도하셨습니다. 그런데 이스라엘 백성들은 그것이 싫어서 그렇게 원망하고 불평하며 기회만 있으면 하나님에게서 멀어지려고 생각했다는 것입니다.

'저희 앞에 먹을 것을 두었다'는 말씀도 무슨 뜻인지 알기 어렵습니다. 원문을 보면 하나님께서 겸손하게 그들에게 먹을 것을 주셨다는 뜻입니다. 다시 말해서 하나님이 그들에게 먹을 것을 떠먹여 주셨다는 것입니다. 그 전에는 먹고살기 위해서 몸부림쳐야 겨우 먹고살 수 있었지만 이제는 하나님께서 먹을 것을 공급해 주시고 친히 오셔서 그들의 삶을 간섭해 주십니다. 물론 한꺼번에 다 주시지는 않습니다.

하나님께서는 이스라엘 백성들을 세심한 주의로 키우셨습니다.

그러나 이것이 먹혀들어가지 않았습니다. 그 이유가 무엇입니까? 근본적인 목적이 달랐기 때문입니다. 하나님이 이스라엘 백성들에게 원하신 것은 거룩이 무엇이며 거룩한 삶이 어떤 것인지 배우는 것입니다. 그런데 이스라엘 백성들의 목적은 고통이나 어려움 없이 편하게 잘먹고 잘사는 것이었습니다. 이렇게 목적이 달랐기 때문에 하나님의 훈련은 이스라엘 백성들에게 통하지 않았습니다. 그들은 가나안 사람들과 달라지기를 원하지 않았습니다. 그러니까 사랑의 줄로 당기는 것도 싫고 걸음마도 싫고 음식을 떠먹여주는 것도 싫고 그냥 왕창 사달라는 거예요. 라면 몇 박스 사놓고 당신은 가라는 거예요. 왜 음식을 떠먹여주고 당기고 잡아주면서 이렇게 귀찮게 구냐는 것입니다. 이것이 이스라엘 백성들이 가졌던 생각이었습니다.

그러나 하나님이 우리를 부르실 때에는 절대로 그냥 편하게 잘먹고 잘살도록 부르시지 않습니다. 그렇게 부르신다면 정말 불행한 것입니다. 하나님은 그림을 가지고 우리를 부르십니다. "이 형제는 이런 모습으로, 저 자매는 저런 모습으로 키우겠다"고 하는 그림을 가지고 거룩의 개념을 가르쳐주고, 하나님의 방법을 가르쳐주고, 기도하는 법을 가르쳐주고, 자기의 정욕을 절제하며 자기의 기질을 죽이는 법을 가르쳐 주십니다. 그런데 그게 싫다는 거예요. 왜 그렇게 힘들게 믿어야 하냐는 겁니다. 설교는 왜 그렇게 길며 성경책은 왜 그렇게 두껍냐는 겁니다. TV 보듯이 한번 쫙 훑어본 다음에 골프 치고 테니스 치고 낮잠이나 자면 됐지 왜 하나님은 우리를 그렇게 힘들게 괴롭히시냐는 겁니다. 이것이 인간의 생각입니다.

여러분, 하나님은 우리에게 일부러 어려움을 주십니다. 우리에게 하나님은 어떤 분이신지, 또 하나님이 나를 얼마나 사랑하시고 나에게 얼마나 섬세한 관심을 가지고 계시는지, 그리고 거룩이 어떤 것인지 가르쳐 주시려고 유달리 어려운 과정을 통해서 우리를 훈련시키시는 것입니다. 그것이 싫으면 하나님의 아들이 될 수 없습니다.

이스라엘의 현재

현재 이스라엘 백성들의 상태는 5절과 7절 사이에 잘 나타나 있습니다. 먼저 5절을 보십시오.

> "저희가 애굽 땅으로 다시 가지 못하겠거늘
>   내게 돌아오기를 싫어하니
>   앗수르 사람이 그 임금이 될 것이라."

이것은 조금 문제가 있는 번역입니다. 우리말 성경에는 '이스라엘 백성들이 애굽으로는 다시 돌아갈 수 없기 때문에 앗수르의 포로가 될 수밖에 없다'는 식으로 번역되어 있습니다. 그런데 원문은 부정의문문으로 되어 있습니다. 즉 '그들이 애굽으로 돌아가지 않겠으며 앗수르 사람들이 그들의 왕이 되지 않겠느냐?'는 것입니다. 이것은 반드시 그렇게 된다는 뜻입니다. 애굽으로 돌아간다는 것은 하나님의 부르심을 받기 전의 노예 상태로 되돌아 간다는 것을 말하기 때문에, 애굽에 가는 것이나 앗수르 왕에게 가는 것이나 결국은 같은 뜻입니다. 다시 말해서 이스라엘 백성들은 하나님께 돌아오지 않고 자기 마음대로 살려고 하기 때문에 결국 노예가 될 수밖에 없다는 것입니다.

그렇게 되는 이유가 무엇입니까? 하나님의 훈련을 싫어했기 때문입니다. 이스라엘 백성들이 자유인이 된 데에는 전제가 있었습니다. 그 전제는 하나님의 아들이 되는 것입니다. 그런데 그들이 아들 되기를 거부하고 거룩을 배우기 싫어한다면 그들의 해방은 취소될 수밖에 없습니다. 이스라엘 백성들의 선택은 하나밖에 없습니다. 마음과 정성과 뜻을 다해서 하나님이 원하시는 기준에 맞추어 달려가든지 아니면 원래의 노예 상태로 돌아가야 합니다. 다른 선택의 여지가 없어요. 하나님이 나에게 바라시는 목적을 따라가든지, 다시 짐승같은 노예 상태로 돌아가서 죄를 먹고 마시며 그 허망한 어둠의 삶을 살든지 하나를 선택해야 합니다. 하나님의 아들이 싫으면 죄의 아들이 되어야 해요. 이것도 아니고 저것도 아닌 것은 존재하지 않습니다. 죄에서는 해방되었지만 세련되게 믿고 먹고 마시고 즐기고 내 마음대로 사는 일은 있을 수 없습니다. 이것은 자기 자신을 기만하는 것입니다.

오늘 얼마나 많은 그리스도인들이 자기 자신을 기만하고 속이는지 모릅니다. 그들은 죄에서 해방되었다는 것을 믿습니다. 그러나 하나님께 가기를 너무나 싫어합니다. 기도하는 것을 싫어하고 성경 읽는 것을 싫어하며 신앙생활 착실히 하는 것을 마치 노예가 되는 일처럼 생각합니다. 그런 사람은 결국 예전의 노예 상태로 다시 돌아가게 되어 있습니다. 머지않아 노예상인들이 나타나서 전부 다 잡아갈 것입니다.

이스라엘 백성들의 상태는 어떠했습니까? 7절을 보십시오.

> "내 백성이 결심하고 내게서 물러가나니
> 비록 저희를 불러 위에 계신 자에게로 돌아오라 할지라도
> 일어나는 자가 하나도 없도다."

무슨 데모하는 장면 같지요? 모두 바닥에 주저앉아서 항의하고 있습니다. 선지자가 뜻을 돌이키는 자는 일어서라고 하지만 일어서는 사람이 하나도 없습니다. 아예 결심을 하고 하나님으로부터 물러가고 있습니다. 그 이유가 무엇입니까? 자기들을 애굽으로 보내달라는 겁니다. 하나님이 체질에 맞지 않는다는 겁니다. 그들은 '거룩'이 너무나도 귀찮았습니다. "거룩? 귀찮아요. 기도? 귀찮아요." 그래서 이제부터는 무슨 말을 해도 듣지 않고 자신의 길로 가겠다면서, 전부 주저앉아 연좌시위를 하고 있습니다.

하나님께서 우리에게 원하시는 것이 무엇입니까? 참으로 거룩하고 존귀한 하나님의 아들이 되는 것입니다. 여러분, 거룩하다는 것은 절대로 귀찮은 것이 아닙니다. 거룩한 사람은 아주 아름답습니다. 그러나 이스라엘 백성들에게는 하나님의 아들이 되는 일이 너무 귀찮았습니다. 죄를 지으면 회개해야 하고, 내 마음대로도 할 수 없고, 모든 것이 귀찮습니다. 그러니까 어떻게 합니까? 아예 결심하고 하나님으로부터 멀어지는 것입니다.

여러분, 하나님의 축복이 얼마나 좋습니까? 하나님의 말씀이 얼마나 귀합니까? 그러나 아직 죄에서 떠나지 않은 사람에게는 이것이 체질에 맞지 않습니다. 예배드리는 한 시간이 고문입니다. 왕을 시켜준다고 해도 예배는 싫습니다. 하늘나라에서 만나가 내린다고 해도 예배는 싫어요. 눈 감고 있으면 한증탕에 들어와 있는 것 같고 꼭 죽을 것 같아요. 그러니까 아예 결심하고 물러서는 것이지요.

결국 어떤 사람이 하나님의 은혜 안에 머물러 있습니까? 죄가 무엇인지 아는 사람입니다. 죄가 얼마나 추악하고 더러운지 아는 사람, 정말 이 죄에서 해방되어 거룩하게 살기를 원하는 사람, "오호라, 나는 곤고한 사람이로다. 이 사망의 몸에서 누가 나를 건져내랴!"고 외치는 사람은 하나님의 은혜를 좋아합니다. 아무리 거룩이 힘들고 그 훈련이 고달프다 해도, 하나님의 말씀으로 훈련받는 가운데 내 모든 계획이 깨지고 세상 재미가 다 없어지며 세상 친구들이 다 사라진다 해도 이 은혜가 좋습니다.

이스라엘 백성들이 하나님을 떠나는 즉시 찾아오는 것이 무엇입니까? 6절을 보십시오.

"칼이 저희의 성읍들을 치며 빗장을 깨뜨려 없이 하리니
　이는 저희의 계책을 인함이라."

이스라엘 백성들은 하나님 없이도 생존할 수 있는 계획을 다 세워 놓았습니다. 그들은 성읍을 지었고 거기에 빗장을 걸어 놓았으며 그들 나름대로 계책을 세워 놓았습니다. 그러나 하나님이 저희

를 떠나시면 반드시 칼이 찾아와서 성읍을 치며 빗장을 깨뜨릴 것입니다. 그들의 계책은 성공하지 못할 것입니다. 만약 그들이 자기 머리를 굴리지 않고 하나님 한 분만 의지했더라면 절대로 망했을 리가 없습니다.

여러분, 곧 노예상인이 찾아옵니다. 죄에서 해방되었다고 하지만 그리스도의 우리 안에 들어와 있지 않고 자기 마음대로 먹고 마시는 자에게는 곧 노예상인들이 찾아옵니다. 그때는 내가 열심히 세워놓았던 인생의 계획이나 학벌이 아무 소용없습니다. "하나님, 나를 바꾸려고 부르셨지요? 마음대로 바꾸십시오. 속성과정으로 만들어 주십시오. 저를 반쯤 죽여놔도 괜찮습니다. 골로 가도 괜찮습니다. 저를 바꿔 주십시오" 하는 사람은 살아남습니다. 그런 사람들은 하나님의 은혜를 오래오래 누릴 것입니다. 그러나 그리스도 안에서 다른 것을 요구하는 사람들, 그리스도 안에 있지만 돈도 벌어야 하고 그리스도 안에 있지만 남들만큼 즐기기도 해야 하는 사람은 진정으로 그리스도 안에 있는 사람이 아닙니다.

그리스도 안에 있는 사람은 죄가 무엇인지 압니다. 이처럼 자기 기질이 얼마나 간악한지 아는 사람, 어느 누구도 다룰 수 없는 이 기질과 정욕에 아주 진절머리를 내는 사람은 거룩의 훈련을 기쁨으로 따라갑니다. 그렇지 않은 사람은 결국 노예상인이 사냥해서 다 잡아갑니다. 그때에는 아무리 자기 성읍이 있고 빗장이 있으며 계책이 있어도 아무 소용이 없을 것입니다.

하나님을 그렇게 만만하게 생각해서는 안 됩니다. 하나님은 절대로 손해 보는 일을 하지 않으십니다. 그리스도의 피는 한 방울도 헛되이 흐르지 않을 것입니다. 하나님이 원하시는 목적은 반드시 이루어져야 합니다. 그 목적이 이루어지지 않으면 이번에는 애굽 대신 앗수르로 가야 합니다. 앗수르가 성질이 좀더 나쁘거든요. 앗수르 왕이 좀더 저질입니다.

그러나 사실은 이것이 문제가 아닙니다. 하나님께서는 이스라엘의 문제를 두고 깊이 고민하고 계십니다. 아마 하나님의 고민이 오늘 이 본문만큼 적나라하게 나타나고 있는 부분도 많지 않을 것입니다. 8절을 보십시오.

"에브라임이여, 내가 어찌 너를 놓겠느냐?
이스라엘이여, 내가 어찌 너를 버리겠느냐?
내가 어찌 너를 아드마같이 놓겠느냐?
어찌 너를 스보임같이 두겠느냐?
내 마음이 내 속에서 돌아서
나의 긍휼이 온전히 불붙듯 하도다."

아드마와 스보임이 어떤 곳입니까? 소돔과 고모라는 잘 아는데 아드마와 스보임은 잘 알지 못합니다. 아드마와 스보임은 소돔과 고모라와 함께 멸망한 성입니다. 그러니까 아드마와 스보임은 소돔과 고모라의 다른 표현인 셈입니다. 하나님이 보시기에 이스라엘 백성들은 소돔과 고모라 백성들이었습니다. 그들 가운데에는 음란이 가득 차 있었고, 동성연애 같은 변태적인 성행위가 만연되어 있었으며, 착취와 학대가 가득했습니다. 이러한 죄를 생각하면 그들을 앗수르에 넘겨서는 안됩니다. 이것은 하나님의 법에 맞지 않습니다. 그들의 죄를 보면 아드마와 스보임에게 하신 것처럼, 소돔과 고모라에게 하신 것처럼 심판하셔야 합니다.

그러나 하나님 안에서 심한 갈등이 일어나고 있습니다. '내 마음이 내 속에서 돈다' 는 것은 하나님의 마음속에서 생각이 돌고 또 돌고 있다는 것입니다. '이스라엘 백성들의 죄를 보면 이들은 분명히 유황불로 멸망시켜야 한다. 이 더러운 인간들, 이 추잡한 죄인들, 이 음란한 자들을 한 명도 살려두어서는 안 된다' 는 생각과 '그래도 내가 이들을 택했는데 어떻게 죽일 수 있는가? 어떻게 유황불로 심판할 수 있는가? 그래도 한때는 이들을 사랑하고 이들에게 소망을 가졌는데 어떻게 소돔과 고모라처럼 멸망시킬 수 있는가?' 하는 생각이 돌고 돌면서 하나님을 번민하게 합니다.

이스라엘 백성들의 죄는 분명히 유황불로 태워야 할 죄입니다. 그러나 어떻게 해서든지 핑곗거리를 찾아서 그들을 구원해주고 싶은 마음, 어떻게 해서든지 그들을 살려주고 싶은 긍휼이 하나님의 마음속에서 불붙어 버리는 바람에 하나님은 깊이 고민하고 계십니다.

하나님의 마음속에 일어나고 있는 이런 갈등을 본 적이 있습니까? 하나님은 지금 이스라엘 백성들을 긍휼히 여기고 계십니다. 이스라엘이 완전히 멸망하는 것을 원치 않으십니다. 이 가운데서 무엇이든지 건져내고 싶고 한 명이라도 살려내고 싶으십니다. 실오라기 같은 핑곗거리라도 찾아내서 소돔과 고모라 같은 멸망, 아드마와 스보임 같은 멸망을 피할 길을 찾고 싶으십니다. 이것이 하나님의 고민입니다.

이런 재판장의 심정을 생각해 보십시오. 피고인의 죄를 생각하면 그는 개작두로 죽여야 하는 죄인입니다. 그러나 불쌍해요. 살려주고 싶어요. 그래서 고민합니다. 작두를 가지고 오라고 해야 할지 아니면 살려준다고 해야 할지 고민합니다. 만약 살려주면 국가의 기강과 법이 해이해질 것입니다. 그러나 죽이기에는 너무 불쌍합니다. 그래서 고민하고 번민하느라 밤에도 잠을 이루지 못하고 뜰을 이리저리 거니는 재판장의 모습을 상상해 보십시오.

드디어 하나님은 결단을 내리십니다. 9절입니다.

"내가 나의 맹렬한 진노를 발하지 아니하며
내가 다시는 에브라임을 멸하지 아니하리니
이는 내가 사람이 아니요 하나님임이라.
나는 네 가운데 거하는 거룩한 자니
진노함으로 네게 임하지 아니하리라."

드디어 하나님은 이스라엘에 소돔과 고모라나 아드마와 스보임에 내린 것 같은 유황불을 내리지 않기로 결정하십니다. 그 근거가 무엇입니까? 하나님은 여기에서 그 근거에 대해 침묵하고 계십니다. 이것은 위대한 침묵입니다. 하나님은 인간의 부패한 본질을 깊이 이해하고 계십니다. 마치 노아 홍수 때 '사람은 항상 악한 것만 생각한다'고 말씀하신 것과 똑같은 말씀을 반복하시는 것 같습니다. '아무리 해도 안 되는 이 죄의 본성을 어떻게 하겠느냐? 내가 책임져야지. 그들은 인간이고 나는 하나님인데 어떻게 이 인간들에게 하나님 같은 수준을 요구할 수 있겠느냐?' 하시는 것입니다. 그리고 침묵하십니다. 아무 말도 하지 않으십니다.

하나님은 어떻게 이런 판단을 내리실 수 있었습니까? 하나님 안에 어떤 계획이 있었기 때문입니다. 그것은 인간의 이 모든 부정과 부패를 하나님의 책임으로 돌리려는 계획입니다. 하나님께는 모든 인간의 책임을 자기 아들에게 돌려서 십자가에 매다심으로써 이스라엘에 대한 유황불의 심판을 철폐하실 계획이 있었습니다.

여기에서 하나님은 어떤 과정을 통해 스보임이나 아드마같이 이스라엘을 심판하지 않으시며 왜 유황불의 심판을 다시 반복하지 않으시는지에 대해서 침묵하시지만, 분명히 자신의 계획을 생각하고 계십니다. '나는 인간의 죄를 인간의 책임으로 돌리지 않고 하나님인 나에게 돌리겠다. 그들은 인간이고 나는 하나님이다. 그러니까 결국 이 문제는 하나님인 내가 책임지겠다' 하시는 데에는 그 책임을 지는 분이신 예수 그리스도의 비밀이 포함되어 있는 것입니다.

그렇다고 해서 이스라엘 백성들이 앗수르의 포로가 되지 않는 것은 아닙니다. 그러나 스보임이나 아드마처럼 망하지는 않습니다. 그 대신 그들은 때를 기다려야 합니다. 그때가 언제입니까? 하나님의 용서가 나타날 때입니다.

사자처럼 다시 부르리라

하나님께서 이스라엘 백성들을 아드마와 스보임처럼 유황불로 멸망시키는 대신 일정한 기간 동안 노예 상태로 버리신 다음 어떻게 하십니까? 다시 불러모으십니다. 10절과 11절을 보십시오.

"저희가 사자처럼 소리를 발하시는 여호와를 좇을 것이라.
여호와께서 소리를 발하시면
자손들이 서편에서부터 떨며 오되
저희가 애굽에서부터 새같이,
앗수르에서부터 비둘기같이 떨며 오리니
내가 저희로 각 집에 머물게 하리라. 나 여호와의 말이니라."

하나님께서 이스라엘의 불순종을 전부 자신의 책임으로 돌리신 후에 어떻게 하십니까? 큰 소리로, 사자 같은 큰 소리로 온 세상에 포로되어 있는 이스라엘을 부르겠다고 말씀하십니다. 너무나도 큰 소리로 부르시기 때문에 애굽에 포로된 자들도, 앗수르에 포로된 자들도 이 소리를 듣지 못하는 일이 없을 것입니다. 그들은 있는 그곳에서 하나님께서 부르시는 소리를 듣고 새같이, 비둘기같이 떨면서 하나님께 나올 것입니다.

하나님께서 부르시는 큰 소리가 무엇입니까? 그것은 복음입니다. 하나님의 복음의 소리는 너무나도 커서 이 소리를 듣지 못하는 자가 없습니다. 땅끝에 있는 자들도, 온 세상에 포로되어 흩어져 있는 자들도 다 들을 것입니다. 그 당시에 땅끝은 앗수르와 애굽입니다. 그때는 지구가 둥근 줄도 몰랐고 대서양과 태평양이 있는 줄도 몰랐습니다. 세계 한쪽 끝은 애굽이고 한쪽 끝은 앗수르였습니다.

그러니까 앗수르에서 오고 애굽에서 오면 온 세계에서 오는 것이지요. 땅끝까지 포로되어 간 자들이 하나님이 부르시는 이 음성을 듣고 돌아옵니다. 그래서 하나님께서 주신 자기 집에 거하면서 참 하나님의 백성으로 양육될 것입니다.

복음서를 보면 주님께서 철저하게 이스라엘의 어린 양을 먼저 부르시는 것을 볼 수 있습니다. 제자들을 보내시면서 "너희들은 이방인에게 가지 말고 차라리 이스라엘의 어린 양들에게 가라"고 말씀하시고 예수님 자신도 우선적으로 이스라엘의 잃은 양을 찾으러 왔다고 말씀하신 것은 바로 이 호세아서의 약속을 성취하시기 위해서입니다. 그 약속은 곧 포로되어 가 있는 자들, 죄에 억눌린 자들을 먼저 부르시겠다는 약속입니다. 오순절 때는 어떤 일이 일어났습니까? 전 세계에 흩어져 있던 이스라엘 백성들이 하나님이 부르시는 음성을 듣고 마케도니아와 애굽과 리비아와 온 세계로부터 떨며 와서 성령으로 세례를 받고 하나님의 아들로 인침 받는 일이 일어났습니다.

하나님이 부르시는 소리는 너무나도 커서 듣지 못하는 사람이 아무도 없습니다. 예수 그리스도께서 부활하셨다는 소리는 사자의 큰 소리입니다. 하늘에 있는 세계도 흔들고 지옥도 흔드는 큰 소리입니다. 우리는 택한 백성이 아니었습니다. 그러나 사자같이 부르시는 소리에 떨면서 왔더니 다 받아 주셨습니다. 우리는 여기 나오는 새도 아니고 비둘기도 아니지만 무조건 떨면서 왔더니 성령으로 세례를 주시고 하나님의 자녀로 인쳐 주셨습니다. 얼마나 신납니까? 계획에 포함되어 있지 않은데도 우리는 하나님의 자녀가 되어버린 것입니다.

하나님은 우리를 구원하시기 전에 우리의 죄성을 두고 깊이 고민하셨습니다. 소돔의 아들이요 고모라의 딸이라고 말할 수밖에 없을 정도로 우리의 생각이 철저하게 썩어 있다는 것을 하나님은 다 알고 계십니다. 그래서 한편으로는 유황불로 당장 멸망시켜야 마땅하다는 생각과 다른 한편으로는 어떻게 하든지 우리를 구원하고자 하시는 불붙는 긍휼 사이에서 생각이 돌고 돌면서 고민하십니다. 그러한 고민 끝에 내리신 결론이 무엇입니까? 우리는 인간이고 하나님은 하나님이시라는 것입니다. 그래서 그 모든 책임을 하나님 자신에게 돌리시고 우리를 다시 구원하시기로 계획을 세우신 것입니다.

하나님께서는 우리가 옛 이스라엘처럼 행하기를 원치 않으십니다. 아들로 부르셨는데도 아들답게 행동하지 않고 개망나니처럼 행동하는 것을 굉장히 싫어하십니다. 개망나니는 한 번으로 족합니다. 하나님이 우리를 광야에 맺힌 포도송이처럼 존귀하게 부르셨으면 우리는 그 부르심대로 존귀한 자가 되어야 합니다.

여러분, 우리는 정말 존귀하게 살아야 합니다. 허황된 웃음과 헛된 짓들을 모두 그만두어야 합니다. 우리는 그렇게 살면 안 됩니다. 하나님은 그렇게 천박한 농담이나 지껄이고 더러운 생활을 살라고, 짐승보다 못한 탐욕스러운 삶을 살라고 우리를 부르신 것이 아니라 참으로 존귀한 자로 살라고 부르셨기 때문입니다. 많은 열매를 맺으라고 부르신 우리가 다른 사람에게 독초 같은 존재가 되어서는 안 됩니다. 다른 사람에게 부스럼을 불러일으키고 고통을 주는 그런 존재가 되어서는 안 됩니다. 우리의 삶 자체가 다른 사람에게 신선한 충격이 되고 소망을 주며, 그들을 기쁘게 하고 살맛나게 하며, 그들로 하여금 인생을 새로운 시각으로 보게 해야 합니다.

하나님께서 아들로 부르셨으면 아들이 되어야 합니다. 지킬 박사와 하이드처럼 반은 하나님의 아들이고 반은 악마가 될 수는 없습니다. 그래서 우리는 이렇게 기도해야 합니다. "하나님, 빨리 저를 바꾸어 주십시오. 반죽을 하든 돌리든 상관없습니다. 하나님이 원하시는 목적이 빨리 이루어지도록 어떻게 하든 저의 욕망을 좌절시키시고 저의 악한 생각을 꺾으시며 하나님이 원하시는 목적대로 만들어 주십시오."

우리는 이스라엘 백성의 일을 반복하고 있지 않습니까? 하나님이 우리를 거룩하게 하기 위해 훈련시키시는 것을 싫어하면서 "하나님, 저는 제 방식으로 훈련합니다. 하나님의 훈련 프로그램은 인정 못해요. 아무리 그러셔도 저는 성경 못 읽습니다. 기도는 안 돼요. 그리고 술은 꼭 마셔야 합니다. 또 음란한 것을 보지 말라시는 것은 좀 받아들이기 힘드네요" 한다면 이스라엘 백성들과 다를 바가 없는 것입니다. 그렇게 하는 사람은 왜 믿는 사람들에게 계속 어려움이 생기고 고난이 닥치는지 절대로 이해하지 못합니다. 그는 기독교에 굉장히 실망할 것입니다. "기독교 안에 와보니까 아무것도 없네. 설교는 번지르르한데 실제로 와보니까 온통 고생시키는 일 뿐이야. 되는 게 하나도 없구만."

하나님이 우리에게 가지고 계신 그림이 무엇입니까? 하나님과 똑같은 모습이 되는 것입니다. 하나님의 마음으로, 하나님의 능력으로, 하나님의 음성으로, 하나님의 표정으로 남을 복 주고 보살피며 사랑하는 그의 아들이 되는 것입니다. 그렇다면 우리는 그 그림대로 되어야 합니다. 아들로 불렀는데 실제로는 야비한 협잡꾼이 되는 것은 하나님을 거역하는 것입니다.

오늘 우리는 예배를 드리면서 우리의 존귀함을 되찾아야 합니다. 우리의 비굴해진 이 모습, 세상 사람들과 비교하면서 자신을 학대하고 짓밟고 스스로 괴롭혔던 것을 청산해야 합니다. 거룩한 하나님의 아들의 모습을 오늘 되찾아야 하고 그 자존감을 회복시켜 달라고 기도해야 합니다. 다른 사람이 나를 업신여깁니까? 그 업신여김을 당하지 마십시오.

하나님이 나를 열매 맺는 포도나무로 부르셨다면, 그리고 내가 그 말씀대로 따른다면 엄청난 열매가 맺히게 되어 있습니다. 삶 자체가 기적이 됩니다. 우리의 삶은 어느 누구도 흉내 낼 수 없는 새로운 출발이고 새로운 모험입니다. 우리는 항해를 떠나는 사람과 같습니다. 그래서 나의 경험은 다른 사람의 경험과 비교할 수도 없고 비교해서도 안 됩니다. 배도 다르고 속도도 다르고 항해 방향도 다릅니다. 그런데 조금만 다른 방향으로 가는 것 같아도 사람들은 마구 불안해 하면서 "안 돼! 난 항구로 돌아가야 해. 난 항구에 뼈를 묻을 거야" 합니다.

제가 참 은혜받는 찬송가 중 하나가 "언덕을 떠나서 창파에 배 띄워"입니다. 조금만 멀리 나오고 조금만 남과 다르면 왜 그렇게 죽는다고 소리를 지르는지 모르겠어요. 깊은 바다로 가면 얼마나 좋습니까? 조용하고 넓고 색깔도 가지각색입니다. 붉을 때도 있고 시퍼럴 때도 있고 누럴 때도 있고 회색일 때도 있고 아주 변화무쌍하고 아름답습니다. 조금 겁나기도 하지만 가면 갈수록 새롭습니다. 죽는 것도 새로운 경험이에요. 우리는 남들이 죽는 것처럼 죽을 수가 없습니다. 우리는 새로운 방식으로 죽어야 합니다. 왜냐하면 이 항해 자체가 새로운 것이기 때문입니다.

하나님께서는 우리가 옛 이스라엘 백성들처럼 하나님을 거역하는 것을 절대로 원치 않으시며 용납하지 않으십니다. 하나님은 두 번 속으시는 분이 아니십니다. 하나님은 우리가 하나님을 두려워하고 떨면서 그 앞에 나오기를 원하십니다. 그렇게 하나님을 두려워하며 나오기만 하면 성령을 퍼부어 주셔서 완전히 새로운 사람을 만들어 놓으십니다. 예배를 드리기 전의 감정이나 상태와 완전히 다른 상태로 금방 만드십니다. 이것이 기적이지요.

아무리 비싼 대가를 지불해서라도 하나님 앞에서 겸손을 배웠다면 그 사람은 모든 것을 다 얻은 것입니다. 왜냐하면 이 겸손이야말로 하나님의 아들에게 나타나는 특징이기 때문입니다. 남들이 겪지 않는 어려움을 혼자 겪으면서 유달리 많은 조롱과 비난과 육체적인 고통을 받는다고 해도, 남들이 가진 것을 가지지 못해서 아무리 손가락질 당하고 비웃음을 당한다고 해도, 하나님 앞에서 겸손만 배웠다면 그 사람은 하나님의 목적이 이루어지는 존귀한 자로 세워질 것입니다.

여러분, 남들이 경험하지 못한 인생의 실패를 경험하는 것을 두려워하지 마십시오. 실패하는 것이 중요한 것이 아니고 실패한 다음 무엇을 얻었는가가 중요한 것입니다. 실패한 다음에 '나는 저 들판에 있는 흙과 다를 바가 하나도 없다. 나는 하나님 앞에 주장할 것이 하나도 없는 피조물에 불과하다'는 것을 인정하게 되었다면, 하나님은 그 사람을 참으로 존귀하게 세워주실 것입니다.

우리가 정말 배워야 할 것은 아버지의 겸손입니다. 그리스도인의 표시는 이 겸손에 있습니다. 그렇게 많은 고생을 거듭하고서도 겸손을 배우지 못하고 아직도 내가 옳고, 아직도 내가 똑똑하고, 아직도 내가 잘난 사람은 아버지 집에 거할 수가 없습니다. 그는 결국 노예상인에게 다시 잡혀서 앗수르와 애굽을 향하여 먼 노예의 길을 떠나야 할 것입니다.

호세아서 11장은 우리가 금으로 새겨놓아야 할 너무나도 귀한 말씀입니다. 오늘 이 말씀 속에는 하나님께서 어떤 선한 목적을 가지고 나를 부르셨는지가 분명히 드러나 있습니다. 우리는 더 이상 머뭇거리거나 불평하면 안 됩니다. 우리는 부르면 부를수록 멀어졌던 이스라엘 백성들의 미련하고도 고집스러운 삶을 반복할 것이 아니라 마치 100미터 단거리 선수처럼 하나의 목적을 향해 돌진해야 마땅합니다. "하나님, 빨리 그 선한 뜻을 이루어 주십시오! 나를 그 뜻대로 만들어 주십시오!" 하고 기도해야 마땅합니다.

주님께서 짐승처럼 쓰고 있던 나의 멍에를 벗기시고 사랑의 줄로 이끄시며 한 걸음 한 걸음 가르쳐 주시는 것, 한꺼번에 모든 것을 주시지는 않지만 매일매일 나의 삶을 인도하시는 것이 얼마나 존귀하고 아름다운 삶인지 알아야 합니다. 거룩은 한꺼번에 진도가 나가지 않으며, 이렇게 한 걸음 한 걸음 배워나가야 한다는 것을 알아야 합니다.

직장 없이 10년을 기다리면 어떻게 될 것 같습니까? 폐인이 되든지, 완전한 하나님의 아들이 되든지 둘 중에 하나입니다. 전에 제 대학 후배가 "하나님이 절 어디에 쓰실까요?" 하고 고민하면서 이 계획 저 계획 짜는 것을 보았습니다. 그래서 제가 한마디 했습니다. "한 10년만 실업자 생활하게. 그러면 모든 것이 해결될 거야." 10년을 어떻게 참습니까? 그 전에 자살하는 게 낫지요. 구름이 떠오르기까지 광야에서 조용히 앉아 있는 것이 얼마나 고통스러운 일인지 모릅니다.

이스라엘 백성들의 훈련이 그것이었습니다. 광야에 비디오가 있습니까, 신문이 있습니까? 구름이 떠오를 때까지 가만히 기다리는 것이 전부입니다. 좀 정착하려고 하면 구름이 떠오릅니다. 또 좀 계속 가려고 하면 구름이 들어가 버립니다. "이 원망스러운 구름, 왜 저렇게 제멋대로 움직이지?" 그러나 그것을 통해서 그들은 거룩을 배웠고 안식일을 배웠습니다. 또 하나님은 안식일의 중요성을 깨닫지 못하고 예배의 소중함을 모르는 백성들을 만나로 훈련시키셨습니다. 똥개 훈련시키듯이 먹는 것을 통해 거룩을 가르쳐 주셨어요. 이렇게 훈련하지 않으면 사람들은 안식일을 절대로 지키지 않습니다.

오늘 우리들은 예배의 소중함이나 안식의 기쁨보다 세상에서 돈 벌고 재미있는 것들을 더 생각하는데, 이것은 굉장히 위험한 것입니다. 여러분, 주님의 사랑을 처음 느꼈을 때를 잊지 마십시오. 위급하고 다급한 나머지 무릎꿇고 눈물 흘리면서 기도했을 때 하나님이 응답하신 그 감격스러운 순간, 말씀을 들었을 때 그 기쁨, 모든 억눌림에서 해방되었을 때 그 자유를 절대로 잊어버리면 안 됩니다.

"하나님, 저는 아직도 덜 만들어졌습니다. 아직 이쪽이 덜 깎인 것 같아요. 저는 아직도 돌덩어리입니다. 다듬어져야 할 부분이 너무 많습니다. 다른 것은 신경쓰지 마십시오. 어떻게 하셔도 절망하거나 좌절하지 않겠습니다. 오직 저를 빨리 다듬어 주셔서 하나님이 원하시는 모습으로 만들어 주십시오. 세상에서 폐인이 되어도 좋고 직장을 잃어버려도 좋고 식구들에게 조롱당하고 버림받아도 좋습니다. 오직 저를 하나님이 원하시는 그 모습으로 만들어 주십시오." 하나님은 이런 사람을 반가워하시고 기뻐하십니다.

눈물을 잊지 마십시오. 주님이 나를 만나주셨던 그때, 말씀을 듣고 뜨거웠던 그때를 절대 잊지 마십시오. 다른 것은 다 잊더라도 그때는 간직하고 있어야 합니다. 지금 돈이 많아서 배가 부릅니까? 다른 사람들에게 다 줘버리십시오. 여러 가지 좋은 조건들이 있습니까? 다 불태워 버리십시오. 그렇게 해서라도 어렵고 가난했을 때 주님과 만났던 감격을 잃지 않는 그들이 진정한 하나님의 아들이요 복 받은 자들입니다.

16

이스라엘의 기질

호세아 12:1-14

12:1 에브라임은 바람을 먹으며 동풍을 따라가서 날마다 거짓과 포학을 더하며
앗수르와 계약을 맺고 기름을 애굽에 보내도다.

2 여호와께서 유다와 쟁변하시고 야곱의 소행대로 벌 주시며 그 소위대로
보응하시리라.

3 야곱은 태에서 그 형의 발뒤꿈치를 잡았고 또 장년에 하나님과 힘을 겨루되

4 천사와 힘을 겨루어 이기고 울며 그에게 간구하였으며, 하나님은 벧엘에서 저를
만나셨고 거기서 우리에게 말씀하셨나니

5 저는 만군의 하나님 여호와시라. 여호와는 그의 기념 칭호니라.

6 그런즉 너의 하나님께로 돌아와서 인애와 공의를 지키며 항상 너의 하나님을
바라볼지니라.

7 저는 상고여늘 손에 거짓 저울을 가지고 사취하기를 좋아하는도다.

8 에브라임이 말하기를 "나는 실로 부자라. 내가 재물을 얻었는데 무릇 나의 수고한
중에서 죄라 할 만한 불의를 발견할 자 없으리라" 하거니와

9 "네가 애굽 땅에서 나옴으로부터 나는 네 하나님 여호와니라. 내가 너로 다시
장막에 거하게 하기를 명절일에 하던 것 같게 하리라.

10 내가 여러 선지자에게 말하였고 이상을 많이 보였으며 선지자들을 빙자하여 비유를
베풀었노라."

11 길르앗은 불의한 것이냐? 저희는 과연 거짓되도다. 길갈에서는 무리가 수송아지로
제사를 드리며 그 제단은 밭이랑에 쌓인 돌무더기 같도다.

12 옛적에 야곱이 아람 들로 도망하였으며 이스라엘이 아내 얻기 위하여 사람을
섬기며 아내 얻기 위하여 양을 쳤고

13 여호와께서는 선지자로 이스라엘을 애굽에서 인도하여 내시며 선지자로 저를
보호하셨거늘

14 에브라임이 격노케 함이 극심하였으니 그 주께서 그 피로 그 위에 머물러 있게
하시며 저의 수치를 저에게 돌리시리라.

                                                            12:1-14

지난 설교에서 살펴본 바에 따르면 하나님은 어떤 그림을 가지고 우리를 부르십니다. 그 그림은 우리를 하나님의 아들로 삼으시는 것입니다. 그런데 우리가 하나님의 아들로 만들어지는 일에 가장 큰 걸림돌이 되는 것이 우리의 기질입니다. 기질보다 더 걸림돌이 되는 것이 없습니다. 우리가 새로이 기독교 진리를 받아들였다고 해서 갑자기 기질이 변해서 딴 사람이 되는 것은 아닙니다. 그때부터 본격적인 싸움과 갈등과 힘겨루기가 시작되는 것입니다.

우리가 새로운 진리를 받아들였을 때 하나님께서는 진리대로 살 수 있는 아주 작은 가능성을 우리 속에 주셨습니다. 그러나 우리는 그런 가능성이 있음에도 불구하고 여전히 내 기질대로 살려고 합니다. 그때부터 나를 바꾸어 하나님의 아들로 만들려고 하는 하나님의 뜻과 나의 정욕대로 살려고 하는 옛 기질 사이에 끝없는 갈등과 투쟁이 시작됩니다. 그래서 신앙생활이 어렵습니다.

가장 위험한 것은 신앙생활을 잘 하다가도 어느 한순간에 하나님이 주신 모든 축복과 특권을 포기하고 죄의 종이 될 가능성이 언제든지 있다는 사실입니다. 잘 나가다가 어느 한순간에 삐끗하면 하나님이 주신 모든 축복과 약속을 다 팔아먹고 자발적으로 죄의 종이 될 가능성을 하나님은 우리 안에서 보고 계십니다. 그때마다 하나님은 채찍질하든지 두들겨 패든지 어떻게 해서든지 우리를 건져내고자 하시고, 우리는 우리대로 계속 고집을 부립니다.

그러나 이 싸움에서는 하나님이 승리하십니다. 어떻게 해서든지 우리를 바꾸어 놓으시고야 맙니다. 그렇게 바뀔 때 우리는 거의 피투성이가 되어 있기 마련입니다. 하나님은 그렇게 해서라도 우리를 바꾸어서 영광스러운 아들의 모습으로 만들어 놓고야 만다는 것이 바로 호세아서 12장의 말씀입니다.

호세아가 새로운 설교를 시작할 때는 새로운 테마를 들고 나온다는 점을 기억할 필요가 있습니다. 어느 설교에서는 타작마당을 들고 나오기도 하고 어느 설교에서는 아들을 들고 나오기도 하는데, 이번에는 야곱이라는 인물을 새로운 테마로 들고 나옵니다.

성경에 나오는 여러 인물 중에 야곱처럼 복잡한 사람이 없습니다. 처음에 야곱은 아주 거짓되고 야비한 인물로 시작합니다. 그는 한번 생각한 것은 수단과 방법을 가리지 않고 해내고야 마는 야비한 인물이었습니다. 원래 '야곱'이라는 이름 자체가 '발꿈치'라는 뜻과 함께 '속이다', '사기치다'는 뜻을 가지고 있습니다. 애 이름이 '사기친다'니까 별로 좋은 이름이 아니지요.

야곱은 좀처럼 변하기 힘든 사람이었습니다. 중간에 하나님이 벧엘에 나타나셔서 엄청난 체험을 하게 하셨지만 이 나타나심도 야곱의 기질을 바꾸어 놓지는 못했습니다. 그런데 결국 야곱은 어떻게 되었습니까? 하나님이 끝까지 쫓아가심으로써 그가 자기 기질을 꺾고 울면서 하나님 앞에 기도하게 만드셨습니다. 우리는 성경의 족장 중에서 야곱보다 더 성숙한 그리스도인을 만나지 못합니다. 가장 야비하던 사람이 가장 성숙한 사람으로 바뀐 것입니다. 성경에 나오는 인물 중에서 가장 많이 변한 사람이 있다면 단연 야곱을 꼽을 수 있습니다.

무엇이 야곱을 이렇게 바꾸어 놓았습니까? 하나님의 열정입니다. 하나님은 결국 이처럼 해내시고야 맙니다. 하나님이 우리를 아들로 부르셨다면 아들이 되게 하십니다. 살든지 죽든지 아들로 만들어 놓으십니다. 피떡을 만들든 반쯤 죽여놓든 아들로 만들어 놓으십니다. 한번 성숙한 그리스도인으로 만들겠다고 하시면 결국은 성숙한 그리스도인이 되게 하십니다.

이것은 비단 야곱에게 국한된 이야기가 아닙니다. 바로 우리 자신의 이야기입니다. 우리는 하나님을 믿는다고 하면서도 끊임없이 하나님의 은혜로부터 도망쳐서 자기 정욕대로 살려고 하는 기질을 가지고 있습니다. 그러면 하나님이 어떻게 하십니까? 끝까지 쫓아오셔서 우리를 꺾으시고 변화시켜서 하나님이 원래 원하셨던 아들의 모습으로 만들어 놓으시고야 맙니다. 그러므로 아무리 신앙이 좋은 사람이라도, 아무리 믿음이 위대한 사람이라도 자기 자신을 자랑할 것이 없습니다. 자신을 그렇게 만드신 분은 하나님이시기 때문입니다.

이스라엘의 거짓된 모습

하나님께서는 이스라엘 백성들에 대하여 무엇이라고 불평하십니까?

> 에브라임은 거짓으로, 이스라엘 족속은 궤휼로 나를 에워쌌고
> 유다는 하나님, 곧 신실하시고 거룩하신 자에 대하여
> 정함이 없도다 (11:12).

하나님께서 이스라엘 백성들을 보시니, 거짓과 속임수로 하나님을 에워싸고 있었습니다. 거짓과 궤휼로 하나님을 에워싼다는 말이 무슨 뜻입니까? 사람들이 처음에는 어쩔 수 없이 거짓말을 합니다. 그리고 나서는 그 거짓말을 감추기 위하여 또 거짓말을 합니다. 거짓말을 했으면 당사자를 찾아가 "이만저만해서 거짓말을 했습니다. 용서해 주십시오" 하고 사과하면 끝나는데, 자존심이 있으니까 거짓말한 주제에 또 거짓말을 하고, 나중에는 아예 거짓말로 도배를 해버립니다. 그것이 거짓과 궤휼로 에워싸는 것입니다. 이런 방식이 사람에게는 통합니다.

"왜 결근했습니까?"

"어머니가 아프셨어요."

몇 년 전에 돌아가신 어머니가 아프시다고 하고 보니, 이제는 사망시기를 바꿔야 합니다. 나중에는 끝이 없어요. 거짓으로 도배를 해버렸기 때문에 도대체 어디서부터 어디까지가 진실인지 알 수가 없습니다. 그래서 하나님이 뭐라고 하십니까? "에브라임은 거짓으로, 이스라엘 족속은 궤휼로 나를 에워쌌고 유다는 하나님, 곧 신실하시고 거룩하신 자에게 대하여 정함이 없도다!"

하나님은 신실하고 거룩한 분입니다. 다시 말해서 이것이 사람들에게는 통하지만 하나님께는 통하지 않는다는 것입니다. 아무리 거짓으로 도배를 하고 속임수로 완전히 에워싸도 에워싸이지 않으십니다. 사람은 도배만 약간 하면 통하고 화장만 조금 짙게 하면 지금 기분이 좋은지 나쁜지 전혀 구분하지 못합니다. 겉으로만 쾌활하게 웃고 있으면 그냥 기쁜 줄 알지요. 그러나 하나님은 절대로 속지 않으십니다.

그 다음에는 좀더 구체적으로 그들의 상태가 나오고 있습니다. 12장 1절을 보십시오.

> 에브라임은 바람을 먹으며 동풍을 따라가서
> 날마다 거짓과 포학을 더하며
> 앗수르와 계약을 맺고 기름을 애굽에 보내도다.

'바람을 먹는다'는 말이 무슨 뜻일까요? 이것은 '허파에 바람든다'는 우리말 표현과 똑같은 것으로서, 생각이 허황되게 부풀어서 남이 추켜세워 주는 말을 믿고 자기자신을 엉뚱하게 생각하는 것입니다. 여러분, 헛바람을 먹으면 대책이 없습니다. 자신의 상태를 완전히 잊어버리고 도취되어서 스스로 굉장한 인물로 착각하는 사람은 대책이 없어요.

그런데 바람을 먹는 데서 그치지 않고 이 바람이 곧바로 동풍으로 연결되고 있습니다. 동풍은 아주 무서운 것입니다. 팔레스타인에 사는 사람치고 이 동풍의 위력을 모르는 사람이 없습니다. 동풍이 불면 모든 채소와 곡식이 말라 죽습니다. 그리고 집이나 건물들도 파괴됩니다. 동풍은 아주 무섭고 못된 바람입니다.

그러니까 '바람을 먹으며 동풍을 따라간다'는 것은 자기들이 어떤 상태에 있는지도 모르면서 마냥 들떠서 파멸의 길을 가고 있다는 뜻입니다. 아무것도 모르는 시골뜨기가 도회지에 와서 깡패들을 만났습니다. "내가 보니까 무슨 일을 해도 할 사람 같은데! 자네 주먹에 넘어가지 않을 인간이 없겠어" 하고 추켜세우는 말에 완전히 바람이 들어서 진짜 그런 줄 알고 깡패들과 같이 먹고 어울려 다닌다면 그 사람은 이미 동풍을 따라가고 있는 것입니다. 지금 당장은 좋지요. 사람들이 추켜세워 주고 기분 좋게 맞춰주니까 괜찮아요. 그러나 좀 지나면 굉장히 무서운 결과가 나타납니다.

얼마 전에 신문을 보니까 깡패하고 어울려 다니던 한 학생이 이제는 정신 차리고 공부해야겠다고 결심했어요. 그런데 깡패들한테서 빠져나오려다가 얼마나 두들겨 맞았는지 모릅니다. 쇠파이프와 도끼를 비롯해서 온갖 단단한 것으로 다 두들겨 맞은 끝에 결국은 빠져나왔어요. 그 학생은 동풍의 결과가 얼마나 매서운지 경험한 것입니다.

하나님은 이스라엘 백성에게서 이런 모습을 보고 계십니다. 헛배가 불러서 다른 사람들이 아첨하는 말을 따라 파멸의 길을 가고 있는 그들은 그 결과가 얼마나 비참한지 모르고 있습니다. 지금 이스라엘 백성들이 하고 있는 것은 구체적으로 세 가지입니다. 하나님은 거짓으로 에워싸고 속이고, 자기 동족들은 철저하게 이용해먹고 학대하고 착취하고, 앗수르와 애굽과는 동맹을 맺고 기름을 조공으로 보내는 이런 일을 하고 있습니다.

무슨 말입니까? 예배 하나는 확실하게 드립니다. 예배드릴 때는 넥타이 매지 않고 오는 경우가 없고 빠지거나 늦게 오는 경우가 없습니다. 그러나 예배를 마치고 나가서는 자기 민족을 철저히 짓밟습니다. 받아낼 것을 다 받아내고서도 모자라서 동족의 것을 빼앗고 쫓아냅니다. 그러면서도 멀리 있는 외국에는 추파와 미소를 던지며 언약을 맺고 온갖 좋은 것으로 조공을 바치고 있는 것입니다.

지금 이스라엘 백성들은 모든 것을 철저하게 이용하고 있습니다. 하나님도 이용합니다. 예배도 철저히 드리고 규칙도 다 지키는데 하나님이 불만스럽게 생각하실 것이 뭐가 있습니까? 이웃들도 철저히 이용합니다. 앗수르나 애굽도 이용하려 합니다. 잔머리를 굴리면서 어떻게 해서든지 자기의 욕망을 채우려 하고 있습니다.

하나님께서 이스라엘 백성들에게 원래 원하신 것이 무엇입니까? 이렇게 잔머리 굴리는 것이 아닙니다. 그냥 하나님 한 분 딱 믿고 위기의 순간까지 가는 것입니다. 그냥 홍해에 발을 내딛는 거예요. 갈라지면 갈라지는 것이고 안 갈라지면 빠져죽든지 개헤엄을 치든지 둘 중에 하나지요. 여하튼 하나님을 믿고 위기의 순간까지 가기를 원하십니다.

하나님께 정직하려면 자기의 잘못을 고치고 자기를 바꿔야 합니다. 그런데 바꾸기가 싫은 거예요. 그래서 회개하지 않고 겉으로만 거룩한 척 꾸밉니다. 이웃을 사랑하면 손해만 보고 나한테 돌아오는 게 없으니까 철저히 이용해 먹어야 합니다. 할 수 있으면 간이라도 빼먹어야 해요. 하지만 앗수르 같은 나라는 잘 사귀어 놓으면 급할 때 도움이 될지도 모르니까 사이좋게 지내야 합니다.

중요한 것은 이런 이스라엘을 하나님께서 왜 내버려 두시느냐는 것입니다. 왜 그들을 버리지 않으시고 때로는 침묵으로, 때로는 직접 징계하심으로, 때로는 위로자로 계속 관계를 맺고 계시느냐는 것입니다. 하나님께서는 이스라엘 백성들의 이런 모습을 보시고 굉장히 가슴 아파하십니다. 그러나 이들을 버리시면 아무도 구원받을 자가 없습니다. 이렇게 하지 않는 사람이 아무도 없기 때문입니다. 그래서 어떻게 하십니까? 그들과 끝까지 힘겨루기를 하십니다. 그들이 머리를 굴리는 만큼 하나님도 머리를 굴려서 그들과 대결하고 그들과 싸우고 그들을 징계해서 그들을 바꾸십니다. 2절을 보십시오.

여호와께서 유다와 쟁변하시고 야곱의 소행대로 벌 주시며
그 소위대로 보응하리시라.

이렇게 세 번 반복해서 말씀하시는 것은 아주 강한 결심을 나타

내는 것입니다. 하나님께서 이스라엘 백성에게 하시는 말씀이 무엇입니까? '너희가 그렇다면 나도 철저하게 너희를 따라가서 너희와 대결하여 너희가 하는 행동을 다 챙겨서 끝까지 바꾸겠다'는 것입니다. 그들과 쟁변하고 그들의 소행대로 갚으심으로써 결국에는 그들이 '내가 하고 싶은 대로 다 하는 것이 손해구나. 내 머리를 굴렸더니 굉장히 손해구나. 꾀를 부리고 머리를 쓰고 내 정욕대로 살았더니 너무 피곤하고 얻는 것이 없구나' 하는 것을 깨닫고 돌아오게 하시겠다는 것입니다.

하나님께서는 이스라엘 백성들의 거짓된 모습을 보시면서 그들을 편안히 가게 두겠다고 말씀하지 않습니다. 왜냐하면 그들이 하고 싶은 대로 하게 내버려두면 망하기 때문입니다. 그들이 망하면 아무도 구원받을 사람이 없습니다. 그래서 하나님은 그들의 죄와 싸우고 그들과 대결하며 끝까지 처벌하고 징계해서 그들을 완전히 초주검으로 만들어 놓겠다고 하십니다. 그리하여 하나님의 아들로 삼으시며 성숙한 사람으로 만들어 놓겠다고 말씀하십니다.

여러분, 죄를 지었고 하나님의 말씀을 떠났음에도 불구하고 형통한 사람은 분명히 하나님의 백성이 아닙니다. 하나님은 그가 구원하기로 작정한 사람들의 죄를 절대로 그냥 넘기시는 법이 없습니다. 그런 사람이 하나님을 떠나서 무슨 일을 하면 되는 게 없어요. 백 퍼센트 안 됩니다. 하나님이 끝까지 막으십니다. 우리 하나님이 어떤 하나님인데요! 끝까지 찾아가 밟아서 완전히 파멸에 빠뜨리십니다. 그래서 '하나님 말씀에 불순종하는 것이 굉장히 피곤하구나. 죄짓는 것이 굉장히 힘들구나' 하는 것을 깨닫고 죄를 짓지 않게 만드십니다.

전에 어떤 분이 자기는 죄를 버렸다고 말했습니다. 왜 그렇게 했느냐고 물으니까 죄짓는 것이 너무너무 힘들더라는 거예요. 죄를 지었더니 영육간에 너무 힘들어서 도저히 못하겠고, 차라리 예수 믿는 게 편하다는 거예요. 그 사람은 하나님의 끈질기심과 지독하심을 조금 경험한 것입니다. 히브리서에서는 무엇이라고 말씀하고 있습니까?

"주께서 그 사랑하시는 자를 징계하시고
그의 받으시는 아들마다 채찍질하심이니라" 하였으니
너희가 참음은 징계를 받기 위함이라.
하나님이 아들과 같이 너희를 대우하시나니
어찌 아비가 징계하지 않는 아들이 있으리요?
징계는 다 받는 것이어늘 너희에게 없으면
사생자요 참 아들이 아니니라 (히 12:6-8).

하나님이 정말 사랑하시는 사람은 하나님의 뜻에 따르지 않는 다른 일이나 자기 잔머리를 굴려서 하는 일마다 백 퍼센트 안 됩니다. 다른 사람은 다 돼도 나는 안 되게 되어 있어요. 말씀에 불순종하는 것이 순종하는 것보다 얼마나 힘든지 몰라요. 죄짓는 데 돈이 안 드는 줄 압니까? 굉장히 많이 듭니다. 영화 보고 술 마셔야지요, 술 마시면 토해야지요, 약 먹어야지요, 며칠간 헤매야지요, 또 여관비는 안 듭니까? 몇십만 원씩 들여가면서 영육간에 지치고 나면

"죄짓는 것이 이렇게 힘들구나" 하는 말이 절로 나옵니다. 하나님은 그렇게 해서라도 돌아오게 하신다고 말씀하십니다.

죄를 지었는데도 이런 일이 생기지 않습니까? 그러면 둘 중에 하나입니다. 하나님의 아들이 아니든지, 아니면 너무 어려서 손댈 데가 없는 상태이기 때문에 잠시 놔두시는 것입니다. 내 신앙이 너무 어려서 믿는 것도 아니고 안 믿는 것도 아닌 상태일 때, 징계를 주면 그대로 지옥에 빠질 수밖에 없는 상태일 때 하나님은 참으십니다. 그러나 진짜 그리스도인이 되었을 때 조금이라도 불순종하면 절대로 내버려두지 않으십니다. 왜 그렇습니까? 하나님은 절대로 그 사람을 포기하지 않으시기 때문입니다.

야곱의 길

하나님께서는 이스라엘 백성들과 맺고 있는 관계의 모델을 그들의 조상인 야곱의 행적에서 찾고 계십니다. 3절을 보십시오.

> 야곱은 태에서 그 형의 발뒤꿈치를 잡았고
> 또 장년에 하나님과 힘을 겨루되

이 말을 평범하게 보면 안 됩니다. 태어나면서부터 형의 발뒤꿈치를 잡고 나왔다는 것도 대단하지만 어른이 되어서 하나님과 씨름했다는 것을 보아도 야곱은 보통 인물이 아닙니다. 야곱의 출생은 그의 기질을 잘 보여주고 있습니다. 야곱은 장자의 자격을 빼앗기지 않으려고 일분 일초라도 빨리 나오기 위해 투쟁하다가 형의 발꿈치를 잡았습니다. 물론 갓난아이가 무슨 의식이 있어서 형의 발꿈치를 잡고 나온 것은 아닐 것입니다. 그러나 이것은 그의 천성을 보여줍니다.

사실 그들은 태중에서부터 싸웠습니다. 몇 달 동안 리브가의 속이 자꾸 꾸르륵거리는 거예요. 리브가가 생각하기에 이건 분명히 설사기운이 아니라 임신 같은데, 왜 이렇게 속이 하루도 편한 날이 없고 계속 꾸르륵거리는지 도저히 알 수가 없어요. 그래서 선지자를 찾아가서 물어보았더니 쌍둥이가 싸우고 있다는 겁니다.

야곱은 그 이름이 보여주는 것처럼 속이고 탈취하는 기질을 선천적으로 타고난 사람입니다. 야곱은 선천적으로 정직한 사람이 아니었습니다. 거짓말하고 속이는 데 천재적으로 머리가 돌아가는 사람이었어요.

태어날 때부터 유별나더니 장년이 되어서는 어떻게 했습니까? 겁도 없이 하나님과 대결하고 싸웠습니다. 하나님과 힘을 겨룬다는 것은 도박 중의 도박입니다. 그러나 야곱은 태어날 때부터 장년에 이르기까지 누구에게도 지기 싫어하고 힘으로 안 되면 속임수를 써서라도 자기가 원하는 것을 차지하고야 마는 그런 기질의 사람이었습니다. 야곱의 입에서는 절대로 "졌다"는 말이 나온 적이 없습니다. 하나님과 씨름하고 난 다음에야 처음으로 "졌다"고 했지, 한평생 졌다거나 실패했다는 말을 해본 적이 없는 사람이 바로 야곱입니다.

이런 사람은 누구라도 싫어할 것입니다. 사람에게 다 야비한 기질이 있긴 하지만 이렇게 태어나면서부터 그랬던 사람이 어디 있으며, 하나님과 힘을 겨루면서까지 부득부득 고집을 부린 사람이 어디 있습니까? 야곱은 그런 사람이었습니다. 많은 사람들은 야곱이 밧단아람에서 받은 축복을 부러워합니다. 그러나 우리가 알아야 할 것은 그것은 축복이 아니라는 것입니다. 그것은 외삼촌의 재산을 거짓으로 탈취한 것입니다.

우리는 지금 4절로 넘어갈 수가 없습니다. 4절은 호세아서의 결론이기 때문입니다. 결론을 먼저 말해버리면 그 다음에 나오는 말씀을 설명할 수 없으니까 7절을 먼저 보겠습니다.

저는 상고여늘 손에 거짓 저울을 가지고
사취하기를 좋아하는도다.

우리 성경에는 '저는 상고여늘'이라고 되어 있지만 히브리 성경에는 '가나안'이라는 말 한마디만 있고 주어가 없습니다. '가나안'은 '상인'이라는 뜻입니다. 그런데 원문에는 누가 상인인지가 나오지 않습니다. 물론 문맥을 보면 이스라엘 백성들이 장삿속으로 거짓 저울을 사용해서 많은 재산을 모았다는 것이 나타납니다.

그들이 돈 모으는 솜씨는 거짓 저울에 있었습니다. 이스라엘 상인들은 주머니 속에 서로 무게가 다른 저울 몇 개씩을 꼭 가지고 있었어요. 그래서 상대방에 따라서 언제든지 무게가 다른 저울을 꺼내는 재능으로 재산을 모았습니다. 이 솜씨는 이미 그들의 조상 야곱에게 나타나고 있습니다. 야곱은 완전히 빈털털이 상태에서 밧단아람으로 도망친 사람입니다. 그러나 돌아올 때는 소떼와 양떼가 두 떼나 되었고 낙타와 많은 노비들까지 거느렸습니다. 물론 야곱은 하나님께서 자기를 축복하셨기 때문에 이렇게 큰 부자가 되었다고 믿었습니다. 그러나 이 재산은 속임수로 모은 것이었습니다.

라반과 품삯을 정할 때 야곱은 양떼 중에 얼마 되지 않는 얼룩지고 검은 양을 택했습니다. 그런데 그 후로 태어나는 새끼들은 전부 얼룩이고 점박이였습니다. 왜냐하면 그는 우생학적인 지식이 있는 사람이었기 때문입니다. 양들은 물을 마실 때 교배를 하는데 그 앞에 무엇인가 세워두고 자극을 주면 이것이 유전자에 영향을 주어서 얼룩지고 점 있는 양이 나온다는 것을 야곱은 알고 있었습니다. 오늘날로 말하면 전문지식을 가진 것이지요.

전문지식을 가진 사람이 그 지식으로 돈을 벌려고 하면 땅 짚고 헤엄치는 것처럼 돈 벌기가 쉬워요. 라반도 보통 사람이 아니었지만 야곱의 전문지식에는 당할 수가 없었습니다. 이처럼 사람이 자기가 가지고 있는 전문지식으로 돈을 벌려고 마음을 먹으면 엄청난 떼돈을 벌 수 있습니다. 예를 들어서 의사가 자신이 가진 의학지식을 이용해서 돈을 벌려고 작정하면 떼돈을 벌 수 있습니다. 의사들의 용어는 아무도 못 알아듣습니다. 또 법조인이 자기가 가지고 있는 법률지식을 가지고 돈을 벌려고 들면 돈 버는 것은 장난입니다. 굉장히 쉬워요. 전문가가 돈을 벌려고 마음을 먹으면 그렇습니다.

그래서 전문지식을 가진 사람들은 아주 정직해야 합니다. 그것을 가지고 봉사할 마음을 먹어야지 떼돈을 벌려고 하면 무서운 결과가 나타납니다. 물론 자기의 지식으로 다른 사람에게 봉사하는 가운데 생기는 수입은 하나님이 주시는 선물이고 열매입니다. 그러나 돈을 벌 목적으로 그 지식을 사용할 때는 아주 무서운 결과가 나타나게 됩니다.

목회자들은 하나님에 대한 지식을 독점하고 있는 사람들입니다. 요즘 경건서적이 많고 세미나도 많아서 평신도들도 만만치 않습니다만 그래도 목회자들을 능가할 수는 없습니다. 그래서 목회자가 하나님에 대한 지식을 가지고 떼돈을 벌겠다고 작정하면 그 일은 완전히 땅 짚고 헤엄치기입니다. 마음에 안 드는 사람은 들어와도 저주하고 나가도 저주하고, 자기에게 잘해주는 사람은 성경에서 좋은 구절이라는 좋은 구절을 다 끌어와서 축복해주면 당해낼 사람이 없습니다. 아무리 똑똑하고 논리적인 사람도 성경구절을 끌고와서 축복하고 저주하는 데에는 당해낼 재간이 없어요. 머리로는 '아니다' 생각하지만 이상하게 자꾸 재수없는 일만 생기는 것 같습니다. 저주를 한번 받아버리면 그것이 나를 지배하는 거예요. 굉장히 무섭습니다. 이처럼 목사가 자기가 알고 있는 축복과 저주의 지식을 가지고 돈을 벌겠다고 마음을 먹으면 그 일은 장난하는 것처럼 쉽습니다.

야곱이 그런 사람이었습니다. 야곱이 자기의 우생학적인 지식으로 어려운 사람들의 양을 돌보고 양의 병을 고치는 일을 위해 봉사했다면 아마 생물학의 아버지가 되었을 것입니다. 그런데 야곱은 그 지식을 악하게 사용했어요. 그래서 생물학 서적에 야곱은 없어지고 파스퇴르 같은 인물들이 나타나게 된 것은 굉장히 유감스러운 일입니다.

이스라엘 백성들은 자기들의 재산 중에는 부정한 것이 전혀 없다고 주장했습니다. 8절을 보십시오.

에브라임이 말하기를 "나는 실로 부자라.
내가 재물을 얻었는데 무릇 나의 수고한 중에서
죄라 할 만한 불의를 발견할 자 없으리라" 하거니와

그들의 재산은 다 정당한 방법으로 얻은 것입니다. 집달리를 동원해서 재산을 차압했다고 해도 이것은 모두 적법한 절차에 따라 이루어진 것입니다. 그러나 하나님 말씀의 관점에서 보면 모두 탈취한 것이요 사기였습니다. 세상의 법으로 볼 때 아무리 하자가 없어도 하나님은 그렇게 보지 않으십니다.

하나님의 백성에게 가장 중요한 사상은 하나님이 나의 필요를 채워주신다는 것입니다. '여호와이레', '여호와는 나의 공급자', '하나님은 나의 남편', 이것이 아브라함의 중요한 고백이었습니다. 아브라함은 자기의 공급자이신 여호와이레를 믿었기 때문에 소돔과 고모라의 왕들이 주는 재산을 받지 않았고, 여호와가 아들을 주실 것을 믿었기 때문에 다른 방법을 생각하지 않았습니다. 여호와이레의 신앙이 이스라엘의 신앙입니다.

그래서 가진 것이 없다는 것은 이스라엘 백성들에게 죄가 아니었습니다. 왜냐하면 하나님이 안 주신 것이니까요. 그러나 안 주셨는데 가진 것은 죄입니다. 남편이 안 준 것을 아내가 가지고 있으면 죄인 것과 마찬가지입니다. 이처럼 이스라엘에게 가난한 것은 죄가 되지 않았지만 부자는 죄가 될 가능성이 많았습니다. 무식한 것은 죄가 아니지만 너무 똑똑한 것은 죄가 될 가능성이 많아요. 하나님이 주시지 않았는데도 혼자 막 독파해서 유식해져 버렸을 때 그것은 죄이지요.

그런데 우리는 반대로 많이 가지는 것은 죄가 아니라고 생각해요. 왜냐하면 빠질 구멍이 있거든요. "유익하게 쓰면 될 것 아닙니까?" 하는 게 바로 그 구멍입니다. 그래서 많이 가졌다고 해서 죄인이라고 하는 사람은 아무도 없는 반면, 가진 것이 없는 사람은 죄인이 되어 버립니다. 추석 때 아무것도 내놓지 않는 사람, 명절 때 찾아오지 않는 사람, 다른 사람은 다 차 타고 오는데 자기는 걸어오는 사람은 다 죄인입니다. 어떻게 맨손으로 집에 갈 생각을 합니까? 빚을 내서 술이라도 한 병 사들고 가야지요. 우리는 가난을 게으르고 무능한 탓으로 생각하기 때문에 죄로 여깁니다.

그러나 하나님은 없는 것을 죄라고 하지 않으십니다. "내가 안 줬는데 가난한 것은 당연한 거지. 그건 내 책임이고 내 부끄러움이다" 하시지요. 그러나 가진 것에 대해서는 굉장히 의심스럽게 보십니다. 하나님이 안 주셨는데도 가진 자, 불행하게 만들었는데도 행복한 자, 슬프게 만들었는데도 웃는 자, 이 사람들은 전부 수상한 자들입니다. 이스라엘 백성들이 가진 것 중에서 불법적인 것은 없습니다. 다 합법적으로 집달리 시켜서 빼앗은 것입니다. 그러나 그들은 가지지 말아야 할 것을 너무 많이 가지고 있었습니다.

여러분, 하나님이 생각하시는 것과 우리가 생각하는 것은 정반대입니다. 하나님께서는 야곱의 결정적인 실수에 대해 말씀하십니다.

이것이야말로 치명적인 실수입니다. 야곱은 정말 야비하고 기질이 나쁜 사람이었고 자기가 하겠다고 마음먹으면 꼭 하는 사람이었으며 언제나 속이는 것에 천재였지만, 그보다 더 결정적인 실수가 있었습니다. 12절을 보십시오.

> 옛적에 야곱이 아람들로 도망하였으며
> 이스라엘이 아내 얻기 위하여 사람을 섬기며
> 아내 얻기 위하여 양을 쳤고

야곱이 밧단아람으로 온 이유가 무엇입니까? 물론 일차적으로는 형을 피해서 왔지만 사실은 결혼할 여자를 보기 위해서 온 것입니다. 그러니까 거기서 여자를 보았으면 다시 아버지 집으로 돌아가야 합니다. 그러나 그는 돌아가지 않았습니다. 왜냐하면 라헬을 사랑했기 때문입니다. 그래서 라헬과 떨어지지 않기 위하여 자발적으로 7년간 종살이 하기로 계약해 버렸습니다. 다시 말해서 자발적으로 노예가 되겠다고 약속한 것입니다.

하나님께서 벧엘에서 야곱에게 나타나신 뜻이 무엇입니까? '이제부터 너는 하나님을 섬기는 제사장'이라는 것입니다. 하나님께서 돌베개를 베고 누워 있는 야곱에게 하늘문을 여시고 나타나신 것은 '이제 너는 이스라엘이고, 이제 너는 성전이다. 나는 너를 온 민족의 제사장으로 삼았다'는 임명식과 같은 것입니다. 그러나 야곱은 이런 하나님의 뜻을 알면서도 벧엘로 돌아가지 않았습니다. 하나님을 섬기는 것보다는 연애하는 것이 좋았거든요.

그래서 창세기를 보면 야곱이 라헬과 '칠 년을 하루같이 보냈다'는 말이 나옵니다. 얼마나 연애를 재미있게 했는지 온 들판을 누비면서 풀잎 뜯어 피리 불고, 꽃으로 가락지를 만들어 끼워주고, 그 앞에서 춤추고 놀고, 온갖 짓을 다했습니다. 그러더니 하나님이고 약속이고 다 잊고 7년 동안 종이 되겠다고 덜컥 약속해 버렸습니다.

야곱은 하나님이 자기를 대제사장으로 임명했으며 하나님을 섬기는 그 일로 자기를 부르셨다는 것을 알고 있었습니다. 그는 벧엘로 돌아와야 한다는 것을 알았어요. 그러나 야곱은 하나님 앞에 있기가 너무 따분했습니다. 하나님 앞에는 변화가 없어요. 하나님은 어제나 오늘이나 동일하시며 회전하는 그림자도 없으십니다. 그러나 우리는 변화가 없으면 미칩니다. 답답해서 못 견뎌요. 영원히 동일하신 하나님 앞에서 변함없이 섬기느니 차라리 죽는 게 낫지요. 야곱은 이 여자가 아니었더라도 다른 것으로 계약을 맺었을 것입니다. 고시공부라든지 학위를 받는 일이든지 어떤 일로든지 야곱은 벧엘로 돌아가고 싶지 않았습니다. 왜냐하면 재미가 없으니까요.

하나님께서는 이스라엘 백성들에게서 야곱과 너무나도 똑같은 부분을 발견하셨습니다. 하나님은 하나님을 섬기는 제사장 나라가 되도록 이스라엘을 부르셨습니다. 이스라엘은 제사장 나라였습니다. 끊임없이 다른 사람들의 죄를 생각하고 기도하면서 하나님 앞에 머물러 있는 것이 이스라엘 백성들의 특권이었습니다. 그러나 이스라엘 백성들은 그것을 너무 지겨워하면서 끊임없이 이방나라가 되려고 했습니다.

그들이 늘 그리워했던 나라는 애굽과 앗수르였습니다. "가나안은 변화가 없어. 앗수르는 유행이 변하고 애굽은 옷차림과 스타일이 바뀌는데 가나안에는 도대체 변화가 없어" 하면서 어떻게 해서든지 애굽과 앗수르를 닮으려고 애를 쓰다가 급기야는 앗수르와 계약을 맺어서 기름과 조공을 바치기로 했습니다.

사람들은 잠깐 세상을 섬기다가 다시 하나님께 돌아오겠다고 말합니다. 그러나 그 말대로 잠깐 있다 돌아오게 되지 않습니다. 세상이 그렇게 만만하지 않아요. 기독교인들이 세상을 우습게 알고 "조금만 즐기다 오겠습니다. 20년만 참아주세요" 하는데, 야곱도 7년만 종노릇하고 하나님께 돌아오려고 했습니다. 그런데 첫날 밤을 치른 여자는 눈이 굉장히 나쁜 여자였어요. 라헬 대신 언니 레아가 신방에 들어온 겁니다. 그는 이렇게 라반에게 속아서 레아를 아내로 취했고, 사랑하는 라헬을 아내로 얻기 위해 다시 7년을 수고해야 했습니다. 그렇게 14년 동안 살면서 자식은 굉장히 많이 낳았는데 재산은 하나도 없잖아요. 그래서 재산을 모으기 위해 다시 7년을 수고해야 했습니다. 그러니까 실제로는 30년 만에 돌아온 겁니다. 그것도 어쩔 수 없어서 돌아왔습니다.

하나님께서는 믿는 우리들을 모두 하나님을 섬기는 귀한 제사장으로 부르셨습니다. 하나님 앞에 앉아 있는 이 자리가 내 자리이고 이것이 우리의 특권입니다. 우리의 가치는 하나님 앞에 모여 있는 것에 있습니다. 그러나 우리는 뭔가를 해보고 싶은 거예요. 어떻게 해서든지 이 세상에서 성공해보고 싶고 사람들에게 인정받고 싶습니다. "하나님 딱 한 번만 참아주세요. 제가 딱 7년만 제 맘대로 해

보고 돌아오겠습니다."

7년이 아닙니다. 30년이 지나서 이빨이 다 빠진 다음에라도 돌아오면 그나마 다행이지요. 한 형제가 그러더라구요. 자기가 하나님께 "잠깐만 기다려 주십시오" 했는데 10년이 걸리더라는 거예요. 그래도 그 형제는 10년 만에 돌아왔으니 다행입니다. 여러분, 이 기간은 10년 단위로 넘어갑니다. 한 번 신앙적으로 삐끗하면 10년이고, 두 번 삐끗하면 20년, 30년입니다.

왜 하나님을 섬기는 기회를 포기합니까? 하나님을 섬기는 것과 이 세상에서 성공하는 것을 이율배반적인 일로 생각하기 때문입니다. 어느 세월에 하나님도 섬기고 내가 하고 싶은 일도 하겠습니까? 우리는 그것을 참지 못합니다. 내가 하고 싶은 일을 위하여 전력을 다 퍼부어야 해요. 잠자는 시간도 아깝습니다. 잠도 안 자고 막 무언가를 하다가 죽어버려야 우리는 기분이 좋아요. 자도 안 되고 밥도 먹으면 안 되고 숨도 쉬면 안 되고 그냥 내가 하고 싶은 대로 막 하다가 죽어버려야 직성이 풀립니다.

여러분, 사람의 기질은 대단합니다. 그래서 하나님을 섬기는 것과 내가 하고 싶은 일이 상치되는 것입니다. 연애를 할 때 하나님도 섬기고 연애도 하면 얼마나 좋아요? 설교 들은 것도 같이 나누고 회개도 시키면 얼마나 좋아요? 그러나 그런 연애는 연애가 아니에요. 손 잡고 산도 뛰어넘고 온갖 군데를 마냥 돌아다녀야 연애지요. 목숨 걸고 산으로 가고 바다로 가고 얼음벽을 타고 넘어야 연애입니다. 그러니까 신앙이냐 연애냐 고민하는 겁니다.

말씀 듣고 "너무 기쁘구나. 모든 학문은 그리스도로부터 났구나"

하면서 공부하다가 주님을 찬양하다가 하는 것은 공부도 아니에요. 그냥 책을 찢고 물어뜯고 코피를 철철 흘려야 공부하는 겁니다. 성적은 상관없어요. 공부하다가 쓰러져 버리면 식구들이 막 박수치면서 "다음에는 죽어. 이게 공부야" 합니다. 그러니까 공부냐 신앙이냐 갈등이 생기는 것이지요.

장사도 정상적으로 하면 안 됩니다. 막 속이고 싸우고 옆집 사람 멱살 잡고 돈을 안고 쓰러지고 병원에 실려가야 장사하는 것이지, 예배드리고 손님 기다리다가 부채질 하다가 문 닫고 도둑맞고 그러는 게 무슨 장사입니까? 자면 안 됩니다. 서서 짜장면 먹어가면서 장사하고, 목숨 걸고 장사하다가 쓰러져야 장사하는 것이지요. 그러니까 장사냐 신앙이냐 갈등이 생기는 것입니다.

그러나 여러분, 한 번 갔다가 돌아오면 30년입니다. 그리고 그나마 못 돌아오는 경우가 많습니다. 나중에 야곱이 애굽의 바로를 만났을 때 바로가 나이를 물으니까 "내 나그네 길의 세월이 일백삼십 년이니이다. 나의 연세가 얼마 못 되니 우리 조상의 나그네 길의 세월에 미치지 못하나 험악한 세월을 보내었나이다"(창 47:9) 하고 대답합니다. 이것이 중요합니다. 야곱의 세월은 험악한 세월이었습니다. 그 이유가 어디에 있습니까? 그의 기질 때문이었습니다. 기질이 변하지 않았기 때문에 그렇게 험악하게 산 것입니다. 그가 빨리 하나님 앞에 항복했더라면 130년이나 쫓기듯이 그토록 험악하게 살지는 않았을 텐데 끝없이 머리를 굴리고 자기 욕심대로 모든 것을 했기 때문에 어려움이 많았던 것입니다. 이것이 야곱의 인생 이력서의 결론입니다.

예수 믿지 않는 사람들도 기질 때문에 죽도록 고생하는 경우가 많습니다. 특히 하나님의 백성이면서도 기질이 강한 사람은 비싼 대가를 지불해야 합니다. 그렇지 않고서는 온전한 하나님의 자녀로 돌아오지 못합니다. 왜냐하면 자신의 기질이 그런 변화 없는 생활을 견디지 못하기 때문입니다. 다른 것은 다 괜찮아요. 그러나 변화가 없는 것은 견디지 못합니다.

"밥이 없습니까?"

"있습니다."

"직장이 없습니까?"

"있습니다."

"그런데 뭐가 그렇게 힘듭니까?"

"변화가 없잖아요!"

좀 기다리다가 변화가 없으면 견디지 못하고 "하나님, 잠깐만 여기에 계십시오. 제가 며칠만 갔다 오겠습니다" 합니다. 그러면 30년이 지나는 거예요. 그 사람은 나중에 "내가 험악한 30년을 보냈다"고 자기의 인생보고를 하게 될 것입니다.

하나님은 우리를 존귀한 하나님의 제사장으로 부르셨습니다. 하나님을 섬기는 것이 나의 특권이고 하나님 앞이 나의 자리입니다. 그러므로 나는 하나님의 말씀을 들어야 하며 다른 사람을 위해 기도해야 합니다. 이것이 존귀한 일입니다. 그러나 우리 속에 기질이 살아 있을 때는 그 변화 없는 생활을 도저히 못 견딥니다. "말씀을 30년간 들어야 한다구요? 저는 떠납니다. 저는 못 기다려요. 30년 동안 똑같은 찬송을 불러야 한다구요? 저는 절대 못해요." 그래서 덜컥 계약을 맺어 버립니다.

그러나 하나님의 은혜를 한번 체험한 사람은 이 공간을 다른 것으로 채울 수가 없습니다. 하나님의 은혜를 조금이라도 체험한 후에 이탈해서 나간 사람은 그 허전함을 메울 길이 없기 때문에 꼭 노예가 됩니다. 그래서 대개의 경우 술을 굉장히 많이 마십니다. 교회 다니던 사람이 교회에 안 다니면 술부터 먼저 마셔요. 그리고 도박을 하거나 영화를 보거나 사랑을 해도 아주 정신을 못 차릴 정도로 푹 빠져 버립니다.

야곱은 벧엘에서 하나님을 보았기 때문에 밧단아람에서 정상적인 생활을 하지 못했습니다. 이런 사람이 연애를 해도 완전히 정신을 잃을 정도로 푹 빠져 버립니다. 이런 사람이 낮인지 아침인지 새벽 2시인지 3시인지 구분하지 못하는 상태에서 손 잡고 쫓아다니거나 밤에 별을 헤아리면서 잠을 안 자는 짓 같은 것을 하는 거예요. 이렇게 무언가의 종이 되어야 조금 안심이 되기 때문입니다.

하나님은 그 사람이 그렇게 하도록 내버려 두십니다. 그렇게 해서 그가 얼마나 귀중한 축복을 잃어버렸는지 깨닫게 하십니다. 그가 처절하게 몸부림치면서 "나는 내 위치를 되찾아야 해. 나는 그 영광의 자리로 돌아가야 해" 할 때까지 하나님은 내버려 두십니다.

야곱의 가장 치명적인 문제는 하나님의 은혜를 경험하고 나서도 그것을 저버리고 여인을 위해서 양을 치고 사람을 섬겼다는 것입니다. 야곱은 사람을 섬기라고 택한 사람이 아니라 하나님을 섬기라고 부름을 받은 사람입니다. 그런데 하나님께 돌아오기 싫어서 일부러 여인을 택한 결과, 그는 아주 험악한 세월을 보내야 했습니다.

하나님은 어떻게 구원하시는가

하나님께서 이스라엘 백성들에게 주신 가장 강력한 힘이 무엇입니까? 그것은 하나님의 말씀입니다. 10절을 보십시오.

> "내가 여러 선지자에게 말하였고 이상을 많이 보였으며
> 선지자들을 빙자하여 비유를 베풀었노라."

이것은 전부 하나님의 말씀에 대한 다른 표현입니다. 하나님께서 이스라엘 백성들에게 주신 가장 귀한 선물은 하나님의 말씀이었습니다. 하나님의 말씀이 있으면 야곱처럼 비참한 경험을 할 필요가 없습니다. 말씀이 그 기질을 꺾고 설득해서 그를 성숙시키고 하나님의 아들로 만들기 때문입니다.

이스라엘 백성들이 가나안 땅에 들어가기 전에 가나안에는 아주 무서운 미신과 술수가 있었습니다. 이상한 것들이 너무 많았어요. 점궤를 알아내기 위해서 아이를 불 가운데로 통과하게 하고, 아이가 뜨거워서 소리를 지르면 거기에서 영감을 받아 예언하는 일을 비롯해서 굉장히 많은 술수가 있었습니다. 하나님께서는 이러한 가나안의 모든 미신과 복술과 귀신의 역사를 이길 수 있도록 선지자를 선물로 주시겠다고 미리 약속하셨습니다.

하나님께서는 그 백성들에게 힘을 주실 때 다른 것을 주시지 않습니다. 말씀을 주시고 말씀을 깨닫게 하십니다. 하나님이 나에게 원하시는 것만 알면 이 모든 우상과 귀신의 역사와 속임수를 이길

수가 있습니다. 하나님이 자기 백성들에게 주신 가장 강력한 선물은 선지자들의 말씀입니다. 이 예언만 있으면 어떤 점궤가 나오고 어떤 귀신의 역사가 나타나도 말씀으로 다 이길 수 있어요. 적용되는 말씀이 주어지면 야곱처럼 비참한 경험을 할 필요가 없습니다. 환상을 보지 않아도 말씀만 있으면 이런 고생을 할 필요가 없습니다. 그런 고생을 하지 말라고 강력한 말씀을 주신 것입니다.

이스라엘 백성들의 문제는 이 선지자들의 말을 잘 들으려고 하지 않았다는 것입니다. 왜 그들은 선지자들의 말을 듣지 않았습니까? 선지자들이 그들의 죄를 계속 지적했기 때문입니다. 13절을 보십시오.

> 여호와께서 선지자로 이스라엘을 애굽에서 인도하여 내시며
> 선지자로 저를 보호하셨거늘

이스라엘 백성들을 애굽에서 이끌어낸 사람이 누구입니까? 모세입니다. 그러나 여기에서는 모세라고 말하지 않습니다. 선지자라고 말씀합니다. 이스라엘 백성들을 이끌어낸 것은 모세 개인의 능력이 아니라 모세에게 주어진 말씀의 능력이기 때문입니다. 모세의 입에서 나오는 하나님의 말씀의 능력이 애굽에 열 가지 재앙을 일으켰고, 그 말씀의 능력이 홍해를 가르게 했으며, 그 말씀의 능력이 만나를 내리게 했고, 그 말씀의 능력이 이스라엘 백성들을 지켰습니다. 그래서 호세아서에서는 모세를 통해서 그들을 건져냈다고 말하지 않고 선지자가 그들을 구출하고 보호했다고 말하고 있는 것입니

다. 다시 말해서 하나님의 말씀이 있는 동안에는 이스라엘 백성들은 망할래야 망할 수 없었고 그 존귀한 위치를 빼앗길래야 빼앗길 수 없었습니다.

바른 설교가 있는 한 하나님의 백성은 사탄의 모든 악한 흉계를 이기고 승리할 수 있습니다. 아무리 사탄이 자기 자신을 가장하고 광명한 천사의 모습으로 나타난다 하더라도, 이 세상의 죄가 아무리 악랄하다 하더라도 예언의 말씀이 있고 바른 설교가 있는 한 하나님의 백성은 절대 망할 수가 없습니다. 왜냐하면 이 바른 설교는 스스로 믿던 것을 버리게 하고, 내 머릿속에 있는 복잡한 논리와 이유를 버리게 하며, 오직 하나님만 붙들게 하기 때문입니다. 바른 설교를 듣는 사람은 다른 것을 붙들지 않습니다. 하나님만 붙듭니다. 그리고 하나님만 붙드는 이상 이 사람들은 절대 망하지 않습니다. 하나님의 말씀을 듣지 못할 때 자기 자신을 믿게 되고 자기의 얕은 꾀로 마귀의 음모에 걸려드는 것입니다.

하나님께서 우리에게 주신 가장 귀한 선물은 돈이나 눈으로 볼 수 있는 것들이 아닙니다. 말씀입니다. 말씀으로 모든 인간의 논리와 복잡한 생각과 나의 모든 계획들을 버리고 하나님만 붙들면 마귀가 절대 그 사람을 이길 수 없습니다. 온 세상이 마귀천지가 되어서 바다의 모래처럼 많은 마귀가 달려든다고 해도 말씀 하나로 이길 수 있습니다. 그만큼 이 예언의 말씀은 중요한 것입니다.

이스라엘 백성들이 살 수 있는 길이 무엇입니까? 말씀을 듣는 것입니다. 듣기만 하면 살아납니다. 듣기만 하면 아무리 야곱처럼 완악한 자라고 하더라도 그 속에 믿음이 일어나서 하나님께 회개하고 돌아옵니다. 야곱이 변화되었던 결정적인 원인은 그가 하나님께 항복했기 때문입니다. 4절을 보십시오.

천사와 힘을 겨루어 이기고 울며 그에게 간구하였으며
하나님은 벧엘에서 저를 만나셨고
거기서 우리에게 말씀하셨나니

야곱의 삶에서 결정적인 전환점이 무엇이었습니까? 외삼촌 라반으로부터 도망쳐서 아버지께 돌아갈 때 형 에서를 만나야 하는 것이었습니다. 에서는 야곱이 온다는 소식을 듣고 400명의 용사를 무장시켜서 만나러 옵니다. 야곱은 이상해요. 다른 사람과는 싸울 수 있고 속일 수 있는데 형은 안 됩니다. 야곱한테는 '에서 콤플렉스'가 있어요. '에서'라는 말만 들어도 머리가 안 굴러가고 다리에 힘이 빠집니다. 에서는 야곱에게 늘 하나님보다 더 큰 원수였습니다. 에서만 생각하면 고양이 앞에 쥐처럼 대책이 서지 않습니다.

야곱은 도저히 이 형을 피할 길이 없어서 그날 밤에 진짜 바쁘게 머리를 굴렸습니다. 형을 만나서 이길 자신은 없었지만 그래도 뭔가는 건져야 했습니다. 그래서 소떼도 나누고 선물도 순서대로 보내고 처자식도 덜 사랑하는 순서대로 보내고 자기는 남아 있는 겁니다. 혼자라도 도망을 쳐야 하니까요.

그런데 형 에서보다 더 강한 사람이 와서 싸움을 했습니다. 야곱은 질 수가 없습니다. 그는 오늘까지 져본 적이 없는 사람입니다. 그래서 끝까지 싸웠습니다. 오늘 성경에 이겼다고 했는데 이긴 것이 아닙니다. 지지 않은 것이지요. 이긴 것과 지지 않은 것은 다릅니다. 지지 않은 것은 악으로 버틴 것입니다. 야곱은 자존심 때문에 항복하지 않고 새벽까지 싸웠습니다.

그러다가 최후의 순간에 그 사람이 야곱의 환도뼈를 쳐서 다리를 위골시켜 주저앉게 만들었습니다. 그래도 그는 항복하지 않았습니다. 그 대신에 야곱은 그 사람을 잡고 늘어지기 시작했습니다. 왜냐하면 이 다리로는 더 이상 도망칠 수 없었을 뿐 아니라 이 힘센 자는 형 에서를 이길 것 같았거든요. 그래서 이 사람을 붙들고 늘어지기 시작했습니다. 이것은 야곱의 생애에 처음 있는 일입니다. 야곱은 이렇게 다급해본 적도 없었고 누구를 잡고 애원하면서 매달린 적도 없었습니다.

'천사와 힘을 겨루어 이겼다' 는 것은 '지지 않았다' 는 것입니다. 그는 악으로 버텼습니다. 그러나 뼈가 위골되었을 때 야곱은 울면서 그에게 매달렸습니다. 수십 년간 자신을 지켜왔던 자존심과 모든 인간의 꾀가 허물어지면서 그는 완전히 어린아이처럼 울며 도움을 구했습니다. 아마 이때 야곱은 이제껏 안 울었던 것까지 다 모아서 울었을 것입니다.

여러분, 사람은 울어야 합니다. 야곱은 운 적이 없는 사람입니다. 강한 자존심과 강한 기질 때문에 절대로 울지 않았습니다. 물론 울 때도 있지요. 하지만 그것은 분해서 우는 것입니다. 그는 참으로 자신의 연약함을 인정해서 우는 법이 없었습니다. 또한 야곱은 자기의 솔직한 감정을 다른 사람 앞에서 표현해본 적이 없었습니다. "내가 누군데! 내가 너보다 잘난 사람인데 왜 눈물을 보이겠어?" 그는 절대로 울지 않았습니다.

그런데 여기에서 울면서 야곱은 변했습니다. 우리는 울어야 합니다. 정말로 자기의 약한 부분을 내놓고 울어봐야 합니다. 야곱이 정말 자기의 속에 있는 약한 모습을 인정한 것은 이번이 처음입니다. 자기의 약한 모습을 다른 사람 앞에 있는 그대로 내놓고 비참한 모습으로 눈물 흘리면서 애원한 것은 이번이 처음입니다.

그리고 야곱은 승리자라는 이름을 얻었습니다. 하나님 앞에 자기의 약한 모습을 내어놓고 몸부림칠 때 비로소 야곱은 하나님이 사용할 수 있는 사람이 되었기 때문입니다. 이 솔직함, 자기 자신을 있는 그대로 열어놓는 이 열린 마음은 하나님의 아들이 갖추어야 할 기본적인 모습입니다.

하나님은 야곱이 승리자가 되기를 원하셨습니다. 그러나 야곱의 그 기질은 언제나 하나님의 축복을 자기의 꾀에 뒤섞어서 축복이 오히려 욕이 되게 했습니다. 그는 하나님의 아들보다는 간사한 자의 모습으로 남아 있었습니다. 그런데 이제 그를 둘러싸고 있던 자존심이 깨지면서 하나님이 원래 원하셨던 모습이 드러나기 시작했습니다. 하나님이 야곱에게서 바라셨던 모습, 야곱을 처음 부를 때 그리셨던 그 그림이 이 순간에 드러난 겁니다. 이때부터 야곱의 인생은 완전히 변했습니다. 그는 참으로 사랑이 넘치며 다른 사람에게 하나님의 은혜를 끼치는 승리자 이스라엘로 나타나게 되었습니다.

오늘 우리는 예배를 드리면서도 아주 강한 자기의 마스크를 쓰고 있습니다. 입술을 굳게 다물고 "난 울지 않으리. 내가 누군데 허튼 눈물을 흘리며 너희들하고 같이 울 수 있겠어? 너희나 울어. 난 절대로 울지 않을거야" 합니다. 그러나 그것은 하나님이 원하시는 모습이 아닙니다. 내 속에 있는 기질과 약한 모습을 내놓고 "나는 이런 사람입니다. 나는 속이면서 살아왔습니다. 나는 하나님과도 겨루려고 했습니다. 하나님 앞에 얼마나 버텼는지 모릅니다. 하나님도 보통이 아니시지만 저도 보통이 아니었습니다" 하고 고백할 때 나의 추한 껍질이 벗겨지면서 하나님이 원래 원하셨던 그 아름다운 모습이 드러나는 것입니다.

하나님께서 말씀하시는 것이 무엇입니까? 야곱이 그토록 정직하지 못하고 간사한 사람이었지만 하나님은 끝까지 야곱을 따라가서 그의 간사한 껍질을 벗기고 하나님 앞에 어린아이 같은 모습으로 만드셔서 결국 승리자가 되게 하셨다는 것입니다. 하나님께서는 이스라엘 백성들의 거짓과 술수를 다 알고 계시지만 그럼에도 불구하고 그들을 완전히 버리지 않으신다는 것입니다. 그들이 자신들의 연약함과 악한 기질을 인정하고 "하나님, 죄를 지으니까 더 힘드네요. 이제 항복합니다" 하고 돌아오기만 하면 그들을 승리자로 만드시며 예비해 놓으신 하늘의 축복을 주시겠다는 것입니다.

이스라엘 백성들이 언제 돌아왔는지 아십니까? 사도행전 2장에서 돌아왔습니다. 호세아가 설교한 지 700년 만에 돌아온 것입니다. 이것을 볼 때 인간의 고집과 회개치 않는 마음이 얼마나 하나님의 구원을 더디게 만드는지 잘 알 수 있습니다.

본문이 말씀하는 것이 무엇입니까? 야곱이 회개할 때 하나님께서는 벧엘에서 야곱을 만나셨습니다. 그리고 거기에서 우리에게 말씀하고 계십니다. "너희는 이렇게 하지 말아라. 너희는 너희 기질과 고집을 내세우지 말고 내가 바꾸려고 하는 모습으로 빨리 변하거라. 말씀을 듣고 빨리 변하거라. 왜 야곱처럼 20년 종살이하고 딸은 강간당하고 형을 만나러 오다가 하나님과 겨루던 끝에 나중에는 뼈가 위골이 되어서야 돌아오려 하느냐?"

하나님이 변화시키겠다고 하시면 어떻게 해서든지 변화시키고야 맙니다. 그러니까 더디게 돌아오지 말고 빨리 변하라는 것입니다. 하나님이 벧엘에서 야곱에게 뭐라고 말씀하십니까? 왜 이렇게 늦게 오느냐는 것입니다. 다리를 절면서 와도 하나님은 기뻐하십니다. 그러나 좀더 빨리 오면 얼마나 좋겠습니까? 이스라엘 백성들은 하나님이 호세아에게 이 말씀을 주시고도 700년 만에야 돌아왔습니다. 왜 그렇게 더디 옵니까? 벧엘에 계신 하나님을 만났는데 왜 700년이라는 기간이 걸려야 합니까? 왜 700년 동안 온 세계에 흩어져서 핍박이란 핍박, 학대라는 학대는 다 당하고 나서야 예루살렘으로 돌아옵니까?

하나님은 자신을 무엇이라고 소개하십니까? 5절을 보십시오.

저는 만군의 하나님 여호와시라.
여호와는 그의 기념 칭호니라.

여기에 하나님의 이름 전체가 소개되고 있습니다. '만군의 하나님 여호와'라는 말에는 하나님은 왕 중의 왕이시며, 어느 누구도 거역할 수 없는 절대적인 분이시고, 한번 자기 백성을 구원하시려고 하면 반드시 구원하시며 한번 버리시면 어느 누구도 구할 수 없는 절대적인 하나님이라는 뜻이 담겨 있습니다. 이것은 참으로 장엄하고도 위엄 있는 이름입니다. 이 하나님이 나를 바꾸려고 하시는데 어떻게 거역할 수 있겠습니까? 6절을 보십시오.

"그런즉 너의 하나님께로 돌아와서 인애와 공의를 지키며
항상 너의 하나님을 바라볼지니라."

이것이 이스라엘 백성들이 살 수 있는 길입니다. 하나님께 빨리 돌아와서 하나님의 말씀에 순종하고 하나님을 바라보는 것, 이것이 이스라엘 백성들이 살 길입니다.

하나님은 심판하신다

하나님은 이스라엘을 어떻게 하겠다고 말씀하십니까? 9절입니다.

"내가 애굽 땅에서 나옴으로부터 나는 네 하나님 여호와니라.
내가 너로 다시 장막에 거하게 하기를
명절일에 하던 것 같게 하리라."

그들은 명절일에 장막에 거하면서 초막절을 지켰습니다. 그러나 이제 그들은 진짜 초막에서 살아야 합니다. 가나안 땅에서 쫓겨날

것이기 때문입니다. 명절에는 연습으로 초막에 거했지만 이제는 진짜 포로가 되어 갈 것입니다. 11절을 보십시오.

길르앗은 불의한 것이냐? 저희는 과연 거짓되도다.
길갈에서는 무리가 수송아지로 제사를 드리며
그 제단은 밭이랑에 쌓인 돌무더기 같도다.

그 당시 이스라엘 백성이 자기의 신앙을 핑계댈 수 있는 두 곳이 길르앗과 길갈이었습니다. 여기에는 엄청난 성전이 있었고 많은 제사가 있었습니다. 그들은 '길르앗과 길갈이 있기 때문에 우리는 망하지 않는다. 이렇게 큰 교회, 이렇게 큰 성전이 두 군데나 있는데 어떻게 우리가 망할 수 있는가?' 하고 생각했습니다. 그러나 하나님은 "길르앗은 불의한 것이냐?"고 물으십니다. 이 말은 길르앗의 불의가 도저히 숨길 수 없는 명백한 사실이라는 뜻입니다. 길르앗과 길갈, 이 두 곳은 이스라엘 백성들이 가장 자랑하는 종교의식이 행해지는 곳이지만 하나님은 그곳이 돌무더기가 될 것이라고 말씀하십니다. 14절을 보십시오.

에브라임이 격노케 함이 극심하였으니
그 주께서 그 피로 그 위에 머물러 있게 하시며
저의 수치를 저에게 돌리시리라.

그들은 결국 망할 수밖에 없습니다. 왜냐하면 하나님을 격노케

했기 때문입니다. 오늘 본문을 보면 하나님이 이랬다 저랬다 하시는 것 같아서 이해하기가 어렵습니다. 하나님은 한번은 야곱처럼 끝까지 회개케 하겠다고 하시더니, 또 끝에 가서는 철저한 파멸을 말씀하고 계십니다.

오늘 우리는 이렇게 결론을 내려야 할 것입니다. 첫째로, 하나님께서는 이스라엘 백성들이 형식적으로 아들의 모습을 갖는 것에 만족하지 않으신다는 사실입니다. 하나님은 이스라엘 백성들의 기질이 바뀌어서 정말 예수님의 기질처럼 되기를 원하시며, 반드시 그렇게 만드십니다. 나에게 있는 예수님답지 못한 부분, 예수님과 다른 부분을 꼭 주목하셔서 바꾸어 놓으시고야 맙니다. 남들이 보기에 괜찮은 신앙은 하나님이 인정하지 않으십니다. 하나님은 하나님의 아들의 모습을 그리면서 우리를 부르셨기 때문에 어떻게 해서든지 하나님의 아들이 되게 만드십니다. 우리의 성품을 예수 그리스도의 성품으로 만드십니다.

전에 데니스 레인 목사님이 오셨을 때 이런 이야기를 했습니다. 자기에게 중국어를 가르쳐주는 선생이 있었는데 그 사람이 바로 예수님이었다는 것입니다. 사람들은 그가 어떻게 예수님이 될 수 있느냐고 물었습니다. 그러자 데니스 레인은 이 사람이 지프의 바퀴를 바꾸기 위해서 차 밑을 보는데 차가 내려와서 머리가 깨졌다고 했습니다. 그래서 이 사람은 한평생 두통에 시달렸습니다. 그런데 이 두통이 그 사람을 너무너무 겸손하게 만들었다는 것입니다. 두통이 그 사람을 예수님으로 만들어 놓았습니다. 하나님은 그렇게 해서라도 반드시 원래 부르신 대로 만드시고야 맙니다. 우리는 그것을 각오해야 합니다.

'내가 남보다 적당하게 열심도 있고 설교도 잘 들으니까 하나님이 잘 봐주시겠지' 하고 생각하지 마십시오. 하나님은 꼭 하나님이 원하시는 신앙으로 만드시고야 맙니다. 피할 수 없게 하십니다. 야곱은 끝까지 하나님을 피했던 사람입니다. 도망칠 기회만 생기면 도망친 사람이고, 자진해서 노예가 된 사람이며, 하나님의 영광을 등지고 여인과 돈을 사랑했던 사람입니다. 그러나 하나님은 절대로 야곱을 놓치지 않으셨고, 얍복 강가에서 그의 환도뼈를 꺾어서 하나님 앞에 울게 만드셨으며, 그 자존심과 거짓의 탈을 벗기시고, 거기서 참된 성도로서의 야곱이 시작되게 하셨습니다.

이처럼 하나님은 자신의 계획을 반드시 이루십니다. 야고보서 4장 5절을 보십시오.

너희가 하나님이 우리 속에 거하게 하신 성령이 시기하기까지 사모한다 하신 말씀을 헛된 줄로 생각하느뇨?

여기서 '시기한다'는 말은 질투한다는 뜻입니다. 하나님은 절대로 자기 백성을 포기하지 않으십니다. 우리가 하나님을 사랑하지 않고 다른 것을 사랑할 때 절대로 가만 있지 않으십니다. 우리는 다 야곱 같은 기질을 가진 자들입니다. 어떻게 해서든지 하나님으로부터 빠져나가려고 하고 하나님께 붙잡히지 않으려고 하고 자기 영역을 확보해 놓으려고 하는 사람들입니다.

그러나 하나님은 그 강한 기질을 꺾어서 하나님이 원하시는 모습으로 만들어 놓으시고야 맙니다. 그렇게 안 되는 사람은 하나님의 아들이 아닙니다. 하나님이 아들로 불렀으면 아들로 만들어 놓으십니다. 반드시 예수님과 비슷하게 만들어 놓으십니다. 머리를 깨지게 하든 다리를 절게 만들든 어떻게 해서든지 그를 성숙하고 경건한 그리스도인으로 만들어 놓으십니다. 그러니까 엉치뼈 부서지기 전에 예수가 되는 것이 굉장히 싸게 믿는 것입니다.

우리는 어떻게 예수님처럼 될 수 있습니까? 말씀을 듣고 빨리빨리 그 말씀에 복종해야 합니다. 말씀은 굉장히 강력한 하나님의 선물이고 하나님의 능력입니다. 이 말씀을 듣고 충격을 받아서 그 말씀 앞에 겸비해지는 사람은 야곱처럼 그렇게 뺑뺑이를 돌 필요가 없습니다. 그러나 말씀을 싫어하면 야곱처럼 험악한 세월을 보내게 될 것입니다. 우리도 대단하지만 하나님은 더 대단한 분이십니다.

둘째로 기억해야 할 것은 야곱의 경험이 이스라엘 민족의 역사 가운데 반복되고 있다는 것입니다. 야곱이 하나님을 섬기기 싫어서 자기 마음대로 라반을 섬기는 종의 계약을 맺어서 스스로 노예가 된 것처럼, 이스라엘 백성들도 하나님을 섬기는 것이 싫어서 앗수르를 섬기는 계약을 맺고 스스로 노예가 되었습니다. 하나님은 그런 사람은 노예가 되어야 한다고 말씀하십니다. 앗수르와 하나님을 동시에 섬길 수는 없기 때문입니다.

여러분, 함부로 계약을 맺어서는 안 됩니다. 함부로 이렇게 하겠다, 저렇게 하겠다 하지 마십시오. 나는 내 것이 아니기 때문입니다. 함부로 다른 사람에게 이렇게 저렇게 하겠다고 말하지 마세요. 내일 내가 어떻게 될지 몰라요. 몇 년간 종으로 섬기겠다, 몇 년간 작정하고 고시공부 하겠다, 그러지 마세요. 못 돌아옵니다. 그리고 돌아와도 30년입니다. 이스라엘 백성들이 너무나도 늦게 돌아왔다는 것을 기억하십시오. 야곱처럼 떠나면 아주 늦게서야 돌아오게 됩니다.

하나님은 지금 우리 눈에 보이는 교회도 반드시 깨끗하게 하십니다. 하나님은 교회의 모습을 절대로 이대로 두지 않으십니다. 이렇게 타락하고 교만하고 자기도취에 빠져 있는 모습으로 그냥 두지 않으십니다. 몸부림치고 울면서 회개하고 돌아와 순결한 모습을 되찾게 하십니다. 반드시 그렇게 하십니다. 그것이 무서운 것입니다. 하나님은 한번 한다고 하시면 반드시 그렇게 하시는 분입니다. 지금 교회가 하나님의 말씀을 싹싹 빠져나가서 사람을 기분 좋게 만들고 여기에 나오는 길갈처럼 성전을 쌓아놓은 채 만족하지만, 하나님은 반드시 이 교회를 굴복시켜서 회개하게 만드실 것입니다. 피눈물을 흘리게 만드실 것입니다.

여러분, 말씀을 듣고 미리미리 변화되는 것이 굉장히 잘하는 것입니다. 오늘 이렇게 기도하십시오. "하나님, 저를 빨리 변화시켜 버리십시오. 확 해버리십시오. 죽든지 살든지 따라가겠습니다. 한번 죽지 두 번 죽습니까? 저를 변화시키시려면 빨리 마음대로 변화시키십시오." 이렇게 할 때 하나님은 "요즘도 이런 기도를 하는 사람이 있는가? 요즘도 이런 기도가 내 귀에 들리고 있는가?" 하시면서 참으로 기뻐하실 것입니다.

그렇게 변화되기 싫어서 이 핑계 대고 저 핑계 대면 겉으로 보기에는 신앙생활 잘하는 것 같아도 속으로는 완전히 반역과 죄가 뭉

쳐져 있는 것입니다. 이 자리에서 바로 돌이켜서 "하나님, 저를 완전히 바꾸십시오. 제 계획이 전부 엉망이 되어도 좋습니다. 라헬하고 결혼 못 해도 좋습니다. 재산 못 모아도 괜찮습니다" 하십시오. 그렇게 한다고 해서 결혼 못 하는 것도 아니고, 열두 지파가 안 만들어지는 것도 아니며, 굶는 것도 아니고, 아무 일도 안 되는 것도 아닙니다.

우리가 셋째로 기억해야 할 것은 하나님이 근본적으로는 이스라엘을 치료하시지만 지금 이 이스라엘은 절대로 용서하지 않으신다는 것입니다. 지금 이 이스라엘은 하나님이 택하신 백성이 아닙니다. 말만 이스라엘이지 실제로 이스라엘이 아닙니다. 야곱과 달라요. 이들은 기질이 문제가 아니고 신앙 자체가 문제였습니다. 야곱은 신앙은 있었는데 기질이 영 아니었습니다. 그러나 이 사람들은 신앙 자체가 문제인 것입니다. 그래서 하나님은 이 이스라엘을 절대로 용서하지 않겠다고 말씀하십니다.

우리를 어렵게 만드는 부분이 바로 이것입니다. 성경은 하나님의 택하심과 예정에 대하여 말씀합니다. 자기 자신은 택함을 받았다고 생각하지만 하나님의 입장에서는 전혀 택한 적이 없는 사람들이 있는 것입니다. 기질의 문제가 아닙니다. 기질이 문제라면 하나님이 바꾸시지만 신앙 자체가 문제인 사람은 절대로 그냥 넘어가지 않으십니다. 그 사람은 이스라엘도 아니고 야곱도 아닙니다.

우리가 하나님의 택함을 받았는지 어떻게 확인할 수 있습니까? 고난 가운데서도 하나님은 붙드는 것을 보면 알 수 있습니다. 고난 가운데 하나님을 붙드는 사람은 기질이 어떻든지 간에 이스라엘입니다. 그래서 고난을 통과하지 않은 신앙은 아직 검증되지 않은 상표를 가지고 있는 것과 같습니다. 성도들에게 고난은 굉장히 중요합니다. 고난을 통과해봐야 합니다. 집안에 있던 재산이 다 날라가고 식구들이 병들어 죽어도 하나님을 붙들고 하나님을 찬양한다면 이것은 기질의 문제입니다. 사도 바울은 데살로니가 교인들을 향하여 "하나님께서 너희들을 택하심을 아노라"고 말했습니다. 바울이 그처럼 믿을 수 있는 이유가 무엇이었습니까? 그들은 고난 가운데서도 예수 그리스도께 대한 신앙을 버리지 않았기 때문입니다.

오늘 본문이 말씀하시는 것은 우리가 야곱처럼 변하기 어렵고 거짓된 자들임에도 불구하고 정말 내 안에 믿음이 있다면 하나님께서 절대로 포기하지 않고 우리를 변화시키신다는 것입니다. 그러므로 빨리 변화되는 것이 중요합니다. 제일 답답한 것은 계속 고난을 당하면서도 변하지 않는 것입니다. 그런 사람을 볼 때 '굉장히 질기다. 야곱을 능가하는구나. 신기록을 세우고 있네' 하는 생각이 듭니다.

우리는 사실 야곱처럼 하고 있습니다. 맞으면서도 그냥 버티는 겁니다. "때리슈. 암만 때려도 난 안 바뀝니다." 여러분, 오늘 우리 한번 생각해 봅시다. 나의 자존심과 우월감, 그리고 다른 사람 앞에 약점을 내보이지 않기 위해 한 번도 벗지 않았던 가면을 내놓아 보십시오. 그것은 나를 지켜주지 못합니다. 나를 지켜주는 것은 하나님의 말씀이고 변화된 인격이지 남의 인정과 평가가 아닙니다. 남의 말에 매달리는 것은 완전히 바람 든 것입니다. 무와 사람은 바람 들면 안 됩니다. 자기 자신을 철저하게 보십시오.

"하나님, 저를 아들로 만들기 원하시면 그렇게 해버리십시오. 제가 가지고 있는 것, 이 계획들, 약간 누리고 있는 문화적인 혜택들, 전부 버리겠습니다. 밖에서 손가락질 당하고 집에서 미친 사람 소리 들어도 괜찮습니다. 어차피 변해야 할 것이라면 언젠가는 그런 소리 듣지 않겠습니까? 그러니까 빨리 변화시켜 버리십시오. 제가 더 이상 하나님을 거부하지 않게 해주십시오. 저를 그냥 팍 깨버리십시오." 그런 기도를 드리면 하나님이 진짜 깨버리십니다. 그리고 우리를 만드십니다.

굳이 야곱처럼 시행착오를 거듭할 필요가 뭐 있습니까? 우리는 말씀으로 뭐가 어떻게 된다는 것을 지금 다 알고 있지 않습니까? 고집을 버리고 하나님께서 나를 변화시키시는 그 물결에 맡겨 드립시다. 그러면 주님의 뜻이 이루어질 것이며 승리자의 삶이 시작될 것입니다.

17

이스라엘은 왜 망했는가?

호세아 13:1-16

^{13:1} 에브라임이 말을 발하면 사람이 떨었도다. 저가 이스라엘 중에서 자기를 높이더니 바알로 인하여 범죄하므로 망하였거늘

² 이제도 저희가 더욱 범죄하여 그 은으로 자기를 위하여 우상을 부어 만들되, 자기의 공교함을 따라 우상을 만들었으며 그것은 다 장색이 만든 것이어늘 저희가 그것에 대하여 말하기를 "제사를 드리는 자는 송아지의 입을 맞출 것이라" 하도다.

³ 이러므로 저희는 아침 구름 같으며 쉽게 사라지는 이슬 같으며 타작마당에서 광풍에 날리우는 쭉정이 같으며 굴뚝에서 나가는 연기 같으리라.

⁴ "그러나 네가 애굽 땅에서 나옴으로부터 나는 네 하나님 여호와라. 나밖에 네가 다른 신을 알지 말 것이라. 나 외에는 구원자가 없느니라.

⁵ 내가 광야 마른 땅에서 너를 권고하였거늘

⁶ 저희가 먹이운 대로 배부르며 배부름으로 마음이 교만하며 이로 인하여 나를 잊었느니라.

⁷ 그러므로 내가 저희에게 사자 같고 길가에서 기다리는 표범 같으니라.

⁸ 내가 새끼 잃은 곰같이 저희를 만나 그 염통 꺼풀을 찢고 거기서 암사자같이 저희를 삼키리라. 들짐승이 저희를 찢으리라.

⁹ 이스라엘아, 네가 패망하였나니 이는 너를 도와주는 나를 대적함이니라.

¹⁰ 전에 네가 이르기를 '내게 왕과 방백들을 주소서' 하였느니라. 네 모든 성읍에서 너를 구원할 자, 네 왕이 이제 어디 있으며 네 재판장들이 어디 있느냐?

¹¹ 내가 분노하므로 네게 왕을 주고 진노하므로 폐하였노라.

¹² 에브라임의 불의가 봉함되었고 그 죄가 저장되었나니

¹³ 해산하는 여인의 어려움이 저에게 임하리라. 저는 어리석은 자식이로다. 때가 임하였나니 산문(産門)에서 지체할 것이 아니니라.

¹⁴ 내가 저희를 음부의 권세에서 속량하며 사망에서 구속하리니 사망아, 네 재앙이 어디 있느냐? 음부야, 네 멸망이 어디 있느냐? 뉘우침이 내 목전에 숨으리라.

¹⁵ 저가 비록 형제 중에서 결실하나 동풍이 오리니 곧 광야에서 일어나는 여호와의 바람이라. 그 근원이 마르며 그 샘이 마르고 그 적축한 바 모든 보배의 그릇이 약탈되리로다.

¹⁶ 사마리아가 그 하나님을 배반하였으므로 형벌을 당하여 칼에 엎드러질 것이요 그 어린아이는 부숴뜨리우며 그 아이 밴 여인은 배가 갈리우리라."

13:1-16

어떤 사람을 만났을 때 그가 자기 입으로 그리스도인이라고 말하지 않아도 어딘지 모르게 그리스도인인 것 같은 느낌을 받을 때가 많습니다. 그런데 나중에 알고 보면 역시 그리스도인입니다. 저는 목사가 신부처럼 특별한 복장을 할 필요는 없다고 생각합니다. 그가 진정한 목사라면 표시나는 복장을 하지 않아도 어딘지 목사 같은 느낌이 들어야 하는 것이 아닌가 생각하기 때문입니다.

그러니까 믿는 사람들은 이 세상에서 무언가 남들과 다른 데가 있다는 이야기입니다. 사실 우리는 이 세상에서 마치 외딴 섬에 혼자 버려져 있는 것 같은 깊은 소외감을 느낄 때가 많습니다. 왜냐하면 친구들이나 식구들이나 주위 사람들의 생각과 내 생각에 너무 차이가 많다는 것을 발견하기 때문입니다. 문제는 우리 믿는 자들이 이 세상에서 다른 사람들로부터 소외되어 점점 그들을 등지고 멀어져야 하는가, 아니면 할 수 있는 대로 그들과 어울려서 함께 살아야 하느냐 하는 것입니다. 이 문제는 오늘날 모든 그리스도인들이 공통적으로 느끼고 있는 중요한 어려움 가운데 하나일 것입니다.

직장생활을 하고 있는 형제들은 동료들과 함께 어울려서 2차, 3차까지 가야 하느냐, 아니면 그런 모임을 피하고 그들과 멀리 함으로써 점점 동떨어진 생활을 해야 하느냐 하는 문제를 가지고 있습니다. 믿지 않는 시집 식구를 둔 자매는 할 수 있는 한 그들과의 관계를 멀리 해야 하느냐, 아니면 신앙양심을 포기하면서라도 그들과 동화되어 하나가 되어야 하느냐를 고민합니다. 교회는 이 세상을 정죄하면서 할 수 있는 한 세상을 멀리 해야 합니까? 아니면 교회 문턱을 낮추어서라도 일단 사람들을 교회 안으로 초청해야 합니까?

이스라엘 백성들은 바로 이러한 문제를 가나안 땅에서 경험했습니다. 그들의 숙제는 불신 사회에 어떻게 적응하여 살아남을 것인가 하는 것이었습니다. 그들은 자기들 외에는 하나님을 믿는 나라나 백성들이 주위에 하나도 없다는 것을 알았습니다. 오직 그들만 하나님을 섬겼습니다. 그들은 신앙적으로 외딴 섬처럼 고립된 상태에 있었습니다.

지금도 마찬가지지만 그 당시에는 혼자 힘으로 나라를 지킬 수가 없었고 반드시 주위의 여러 나라와 동맹을 맺어야 했습니다. 이스라엘은 그들과 동맹을 맺어야 합니까? 아니면 맺지 말아야 합니까?

다른 모든 나라를 적대시하고 혼자 지내야 합니까? 아니면 그들과 어울려야 합니까? 어울린다면 어느 정도까지 어울려야 합니까? 이 것이 이스라엘 백성들이 가진 숙제요 긴장이었습니다.

하나님께서는 이스라엘 백성들에게 무조건 고립되라고 하지 않으셨습니다. 어느 정도의 동맹이나 협력관계는 인정하셨습니다. 그러나 중요한 것은 하나님과의 근본적인 관계가 변할 정도로 동맹을 맺고, 하나님의 언약을 깨뜨릴 정도로 동화되어서는 안 된다는 것입니다.

오늘 본문은 호세아서의 결론에 해당하는 설교입니다. 호세아 선지자는 이 결론적인 설교를 통하여 이스라엘이 망할 수밖에 없는 이유는 하나님과의 근본적인 관계가 변질될 정도로 이방 나라와 동화된 데 있다고 선언합니다. 하나님께서는 오늘 우리에게 이 세상에서 고립되어 혼자 지내라고 말씀하시지 않습니다. 우리는 얼마든지 좋은 이웃을 사귈 수 있고, 이 사회의 문화 가운데 살면서 사회적인 활동을 할 수 있습니다. 그러나 하나님과의 관계가 변할 정도로, 그 언약이 흔들릴 정도로 이 세상과 같아지는 것은 스스로 무덤을 파는 일이라고 호세아는 말씀하고 있습니다.

우리는 이 세상에 적응해야 합니다. 아무리 주위에 있는 사람들이 내 신앙을 인정해주지 않고 내 가치관을 무시한다 하더라도 나는 그들과 어울려서 살아야 합니다. 그러나 어느 정도 어울려야 합니까? 하나님을 섬기는 기본적인 신앙이 위협받을 정도로 어울리고 동화되어서는 안 됩니다. 이스라엘 사람들은 미련하게도 이 세상 사람들을 친구로 만들기 위하여 하나님을 적으로 만들었습니다.

호세아 선지자는 그 결과가 얼마나 끔찍한지 오늘 본문을 통해 말씀하고 있습니다.

교만한 이스라엘

이스라엘이 가나안 땅에 들어갔을 때 눈앞에 닥친 현실의 문제는 두 가지였습니다. 하나는 지금까지 목축만 해오던 그들이 농경문화라는 환경에 새로이 적응해야 한다는 것이었습니다. 그리고 또 다른 하나는 이 가나안 땅은 자기들만 사는 곳이 아니라는 것이었습니다. 그들은 너무나도 불확실한 여건에서 주위의 많은 나라들 틈에서 살아남아야 했습니다. 하나는 문화적인 문제였고 하나는 전체적인 문제였습니다.

그들에게 가장 걸림돌이 된 것이 무엇입니까? 바로 여호와 신앙이었습니다. 주위 나라들 중에서 여호와 신앙을 가진 나라나 민족은 하나도 없었습니다. 오직 자기들만 여호와 신앙을 가지고 있었는데, 바로 이 여호와 신앙 때문에 그들은 아무것도 할 수가 없었습니다. 주위 나라들도 다 자기의 신을 가지고 있었지만 그 신들은 형식에 불과했습니다. 그래서 그들은 모든 것을 자기 마음대로 할 수 있었습니다.

그러나 이스라엘의 종교만은 그렇지 않았습니다. 이스라엘의 신은 단순히 존재하는 신이 아니라 말씀하는 분이었습니다. 그래서 그분은 신상이 없었고, 다른 나라 사람들에게 내보여줄 심볼(symbol)이 없었어요. 그들은 다른 사람들이 바쁘게 움직이는 그 시간에 율법의 말씀을 듣는 데 많은 시간을 할애해야만 했습니다.

그뿐 아니라 여호와는 이 농경사회에 너무나도 어울리지 않는 신이었습니다. 주위 나라 사람들이 섬기고 있는 신은 농경신이었고 비를 내리게 하는 신이었고 전쟁에서 이기게 하는 신이었지만, 여호와는 먼 광야 시내 산에서 강림한 외로운 신이었고 너무나도 자주 성을 내고 진노하는 신이었습니다. 다른 신들은 모두 자기 민족의 신이며 점을 쳐주는 신입니다. 무언가 하나 도와주는 것이 있는 신이에요. 그러나 여호와는 너무 멀리 있는 데다가 자주 화를 내고 죄만 지적하는 그런 신이었습니다.

그래서 이스라엘 백성들이 무엇을 했습니까? 그들은 가나안 땅에 적응하기 위하여 신앙을 변질시켰습니다. 13장 1절을 보십시오.

> 에브라임이 말을 발하면 사람이 떨었도다.
> 저가 이스라엘 중에서 자기를 높이더니
> 바알로 인하여 범죄하므로 망하였거늘

에브라임은 이스라엘의 또 다른 명칭으로 사용되고 있습니다. 왜냐하면 에브라임은 이스라엘의 리더격이기 때문입니다. 하나님께서는 에브라임에게 큰 힘을 주셨습니다. 에브라임이 말을 하면 사람들이 떨었습니다. 실력 없는 사람이 말을 하면 옆에 있는 사람이 웃지요. 그러나 막강한 실력자가 말을 하면 옆에 있는 사람이 부들부들 떱니다. 하나님은 이처럼 에브라임을 강하게 하셨습니다. 그러나 에브라임은 그것으로 만족할 수가 없었습니다. 하나님이 주신 힘만으로는 무엇인가 부족했습니다. 그래서 그들은 세상과 더 동화되기 위하여 바알의 신앙을 끌어들였습니다. 여기서부터 에브라임은 망하기 시작했습니다.

하나님께서는 에브라임이나 이스라엘 사람들에게 농사를 짓지 말라고 하지 않으셨습니다. 다른 나라와 교역을 하지 말라고도 하지 않으셨습니다. 오히려 하나님께서는 그런 일을 하게 하셨고, 그 일을 감당할 힘을 주셨으며, 에브라임이 말을 하면 사람들이 떨 정도로 무게가 실린 능력을 주셨습니다. 그러나 그들은 그것으로 만족하지 못했습니다. 에브라임은 세상과 더 같아지기 위하여 여호와 신앙을 버리고 바알 신앙을 끌어들였습니다. 2절을 보십시오.

> 이제도 저희가 더욱 범죄하여
> 그 은으로 자기를 위하여 우상을 부어 만들되
> 자기의 공교함을 따라 우상을 만들었으며
> 그것은 다 장색이 만든 것이어늘
> 저희가 그것에 대하여 말하기를
> "제사를 드리는 자는 송아지의 입을 맞출 것이라" 하도다.

그들은 단지 바알의 종교를 받아들이기만 한 것이 아닙니다. 한편으로는 바알의 종교를 받아들이면서 다른 한편으로는 바알 신앙과 여호와 신앙을 섞어서 송아지 신앙이라는 새로운 혼합종교를 만들어 냈습니다. '여호와는 농사의 신이 아니기 때문에 농사를 잘 모른다. 여호와는 광야에는 잘 적응하지만 가나안에서는 별 볼 일

없는 신이다. 하나님은 너무 자주 화를 낸다. 우리는 하나님을 좀 더 현실적인 분으로, 좀 더 매력있는 분으로, 우리 생활에 좀 더 가까운 분으로 만들어야 한다.' 이것이 이스라엘 백성들의 생각이었습니다.

송아지의 특징이 무엇입니까? 화를 내는 법이 없다는 것입니다. 송아지는 성질을 부리지 않습니다. 본문에서 뭐라고 말씀하고 있습니까? "제사를 드리는 자는 송아지의 입을 맞출 것이라." 이스라엘 백성들은 하나님의 진노 때문에 아무것도 할 수 없었습니다. 이것도 죄고 저것도 죄입니다. 그러니까 하나님 앞에 가면 회개부터 하느라고 계획도 세울 수 없고 장사도 할 수 없습니다. 회개하느라고 숨도 쉴 수 없어요.

그러나 송아지는 어떻습니까? 무슨 짓을 했든지 입만 한 번 맞추면 그만입니다. 골치 아프게 율법을 배울 필요도 없고 지킬 필요도 없고 자기가 하고 싶은 대로 아무거나 하면 됩니다. 단지 송아지를 만났을 때 "하나님 안녕!" 하면서 입만 맞추면 모든 것이 끝입니다.

그들은 신앙적으로 너무나 고립되어 있었으며 너무나 외로웠고 상황이 너무나 불확실했기 때문에 더 이상 여호와 신앙을 지키지 못했습니다. 그래서 한편으로는 바알 신앙을 향해 가면서 다른 한편으로는 여호와 신앙과 바알 신앙을 섞어서 새로운 송아지 신앙을 만들어냈습니다.

이 세상에서 아무런 부담없이 살기 위해서는 하나님 신앙을 바꾸어야 합니다. 그렇지 않으면 너무 외롭고 부딪치는 것도 많고 힘든 일도 많습니다. 추석이나 구정 때는 아예 빨간 표시를 해놓아야 해요. 사람들과 부딪치는 날, 핍박받는 날, 가슴에 상처받는 날, 고향에 가기 싫지만 가야 하는 날, 아주 고통스러운 날입니다. 그뿐만이 아닙니다. 친구들과 어울려서 뭘 해보려고 해도 이 죄 문제 때문에 되는 것이 없습니다.

하나님께서 그들에게 아무것도 주지 않으신 것이 아닙니다. 땅도 주셨고 힘도 주셨습니다. 그러나 그것만으로는 불확실했고 그것만으로는 너무 외로웠습니다. 그래서 그들은 하나님과의 거룩한 언약을 깨뜨리고 이 세상과 하나가 되기로 결정한 것입니다.

이것은 바로 우리들의 문제이기도 합니다. 오늘 우리가 세상에 나가 사는 데 가장 큰 걸림돌이 되는 존재가 바로 하나님입니다. 하나님 때문에 되는 게 없어요. 하나님의 뜻을 알고 싶어서 〈하나님의 뜻을 아는 법〉 같은 책을 읽으면 더 헷갈립니다. 어려운 일이 있고 중요한 일이 있을 때 큐티하면 안 됩니다. 완전히 헷갈려 버려요.

다른 사람들은 자기에게 맞는 신이 있습니다. 신과 자기는 하나입니다. 농사짓는 자에게는 농사의 신, 장사하는 자에게는 장사의 신, 전쟁하는 자에게는 전쟁의 신이 있어요. 그러니까 실제로 신은 중요하지 않고, 살고자 하는 자기의 의지와 욕망이 중요합니다. 살고자 하는 의지만 있으면 신은 도와주는 존재이기 때문입니다. 그래서 이 세상 사람들이 가장 미워하는 사람이 누구인가 하면 살려고 하는 의지조차 없는 사람들, 뭔가 해보려고 하는 욕심조차 없는 이 그리스도인들입니다.

그러나 여호와는 농사의 신이나 장사의 신 같은 그런 신이 아닙니다. 이분은 말씀으로 찾아오십니다. 그러니까 우선 말씀 듣는 일에 너무나도 많은 시간이 걸립니다. 그런데 말씀을 듣고 나면 어떻게 됩니까? 그 말씀이 제시한 가치관 때문에 혼동이 시작됩니다. 죄가 왜 그렇게 많은지 몰라요. 생각하는 것까지 죄라고 이야기합니다. "너희들 이런 생각했지? 회개해." 이처럼 예수 믿고 나서는 되는 일이 없고 제대로 굴러가는 일이 없습니다. 설교 들어야지요, 듣고 나서 고민해야지요, 회개해야지요, 되는 일이 없습니다.

여기에서 두 가지 현상이 나타납니다. 그것은 아예 신앙을 버리고 바알을 받아들이든지, 아니면 신앙을 적당하게 변질시켜서 현실에 맞게 바꾸는 것입니다. 이스라엘 사회에는 그 두 가지 현상이 다 있었습니다. 그 하나는 바알 종교였고, 다른 하나는 송아지 종교였습니다. 바알에 비해서 송아지는 훨씬 경건해 보였습니다. 왜냐하면 외형적으로는 모든 것을 다 가지고 있었거든요. 겉으로 보기에는 하나님을 향한 경배와 찬양과 모든 의식을 그대로 가지고 있었습니다.

그러나 호세아는 이것이 더 큰 문제라고 이야기합니다. 아예 신앙을 가지지 않은 사람보다 잘못된 신앙을 가진 것이 더 큰 문제이고 더 큰 죄이며 더 골치 아픈 것입니다. 신앙이 아예 없는 사람은 "그래, 나는 불신자야" 하고 인정하지요. 하지만 송아지 신앙을 가진 사람은 자기가 옳다는 그릇된 확신을 가지고 있기 때문에 문제를 해결하기가 더 어렵습니다.

하나님께서는 하나님과의 기본적인 언약까지 깨뜨려 가면서 세상에 적응하는 그들에 대해 뭐라고 말씀하고 있습니까? 3절을 보십시오.

> "이러므로 저희는 아침 구름 같으며
> 쉽게 사라지는 이슬 같으며
> 타작마당에서 광풍에 날리우는 쭉정이 같으며
> 굴뚝에서 나가는 연기 같으리라."

호세아는 아주 쉽게 사라지는 여러 가지 것들을 모아놓고 있습니다. 아침 구름은 빨리 없어집니다. 아침 이슬도 쉽게 사라집니다. 또 광풍에 날라가는 쭉정이와 굴뚝에서 나가는 연기를 보십시오. 얼마나 쉽게 사라져 버립니까? 이스라엘 백성들의 상태가 바로 그러했습니다.

오늘 우리는 아예 신앙을 가지지 않은 사람보다 잘못된 신앙을 가진 경우가 훨씬 더 참 신앙에 훼방과 걸림돌이 되는 것을 경험합니다. 그런 신앙의 중심에는 하나님이 없고 내가 있습니다. 무엇보다 내가 좋아야 하고 내가 잘 되어야 하고 우리 식구가 복 받아야 합니다. 그러니까 무슨 짓을 하더라도 키스 한 번으로 모든 것을 눈감아 주는 사랑의 하나님이 좋은 겁니다. "하나님, 안녕. 쪽!" 이렇게 키스 한 번이면 모든 죄를 다 용서해주는 신이 제일 좋습니다.

이 사람들이 가장 싫어하는 것이 바로 죄를 지적받는 것입니다. 죄 설교를 들으면 이 세상에 죄가 아닌 것이 없습니다. 죄가 겁나서 고시공부도 못하고 죄가 겁나서 연애도 못합니다. 그래서 용기 있는 사람은 목사님을 찾아가서 묻습니다. "믿지 않는 사람과 연애하는 것이 죄입니까?" 그러면 목사님한테 막 책망받고 또 회개해야지요. 도대체 되는 일이 없는 거예요.

편하게 믿는 데 한번 길들여지면 돌이키기가 아주 어렵습니다. '예수님의 십자가로 내 죄가 다 용서되었기 때문에 내가 무엇을 하든지 하나님은 사랑하신다' 는 신앙을 한번 맛보고 나면 주눅 들어가면서 죄 설교 듣는 신앙생활을 절대로 못합니다. 일주일에 30분만 예배드리면 일주일 내내 무슨 죄를 짓든지 다 용서해 주시고 그냥 편하게 편하게 살 수 있는 신앙에 한번 맛을 들이면 "골프가 죄입니까?" 하는 질문이 나와요. "푸른 잔디를 밟으면서 골프 치는 것이 죄입니까? 왜 이 교회는 더 이른 예배가 없습니까? 빨리 예배드리고 골프 치러 가야 하는데."

오늘날 기독교의 가장 큰 걸림돌은 편하게 믿는 송아지 신앙입니다. 거기에는 거룩의 요소가 없습니다. 형식뿐이지 실제로는 신앙이 없습니다. 오직 자신의 종교적인 감정만 있을 뿐입니다. 때로는 막 울기도 하고 감동도 받습니다. 그러나 이것은 하나님이 주신 감동이 아니라 자기 안에 있는 종교적인 감정의 표현일 뿐입니다. 이것이 더 무서운 불신앙이요, 더 고치기 어려운 죄라고 오늘 성경은 우리에게 말하고 있습니다.

그 결과가 무엇입니까? 허무입니다. 아침 구름이나 쉬 없어지는 이슬처럼 허무하게 사라지는 것입니다. 왜 그렇습니까? 송아지 신앙의 전제가 '모든 것이 편안하고 모든 것이 잘된다' 는 것이기 때문입니다. 그러나 일단 환란의 순간이 오면 이 송아지는 아무것도 할 수가 없습니다. 오늘날 사람들이 편하게 믿는 신앙, 잠깐 예배만 드리고 자기 하고 싶은 대로 다 하는 신앙은 '현 상태가 그대로 유지될 것이며 위험이나 고난은 오지 않을 것이다. 모든 것이 내 능력대로, 내 학벌대로 잘될 것이다' 는 전제 아래 존재하는 신앙입니다. 그러나 위기나 환란이나 전쟁이 오면 그런 신앙은 존재할 수가 없습니다.

오늘 우리나라 사람들은 고난이 오면 그대로 당하는 수밖에 없습니다. 사고가 생기면 그냥 죽어야 해요. 왜냐하면 머릿속에 '사고가 난다면', '불이 난다면', '고난이 온다면' 하는 것이 전혀 입력되어 있지 않기 때문입니다. 배가 가라앉으면 그냥 물에 빠져 죽어야 합니다. 방법이 없어요. '모든 배는 잘 갈 것이다. 기차는 목적지에 도착한다. 비행기는 날아간다' 는 전제 아래 모든 것이 세워져 있기 때문에 비행기가 날지 않거나 기차가 땅으로 꺼질 때는 대책이 없는 거예요. 그러니까 쉬 없어지는 아침 안개 같고 이슬 같다는 것입니다. 이것은 우리한테 하시는 말씀입니다.

요즘 사람들은 참 우스워요. '나는 믿음이 좋으니까 자동차보험은 들지 않는다' 고 합니다. 그러나 그런 믿음은 아침 이슬처럼 쉬 사라집니다. 그 사람의 전제가 무엇입니까? '나에게는 위기도 오지 않고 고난도 오지 않고 내 차는 절대로 긁히지 않는다' 입니다. 그런 차가 세상에 어디 있습니까? 이것은 전제 자체가 잘못된 겁니다. 송아지한테는 위기에 대한 생각이 전혀 입력되어 있지 않습니다. 오늘 우리나라 사람들의 사고와 똑같아요. 대안을 세워 놓지 않고 삽니다. 믿음이 너무 좋아서 그렇다고 말하지 마십시오. 그것은 무식한 믿음입니다. 무식한 사람은 용감합니다.

참된 하나님의 백성에게는 고난보다 소중한 것이 없습니다. 물론 고난을 원하는 사람은 아무도 없습니다. 그러나 어쩔 수 없이 고난이 왔을 때 그 고난은 그를 정금보다 더 순결하게 만들 것이며 이전과는 비교할 수 없을 정도로 완벽하고 풍성한 신앙인의 모습으로 만들 것입니다. 그러나 송아지 신앙을 가지고 고난을 통과하면 사람이 죽어요. 송아지한테는 고난이 입력되어 있지 않기 때문입니다. 송아지를 믿는 사람은 "왜 나에게 이런 일이 생겨야 하지? 내가 이렇게 고생하고 있는 동안 하나님은 뭐하고 있는거야? 정말 화가 나서 죽겠네" 합니다.

헛된 것을 믿는 사람은 아예 믿지 않는 사람보다 훨씬 더 위험합니다. 전혀 신앙이 없는 사람은 위기가 왔을 때 "내 그럴 줄 알았어. 바알 이거 엉터리야" 하면서 막 도와달라고 소리를 치는데, 송아지를 믿는 사람은 "송아지가 도와줄거야. 나에게는 위기가 오지 않아. 송아지가 그렇게 말씀했거든" 하는 겁니다. 잘못된 것을 믿는 사람의 경우에는 수습할 수 없을 정도로 때가 늦어지게 됩니다. 차라리 이것이 잘못되었다는 것을 인정하고 도움을 호소하면 그 짧은 시간에라도 수습할 수 있는 가능성이 있는데, 잘못된 것을 믿는 사람은 너무 시간이 늦어서 회복할 수가 없는 것입니다.

가장 중요한 것

이스라엘 백성들에게 생명보다 더 중요한 것이 무엇입니까? 그것은 바로 하나님과의 바른 관계입니다. 4절을 보십시오.

"그러나 네가 애굽 땅에서 나옴으로부터

　나는 네 하나님 여호와라.

　나밖에 네가 다른 신을 알지 말 것이라.

　나 외에는 구원자가 없느니라."

　이스라엘 백성들의 시작은 그들이 애굽에서 나온 때부터입니다. 그때부터 하나님은 이스라엘의 하나님이셨습니다. 다른 말로 표현하면 예전에 그들이 존재하게 된 것은 하나님 때문이요, 지금 이곳에 존재하게 된 것도 하나님이 그 능력으로 붙들어 주시기 때문이라는 것입니다. 다른 민족들은 자연적으로 존재하기 때문에 힘이 없으면 죽지만 이스라엘은 하나님 때문에 존재하는 나라입니다. 하나님과 이스라엘 백성은 뗄 수 없는 하나인 것입니다. 그들은 하나님이 창조하신 백성들이요 그 능력으로 붙드시는 나라였습니다. 다른 민족들과는 존재하는 원리 자체가 달랐습니다.

　이스라엘 백성들이 꼭 생각해야 했던 것이 무엇입니까? 우리의 존재는 우리에게 달려 있지 않다는 것입니다. 나의 능력이나 나의 힘이나 나의 권력이나 나의 돈이나 내가 똑똑한 여부에 달려 있지 않다는 것입니다. 나와 하나님이 어떤 관계에 있느냐가 내가 존재하는 근본적인 원리입니다. 이스라엘 백성들은 이것을 잊어서는 안 됩니다. 이것을 뼈에 새겨놓아야 합니다. 손바닥에 적어가지고는 안 됩니다. 뼈에 적어야 합니다.

　나의 존재는 내가 지금 어떤 직장에서 어떤 대우를 받고 있으며 내가 가지고 있는 재산이 얼마이고 내 능력이 어떻고 내 재주가 무엇이냐에 달려 있지 않습니다. 그런 것들은 아무리 열거해봐야 소용이 없습니다. 하나님과 내가 어떤 관계에 있느냐에 나의 존재와 생명과 모든 것이 달려 있다는 것을 뼈에 새겨놓아야 해요. 이스라엘이 그 언약에 헌신되어 있는 한 그들은 절대로 망하지 않습니다. 그러나 말씀을 버릴 때 그들은 존재할 수가 없습니다.

근본적으로 이스라엘 백성들은 이 세상에서 긴장을 느끼게 되어 있습니다. 그 긴장은 자기들이 가진 힘에 비해서 현실이 너무 크다는 데서 오는 겁니다. 가나안 땅에 도저히 살 수 없는 사람이 그 땅에서 살고 있는 데서 오는 거예요. 내 수입이 50만원인데 100평짜리 아파트에 산다고 해보세요. 관리비가 60만원씩 나가는데 긴장을 느끼지 않을 수 없지요. 우리가 이 세상에서 사는 것이 꼭 그와 같습니다. 이스라엘 백성들도 너무 좋은 땅에 살다 보니 갈등과 긴장의 연속이었습니다.

그들이 택할 수 있는 길은 두 가지밖에 없습니다. 믿음을 확실하게 가지든지 아니면 자기 스스로 강해져야 합니다. 지금 이 상태로는 도저히 거기에 있을 수가 없어요. 이스라엘 백성들이 가나안에 산다는 것은 멸망의 길로 가는 것과 같습니다. 자기 힘으로는 그곳을 차지할 수 없습니다. 둘 중에 하나예요. 믿음으로 미친 척하고 끝까지 나가든지, 확실하게 힘을 가지든지 둘 중에 하나입니다.

그런데 이스라엘 백성들은 믿음의 길을 택하지 않고 스스로 강해지는 길을 택했습니다. 이것이 그들을 망하게 한 원인입니다. 이스라엘 백성들이 변질되는 과정을 보십시오.

"내가 광야 마른 땅에서 너를 권고하였거늘

　저희가 먹이운 대로 배부르며 배부름으로 마음이 교만하며

　이로 인하여 나를 잊었느니라" (13:5-7).

'마른 땅에서 권고했다'는 것은 이스라엘 백성들이 광야를 방황하고 있을 때 하나님이 그들을 기억하셨다는 뜻입니다. 이스라엘 백성들에게 중요한 것은 하나님께서 그들에게 권고하시는 것이었습니다. 하나님께서는 이스라엘 백성들이 광야를 헤매고 있다는 것을 기억하셨습니다. 그들에게 양식이 없고 물이 없고 스스로 방어할 능력이 없다는 것을 기억하셨습니다. 하나님의 기억력, 이것이 중요합니다. 이것이 우리의 생사를 좌우합니다.

지금 위태롭습니다. 가진 힘이 없습니다. 그때 하나님이 우리를 기억해 주셔야 합니다. 그래서 매일 기도하는 것이 무엇입니까? "하나님, 제발 기억력을 발휘하십시오. 저희들이 어려움 가운데 있다는 것을 기억하십시오. 저희집에 쌀이 떨어졌다는 것을 기억하십시오. 돈이 없다는 것을 기억하십시오. 집에서 쫓겨나야 한다는 것을 기억하십시오." 이것이 이스라엘의 기도였습니다.

오늘도 우리가 살고 있는 것은 하나님께서 우리를 기억하고 계시기 때문입니다. 우리가 어디서 무엇을 하고 있으며 어떤 도움이 필요한지 기억하시며, 우리에게 상처를 주려고 하고 괴롭히려는 사람들은 주위에 가득 차 있는데 우리에게는 극복할 힘이 하나도 없다는 것을 기억하십니다. 그래서 내 입을 열어서 공격하는 사람의 입을 막아 주시거나, 나에게 상처를 주려고 하는 사람의 손을 묶든지

발톱을 잘라 버리든지 해서 우리를 지켜주시기 때문에 우리가 하루하루 살고 있는 것입니다.

하나님은 우리가 하루 세 끼 먹어야 한다는 것과 지금 있는 것은 라면 두 개뿐이라는 것을 기억하고 계십니다. 지금 내 나이가 몇 살이며 내게 필요한 것이 무엇인지를 아실 뿐 아니라 나의 정서적인 어려움과 외로움까지 다 기억하고 계십니다. 그러나 이스라엘 백성들은 사는 것이 편해지면서 하나님이 자신들을 기억하고 계시다는 것을 잊어버렸습니다. 하나님은 기억하고 계시는데 이스라엘 백성들은 잊어버린 거예요.

배가 불러질수록 기억력이 감퇴한다는 것은 과학적으로도 근거 있는 말 같습니다. 이스라엘 백성들이 가나안 땅의 풍요를 한번 경험해보니 정말 괜찮았습니다. 유목생활 하면서 옷 한 벌을 40년 동안 입고 신발 한 컬레를 40년 동안 신다가 가나안 땅에서 건포도 떡을 먹게 되니 '나는 최소한 이 정도는 살아야 해' 하는 확신이 들면서 기억력이 없어져 버렸습니다. 이스라엘 백성들이 항상 하나님 앞에서 '실존의 위기'를 느끼면서 자기 생명이 하나님께 달렸다는 것을 생각하며 살았더라면 절대로 죽을 리가 없습니다. 그런데 가나안 땅의 맛을 한번 보고 나니 욕심이 생겼습니다.

"나는 결심했어. 나는 이 정도는 살아야 해. 적어도 이 평수에서는 살아야 한다구. 그렇게 못 살면 나는 죽어. 하나님, 굽어 살피소서." 이렇게 되면서부터 하나님의 인도하심을 완전히 믿지 못하게 되었습니다. 하나님 앞에서 빈털터리로 살 때는 40년 동안 광야에서 방황하면서도 살았습니다. 그러나 가나안 땅에 살면서 욕심이 생기니까 "나는 최소한 이 정도는 살아야 해. 반지하에서는 절대 못 살아. 그렇게 되면 무슨 낯으로 내 친구들을 보겠어? 그러면 나는 끝나는 거야" 하면서 급격한 기억력의 감퇴가 온 것이지요.

하나님께서 이스라엘 백성들에게 원하신 것은 그들이 광야에 있든지 가나안 땅에 있든지 항상 하나님 앞에서 나그네 같은 모습으로 사는 것입니다. "이 가나안 땅이 하나님을 대신할 수는 없습니다. 저는 이 가나안 땅을 잃어버려도 좋습니다. 제게는 오직 하나님뿐입니다." 이렇게 하면 가나안 땅을 잃어버릴 이유가 없습니다.

어려움이 생겼을 때 "그래. 광야에서도 살았는데, 그 뜨거운 더위에서도 살았는데 이 정도는 아무것도 아니지. 하나님을 찬양하자" 할 때 가나안 땅을 잃어버릴 이유가 없고 누리고 있는 축복을 잃을 이유가 없습니다. 그러나 주위에 있는 사람들과 비교하면서 "나는 하나님 나라 백성이고 나도 자존심이 있는데 이 정도는 살아야지. 나는 이 수준으로 살기로 결정했어. 하나님, 이 수준은 양보할 수 없는 저의 마지막 보루입니다. 이 밑으로는 신앙도 안 됩니다" 할 때 기본적인 언약관계는 깨지고 마는 것입니다.

교회가 처음에는 말씀을 가지고 출발합니다. 그러나 사람이 많아지고 재주 있는 사람이 많아지면 말씀만으로 안 됩니다. 많은 은사가 있어야 하고 건축을 해야 하고 온갖 악기들로 채워야 합니다. 거기에서 중요한 것과 덜 중요한 것이 바뀌면서 부흥이 100년을 가지 못합니다. 건축이 필요없다는 말이 아닙니다. 문화가 필요없다는 말이 아니에요. 그러나 단지 그것만 보면 영혼을 살리는 부흥의 역사가 100년을 넘지 못하고 중단됩니다. 그 많은 사람, 물질, 풍요한 여러 결과와 말씀을 바꾸기 때문입니다.

여러분, 그런 것을 보면 안 됩니다. 집이 생기고 차가 생기고 좋은 것이 생겨도 그것만 보면 안 돼요. 차가 생기면 보지 말고 타고 다녀야 합니다. "우와! 좋은 거!" 하면서 자꾸 쓰다듬고 어루만지고 하니까 성령의 은사가 떠나는 겁니다. 보지 말아야 해요. 아무리 장롱이 좋아도 이불만 넣고 문을 닫아버려야 합니다. 거기에 의미를 부여하고 거기에서 내 자존심을 찾으면 성령의 역사가 떠나 버립니다.

가나안 땅은 하나님의 축복인 동시에 시험이었습니다. 가나안의 축복과 하나님의 말씀이 바뀌었을 때 이스라엘 백성들은 위기에 봉착하게 되었습니다. 그 결과가 무엇입니까?

"그러므로 내가 저희에게 사자 같고
길가에서 기다리는 표범 같으니라.
내가 새끼 잃은 곰같이 저희를 만나 그 염통 꺼풀을 찢고
거기서 암사자같이 저희를 삼키리라.
들짐승이 저희를 찢으리라" (13:7-8).

세상과 사귀면서 하나님을 멀리 한 결과가 무엇입니까? 하나님의 성질을 건드린 것입니다. 여기에 나타나는 짐승들은 이 당시 여행자들에게 가장 무서운 적이었습니다. 그들은 길가에서 이런 식으로 맹수의 공격을 받아 비참하게 죽어 있는 사람들의 시체를 자주 보았을 것입니다.

아예 하나님을 믿지 않으면 몰라도 하나님을 믿는다고 하면서 '이 세상은 큰데 나는 너무 작고 왜소하니까 이 세상을 따르겠다'고 생각하면 안 됩니다. 이스라엘 백성들이 하나님의 말씀과 언약을 포기하고 세상과 같아지기로 했을 때 옆집 개는 사귀었을지 몰라도 무서운 사자의 성질을 건드린 결과가 되고 말았습니다. 이스라엘이 망한 이유가 무엇입니까?

"이스라엘아, 네가 패망하였나니
 이는 너를 도와주는 나를 대적함이니라" (13:9).

그들의 결정적인 실수는 세상을 벗 삼기 위하여 하나님을 적으로 만든 것입니다. 하나님은 이스라엘을 돕는 유일한 분입니다. 그러나 이스라엘 백성들은 옆집 강아지와 사귀기 위해서 새끼 잃은 암곰의 성질을 건드렸기 때문에 더 이상 살아남을 수 없게 되었다고 본문은 분명히 말씀하고 있습니다. 가장 어리석은 사람은 정말 자기를 위해주고 사랑해주는 사람은 멀리하고, 전혀 도움이 되지 않는 자들에게는 선심을 쓰는 사람입니다. 그는 망하는 길만 정확하게 골라서 가는 사람과 같습니다.

오늘 성경이 우리에게 말하고 있는 것이 무엇입니까? 사람을 두려워하지 말라는 것입니다. 이 세상을 겁내지 말라는 것입니다. 어차피 우리는 이 세상에서 내 힘으로 살게 되어 있지 않습니다. 하나님께서 우리를 이 세상에 처음 보내실 때부터 우리 힘이나 능력으로 살라고 보내신 것이 아닙니다. 우리는 오직 믿음으로 살게 되어 있습니다. 하나님을 의지하는 믿음으로 어려울 때마다 기도함으로써 살게 되어 있습니다. 이 세상은 어차피 우리 힘으로는 못 살게 만들어져 있어요.

그러므로 사람들을 다 잃어버리는 한이 있어도 하나님은 잃으면 안 됩니다. 이 세상 모든 사람들과 모든 친척들을 다 적으로 만드는 한이 있어도 하나님을 적으로 만들면 안 됩니다. 언약을 버린 타락한 이스라엘 백성들에게 하나님은 "길에서 기다리는 표범같이 그들을 기다리고 있을 것이며, 새끼 잃은 암곰같이 그들에게 덤벼들어서 염통 꺼풀을 찢어놓겠다"고 말씀하십니다. 그들에게 치명상을 주시겠다는 것입니다.

하나님은 "너희가 이 세상에서 잘 지내기 위해서 세상에 아첨하며 내 언약을 파괴하고 세상으로 달려간 것은 나의 성질을 건드려놓은 짓이다. 나는 절대로 가만히 있지 않겠다"고 말씀하십니다. 하나님이 성질이 나쁜 분이기 때문에 그런 것이 아닙니다. 그들의 상태가 얼마나 위태로운지 이해하게 하시려고 이렇게 표현한 것이지요. 오늘 성경을 읽으면서 "하나님은 굉장히 성격이 나쁘신 분이구나. 기왕 이렇게 될 거 빨리 믿지 말자"고 하는 사람은 시를 이해하지 못하는 사람입니다.

결국 이스라엘은 자기 꾀에 빠졌습니다. 이스라엘은 세상 나라와 같아지기 위하여 왕을 요구했습니다. 왕이 없을 때에는 모든 것이 불확실했습니다. 체제도 없었고 군사도 없었습니다. 적이 쳐들어올 때마다 나팔을 불어서 그때그때 군사를 모집하고 훈련시키고 군량미를 비축하고 모든 것을 시작하다 보니 이스라엘은 되는 일이 없었습니다. 그래서 그들은 그 불확실성을 없애기 위하여 왕을 요구했습니다. 그러나 이 왕은 그들에게 올무가 되었습니다. 10절과 11절을 보십시오.

> "전에 네가 이르기를
> '내게 왕과 방백들을 주소서' 하였느니라.
> 네 모든 성읍에서 너를 구원할 자, 네 왕이 이제 어디 있으며
> 네 재판장들이 어디 있느냐?
> 내가 분노하므로 네게 왕을 주고 진노하므로 폐하였노라."

하나님께서 우리를 이 세상에서 불확실한 가운데 버려두시는 이유가 무엇입니까? 우리 가운데 삶이 확실한 사람은 아무도 없습니다. 우리 가운데 장래가 보장되어 있는 사람, 어마어마한 유산이 보장된 사람은 한 명도 없습니다. 우리는 '올해까지는 그런대로 괜찮았지만 내년에도 이러면 정말 문제가 많다'는 심정으로 살고 있습니다.

이스라엘 백성들도 모든 것이 불확실했습니다. 대비되어 있는 것이 하나도 없었어요. 그들은 이 불확실성을 없애기 위해서 왕을 요구했습니다. "우리도 세상 나라처럼 뭔가 확실하게 합시다. 언제까지 이렇게 당해야 합니까? 우리도 뭔가 손에 잡히는 것이 있어야겠습니다. 우리에게 왕과 방백을 주세요." 그러나 그들은 안정을 찾으면서 하나님을 잊었습니다. 하나님이 그들의 왕이라는 사실을 잊은 것입니다. 그들은 사울의 용맹을 보면서 그 위에 계시는 하나님

을 잊었습니다. 사실 그들은 하나님을 잊으려고 사울을 택한 것입니다.

하나님께서는 왕을 달라는 그들의 기도를 기쁨으로 들어주신 것이 아니었습니다. 분노로 왕을 주셨고 진노로 이들을 폐하셨습니다. 다시 말해서 하나님은 이스라엘 백성들이 좀 불확실한 가운데, 좀 모자라는 가운데 하나님을 계속 의지하면서 살아가기를 바라셨던 것입니다. 그러나 그들은 그것이 못마땅했습니다. 그래서 확실성과 하나님을 바꾸었습니다. 안정을 찾으면서 하나님을 잊었습니다. 매일 하나님을 의지해야 하고 매일 기도해야 하고 매일 공급받아야 하는 것보다 더 힘든 일이 어디에 있습니까? 그래서 그들은 하나님을 버렸습니다.

불확실한 것은 우리를 침체시킵니다. 기독교의 가르침은 괜찮아요. 성경적인 가르침도 좋습니다. 그러나 그 가르침을 보고 내 자신을 보니 보장되는 것이 하나도 없습니다. 친구들은 다 잘되고 뭔가 내놓을 것이 있는데 나는 설교 들은 것 외에는 내놓을 것이 없습니다. 모든 것이 체계가 없고 불확실해요. 되는 일도 없고 계획도 없습니다. 어느 날 아들이 묻습니다.

"아버지, 우리는 언제 집을 옮겨요?"

"몰라. 주님께 물어봐."

그저 맨날 '주님'입니다. 언제 집세가 올라서 이사해야 할지 모르고 이사를 간다 해도 어디로 가야 할지 모릅니다. 직장도 위태위태합니다. 나가라는 소리는 안 하지만 분위기는 험상궂습니다. 성질 같아서는 그냥 때려치우고 싶지만 그 이후의 생활을 생각하면 자신이 없습니다. 매사에 불안한 거예요. 이렇게 불안한 것이 싫습니다. 그래서 하나님이 기뻐하시지 않는 줄 알면서도 자기 계획을 세웁니다.

그러나 양심을 죽여버리고 자기의 계획을 세우며 안정을 택할 때, "나도 세상 사람들처럼 일단 안정해놓고 신앙을 챙기자. 나도 뭔가 확보해놓고 믿자" 할 때 암곰의 성질을 건드리는 결과가 나옵니다. 집안은 안정이 되었는데 이상하게 부부는 매일 싸우고 애는 툭하면 집을 나가겠다고 합니다. 안정은 되었지만 그것이 곧 평안은 아니었습니다.

하나님께서 이스라엘 백성들에게 주신 왕은 징계의 수단이었습니다. 그들의 요구대로 왕을 주신 것은 그들을 심판하는 수단이었어요. 하나님께서 우리의 모든 기도를 다 들어주시면 큰일납니다. 특히 우리가 욕심으로 드리는 기도가 응답되면 큰일나요. 이것은 축복이 아닙니다. 하나님이 나에게 진노하시는 것이며 나를 심판하시는 것이며 버리시는 것입니다. 혹시 내가 욕심으로 기도한 것이 응답되면 굉장히 두려워해야 합니다. 왜냐하면 그것이 올무가 되어서 결코 진리로 돌아오지 못하게 만들기 때문입니다. 하나님이 우리의 많은 기도를 들어주시지 않는 것은 그 때문입니다. 문제가 해결되면서 하나님을 떠나버리기 때문이에요.

지금 돌이키라

하나님께서는 이스라엘의 죄를 봉지에 꽉 차서 터지게 된 물건처럼 표현하십니다. 12절을 보십시오.

"에브라임의 불의가 봉함되었고 그 죄가 저장되었나니"

지금까지는 감추어 두었기 때문에 표시가 나지 않았습니다. 그런데 시간이 지나니까 봉투가 자꾸 터지려고 합니다. 더 이상 감출 수가 없어요. 마치 어떤 여자가 몰래 아기를 가졌는데 시간이 갈수록 배가 불러오는 것과 같습니다. 무슨 이야기입니까? 언제까지나 죄를 숨길 수는 없다는 것입니다. 사람의 교만은 언제까지나 숨길 수 없습니다. 교만은 꼭 드러나게 되어 있고 폭발하게 되어 있습니다. 반드시 터질 때가 있어요. 13절을 보십시오.

"해산하는 여인의 어려움이 저에게 임하리라.
저는 어리석은 자식이로다.
때가 임하였나니 산문에서 지체할 것이 아니니라."

자식을 낳는 것은 나쁜 일이 아닙니다. 그러나 이스라엘은 잘못된 관계를 통해 자식을 가졌습니다. 그리고 만삭이 되어 아기가 나오려고 하는 지금도 그 사실을 인정하려고 하지 않습니다. '산문(産門)에서 지체할 것이 아니다'는 말을 다른 번역에서는 '지금 지체하고 있다'고 번역하고 있습니다.

산문이 열리고 아기가 나오려고 하면 어떻게 해야 합니까? 빨리 병원에 가든지 옛날 같으면 산파를 불러서 아기 받을 준비를 해야 합니다. 그런데 이 미련한 여자는 부끄럽다는 것만 생각해서 절대로 아기를 가지지 않았다고 우기는 겁니다. 지금 진통이 시작되는데도 "어제 짜장면을 먹었기 때문에 속이 더부룩해서 그래요" 하고 거짓말을 하면서 계속 시간을 지체하고 있는 것입니다.

호세아 선지자는 애 낳는 것을 많이 본 것 같아요. 여기에서 산부인과의 모습을 그대로 재현하고 있습니다. 아기가 지금 나오려고 하고 있어요. 산문이 열렸습니다. 이렇게 일분일초를 다투고 있는데 본인은 아니라는 겁니다. 결국은 시간을 놓쳐서 산모와 아기가 다 죽게 될 것입니다. 선지자는 이 비유로 이스라엘 백성들의 위급한 영적 상태를 보여주고 있습니다.

미련한 그리스도인의 문제가 무엇입니까? 죄를 지었고 갈등이 있음에도 불구하고 이것을 인정하려고 하지 않는 것입니다. 그냥 어제 잠을 못 자서 기분이 나쁠 뿐이라고 하는 것입니다. 이것은 회개할 일이 아니라는 거예요. 그러다가 나중에 문제가 터지면 어떻게 됩니까? 때가 너무 늦어 버립니다.

자기 신앙에 이상이 있을 때는 빨리 수술받을 준비를 해야 합니다. 신앙을 버리고 현실과 타협했는데도 일이 잘되는 것은 중병에 걸렸다는 증거입니다. 내 고집대로 하고 있는데도 잘되고 있을 때 '하나님이 지금 나를 버리셨고 조금 지나면 수습할 수 없는 지경에 이르겠구나' 고 생각하면 틀림없습니다. 하나님은 사랑하는 자녀가 자기 마음대로 하도록 절대 내버려 두지 않으십니다. 사사건건 못하게 막으시고 되는 일이 없게 하십니다. 그런데 모든 일이 다 잘되고 만사형통하다면 하나님은 그를 버리고 계신 것입니다. 나중에 문제를 발견했을 때는 수습이 불가능합니다.

산문이 열렸을 때, 아기가 나오려고 할 때 체면이고 뭐고 다 팽개치고 "나는 지금 죽게 되었다!"고 외쳐야 하고 "내 속에 아기가 있다"고 고백해야 합니다. 그렇게 하면 지금도 살 수 있습니다. 두 명 다 살릴 수 있어요. 충분히 치료될 수 있는데도 자존심이나 헛된 명예 때문에 교만하게 있으면 결국은 아무것도 건지지 못합니다. 호세아는 고집을 부리다가 비참한 결과를 맞이하는 이스라엘의 모습을 보고 있습니다.

14절을 보십시오.

> "내가 저희를 음부의 권세에서 속량하며 사망에서 구속하리니
> 사망아, 네 재앙이 어디 있느냐?
> 음부야, 네 멸망이 어디 있느냐?
> 뉘우침이 내 목전에 숨으리라."

죄가 만삭이 되어서 터질 지경에 이르렀더라도 회개하기만 하면 다시 살 수 있다고 약속하십니다. 음부의 권세에서도 속량하시고 사망의 재앙에서도 건져내신다고 약속하십니다. 아직 내가 숨이 붙어 있으면 기회가 있는 것입니다. 하나님 앞에서는 너무 늦었다는 것이 없습니다. 하나님의 말씀을 듣는 즉시 돌이키기만 하면 그의 영혼과 전 삶을 소생시켜 주십니다. 영혼만 살리는 것이 아니고 죄 때문에 빼앗겼던 그 모든 축복들을 다 회복시켜 주십니다.

"사망아, 네 재앙이 어디 있느냐? 음부야, 네 멸망이 어디 있느

냐?" 하나님은 음부의 권세에서 건지겠다고 말씀하십니다. 하나님께는 능치 못하는 것이 없습니다. 너무 늦었다는 것도 없습니다. 오늘 본문에서 말하고 있는 시점까지도 늦지 않습니다. 이스라엘 백성들은 소생할 수 있습니다.

"사망아, 네 재앙이 어디 있느냐? 음부야, 네 멸망이 어디 있느냐?" 이 말씀은 고린도전서 15장 55절 이하에서 이렇게 표현되고 있습니다.

사망아, 너의 이기는 것이 어디 있느냐?
사망아, 너의 쏘는 것이 어디 있느냐?
사망의 쏘는 것은 죄요, 죄의 권능은 율법이라.

하나님께 진심으로 회개하고 나아오는 자는 죄가 더 이상 지배하지 못하며 사망의 권세가 깨질 것이라고 약속하십니다. 왜냐하면 부활의 능력이 그를 지켜주기 때문입니다. 그리스도께서 음부에서 부활하심으로써 그리스도의 이름을 붙드는 자는 다시는 사망이 쏘지 못하고 죄의 권세가 이기지 못하며 율법이 저주하지 못하도록 지켜 주겠다고 말씀하고 있습니다. 진정으로 회개하고 하나님께 돌아가기를 원하는 자에게는 하나님께서 힘을 주십니다.

결국 무엇이라고 말씀하십니까? "뉘우침이 내 목전에 숨으리라." 하나님은 절대로 뉘우치거나 후회하지 않으신다는 것입니다. 하나님은 우리를 치료하고 나서 후회하지 않으십니다. 로마서 11장 29절에서는 "하나님의 은사와 부르심에는 후회하심이 없느니라"고 말씀하고 있습니다. 하나님의 은혜에는 후회하심이 없습니다. 후회없이, 한없이 우리에게 은혜를 주실 것입니다.

우리가 이 세상에 적응해서 사는 것 자체는 죄가 아닙니다. 하나님은 오히려 우리가 이 세상에서 적응해서 살기를 원하십니다. 그러나 하나님과의 근본적인 언약관계를 변질시키면서까지 세상을 사랑하고 세상과 같아지려고 하는 것은 스스로 무덤을 파는 것과 같습니다. 그리스도인들이 이 세상에서 사는 원리는 믿지 않는 사람들이 사는 원리와 근본적으로 다릅니다. 전제 자체가 다릅니다. 우리의 모든 것은 하나님과의 관계에 달려 있습니다. 내가 하나님을 신뢰하며 하나님의 말씀에 헌신하고 있는 이상 나의 모든 것에 대한 하나님의 은혜와 축복은 보장되어 있습니다.

여러분, 살고 싶습니까? 말씀에 헌신하십시오. 분명히 역사가 나타납니다. 하나님은 송아지가 아닙니다. 무슨 짓이든지 다 하고 나서 입맞춤만 한 번 하면 다 되는 그런 신이 아닙니다. 하나님은 말씀으로 찾아오시는 분입니다. 그러므로 우리는 말씀 듣는 데 많은 시간을 써야 합니다. 우리는 그 말씀으로 갈등을 일으켜야 하고 죄와 싸워야 합니다. 그것이 가장 안전한 길입니다.

하나님의 말씀을 붙드는 것은 불확실한 길처럼 보입니다. 그러나 이 불확실한 것이 우리들에게는 가장 안전합니다. 왜냐하면 하나님이 나를 기억하고 계시기 때문입니다. "하나님, 제가 어려움 가운데 있다는 것을 기억하십시오. 제가 지금 친척들에게 공격당하고 있으며 곤경에 빠져 있다는 것을 기억하십시오"하고 기도하십시오. 하나님이 우리를 기억하십니다. 그러나 불확실성을 없애기 위해서 안정된 것을 택한 사람은 믿음을 포기한 것과 같습니다. 그때부터 그 영혼은 병들기 시작합니다.

우리는 어차피 이 세상에서 내 능력이나 내 힘으로 살지 못하게 되어 있습니다. 하나님께서 내 길을 열어 주시든지 아니면 내가 내 길을 열어야 합니다. 믿음으로 나가든지, 신앙을 양보하고 세상 사람들과 같아지든지 둘 중에 하나입니다. 이것도 아니고 저것도 아니면 우리는 이 세상에서 살 수가 없습니다. 내가 하나님 말씀대로 하지 않았는데도 형통하다면 그것은 절대로 축복이 아닙니다. 하나님께서 진노하심으로 그것을 허락하시는 것입니다. 왕을 달라고 기도했는데 진짜 왕을 주시면 큰일납니다. 집을 달라고 했는데 집을 주고, 차를 달라고 했는데 차를 주고, 도깨비 방망이처럼 기도가 응답될 때 '나의 인생도 끝났군. 하나님이 정말 나를 버리시기로 작정하셨어' 라고 생각하면 틀림없습니다.

상황보다 더 중요한 것은 하나님의 말씀으로 내 지각이 새로워지고 내가 들은 이 말씀에 헌신하는 것입니다. 우리는 많은 것을 할 수가 없습니다. 많은 것을 생각할 능력도 없습니다. 그러나 내가 들은 말씀에 헌신할 때 하나님이 이 모든 것을 해결해 주십니다.

이스라엘 백성들이 처음 부르심을 받았을 때의 가난했던 상태를 항상 기억하고 매순간 그렇게 살기로 결정했다면, 하나님과 사람들 앞에서 정말 보잘것없었던 그때 그 시절처럼 낮아질 대로 낮아지고자 했다면 그들은 절대로 망하지 않았을 것이며 이 가나안의 축복을 잃었을 리가 없습니다. 그러나 한번 잘살아보니까, 배에 기름진 음식이 들어가고 나니까 그때부터 기준이 생겨 버렸습니다. 그래서

"하나님의 뜻이고 뭐고 이 기준 밑으로는 안 됩니다" 함으로써 그들은 하나님의 은혜를 배신하고 말았습니다.

오늘 본문 말씀은 아주 불길하게 끝나고 있습니다.

"저가 비록 형제 중에서 결실하나 동풍이 오리니
곧 광야에서 일어나는 여호와의 바람이라.
그 근원이 마르며 그 샘이 마르고
그 적축한 바 모든 보배의 그릇이 약탈되리로다.
사마리아가 그 하나님을 배반하였으므로
형벌을 당하여 칼에 엎드러질 것이요
그 어린아이는 부숴뜨리우며
그 아이 밴 여인은 배가 갈리우리라" (13:15-16).

결국 앗수르가 침공해 옵니다. 앗수르는 여호와의 바람입니다. 이 바람이 얼마나 참혹한지 어린아이는 부숴뜨리우며 아이 밴 여인은 배가 갈리우리라고 하셨습니다. 그리고 이것은 문자 그대로 실현됩니다. 이 모든 것은 하나님을 버린 대가요 사람을 친구로 삼기 위해 하나님을 적으로 만든 결과입니다.

제가 목회를 하면서 가지고 있는 생각이 있습니다. '교인들 전부와 원수가 된다고 하더라도 나는 이 말씀을 버리지 않는다'는 것입니다. 모든 사람이 다 떠난다 하더라도 절대로 말씀은 버리지 않는다는 것이 오늘까지 일관되게 지켜온 생각입니다. 제가 언젠가 설교할 때 굉장히 두려웠던 적이 있었습니다. 도저히 설교로 사람들에게 은혜를 줄 자신이 없었습니다. 그때 기도했습니다. "저는 사람들에게 은혜를 줄 자신이 없습니다. 그러나 이 한 절의 말씀에 헌신하겠습니다. 저의 온 지각을 다해서 이 한 절의 말씀을 해석하고 이 한 절의 말씀으로 끝내겠습니다. 저는 은혜를 줄 능력이 없습니다." 그러나 그 주어진 말씀에 헌신했을 때 하나님의 불 같은 역사가 이루어지는 것을 보았습니다.

말씀에 헌신할 때 하나님은 나를 지켜 주십니다. 말씀에 헌신할 때 하나님은 어려움에서 건져 주십니다. 내가 광야에서 헤매고 있는 것을 기억하시고 권고하시고 지켜 주십니다. 이것이 이스라엘 백성들이 살았던 원리이고 비결이었습니다.

많은 지식을 가지지 못한 것에 대해, 많은 정보가 없는 것에 대해 두려워하지 마십시오. 어차피 우리는 모르게 되어 있습니다. 차라리 모르는 것이 속 편할지도 몰라요. 그러나 오늘 내가 들은 한 절의 말씀에 헌신하십시오. "오늘 내가 읽은 말씀, 오늘 내가 들은 이 설교 말씀에 헌신하겠다. 이 말씀을 붙들며 이 세상과 같아지지 않겠다. 설사 이 세상과 원수가 되고 적이 된다 하더라도 하나님과는 원수가 되지 않겠다"고 결심하십시오. 그럴 때 오히려 다른 사람과의 관계도 호전되며, 하나님이 나의 필요를 채워주시고 계속 불안정하게 걸어갈 수 있는 힘과 용기를 주시는 것을 경험하게 될 것입니다.

편하게 믿는 변질된 기독교는 신앙을 아예 가지지 않는 것보다 훨씬 더 위태롭습니다. 그들이 부르는 예수는 절대로 그들을 도와주지 않을 것입니다. 그들이 부르는 예수는 예수가 아니고 송아지입니다. 편하게 믿는 것을 한번 맛본 사람, 죄 설교 듣지 않고 자기 멋대로 편하게 믿는 사람은 절대로 여호와 신앙으로 돌아오지 못합니다.

오늘 이 말씀이 우리에게 이야기하고 있는 것이 무엇입니까? 이 세상의 어려움과 긴장은 당연한 것입니다. 하나님은 그렇게 살라고 우리를 이 세상에 보내셨습니다. 중요한 것은 우리가 다른 원리로 여기에 대처해야 한다는 것입니다. 그 다른 원리는 바로 믿음입니다. 하나님께서 나에게 주신 그 언약에 헌신하는 것입니다.

이 세상에서 많은 일을 하기 전에 하나님과 나 사이에 걸림돌을 없애는 것이 내가 사는 비결이고 우리의 생명임을 기억해야 합니다. 많은 사람들이 손가락질하고 비웃는 것을 절대로 두려워하지 마십시오. 그것이 두려워지면 그때부터 망하기 시작합니다. 나와 가장 친하고 나를 가장 아껴주던 사람이 나에게 실망하는 것을 두려워하면 하나님과의 근본적인 관계가 흔들리기 시작합니다.

여러분, 담대하십시오. 주님이 나를 창조하셨다는 것을 기억하고 이 언약의 말씀에 헌신하십시오. 힘들게, 불안정하게 살아가십시오. 그것이 가장 안정된 길입니다.

18

참된 회개, 그 이후

호세아 14:1-9

^{14:1} 이스라엘아, 네 하나님 여호와께로 돌아오라. 네가 불의함을 인하여 엎드러졌느니라.

2 너는 말씀을 가지고 여호와께로 돌아와서 아뢰기를 "모든 불의를 제하시고 선한 바를 받으소서. 우리가 입술로 수송아지를 대신하여 주께 드리리이다.

3 우리가 앗수르의 구원을 의지하지 아니하며 말을 타지 아니하며 다시는 우리의 손으로 지은 것을 향하여 '너희는 우리 신이라' 하지 아니하오리니 이는 고아가 주께로 말미암아 긍휼을 얻음이니이다" 할지니라.

4 "내가 저희의 패역을 고치고 즐거이 저희를 사랑하리니 나의 진노가 저에게서 떠났음이니라.

5 내가 이스라엘에게 이슬과 같으리니 저가 백합화같이 피겠고 레바논 백향목같이 뿌리가 박힐 것이라.

6 그 가지는 퍼지며 그 아름다움은 감람나무와 같고 그 향기는 레바논 백향목 같으리니

7 그 그늘 아래 거하는 자가 돌아올지라. 저희는 곡식같이 소성할 것이며 포도나무같이 꽃이 필 것이며 그 향기는 레바논의 포도주같이 되리라.

8 에브라임의 말이 '내가 다시 우상과 무슨 상관이 있으리요?' 할지라. 내가 저를 돌아보아 대답하기를 '나는 푸른 잣나무 같으니 네가 나로 말미암아 열매를 얻으리라' 하리라."

9 누가 지혜가 있어 이런 일을 깨달으며 누가 총명이 있어 이런 일을 알겠느냐? 여호와의 도는 정직하니 의인이라야 그 도에 행하리라. 그러나 죄인은 그 도에 거쳐 넘어지리라.

14:1-9

정치가들 중에서 사람들에게 가장 큰 인기와 지지를 받는 사람은 아마도 지역 주민들의 마음속에 있는 불만과 정서를 잘 끄집어내서 정치적인 이슈로 만드는 사람일 것입니다. 청소년들이 좋아하는 연예인은 누구입니까? 자기들 마음속에 깊이 자리잡은 불만이나 감정을 잘 표현해주는 가수나 탤런트입니다. 자기 안에 있는 불만이나 감정이 무엇인지 몰라서 혼동을 겪고 있었는데 누군가 그것을 정확하게 끄집어내서 표현해주면 그렇게 시원할 수가 없습니다. 이렇게 사람 마음속에 있는 생각을 끄집어 내고 불만을 표출해주는 사람은 능력 있는 사람이며, 그런 사람이 많은 사람들의 지지를 받을 수 있습니다.

그러나 더 위대한 일은 남의 마음속에 있는 생각을 끄집어내서 표현해주는 것이 아닙니다. 이 세상에서 가장 위대한 일은 아무 가능성이 없는 사람을 변화시켜서 참으로 가치 있는 삶을 살게 하는 것입니다. 사람을 바꾸는 것이 가장 가치 있는 일입니다.

그러나 사람들은 자기를 바꾸려는 사람을 좋아하지 않습니다. 내가 바뀌려면 모든 것이 달라져야 하고 모든 것에 새롭게 적응해야 하기 때문입니다. 사람을 바꾸려면 사랑이 있어야 합니다. 다른 것으로는 절대 되지 않습니다. 남을 비난하고 욕하기는 쉽습니다. 그러나 무조건 비난하거나 욕하지 않고 그 사람 속에 있는 불만을 끄집어내서 표현해주는 것은 대단한 것입니다. 그러나 그것보다 더 위대한 일은 그런 사람을 사랑으로 이해해주고 끝까지 찾아가 설득해서 바꾸는 일입니다. 공부 잘해서 성공하고 높은 자리에 올라가는 것은 머리가 좋거나 능력이 있으면 누구나 할 수 있는 일입니다. 그러나 가장 가능성이 없는 사람, 정말 싫은 사람을 바꾸는 사람은 굉장히 큰 사랑을 가진 사람입니다.

오늘 본문에서 우리가 보게 되는 하나님의 사랑은 가장 가능성이 없는 사람을 끝까지 물고 늘어져서 결국은 바꾸어 놓고야 마는 사랑입니다. 하나님의 사랑은 내가 지금 이 사람에게 잘해주는 것이 그 사람을 도와주는 것인지 해치는 것인지도 모르는 채 무조건 잘해주는 눈먼 사랑이 아닙니다. 가능성이 없는 사람을 끝까지 물고 늘어져서 철저하게 파멸시키고 철저하게 멸망시켜서 결국은 하나님이 원하시는 삶으로 돌아오게 만드는 그런 사랑입니다.

오늘날 사람들은 어떤 설교자를 좋아합니까? 자기들 안에 있는 생각과 불만을 잘 끄집어내서 표현해주는 설교자를 좋아합니다.

"내가 듣고 싶었던 이야기가 바로 저거야! 저 이야기를 못 들어서 오늘까지 내가 답답했던 거야." 그러나 하나님의 말씀은 우리가 듣고 싶어하는 그런 말씀이 아닙니다. 가장 듣기 싫어하는 말씀입니다. 하나님은 말씀대로 살라고 하십니다. 말씀대로 살지 않으면 기다리시고, 기다리다가 안 되면 채찍질하고 징계하고 파멸시켜서 결국은 하나님이 원하시는 길을 걷게 하는 그 끈질긴 사랑이 바로 하나님의 사랑인 것입니다.

우리가 신앙생활을 하면 할수록 가장 두려운 분이 누구인가 하면 바로 하나님입니다. 하나님은 한번 한다고 하면 반드시 하시는 분이기 때문입니다. 하나님은 잘못된 것을 절대로 옳다고 하지 않으십니다. 물론 우리가 잘못했을 때 하나님은 아주 오래 참으십니다. 그러나 하나님이 오래 참으신다고 해서 내가 틀린 것이 옳게 되는 것은 아닙니다. 하나님이 참고 기다리시는 것과 상관없이 틀린 것은 틀린 것입니다. 끝까지 기다리다 안 되면 하나님은 무섭게 내리치십니다.

하나님께서 한번 치시면 인정사정이 없습니다. 마치 새끼를 잃은 암곰이 덤벼들어서 사람을 해치는 것 같습니다. 암곰이 덤벼들면 적당히 머리나 한번 차고 가겠습니까? 사람을 완전히 찢어놓지요. 하나님께서 자기 택한 백성을 칠 때 그렇게 하십니다. 신음소리도 낼 수 없을 정도로 인정사정없이 치십니다. 병을 주실 때에도 감기몸살 정도가 아니고 완전히 죽었다 싶을 정도로 소망이 없는 상태에 빠지게 하십니다. 그래서 하나님이 한번 치신다는 것은 완전한 파멸을 의미합니다.

그러고 나서 다시 시작하라고 하십니다. '내가 원래 말한 그대로 살라'는 것입니다. 그래서 그 말씀으로 돌아오면 그 상처를 다 치료하시고 아름답게 하십니다. 그리고 남은 삶이 얼마인지 모르지만 그 삶을 빛나고 아름답게 만드시며 지금까지 살아온 삶보다 훨씬 더 가치 있게 살게 하신다는 것이 오늘 성경이 우리에게 하시는 말씀입니다.

오늘 말씀은 우리가 듣고 싶어하던 말씀이나 내 속에 들어 있는 응어리를 풀어주는 말씀이 아닙니다. 끝까지 우리를 추적해서 바꾸어 놓는 고집스러운 말씀입니다.

하나님의 초청

누구든지 하나님께 회개하고 돌아오는 것은 하나님께서 먼저 그를 불러주셨기 때문입니다. 하나님이 회개하라고 초청해 주셨기 때문에 회개하는 것이지 하나님이 부르지 않았는데도 하나님 앞에 기도하고 회개하는 사람은 아무도 없습니다. 14장 1절을 보십시오.

이스라엘아, 네 하나님 여호와께로 돌아오라.
네가 불의함을 인하여 엎드러졌느니라.

하나님께서 고통 중에 있는 이스라엘 백성들을 향하여 "이스라엘아, 네 하나님 여호와께로 돌아오라"고 초청하십니다. 징계 받는 백성들에게 이 말씀보다 더 반가운 것은 없을 것입니다. 왜냐하면 하나님이 돌아오라고 부르시는 그 순간에 모든 것이 달라지기 때문입니다. 하나님이 돌아오라는 말씀을 하시기 전까지는 아무리 애를 써도 되는 일이 없습니다. 하나님은 범죄한 백성을 철저하게 내버려 두십니다. 하늘은 놋이요 땅은 철로 되어 있는 것 같아서 하늘에서는 비 한 방울 내리지 않고 아무리 땅을 파도 나오는 것이 없습니다. 철저하게 버리십니다.

그러나 하나님께서 한번 "돌아오라"고 말씀하시면 그때부터는 온 세상이 살아서 움직이기 시작합니다. 길이 없던 곳에 길이 생기고 문이 없던 곳에 문이 생깁니다. 창문도 없던 감옥에 아주 아름다운 창문이 생겨서 모든 것이 훤히 보이는 변화가 생깁니다. 하나님의 말씀 한 마디가 그렇게 위대합니다. 내 귀에 들리는 "돌아오라, 회개하라" 이 한 마디는 지금까지의 모든 시련은 끝났으며 이제 내 삶에 굉장한 변화가 일어나리라는 것을 뜻합니다.

함정에 빠진 것처럼 아무리 애를 써도 일이 풀리지 않을 때가 있습니다. 어떤 학생은 입시를 준비하는데 공부가 잘 되지 않습니다. 진도도 안 나가고 가망도 없고 성적도 안 오릅니다. 취직을 준비하는 사람은 취직이 안 됩니다. 아무리 해도 안 돼요. 풀리지가 않습니다. 이것은 안 믿는 사람들만 쓰는 표현이 아닙니다. 믿는 사람인데도 풀리지가 않아요. 그런데 어느 날 하나님의 말씀이 임함과 동시에 새로운 길이 열리기 시작합니다. 함정 옆에 구멍이 생기기 시작하고 담에 문이 생기기 시작하고 창문도 열리기 시작하면서 막 변화가 일어납니다. 하나님의 말씀 한 마디가 그렇게 위대합니다.

하나님께서는 범죄한 이스라엘 백성들을 철저하게 버려 두셨습니다. 그래서 포로된 곳에서 아무리 노력해도 변화가 생기지 않았습니다. 그런데 어느 한 순간에 "이스라엘아, 네 하나님 여호와께로 돌아오라"는 소리가 들리면서 이스라엘이 회복되기 시작했습니다. 이때가 언제입니까? 오순절 성령이 임했을 때입니다. 호세아가 이 설교를 하고 무려 700년 후에 돌아오라는 소리가 들렸습니다.

이 소리가 들리기 전까지는 가망이 없습니다. 아무리 애쓰며 농사를 짓고 장사를 하고 하나님을 찾고 종교적인 열정으로 덤벼들어도 일이 되지 않습니다. 하나님이 말씀해 주셔야 합니다. "너희는 내게 돌아오라!" 이 한 마디가 우리의 삶을 근본적으로 바꾸어 놓습니다.

하나님이 무엇이라고 말씀하십니까? "네가 불의함을 인하여 엎드러졌느니라." 하나님께서는 이스라엘 백성들이 이처럼 멸망하게 된 원인이 어디에 있는지 분명히 알리십니다. 하나님의 능력이 부족해서 그런 것도 아니고 재수가 없어서 그런 것도 아닙니다. 오직 하나님의 말씀대로 살지 않은 불의 때문입니다. 이스라엘 백성들이 아름다운 나라를 잃고 하나님께 드리는 예배를 잃고 모든 것을 다 잃은 이유는 하나밖에 없습니다. 하나님의 말씀을 저버리고 하나님의 말씀대로 신앙생활 하지 않았기 때문입니다.

'모든 불의'라는 것이 무엇입니까? 신앙생활을 하기는 하는데 말씀대로 철저하게 하지는 않는 것입니다. 하나님께서 이스라엘 백성들에게 계속 말씀하신 것은 이 세상 사람들의 삶의 방식을 본받지 말라는 것입니다. "나는 너의 아버지다. 나는 너의 남편이다. 내가 너의 모든 필요를 채워줄 테니 제발 세상 사람들이 사는 방식으로는 살지 말아라." 이것이 율법의 대전제입니다.

　요즘 맞벌이 부부가 많습니다. 저는 맞벌이 부부를 비난할 생각이 전혀 없습니다. 맞벌이 부부는 아주 유능한 부부입니다. 그러나 원래는 아내가 남편만 의지해도 충분히 살 수 있었습니다. 부인이 따로 계획을 가질 필요가 없었어요. 남편이 모든 것을 다 채워주게 되어 있었습니다. 특히 구약시대 때는 여자들이 할 일이 없었습니다. 그냥 남편이 모든 것을 다 책임지게 되어 있었습니다.

　하나님께서 이스라엘 백성들을 애굽에서 불러낼 때 세우신 언약은 '너희들의 모든 필요를 내가 채워주겠다'는 것입니다. "나는 너희 아버지요 너희 남편이니 너희는 나만 믿어라. 광야 40년도 살지 않았느냐? 너희들은 오직 말씀만 듣고 말씀대로 살아라. 옆에 아무리 강력한 나라가 일어나고 주위에 있는 나라들이 아무리 너희를 에워싸고 위협하더라도, 아무리 흉년이 들고 너희 힘이 미약하다 하더라도, 아무리 너희 필요가 채워지지 않더라도, 내가 너희 아버지이고 너희 남편이 아니냐? 그러니까 너희는 그런 것에 신경쓰지 말고 말씀대로만 살아라." 이것이 율법입니다.

　그러나 이론은 좋은데 현실이 그렇지 않습니다. 이스라엘 백성들은 하나님을 믿고 가만히 있으면 있을수록 불안했습니다. 주위에 있는 다른 나라들은 열심히 노력해서 문명을 바꾸고 병거를 만들고 무역을 해서 부자가 되는데 자기들은 가만히 하나님만 의지하고 있습니다. 이것이 그렇게 불안할 수가 없습니다. 주위에 있는 나라들은 전부 철병기를 가졌는데 이스라엘은 사울 때만 해도 칼 두 자루밖에 없었어요. 그나마 말은 한 필도 없어서 구경도 못했습니다. 그러니 왜 불안하지 않겠습니까?

집값이 하늘 높은 줄 모르고 오르는데 혼자 사글세 방에 살면서 불안하지 않다면 신앙이 좋든지 정신이 좀 이상하든지 둘 중에 하나지요. 자매들 보세요. 친구들은 애가 둘입니다. 하나는 업고 하나는 손 잡고 놀러오는데 아직 결혼도 못한 나는 하나도 불안하지 않다면 신앙이 좋은 것인지 광신자인지 의심받지 않을 수 없습니다.

이스라엘 주위에 있는 나라들은 하루가 달리 변하고 있습니다. 문명이 아예 달라요. 그런데 이스라엘은 애굽에서 입고 나왔던 그 옷 그대로 입고 사는 거예요. 아무 변화가 없습니다. 그들은 체제도 없고 무기도 없고 전략도 없고 계획도 없고 아무것도 없었습니다. 오로지 율법의 말씀밖에 없었어요. 그냥 '하나님만 믿고 사는 나라 우리나라 좋은 나라'입니다. 여기서 고민이 생깁니다.

그래서 이스라엘 백성들이 내린 결론이 '하나님만 의지하는 것은 자살행위와 같다'는 것입니다. 그들이 사는 곳은 약육강식의 세계였습니다. 철저하게 강한 자들만이 살아남을 수 있는 곳에 약한 자들이 있는 거예요. 그들은 토끼였어요. 옆에는 이리들이 우글거리는데 귀만 큰 토끼가 어떻게 살겠습니까? 게다가 새끼는 왜 그렇게 많이 낳는지 인구는 늘어나는데 대책이 없습니다. 그래서 고민하다가 택한 대안이 '철저하게 말씀대로 사는 것은 자살행위다. 그러니까 철저하게 믿지는 말자. 그냥 형식적으로 믿고 우리도 세상처럼 대책을 세우자'는 것이었습니다.

그들은 겉으로는 여전히 하나님을 믿었지만 실제로는 세상 사람들과 똑같이 무기를 개발하고 왕도 뽑고 그들이 하는 대로 다 했습니다. 자기들이 살 수 있는 자구책을 구한 것이지요. 하나님은 이스라엘 백성들에게 비참한 멸망을 가져온 원인이 바로 여기에 있다고 지적하고 계십니다. 이것이 '이 모든 불의'입니다.

오늘 우리들의 문제가 바로 여기에 있습니다. 우리는 너무나도 경쟁적인 세상에서 살고 있습니다. 하나님만 믿고 있다고 필요한 것이 재깍재깍 채워진다면 우리도 하나님만 믿고 있지요. 그러나 그렇게 하면 분명히 세상 사람들보다 뒤떨어집니다. 하나님도 믿고 세상일도 해야 하니까 시간이 벌써 반으로 나누어지고 신경도 나누어지지 않습니까? 그러니 제대로 되는 일이 없습니다.

남들이 집을 살 때 나는 집이 없고, 남들이 결혼할 때 나는 들러리나 서주어야 합니다. 10월이면 자기 결혼식에 꼭 와달라는 친구들이 왜 그렇게 많습니까? 그래서 신부화장하는 데부터 꽃 들고 공원 한 바퀴 돌고 여기저기 쫓아다니다 보면 하루가 다 가버립니다. 또 그렇게 주일을 빼먹으면 목사님이 인상 쓰면서 왜 빠졌냐고 하지요. 그러면 도대체 예수 믿는 것이 뭔지 모르겠다는 생각이 듭니다. 하나님만 믿고 가만히 있다가는 모든 것을 잃어버릴 것이 틀림없습니다. 하나님 믿고 가만히 있어서 되는 것 봤습니까?

그래서 신앙은 형식만 남기고 실제로는 세상 사람들과 똑같이 사는 겁니다. 예배는 많은 생활습관 중에 하나일 뿐입니다. 하루 일과표에 밥 먹는 시간하고 TV 보는 시간 그려넣고, 한쪽에 예배 칸을 떼어 놓습니다. 좀더 신앙 좋은 사람은 다른 한쪽에 큐티 칸도 넣어 놓지요. 이 세상에서 살아남으려면 그렇게 해야 합니다. 하나님만 믿고 있으면 되는 일이 없으니까요.

이것이 우리들이 오늘 가지고 있는 신앙적인 갈등이고, 이것이 이스라엘 백성들이 실패했던 길을 그대로 답습하는 것입니다. 이것이 당장은 좋아 보일지 모르지만 하나님은 기뻐하시지 않습니다. 여기 문제가 있어요. 하나님이 좋아하시지 않습니다. 하나님이 좋아하시지 않으면 세상이 공격하기 전에 하나님이 먼저 빼앗아 가십니다.

하나님께서는 이스라엘 백성들을 향하여 돌아오라고 하십니다. 이것은 어떤 종교적인 체험을 위해서 몸부림치라는 것이 아닙니다. 삶을 바꾸라는 것입니다. 오늘 얼마나 많은 그리스도인들이 은혜 받기 위해서 이 예배당 저 예배당, 이 기도원 저 기도원을 돌아다니는지 모릅니다. 그러나 하나님은 그렇게 하지 말라는 것입니다. 하나님이 원하시는 것은 삶의 목표를 바꾸고 생활하는 방식을 바꾸고 직장에서 일하는 방식을 고치라는 것입니다.

회개는 은혜를 더 받기 위해서 몸부림치고 기도하는 것이 아닙니다. 물론 하나님께 기도하다 보면 시간이 길어질 수도 있고, 하루 회개하니까 도저히 안 돼서 한 달 회개할 수도 있지요. 그러나 한 달 딱 정해놓고 여기에서 하루라도 빠지면 회개가 덜 된 것으로 생각하는 것은 하나님의 생각이 아닙니다.

얼마나 많은 그리스도인들이 자기의 삶의 방식이나 목표는 바꾸지 않고 은혜만 받으려고 몸부림치는지 모릅니다. 그것은 헛된 짓입니다. 하나님이 원하시는 것은 내가 지금 죄를 지을 수밖에 없는 자리에 있을 때 그 자리를 떠나는 것입니다. 내가 잘못된 친구들과 사귀고 있을 때 그 사귐을 끊는 것입니다. 카드로 필요한 것 왕창 사놓고 돈 내야 할 때는 여기저기 빌려서 메꾸어 놓는 것이 내 생활방식이었다면 카드 다 꺾어버리고 물건 다 돌려주고 TV 없이 냉장고 없이 사는 것입니다. 카드로 끊은 냉장고에서 계속 시원한 것 꺼내 마셔가면서 기도하고 몸부림치는 것은 하나님이 원하시는 것이 아닙니다. 기독교의 신비가 여기에 있습니다. 내 마음은 원치 않지만 일단 순종하고 나면 거기에 기쁨이 있고 기적이 일어납니다. 막막하던 데서 길이 열립니다.

하나님이 우리에게 돌아오라는 것은 삶의 목표를 수정하고, 지금 살고 있는 사고방식을 뜯어고치며, 하나님을 기다리라는 것입니다. 여기에 신비가 있고 체험이 있고 기적이 있습니다. 기독교의 원리는 철저하게 삶입니다. 자기 길은 바꾸지 않은 채 계속 어떤 체험을 추구하는 것은 기독교 외의 다른 종교에서도 얼마든지 할 수 있는 일입니다. 이단들이 좋아하는 것이 바로 이 방법입니다.

참된 회개

하나님께서는 단순히 회개하라고 초청만 하시는 것이 아니라 참된 회개가 어떤 것인지 보여주고 계십니다. 2절을 보십시오.

> 너는 말씀을 가지고 여호와께로 돌아와서 아뢰기를
> "모든 불의를 제하시고 선한 바를 받으소서.
> 우리가 입술로 수송아지를 대신하여 주께 드리리이다."

하나님께서 이스라엘 백성들에게 원하시는 것이 무엇입니까? 수송아지 제사가 아닙니다. 하나님의 말씀에 대한 정직한 반응입니다. 그래서 '말씀을 가지고 여호와께로 돌아오라'고 하십니다. 다른 것이 아니라 오늘 들은 하나님의 말씀을 붙들고 돌아오라는 것입니다. "하나님, 저는 오늘 이런 말씀을 들었는데 이 말씀을 듣기 전까지는 그런 것이 죄인 줄 몰랐습니다. 그런데 말씀을 듣고 보니 저의 삶이 하나님으로부터 너무나도 멀리 떨어져 있다는 것을 알았습니다. 하나님, 어떻게 하면 좋습니까?" 이렇게 하는 것이 말씀을 붙들고 돌아오는 것입니다.

다른 것을 가지고 복잡하게 횡설수설할 필요가 없습니다. "이번 위기만 면하게 해주시면 저도 그냥 넘어가지 않겠습니다. 저는 은혜를 모르고 그냥 넘어가는 그런 인간이 아닙니다. 도움을 받으면 뭔가 반응이 있는 인간입니다. 그러니까 하나님, 제발 이번 위기만 때우게 해 주십시오." 그렇게 하지 말라는 겁니다. 그냥 들은 말씀을 가지고 나오라는 것입니다.

말씀을 들으니까 이 말씀과 나 사이에 거리가 너무 멀어요. 말씀에 나의 삶을 어떻게 접근시켜야 할지 모르겠습니다. "하나님, 어떻게 하면 좋습니까? 저는 말씀에서 너무 멀리 떨어져 있습니다. 포기하려니까 포기해야 할 것이 한두 개가 아니거든요. 어느 것부터 포기해야 할지도 모르겠고 사실 포기하기도 아깝습니다. 어떻게 하면 좋습니까?" 이것은 하나님이 굉장히 기뻐하시는 기도입니다. "아이고, 하나님, 대책이 없습니다. 제가 살아온 길 전부가 엉터리입니다. 전부 다른 사람을 의식해서 한 종교의식이고 저의 신앙생활 중에 진실한 것은 하나도 없었습니다. 오늘 말씀을 안 들을 걸 그랬네요. 듣고 나니까 대책이 없습니다. 어떻게 하면 좋습니까?" 이것은 아주 좋은 기도이며 하나님이 굉장히 기뻐하시는 기도입니다.

'모든 불의'가 무엇이라고 했습니까? 하나님의 말씀대로 살지 않은 모든 것입니다. 하나님의 말씀을 듣고 보니까 잘못되지 않은 것이 없습니다. 숨 쉬는 방법조차 틀렸습니다. 전에는 그냥 숨만 쉬면 되는 줄 알았는데 숨 쉬는 것에서부터 시작해서 물 마시는 것, 생각하는 것, 여가시간을 보내는 것, 자녀를 키우는 것, 돈을 버는 것까지 모든 것이 잘못되어 있습니다. "도대체 어디서부터 시작해야 할지 모르겠습니다. 이것을 목록으로 적으면 아마 하늘도 모자랄 것 같습니다. 저는 하나님으로부터 너무너무 멀리 떨어져 있습니다. 육체로는 하나님을 한 번도 떠난 적이 없지만 제 마음은 너무너무 멀리 떨어져 있습니다. 도대체 어떻게 하면 좋습니까?" 이렇게 기도하십시오.

하나님의 성령이 역사하시면 사람들은 자기자신을 마치 옆에서 보는 것처럼 객관적으로 보게 됩니다. 성령이 강하게 역사하시면 자신을 옆에서 보면서 '내가 이런 사람이란 말인가!' 하며 혐오감을 느끼고 애통해 하게 됩니다. 이것이 바로 회개하는 것입니다. 중세시대에 기사들이 입었던 갑옷 같은 걸로 온몸을 겹겹이 싼 채 얼굴 앞 가면만 내리고 "하나님, 회개합니다" 하는 것, 하나님이 조금만 뭐라고 해도 창 들고 덤벼드는 것은 회개가 아니지요.

'선한 바를 받으소서'가 무슨 말씀입니까? 이것은 자기에게 무슨 선한 것이 있다는 말이 아닙니다. 선한 것이 있다면 하나님의 말씀을 듣고 고민하고 있는 이 답답한 마음뿐입니다. 이것 외에 다른 것은 전부 선한 것이 아니라는 것입니다. 머리털부터 발끝까지 성한 곳이 없습니다. 문제를 노출시키기 시작하니까 대책이 없습니다.

그러나 하나님은 자신에 대해 회개하고 애통해 하는 그 마음, 하나님만 의지하면 도저히 살 수 없을 것 같아서 하나님을 뒷전에 밀어놓고 내 방식대로 살려고 했던 것을 가슴 아파하면서 살든지 죽든지 하나님만 의지하려는 그 마음을 선한 제물로 받으시며 그런 마음을 찾으십니다. 그 마음만 있으면 회복되지 않을 것이 없습니다. 그 마음이 없기 때문에 하나님이 우리를 회복시키지 못하시는 것입니다. 하나님 앞에서는 이 추한 것이 가장 아름다운 것입니다.

하나님께서는 이스라엘 백성들에게 구체적으로 어떻게 회개하라고 말씀하십니까? 3절을 보십시오.

> "우리가 앗수르의 구원을 의지하지 아니하며
>   말을 타지 아니하며
>   다시는 우리의 손으로 지은 것을 향하여
>   '너희는 우리 신이라' 하지 아니하오리니
>   이는 고아가 주께로 말미암아 긍휼을 얻음이니이다"
>   할지니라.

그들이 진정으로 회개한다면 버려야 할 것이 세 가지 있습니다. 먼저 그들은 앗수르와 맺은 동맹을 깨뜨려야 합니다. 원래 이스라엘은 자기 힘으로 스스로를 지킬 수 없는 약한 나라였습니다. 주위 나라들은 모두 강대국들이었고 이스라엘에는 무슨 힘이나 세력이 없었습니다. 그래서 그들은 눈에 보이지 않는 하나님을 믿기보다는 눈에 보이는 앗수르와 동맹을 맺음으로써 나라를 지키려고 했습니다. 그러나 이 동맹은 하나님을 배신하는 동맹이었습니다.

둘째는 말을 의지하지 않는 것입니다. '말을 타지 아니하며' 라는 것은 말과 같은 군사력으로 나라를 지키려고 하지 않는 것입니다. 이스라엘 백성들이 처음 가나안 땅에 들어왔을 때 하나님께서는 여호수아에게 모든 말의 힘줄을 끊게 하셨습니다. 그것은 '이 땅은 군사력으로 지키는 것이 아니다. 이 땅은 말씀으로 지킨다. 우리가 하나님의 말씀을 지키면 이 땅은 영원히 보전되겠지만 말의 군사력으로 지키려 든다면 결코 이 가나안 땅을 지키지 못할 것이다' 는 의미였습니다.

그들이 하나 더 버려야 할 것은 그들의 머리로 생각해낸 우상입니다. "우리의 손으로 지은 것을 향하여 '너희는 우리 신이라' 하지 아니 하오리니"라고 말하고 있습니다. '우상' 이 무엇입니까? 실제로 존재하지 않는 것을 사람이 상상해서 만들어낸 것입니다. 즉 사실이 아니면서도 사실인 것처럼 존재하면서 우리에게 영향을 끼치는 것은 전부 우상입니다. 우리 손이 만들어낸 것, 우리 머리와 상상력이 만들어낸 것은 다 우상이에요.

하나님의 백성들은 어떤 사람들입니까? 위기 가운데 사는 사람들입니다. 하루하루 사는 것 자체가 위기입니다. 마치 맹수에 에워싸여 사는 것과 같습니다. 자기 힘으로는 도저히 극복할 수 없습니다. 앗수르도 의지하지 않고 말도 의지하지 않고 그나마 신이라도 부르지 않는다면 도저히 살 수 없는 상황입니다. 그런데 그 가운데서 앗수르의 안정된 힘이나 군사력을 의지하고 가상적인 신을 만들어내서 일시적으로 위안을 받으려고 한 것이 이스라엘의 죄라고 지적하십니다.

하나님은 뭐라고 말씀하십니까? "'이는 고아가 주께로 말미암아 긍휼을 얻음이니이다' 할지니라." 너희들은 스스로 고아라고 부르라는 겁니다. 고아는 누가 도와주지 않으면 하루도 살 수 없는 사람입니다. 그러니까 이 말씀은 '내 앞에서 고아처럼 겸허하게 자신을 낮추라' 는 것입니다. 그렇게 하면 산다는 것입니다. "우리는 하나님 없이는 하루도 살 수 없는 사람들입니다. 하나님, 도와주십시오" 하라는 것입니다.

하나님께서 이스라엘에게 원하신 신앙이 바로 이런 것이었습니다. 그들이 정말 하나님을 알았다면 하나님 앞에서 한없이 낮아졌을 것이며, 마치 누구의 도움 없이는 하루도 살 수 없는 고아처럼 하나님의 도움을 원했을 것입니다. 그러나 이스라엘 백성들은 불안했습니다. 자기자신을 그렇게 낮추면 정말 낮아질까봐, 하나님을 의지했다가 좋은 기회를 다 놓치고 말까봐, 말 한 필 없는 이 상황에서 강대국의 군사들이 쳐들어올까봐 불안했습니다.

그리고 실제로 그들이 쳐들어오면 산으로 도망치는 일이 반복해서 일어났습니다. 도망치다가 막 기도하고 회개하면 입다 같은 사람들이 나와서 구원해주는 일이 늘 반복되었어요. 그래서 "회개도 하지 말고 도망도 치지 말자. 앗수르와 동맹을 맺고 우리도 말을 키우자. 하나님이 우리를 싫다고 하면 우리도 다른 신을 구하면 된다"고 한 것입니다.

회개하는 것이 그렇게 싫은 거예요. 등록금 낼 때마다 막 기도해야 마감 시간이 임박해서 여기저기 끌어모아 겨우 낼 수 있고, 다음 등록금 낼 때도 지은 죄 다 고백하고 통회해야 돈이 생기니 이래서야 어떻게 살겠습니까? 그러니까 '기도도 하지 말자. 회개도 하지 말자. 그냥 돈이 착착 들어오는 방법이 없을까' 궁리하는 것이지요. 그러나 하나님은 이것을 죄라고 말씀하십니다.

이스라엘 백성들의 모습을 보면 '정말 하나님 믿는 것이 망하는 길이다'는 고백이 나오지 않을 수 없습니다. 하나님은 적당하게 믿는 것을 절대로 용납하지 않으십니다. 지금 적당하게 믿어도 별일이 없는 것은 하나님이 한없는 인내와 자비로 기다려주고 계시기 때문입니다. 그러나 하나님은 절대로 그냥 넘어가는 분이 아닙니다. 철저하게 하나님을 믿는 신앙으로 돌아오게 하십니다.

여러분, 돌아와야 합니다. 하나님 앞에서 고아처럼 울면서 막 매달리는 신앙으로 돌아와야 합니다. 여유를 부리고 폼을 잡으면서 신앙생활 하던 사람이 맨발로 하나님 앞에 나와서 눈물인지 콧물인지 구별이 안 될 정도로 울면서 "하나님이 저의 생명입니다. 하나님, 저를 살려 주십시오!" 하게 만들고야 만다고 하나님은 말씀하십니다.

이스라엘 역사가 우리에게 보여주는 것은 적당한 신앙은 철저하게 망한다는 것입니다. 계속 망하든지 철저한 신앙으로 돌아오든지 둘 중에 하나라는 것입니다. 그러니까 돌아오라는 것입니다. 지금 편하게 믿는 것이 결국은 철저하게 망하는 길입니다. 하나님은 그렇게 호락호락 넘어가는 분이 아닙니다. 하나님은 말씀한 그대로 믿게 만드시고 말씀한 그대로 성취하시는 분입니다. 거기에는 타협이 없습니다. 전에 어떤 한 교인이 그러더라구요.

"신앙생활은 좁은 문으로 가는 것이지요?"

"맞습니다. 산상설교에도 그렇게 말씀하셨잖아요."

"거기에 휴게실은 없나요?"

"왜요?"

"힘들어서요."

계속 좁은 길을 가기가 힘들다는 것입니다. 그래서 옆길로 새려고 생각하는 사람은 반드시 새고야 맙니다. 편하게 믿을 수 있는 방법이 너무너무 많기 때문입니다. 그러나 그것은 절대로 잘 믿는 것이 아닙니다. 그래서 제가 우리 교인들에게 하는 이야기가 무엇인가 하면 처음부터 제대로 믿으라는 것입니다. 하나님은 적당하게 두지 않으십니다. 적당하게 믿어도 복 주시고 천당 가게 하시는 분이 절대로 아닙니다. 하나님은 철저하게 만드십니다. 그렇게 만들지 않는 사람은 하나님의 백성이 아닙니다. 하나님이 택한 백성은 완전히 하나님만 믿고 살게 만들어 놓으십니다. 위기 가운데서도 사드락과 메삭과 아벳느고처럼 하나님 앞에서 자기의 생명을 던져 놓고 믿게 만드십니다.

축복

이스라엘 백성들이 하나님의 말씀대로 바로 회개할 때 하나님께서는 어떻게 하겠다고 말씀하십니까? 4절을 보십시오.

> "내가 저희의 패역을 고치고 즐거이 저희를 사랑하리니
> 나의 진노가 저희에게서 떠났음이니라."

이스라엘 백성들이 돌아오면 어떻게 하십니까? 그들의 패역을 고치십니다. '패역'은 하나님을 계속 거역하는 기질을 말합니다. 하나님은 그분을 떠나서 자기 마음대로 살려는 이 고집, 이 패역한 본성부터 고치십니다. 기질을 바꾸어 놓으십니다.

신앙생활을 하는 사람은 기질이 바뀌어야 하고 성품이 바뀌어야 합니다. 그렇지 않으면 결국은 하나님을 떠나게 되어 있습니다. 하나님께서는 회개하는 자의 지위나 건강부터 회복시키지 않으십니다. 무엇보다 그 마음을 고치십니다. 자기에게 없는 부분만 생각하면서 원망하고 불평하는 그 마음을 바꾸어서 하나님을 알았다는 그 사실 하나로 무조건 만족하게 하십니다.

참으로 성령으로 거듭난 사람의 특징이 무엇입니까? 다른 것은 다 잃어버려도 살아 계신 하나님을 알았다는 이 사실 하나로 만족하는 것입니다. 그것으로 충분합니다. 이것 외에 다른 것이 문제가 되는 사람은 아직도 가야 할 길이 멉니다. 남들하고 비교해서 "냉장고가 작네. 믿는 건 믿는 거지만 냉장고가 이렇게 작아서 되겠나"

하는 사람, 그래서 그것 때문에 침체되는 사람은 참으로 돌아온 것이 아닙니다. 그 사람은 아직도 회개하지 않았습니다. 아직 뜨거운 맛을 못본 거예요.

하나님께 돌아온 사람은 딱 하나로 만족합니다. "내가 하나님께 돌아와서 바른 하나님을 알았습니다. 이것이 모든 것입니다. 잃어버린 것이 많지만 하나님을 알았기 때문에 저는 만족하고 감사합니다. 더 바랄 것이 아무것도 없습니다. 더 안 주셔도 됩니다." 이렇게 고백하는 사람이 참으로 돌아온 사람입니다.

다른 것을 잃는 것은 그렇게 중요한 것이 아닙니다. 창조의 하나님, 가장 선하시고 의로우신 하나님을 안 것 자체가 모든 것입니다. 거지로 나앉는다 하더라도 이 하나님을 알고 쫓겨났다면 부족할 것이 없습니다. 그렇지 않은 회개는 참된 회개가 아닙니다. 그런 사람은 언젠가는 또 세상으로 돌아가고 맙니다.

하나님을 진정으로 사랑하며 하나님을 만난 것으로만 만족하는 사람을 어떻게 대하십니까? 즐거이 사랑하십니다. 즐거이 사랑하신다는 것은 아무 대가 없이 한없는 사랑을 퍼부어 주신다는 뜻입니다. '그런 마음을 가지고 나아오는 자, 나를 참으로 아는 자에게는 아무 대가나 공로 없이 무조건 즐거운 마음으로 사랑하겠다'는 것입니다. 로마서 8장 32절을 보십시오.

> 자기 아들을 아끼지 아니하시고
> 우리 모든 사람을 위하여 내어 주신 이가
> 어찌 그 아들과 함께 모든 것을

우리에게 은사로 주지 아니하시겠느뇨?

하나님은 아무것도 아끼지 않으십니다. 문제는 우리가 참으로 중요한 것을 구하지 않는다는 것입니다. 우리가 구해야 할 가장 귀한 것이 무엇입니까? 성령의 은혜입니다. 성령은 너무너무 귀한 분입니다. 이 성령의 은혜가 우리 안에 충만히 거하는 것보다 더 중요한 것이 없습니다. 이것은 병 낫는 것보다, 갑자기 돈이 생기는 것보다, 어려운 문제가 해결되는 것보다 훨씬 더 근본적인 축복입니다. 성령은 아주 기이한 분이십니다. 모사 중의 모사요, 지혜자 중의 지혜자입니다. 상담자 중의 상담자이고 코치 중의 코치입니다.

우리 속에 있는 분노는 중요한 것을 보지 못하게 합니다. 우리는 열등감 때문에 쓸데없는 짓을 합니다. 그러나 성령은 우리 안에 있는 분노를 고치시고 참으로 소중한 것을 보게 하십니다. 성령은 지혜의 신이시기 때문에 모든 것을 꿰뚫어 볼 수 있는 눈을 주십니다. 이 세상에 얼마나 거짓이 많습니까? 거의 대부분이 거짓이기 때문에 사람들이 입으로 하는 말을 다 믿으면 안 됩니다. 그러나 성령은 무엇이 거짓이고 무엇이 참인지 분별하게 하십니다.

그리고 무엇이라고 말씀하십니까? "나의 진노가 저에게서 떠났음이니라." 이렇게 회개하고 돌아온 자에게도 어려움이 옵니다. 그러나 그 어려움은 심판이 아니라고 말씀하십니다. 우리는 그것을 통하여 훨씬 더 많은 유익을 얻게 될 것입니다. 그래서 그리스도인들은 어려움이 올 때 무어라고 말합니까? "나는 이것을 이긴다. 그리고 내가 이것을 이겼을 때에는 말로 표현할 수 없는 풍성한 영광이 나에게 있을 것이다."

틀림없습니다. 실제로 우리는 고난 가운데 있을 때 하나님의 풍성한 사랑을 경험합니다. 다른 사람들은 참 어렵겠다고 생각하지만 본인은 어려움을 모릅니다. 그리고 그때가 지나면 기억도 잘 나지 않습니다. 오히려 너무 많은 사랑을 받았던 것, 하나님이 나에게 많은 말씀을 해주시고 위로해 주셨던 것만 기억에 남습니다.

회개하는 자들에게 주시는 하나님의 축복이 무엇입니까?

"내가 이스라엘에게 이슬과 같으리니
　저가 백합화같이 피겠고
　레바논 백향목같이 뿌리가 박힐 것이라.
　그 가지는 퍼지며 그 아름다움은 감람나무와 같고
　그 향기는 레바논 백향목 같으리니
　그 그늘 아래 거하는 자가 돌아올지라.
　저희는 곡식같이 소성할 것이며
　포도나무같이 꽃이 필 것이며
　그 향기는 레바논의 포도주같이 되리라" (14:5-7).

하나님의 은혜가 폭포같이 쏟아집니다. 모든 것이 아름답게 회복됩니다. 망하기 전보다 훨씬 더 영광스럽고 풍성한 모습이 됩니다. 하나님께서 이스라엘 백성들에게 어떻게 찾아오십니까? 이슬같이 찾아오십니다. 전혀 느끼지 못하는 가운데 조용히 찾아오십니다. 모든 문제들이 조용히 해결되어 버립니다. 하나님은 시끄럽게 기자들 불러놓고 기자회견 하면서 일하지 않으십니다. 그냥 조용히 다 해치워 버리십니다.

어제 저녁까지만 해도 고민하느라 잠도 못 잤는데 아침에 일어나니까 괜찮은 거예요. 견딜 만할 뿐 아니라 오히려 기분이 좋아요. 하나님은 이렇게 이슬처럼 조용히 찾아오셔서 문제를 해결하는 분이십니다. 언제 찾아오셔서 언제 해결하셨는지 모릅니다. 그냥 하룻밤 자고 나니까 괜찮은 거예요. 그 회복속도가 그렇게 빠를 수 없습니다.

회복된 이스라엘의 모습은 꽃으로 말하면 백합화 같고 안정성으로 말하면 레바논 백향목 뿌리 같습니다. 또 그 가지는 가장 무성한 감람나무 같고, 열매는 곡식처럼 많이 열립니다. 아마 포도주 중에 레바논 포도주가 가장 진했던 것 같습니다. 그들은 이 레바논 포도주 같은 향기를 낼 것입니다. 우리 문화대로 표현하자면 꽃은 벚꽃 같고 뿌리는 아카시아 같고 향기는 난 같다고 하면 될 것입니다. 난을 키우는 집을 보면 아래층까지 향기가 가득하지 않습니까?

이런 비유로 말씀하시는 이유가 무엇입니까? 결국 하나님은 이런 백성을 만드시고야 만다는 것입니다. 이스라엘 백성들이 자기 기질대로, 자기 계산으로 편하게 믿으려고 할 때 어느 정도는 봐주시지만 결국은 그들을 치시고 멸망시키셔서 신앙대로 사는 사람으로 만들어 놓으시고야 만다는 것입니다. 열매 맺고 뿌리를 박으며 그 향기가 널리 퍼지는 백성을 만들어 놓으시고야 맙니다. 이것이 하나님이 우리를 대하시는 방법입니다.

하나님의 백성들이 세상적인 방법으로 살면 구원도 얻고 세상적인 성공도 얻을 것 같습니다. 하지만 그것은 둘 다 잃는 길입니다. 하나님은 절대로 그런 식으로 살게 내버려 두지 않으십니다. 하나님의 백성은 하나님만 바라보아야 합니다. 옆에서 아무리 이리들이 들끓고 나는 가진 것이 없다 하더라도, 이 세상이 아무리 경쟁적인 약육강식의 세계라 하더라도 나의 분깃은 반드시 있습니다. 이 세상에서 내가 해야 할 부분은 어느 누구도 건드리지 못해요. 내 자리는 보장되어 있고 나에게는 이 세상에서 할 일이 있습니다.

그것이 무엇입니까? 빛과 소금의 직분입니다. 이것은 어느 누구도 못하는 일입니다. 누가 빛의 사명을 하겠으며 누가 소금의 역할을 하겠습니까? 그리스도인들은 이 세상에서 할 일이 있고 이 세상은 그리스도인들을 빼내지 못합니다. 그러나 두려워서 세상과 타협해 버리면 결국 세상에서 철저하게 버림받는 자들이 될 것입니다.

하나님의 백성들은 반드시 아름다운 삶을 살게 되어 있습니다. 하나님이 반드시 성령을 의지하는 삶을 살게 만드시고 열매를 맺게 하시며 향기가 퍼지게 하십니다. 알아달라고 목청을 높이지 않아도 그에 대한 소문이 땅끝까지 퍼지게 되어 있습니다. 하나님께서는 바로 이런 삶을 이스라엘 백성에게 원하셨습니다. 그러나 그들이 이런 철저한 신앙을 버리고 적당하게 믿었을 때, 하나님은 그들을 망하게 한 뒤에 다시 이 길로 부르셨습니다. 그래서 신약교회 때 보면 이방인들과 이스라엘 백성들이 함께 부름을 받아서 향기 나는 백성으로 만들어집니다.

편하게 믿는 것은 믿는 것이 아닙니다. 하나님은 결국 택한 백성들의 입에서 "고아가 하나님 앞에 긍휼을 얻고자 합니다!" 하는 고백이 나오게 하십니다. 아무리 날고 기어도 길이 없습니다. 절대로 길을 열어주지 않으십니다. 하나님께 내 삶 전부를 던져서 성령의 능력으로 기질을 바꾸시고 패역을 고치신 후에 열매를 맺게 하십니다. 그 향기는 멀리까지 퍼지게 되어 있습니다.

그래서 하나님 앞에서 징계를 받는 것이 아름답고, 하나님 앞에서 쫄딱 망한 사람에게 더 소망이 있습니다. 그렇게 해서라도 겸손할 수 있다면, 하나님 앞에서 나 자신을 낮출 수 있다면, 내 입에서 "고아 같은 저를 도와주십시오" 하는 기도가 나올 수 있다면, 나에게서는 백합화와 레바논 백향목 같은 향기가 날 것이며 나의 뿌리는 절대로 흔들리지 않을 것입니다.

이스라엘 백성들이 무엇이라고 고백합니까?

> "에브라임의 말이
> '내가 다시 우상과 무슨 상관이 있으리요?' 할지라.
> 내가 저를 돌아보아 대답하기를
> '나는 푸른 잣나무 같으니
> 네가 나로 말미암아 열매를 얻으리라' 하리라" (14:8).

에브라임은 다시 우상을 찾지 않을 것입니다. 우상은 그들의 상상력의 산물입니다. 머리를 굴려서 상상력으로 만들어낸 것들이 정신적인 호기심은 일시적으로 만족시켜 주었을지 모르지만 결국에는 하나님을 떠나게 만들었고 뜨거운 광야에서 쓸데없는 고생을 하게 했습니다. 그러나 그들이 하나님께 돌아왔을 때 하나님은 그들에게 푸른 잣나무가 되어서 그늘과 열매를 주시겠다고 말씀하십니다.

우리 자신의 삶을 돌이켜 보십시오. 신앙생활 한다고 했지만 너무나도 쓸데없는 데 힘을 낭비하고 방황했던 전력이 있을 것입니다. 그렇게 충성한다고 날뛰었지만 하나님의 뜻과는 너무 멀었고 마음을 마음대로 상하고 거칠어졌던 경험이 있을 것입니다. 잘 믿는다고 생각했지만 실제로는 열매도 없었고 향기도 없었고 뿌리도 없이 늘 흔들리는 불안정한 삶을 살았던 경험이 있을 것입니다.

종교는 내 속에 있는 생각과 감정을 알아달라는 것이 아닙니다. 오늘날 사람들은 나를 알아주는 설교, 나를 다독거려주는 말을 원합니다. 그러나 그것은 하나님의 말씀이 아닙니다. 그것은 탤런트나 코미디언들이 하는 말입니다. 하나님께서는 어떻게 해서라도 우리를 말씀대로 만들어서 성령의 능력으로 사는 사람을 만들어 놓으십니다.

이제 쓸데없이 방황하지 마십시오. 하나님의 말씀을 제쳐놓은 채 자기 혼자 애쓰면서 이 부흥회 저 부흥회 쫓아다니면 남는 것이 하나도 없습니다. 헛수고만 한 것입니다. 이제는 더 이상 허송세월 하지 말고 말씀으로 돌아와서 "하나님, 제가 하나님께 드릴 것은 이 변화된 마음밖에 없습니다. 그러나 이 마음이 너무 조금 변했는데 이것도 효과가 있을지 모르겠습니다" 하고 기도하십시오. 하나님은 조금 변한 것도 아주 효과가 있다고 말씀하실 것입니다.

저는 유치부 때부터 대학부 때까지 얼마나 열심히 믿었는지 모릅니다. 그러나 그것은 내 만족을 추구하는 종교였고 열매가 없는 믿음이었습니다. 그런데 말씀으로 돌아왔을 때 거기에 신비가 있었고, 거기에 체험이 있었고, 거기에 기적이 있었고, 거기에 열매가 있었고, 거기에 향기가 있었습니다.

호세아의 마지막 결론이 무엇입니까? 9절을 보십시오.

누가 지혜가 있어 이런 일을 깨달으며
누가 총명이 있어 이런 일을 알겠느냐?
여호와의 도는 정직하니 의인이라야 그 도에 행하리라.
그러나 죄인은 그 도에 거쳐 넘어지리라.

하나님이 하시는 일을 우리가 어떻게 다 알 수 있겠습니까? 아무리 주위에 위기가 있고 사람들이 위협하고 공격하며 세상이 급변한다 하더라도 하나님만 믿는 자들로 만들어서 향기를 내게 하시는 그 지혜를 누가 어떻게 알겠습니까?

오늘 본문을 보면 '의인이라야 그 도에 행한다'고 나옵니다. 여기서 '의인'은 도덕적으로 완전한 사람을 말하는 것이 아닙니다. 의인은 하나님의 말씀을 존귀하게 생각하는 사람입니다. 결국 그런 자들만이 하나님의 말씀대로 살 수 있고 하나님의 축복을 받습니다.

하나님은 어떤 분이십니까? 말씀하시는 하나님이시고 그 말씀대로 모든 것을 이루시는 분이십니다. 그러나 이스라엘 백성들은 입으로는 하나님을 믿는다고 하면서도 실제로는 세상을 믿었고 자기 머리를 믿었습니다. 하나님께서는 그런 자들을 완전하게 멸망시킴으로써, 하나님은 결코 속지 않으시며 하나님의 말씀은 헛되지 않다는 것을 그들의 실패한 역사를 통해서 증명하셨습니다. 그러고 나서 다시 말씀대로 사는 백성들을 부르셨습니다. 하나님께서 하시는 일을 한두 해의 짧은 기간에 어떻게 알겠습니까? 그것을 안다는 것은 불가능한 일입니다.

우리에게는 백 년씩 기다릴 수 있는 시간이 없습니다. 그러나 하나님께서는 말씀과 성령을 통하여 하나님 없이 사는 삶이 얼마나 무의미한지 깨닫게 하십니다. 이 깨달음으로 우리는 700년을 번 것입니다. 우리는 그들처럼 포로로 잡혀가고 부모 형제가 찢어져서 가슴에 피가 맺히는 경험을 할 필요가 없습니다. 우리는 이스라엘의 실패한 역사를 반복할 필요가 없습니다.

우리에게는 몇백 년간 시행착오를 거듭할 시간이 없습니다. 우리의 인생은 굉장히 짧습니다. 하나님께서는 성령을 통해서 하나님 없이 살아온 삶을 보게 하십니다. 그것이 모두 쓸데없는 열심이었고 쓸데없는 충성이었음을, 모두 나를 알아달라고 했던 짓이었음을 알게 하심으로써 성경을 다시 처음부터 차근차근 보게 하십니다.

그리스도인들의 고백이 무엇입니까? 이제는 더 이상 방황하기 싫다는 것입니다. 귀가 솔깃해서 여기에도 가보고 저기에도 가보지만 알고 보면 말씀에 따라 내 욕망을 절제하면서 한 걸음 한 걸음 걸어가는 이것이 가장 안정된 것이고, 기적이자 신비이며, 여기에 역사가 있고 길이 있다는 것을 깨닫습니다. 그때 우리의 고백이 이제는 더 이상 방황하거나 시행착오를 거듭하고 싶지 않다는 것입니다. 이제는 더 이상 여기저기 쫓아다니고 싶지 않다는 것입니다.

우리에게 남은 기간이 많은 것 같아도 많이 남은 것이 아닙니다. 저도 가만히 생각해보면 시간이 얼마 남지 않은 것 같아요. 이제는 시행착오를 거듭할 시간이 없습니다. 이제는 바로 직행해야지 이것도 집적거리고 저것도 집적거릴 여유가 없어요. 여러분도 마찬가지입니다. 무한히 시간이 있는 것 같지만 실제로는 시간이 그렇게 없습니다. 두 번만 고민해도 20년이 후딱 지나갑니다.

하나님께서 원하시는 사람은 종교적인 형식을 가진 자들이 아닙니다. 이 세상은 원래 우리 힘으로 살게 되어 있지 않습니다. 현실에 부딪쳐서 벽을 느끼고 '이놈의 직장, 때려치워야 되겠다. 시골로 가야지' 하는 마음이 드는 것은 이상한 일이 아닙니다. 정상적인 것입니다. 이 세상에서는 이리들만 살게 되어 있습니다. 양의 탈을 쓴 이리라면 모를까, 진짜 양은 살 수가 없어요. 그래서 우리는 매일 기도해야 합니다. "하나님, 오늘도 저를 지켜주시고 제 길을 인도해 주십시오. 저에게 지금 선택의 갈림길이 있는데 어느 쪽으로 가야 할지 모르겠습니다. 가르쳐 주십시오." 그러면 이슬처럼 오셔서 반드시 인도해 주십니다. 양의 기도를 반드시 이루어 주십니다.

하나님이 원하시는 사람은 하나님이 전지전능하시다는 것을 믿고 그 앞에서 망하기를 원하는 사람, 그래서 하나님의 역사가 나를 통해서 온전하게 이루어지기를 바라는 사람입니다. 그런 사람들은 끝까지 살아남을 것이고 그 뿌리가 뽑히지 않을 것입니다. 세련되게 믿는 것은 절대로 잘 믿는 것이 아닙니다. 누구는 세련되게 믿고 싶지 않아서 고아니 뭐니 하는 소리 해가면서 믿겠습니까? 그러나 하나님은 이런 고아의 신앙을 원하십니다.

사도 바울은 유대인들 다수가 구원에서 제외되고 이방인들이 하나님의 구원을 경험하는 것을 보면서, 로마서 9장 이후에서 바로 이 호세아서의 말씀을 결론으로 인용하고 있습니다.

> 깊도다! 하나님의 지혜와 지식의 부요함이여!
> 그의 판단은 측량치 못할 것이며
> 그의 길은 찾지 못할 것이로다.
> 누가 주의 마음을 알았느뇨?
> 누가 그의 모사가 되었느뇨?
> 누가 주께 먼저 드려서 갚으심을 받겠느뇨?
> 이는 만물이 주에게서 나오고
> 주로 말미암고
> 주에게로 돌아감이라.
> 영광이 그에게 세세에 있으리로다. 아멘 (롬 11:33-36).

바울은 스스로 구원받을 줄 알았던 대부분의 유대인들은 구원에서 제외되고 전혀 기대하지도 않았던 이방인들이 하나님의 구원에 초대되어 말씀대로 사는 것을 보면서, 누가 이런 지혜를 가질 수 있겠느냐고 말합니다. 이것은 하나님만이 가질 수 있는 지혜입니다.

잘 믿는 것 같지만 스스로 속고 있는 사람들을 하나님은 몽땅 버리십니다. 절대로 이런 인간들을 하나님의 구원에 참여시키지 않으십니다. 오히려 완전히 구원에 들어갈 것으로 생각하지는 않았지만 그냥 말씀대로 믿으려고 했던 자들이 천국의 주인이 될 것입니다. 이것이 하나님의 지혜입니다. 이렇게 해서 하나님께 영광이 돌아가는 것입니다.

하나님은 애써 우리를 구원하시고 나서 그 영광이 다른 사람이나 피조물에게 돌아가는 것을 절대로 용납하지 않으십니다. 그것은 하나님 자신에게 정직하지 않은 것입니다. 하나님은 우리가 그 앞에서 낮아져서 모든 영광을 그리스도와 하나님께 돌리며 "우리는 피조물이고 구원받을 자격이 없는 사람들이다. 이런 우리를 구원하신 하나님을 찬양하자"고 고백하게 하십니다.

예수를 믿으면서도 거드름을 피우고 자기의 신앙진도가 너무 빠르다고 생각하는 사람들은 모두 제외될 것입니다. 하나님의 은혜를 갈급해 하지 않고 '나는 이 정도 믿어도 된다'고 생각하는 사람들은 전부 제외될 것입니다. 늘 하나님 앞에서 갈급해 하고 하나님 앞에서 겸손하며 어떻게 하든지 그 뜻대로 살려고 하는 자들, 하나님 외에는 어느 누구도 의지하지 않는 그들만 영원히 이 영광에 참여하게 될 것입니다.

자기는 당연히 구원받을 것이라고 생각한 사람들이 닫힌 천국문 밖에서 아무리 "주여! 주여!" 외쳐도 하나님은 그들을 모른다고 하실 것입니다. 이것이 하나님의 지혜입니다. 미련한 자들이 구원받았다고 스스로 착각하여 안심하게 하시고, 그렇기 때문에 마음대로 살아도 되는 것처럼 생각하도록 그들을 더 미련하게 하시는 것이 하나님의 지혜입니다.

하나님의 사랑은 어떤 사랑입니까? 우리를 변화시키는 사랑입니다. 하나님은 적당하게 바꾸지 않으십니다. 완전하게 변하기 전에는 절대로 우리를 만지는 손을 멈추지 않으십니다. 끝까지 주물럭거려서 완전한 작품이 나오기 전까지는 절대로 "됐다"고 말하지 않으십니다. 그것을 안다면 오늘 우리는 기꺼이 하나님께 자신을 맡길 것입니다.

"하나님이 만든다고 하셨지요? 뜻대로 만드십시오. 제가 오늘까지 이리 피하고 저리 피했는데 그렇게 해봐야 날짜만 오래 끌고 제가 하나님께 영광 돌릴 수 있는 기간만 짧아집니다. 그냥 알아서 하십시오. 어떻게 주물럭거리시든지 마음대로 하십시오. 때려죽이든 밟아죽이든 알아서 하십시오. 하나님은 그렇게 한다고 하면 하는 분이시지요? 그 대신 진도가 빨리 나가게 해주십시오. 빨리빨리 저를 만들어주십시오." 그러면 하나님이 우리를 변화시켜서 참으로 아름답게 만드실 것입니다. 제가 요즘 기도하는 것이 그것 하나입니다.

기억하십시오. 완전히 하나님을 의지하는 신앙으로 만드시기 전까지는 절대로 내버려두지 않으십니다. 간과 허파와 쓸개를 그냥 두지 않으십니다. 치명타를 주십니다. 자랑거리를 빼앗아 가십니다. 학위를 쓸데없게 만들고 자격증을 휴지조각으로 만들어 놓으십니다. 그렇게 해서 하나님을 완전히 의지하는 자가 되었을 때 비로소 꽃피게 하시며 그 뿌리가 백향목보다 더 깊게 내려가게 하시고 모든 사람들이 그를 알게 하십니다. 그런 사람은 아무리 시골 구석에 있어도 그 향기가 땅끝까지 아주 강력하게 전달될 것이며, 사람들은 그렇게 아름다운 하나님의 백성이 있다는 사실을 인정할 것입니다.

적당하게 믿고 있습니까? 다른 사람과 자신을 비교하면서 자랑하는 신앙생활을 하고 있습니까? 자기 신앙이 좋다는 착각을 주어서 그런 자들을 쫓아내는 것이 하나님의 기막힌 작전입니다. 그 작전에 절대로 말려들면 안 됩니다. 나보다 신앙이 훨씬 못한 다른 교회나 실제로는 거의 불신자에 가까운 사람과 자신을 비교하면서 '저 사람에 비하면 나는 얼마나 진도가 많이 나간거야? 정말 아찔할 정도로 성숙했어' 하는 그따위 생각을 갖게 해서 망하게 하고 구원에서 제외시키는 것이 하나님의 작전입니다. 그런 마음이 들 때 '아, 나는 지옥행이구나' 생각하면 틀림없어요.

그러므로 늘 하나님 앞에서 겸손해야 하고, 빨리 바꾸어달라고 간구해야 합니다. 그래도 죽을 때까지 다 안 변합니다. 그러나 그 향기는 이미 온 땅에 퍼져 있을 것이며, 그 아름다운 하나님의 백성을 모르는 자가 없을 것입니다. 내가 볼 때는 아직 덜 바뀌었어요. 그래서 "나는 왜 이리 안 바뀔까? 하나님, 빨리빨리 바꾸어주십시오" 하고 기도합니다. 그러나 그 뿌리는 이미 튼튼하게 박혀 있어서 절대로 흔들리지 않을 것입니다.

소선지서 강해설교

호세아: 하나님의 불붙는 사랑
God's Passionate Love

지은이 김서택
펴낸곳 주식회사 홍성사
펴낸이 정애주
국효숙 김의연 박혜란 송민규 오민택 임영주 차길환

1998. 2. 24. 1권 초판 발행   2016. 8. 11. 16쇄 발행
1998. 3. 16. 2권 초판 발행   2013. 9. 10. 14쇄 발행
2026. 2. 10. 개정판 1쇄 인쇄   2026. 2. 20. 개정판 1쇄 발행

등록번호 제1-499호 1977. 8. 1.
주소 (04084) 서울시 마포구 양화진4길 3
전화 02) 333-5161 팩스 02) 333-5165
홈페이지 hongsungsa.com 이메일 hsbooks@hongsungsa.com
페이스북 facebook.com/hongsungsa
양화진책방 02) 333-5161

ISBN 978-89-365-1606-2 (03230)

헌다. 이에 대해 '나'는 다음 토막에서 이런 혼잣말로 답변을 대신한다.

　……몰라, 오빠. 나는 그런 것들보다 그때 연탄불은 잘 타고 있었는지, 가방을 챙겨들고 방을 나간 오빠가 어디 길바닥에서 자지나 않았는지, 그런 것들이 더 중요하게 느껴져. 그때 왜 그렇게 추웠는지 말야. (……) 오빠. 그때 내가 정말 싫었던 건 대통령의 얼굴이 아니라 뭇국을 끓이려고 사다놓은 무가 꽝꽝 얼어버려가지고 칼이 들어가지 않는 것 그런 것들이었어. 눈이 내린 아침에 수돗물을 틀었을 때 말야. 물이 얼지 않고 시원스럽게 나와주면 너무 좋았고, 안 그러고 얼어서 나오지 않으면 너무 싫고 그랬어. 내가 문학을 하려고 했던 건 문학이 뭔가를 변화시켜주리라고 생각해서가 아니었어. 그냥 좋았어. 문학이 있다는 것만으로도 현실에선 불가능한 것, 금지된 것들을 꿈꿀 수가 있었지. 대체 그 꿈은 어디에서 흘러온 것일까. 나는 내가 사회의 일원이라고 생각해. 문학으로 인해 내가 꿈을 꿀 수 있다면 사회도 꿈을 꿀 수 있는 거 아니야?(268~269쪽)

　이 진술을 그대로 작가 신경숙의 문학관과 동일시할 일은 아니다. 그러나 다른 자리에서의 개인적 발언을 보더라도,[5] 민족문학론의 이름으로든 그 어떤 명분으로든 삶의 섬세한 진실과 개인의 꿈꾸기에 대해 강압적인 모든 사람을 향한 작가 자신의 항변이 담긴 대목임을 짐작할 수 있다. 반면에 주목할 점은, 이런 항변에도 불구하고 실제로 '나'는 셋째오빠가 주문한 거의 모든 것, 어쩌면 그 이상의 것을 써냈다는 사실이다. 유신 말기의 억압상과 민중의 빈곤, 노조에 대한 부당한 탄압과 YH사건, 12·12와 5·17에 이은 광주학살과 삼청교육대 등등이 고스란히 『외딴방』의 화폭에 재생된 것이다. 뿐만 아니라 "내가 문학을 하려고 했던 건 문학이 뭔가를 변화시켜주리라고 생각해서가 아니었어"라는 주장에도 불구하고 이 작품의 글쓰기는 그 무엇보다도 중요한 것 곧 '나' 자신을 변화시켰음이 드러나며, 변화가 '나'의 차원에 그칠지 사회에 더 널리 번질지는 두고 볼 일이다. 민족문학을 말해온 평자로서 한마디 덧붙이자면, 바로 이런 개인 차원의 진정한 변화가 수반되는 '시

---

5) 예컨대 계간 『창작과비평』 30주년 기념호에 기고한 글에서 신경숙은 "특히 작가 생활을 시작하면서 나는 어느 한 시기에 창비에 상당량의 억압을 느끼기도 했다"면서, "세상의 설명되지 않는 것들을 감싸안아줄 여유가 창비에게는 없는 것 같았다. 어느 여름날, 느닷없이 포도밭에 일렁이던 불길이나, 한낮의 산길을 걸어갈 때 느껴지는 두려움이나, 이 건물 안에 나 혼자 자고 있는 건 아닌가 싶어 신새벽에 건물 바깥으로 나가 다른 불빛을 확인하고 돌아오는 인간이 지닌 본능적인 무섬증들을 창비 앞에선 감히 말할 수가 없었다"고 술회한 바 있다.(91호, 1996 봄, 44쪽)

대의 증언'이나 '사회현실의 고발'만이 뜻있는 사회변화를 가져올 수 있고 민족문학의 이름도 살릴 수 있으리라는 것이다.

3

여러 평자가 이미 지적했듯이[6] 『외딴방』은 독특한 형식 실험을 수행한 소설이고 그중에서 두드러지는 특징은 외딴방 시절의 과거 이야기와 그 이야기를 집필하는 '나'의 현재 시간이 교직交織되며 진행된다는 점이다. 또한 이 짜임에서 과거는 현재형으로, 현재는 과거형으로 서술된다는 특이한 사실도 주목을 끈 바 있다.[7] 물론 이것은 작중의 '나'도 의식하고 있을뿐더러 의식적으로 결정한 서술전략이기조차 하다.

---

6) 과문 탓인지 몰라도 『외딴방』을 따로 다룬 평론은 별로 많지 않은 듯하다. 다른 작품 또는 작가를 함께 논하면서 언급한 예는 물론 많겠지만, 필자는 앞서 인용한 남진우씨의 해설 외에 주로 다음 글들을 참조했고 모두가 많은 참고가 되었다. 염무웅, 「글쓰기의 정체성을 찾아서」, 『창작과비평』 90호(1995 겨울); 박해현, 「우물 속의 하얀 새」, 『문학동네』 6호(1996 봄); 김사인, 「『외딴방』에 대한 몇 개의 메모」, 『문학동네』 같은 호; 최원식, 「제11회 만해문학상 심사경위」, 『창작과비평』 94호(1996 겨울).

7) 예컨대 염무웅, 위의 글 282쪽.

이제야 문체가 정해진다. 단문. 아주 단조롭게. 지나간 시간
은 현재형으로, 지금의 시간은 과거형으로. 사진 찍듯. 선명하
게. 외딴방이 다시 닫히지 않게. 그때 땅바닥을 쳐다보며 훈련
원 대문을 향해 걸어가던 큰오빠의 고독을 문체 속에 끌어올
것.(49쪽)

그런데 여기서 간과해서는 안 될 몇 가지 사항이 있다. 첫
째, 의식적인 결정이라고는 하지만 처음부터 그렇게 정해놓고
쓰기 시작한 것이 아니고 어떻게 쓸지를 궁리하며 이야기를
한참 풀어나가던 끝에 문득 내려지게 되는 결단이라는 점이
다. (이는 '나'가 뒤에 가서(544~545쪽) '반짇고리 들추기'에 견
준 그의 집필방식의 한 예이기도 하다.) 글쓰기를 묻는 서두는
물론이고 "여기는 섬이다"로 시작하는 다음 문단 역시 현재의
시간을 그대로 옮기는 현재형이었다. 곧이어 '열여섯의 나'를
생각하며 "열여섯의 내가 있다"(11쪽)라고 그 시절 또한 현재
형으로 서술되는데, 아직까지 이 현재형은 지난 일을 특히 생
생하게 제시하는 기법으로 흔히 쓰이는 이른바 '역사적 현재'
로 범상하게 받아넘길 수 있는 성질이다. 이런 '역사적 현재'
는 최근의 사건, 덕수궁 앞에서 택시를 타고 오던 중의 과거형
서술 속에도 뒤섞여 있다(18쪽). 또한 옛날 일이 주로 현재형

으로 서술되지만 "우리들 사이엔 봉제공장, 전자공장, 의류공장, 식품공장 들의 생산부 라인이 존재했다"(25쪽)라는 과거형 토막이 끼어들기도 한다. 이런 기복과 헤매임을 거치다가, 작가가 되겠다는 '나'의 숨은 꿈이 큰오빠에게 알려진 날의 오빠 모습이 떠오른 뒤에 비로소 예의 결정이 내려지는 것이다.

둘째로 유의할 점은 이렇게 정하고 나서도 소설의 진행 과정에서 그 방침에 어긋나는 시제 사용이 적지 않게 일어난다는 사실이다. 이에 대해서는 좀더 상세한 점검을 곧 시도하겠지만, 그에 앞서 생각해볼 일은 이러한 서술전략의 의도가 무엇이냐는 점이다.

먼저, "사진 찍듯. 선명하게"라는 다짐이―"큰오빠의 고독을 문체 속에 끌어올 것"에서도 알 수 있듯이 문자 그대로 사진 찍듯 모사하겠다는 소박한 사실주의와는 무관하지만―아무튼 문학적 재현의 의지를 드러내고 있음이 주의를 끈다. 동시에 그 재현은 "외딴방이 다시 닫히지 않게"라는 해방의 목표를 지닌 것이기도 하다.[8] 그런데 재현과 해방은 어떤 내적

---

8) 이 인용문 또한 잠지본과의 대조가 흥미로운 예 가운데 하나다. 원래 "지나간 시간은 현재형으로, 지금의 시간은 과거형으로, 사진 찍듯"이라는 하나의 문장이 단행본에서 두 문장으로 나뉘었고 거기에 "외딴방이 다시 닫히지 않게"가 덧붙여졌다. 또 이에 앞서 "아주 단조롭게" 다음에 "모든 대화의 행을 가르지 않고 서술 속에 섞는다"라는 문장이 있던 것을 삭제했는데, 이는 내용 그대로 대화

연관이 있을까? 일반론의 차원에서는 양자의 필연적 연관성을 주장하는 데서부터 재현은 도리어 해방의 걸림돌이라는 생각까지 여러 설이 있을 터이다. 여기서는 그런 이론들의 다툼에 끼어들기보다 『외딴방』의 구체적 맥락에서 현재형 서술을 통한 과거사의 재현이 어떤 해방적 기능을 갖는가를 살펴볼 일이다. 즉 지난날의 '나'가 겪은 일들이 현재형으로 서술되는 것은, 통상적인 의미의 '역사적 현재'로써 재현의 생동성을 높이며 염무웅씨의 표현으로 '과거성의 상실'을 성취하려는 것만이 아니라, 어떤 의미로는 한 번도 제대로 과거가 되지 못하고 현재로 남은 체험을 그 현재성대로 서술함으로써 비로소 과거성을 부여하려는 몸부림이라 할 수 있다. 단편 「외딴방」에서 진실을 얼버무리고 말았음을 고백하면서 장편 속의 '나'는 이렇게 쓴다.

정면으로 쳐다볼 자신이 없어 얼른 뚜껑을 닫아버리며 나는 느꼈다. 내게는 그때가 지나간 시간이 되지 못하고 있음을, 낙

의 행가르기를 추가한 단행본의 서술방식에 맞춘 것으로서 읽기가 훨씬 쉬워진 이점 외에 어떤 장단점이 있는지는 독자마다 음미해볼 일이다. (가령 과거 일의 현재형 서술에서는 잡지본의 형식을 고수했더라면?) 그리고 "큰오빠의 등을"이 "큰오빠의 고독을"로 바뀌었는데 이것은 명백한 개선이라 하겠다.

타의 혹처럼 나는 내 등에 그 시간들을 짊어지고 있음을, 오래도록, 어쩌면 나, 여기 머무는 동안 내내 그 시간들은 나의 현재일 것임을.(87쪽)

바로 그렇기 때문에 "지나간 시간은 현재형으로, 지금의 시간은 과거형으로"라고 정한 뒤에도 내부의 저항이나 충격이 너무 강해지는 순간에는 정해진 시제에 흔들림이 일어난다.

내부의 진흙뻘 속에서 무엇이 힘겹게 고개를 들며 소리친다. 뭘 하려는 게야? 고만고만한 세부사항이나 찾아내서 뭘 어쩌겠다는 거지? 제발 연대순으로 줄 맞춰 요점 정리하려고 들지 마. 그건 점점 더 부자연스러워질 뿐이라구. 설마 삶을 영화로 착각하고 있는 건 아니겠지? 삶이 직선으로 줄거리를 가질 수 있다고 생각하는 건 아니겠지?(216쪽)

고지식한 서술기법이 『외딴방』에는 통할 수 없음을 말해주는 이 대목은 동시에 '나'의 앞선 결정과는 달리 지금 일인데도 현재형으로 서술되었다. (이때에 '내부의 진흙뻘 속에서 무엇이 힘겹게 고개를 들며 소리쳤다' 운운해서는 도저히 맛이 안 났을 것이 분명하다.) 그리고 이처럼 작문중의 현재가 갑자기

날것대로 뛰어든 것은 마침 지난날 이야기가 "순환선"이 되어
버린 큰오빠, "새벽에 가발 쓰고 양복 입고 학원으로 가서 수
업을 마치고 돌아와, 밥을 먹고 방위복을 입고 도시락을 들고
나갔다가, 다시 집으로 와 양복 입고 가발 쓰고 학원으로 간
다"(216쪽)라는 대목에 이르렀기 때문이다.

시제의 이런 흔들림은 당연히 희재 언니 이야기에서 자주
나타난다. 실제로 희재 언니의 이름이 처음 튀어나오는 것은
현재형의 지나간 세월도, 글쓰는 요즘도 아닌 '육 년 전'의 단
편에서 재인용하는 방식을 통해서다(54쪽). 그녀 이야기가 본
격적으로 서술될 때도 마찬가지이며(186쪽 이하), 단편 인용
을 마치고 독자적인 서술이 시작되면서는 (지금쯤은 독자들에
게 어느 정도 낯익어진) 현재형이 아니라 오히려 '전통적인' 과
거형이 쓰인다(189~194쪽). 희재 언니와 관련하여 '지나간
시간은 현재형으로'라는 규칙이 대체적으로 지켜지게 되는 것
은 옥상에서 희재 언니를 만나고 내려와서 외사촌에게 그녀
이야기를 해주는 장면(194~195쪽)을 거치고 나서부터다.

『외딴방』에서 지난 시간에 대한 서술의 흐름은 대강 이렇게
정리할 수 있을 듯싶다. 곧, 첫머리에 이런저런 모색을 한참
하다가 '문체'에 대한 '나'의 일정한 방침이 뒤늦게 정해지고,
이후 큰오빠나 희재 언니 모습이 끼어들 때 흔들림을 겪으면

서 1~2장에 걸쳐 점차 그 틀이 정착되어, 3장에서는 대체로 안정된 서술이 진행되다가, 4장에서 이야기의 막바지에 다가가면서, 그러니까 희재 언니가 결혼 계획을 발설한(426쪽) 뒤부터 다시 호흡이 흐트러져서 마지막에는 다시 육 년 전 「외딴방」의 도움을 빌려서야 겨우 희재 언니 이야기를 끝맺을 수 있는 것이다(504~507쪽). 여기서 그 과정을 일일이 추적할 겨를은 없으나, 지금의 '나'가 산문집 교정을 보고 돌아와 세면대 앞에 서서 희재 언니의 '인기척'과 대화하는 장면에서부터 더러 딴 이야기로 변죽을 울리면서도 어쩔 수 없이 희재 언니 이야기로 돌아가고 또 그래야 한다고 스스로 다짐하며 드디어 '그날 아침 이야기'를 해버리기까지의 숨가쁜 진행은, 흔히 말하는 신경숙의 '느림'보다 잘 짜여진 멜로드라마의 '스릴과 서스펜스'를 상기시킬 정도다. 이 과정에서 다시 시제의 흔들림이 일어남은 당연하며, 특히 희재 언니의 죽음을 집필하기 직전에 "얼굴과 마음이 다 퉁퉁 붓는 느낌이다. (……) 그래 그날 아침 이야기를 하자, 해버리자"(499~500쪽)는 현재형이고, "그날 아침 골목에서 그녀를 만났다"(500쪽)로 시작되는 바로 다음 토막은 과거형이어서, 애초의 집필 방침을 정면으로 위배하고 있다.

4

포스트모더니즘 계열의 서사이론은 대체로 줄거리의 깔끔한 마무리를 수상쩍게 본다. 통속문학의 '해피 엔딩'은 더 말할 것 없고 비극적 결말이라도 어떤 완결감을 주는 끝맺음은 그 자체가 이데올로기적 봉쇄 내지 '닫음closure'에 해당한다고 보는 것이다. 『외딴방』은 '기승전결의 형식' 또는 '연대순으로 줄맞춘 요점 정리'를 거부하는 발언을 내장하고 있을뿐더러, "하지 못한 말들과 행동들이 소설화되지 않고 미래로 남아 있었을 때로 되돌아가고 싶다. 수정과 보탬과 나 자신을 향한 질문이 고스란히 남아 있었던 때로…… 1995년 8월 8일에"(541쪽)라고 한 잡지본의 결말이나, 전면적은 아닐지라도 적잖은 '수정과 보탬'을 가한 뒤에 "내게 글쓰기란 무엇인가?"(560쪽)라는 '나 자신을 향한 질문'으로 끝낸 단행본의 결말 모두가 예의 '닫음'을 피하려는 의도를 보여준다. 이는 분명히 작품의 미덕 가운데 하나지만 여기에 너무 집착하여, 특히 시작과 거의 같은 문구로 끝나는 수정본 결말을 유행적으로 받아들여서 『외딴방』이 독특하게 이루어낸 아름다운 마무리를 놓쳐서도 안 될 것이다.

예컨대 희재 언니 이야기 자체가 온갖 곡절을 담았지만 그 나름의 '기승전결'을 갖고 완결되었고 결과적으로 이 인물에 일정한 '전형성'마저 부여하게 된 점은 『외딴방』의 분명한 성취로 인정되어야 한다. 앞서 '나'가 지난날의 '풍속화'에서 예외적인 존재이면서도 그 나름의 대표성이 없지 않음을 지적했지만, 희재 언니야말로 '나'나 외사촌과 달리 평균적인 '외딴방' 거주자에 훨씬 가깝다.

나의 외사촌과 나는 그곳을 떠나야 했기에 하고 싶은 게 많았고 되고 싶은 게 뚜렷했고 소유할 수 없으나 갖고 싶은 게 많았다. 그래서 나와 나의 외사촌은 서로 다툴 일이 많았다. 그러나 희재 언니는 아니다. 그녀는 그녀 자신이 그 골목이다. 그곳의 전신주이고 구토물이고 여관이다. 그녀는 공장 굴뚝이며 어두운 시장이며 재봉틀이다. 서른일곱 개의 외딴방들이 그녀, 생의 장소다.(435~436쪽)

물론 이것은 어디까지나 '나'의 발언이고 사실이 그런지는 독자가 작품 전체를 두고 판단할 일이다. 다만 인물의 전형성이라는 것이 어느 한 인물만을 딱 떼어놓고 그가 얼마나 전형적이냐를 따지는 문제가 아니고 다른 여러 인물 및 작중의 여러 다른 요소들과의 관련 속에서 파악될 문제라고 한다면, 희재 언니의 성공적인 전형화를 인정하기가 그다지 힘들지 않을 듯하다. 그녀의 끔찍한 죽음이 예외적일뿐더러 그녀의 삶 또한 당대 노동자 생활의 전모를 보여주는 것은 결코 아니지만, '나'뿐 아니라 유채옥, 미스 리 등 다른 의미로 그녀와 구별되는 인물들이 함께 등장하는 소설 속에서 그녀가 무엇을 대표하고 무엇을 대표하지 않는지를 독자가 알아챌 수 있게끔 형상화되었다면 희재 언니라는 전형적인 인물의 형성이 『외딴방』의 마무리를 돕고 있다고 하겠다.

그러나 이 마무리가 실로 아름다운 마무리라 일컬음직한 것은 희재 언니의 기억을 '낙타의 혹'처럼 지고 살아온 '나'가 그녀를 객관화하면서 동시에 그녀와 자신의 일체성 비슷한 것을 깨닫는 경지에까지 도달하기 때문이다. 그렇다고 그녀를 "바로 소녀 신경숙의 분신"으로 보고 "따라서 희재 언니의 죽음은 (……) 그녀〔='나'〕와 무관한 죽음이 아니라 그녀의 개입이 불가피한 죽음이다"[9]라고 말하는 것은 좀 지나치지 싶다. 하지만 희재 언니의 죽음까지 이야기하고 난 뒤, "지금 이 글에 마침표를 찍으려다 보니 나를 쳐다보고 있었던 사람은 나였다는 생각이 든다. 내가 나 자신에게 서먹서먹하게 얘기를 시키고 있었다는 생각"(512쪽)이라는 대목에서 먼저 떠오르는

---

9) 남진우, 해설, 『외딴방』, 문학동네, 1995: 제2권 297쪽.

"나를 쳐다보고 있었던 사람"은 희재 언니다. 그리고 이 뒤늦은 통찰은 집필 도중에 희재 언니의 '인기척'을 느끼거나 그녀의 '발짝 소리'를 들으며 그녀와 대화하기도 하는 장면들(252~257쪽 및 428~430쪽)을 초자연적인 장치에 기댐이 없이 훌륭하게 설명해주기도 하는 것이다.[10]

따라서 희재 언니와 '나'의 최종적 관계는 문자 그대로의 동일시라기보다 참된 의미의 화해이며, 일정한 동일시를 거친 뒤 마침내 그녀와의 작별이 이루어진다. 그녀의 죽음에 대한 서술을 마치고 고향집에 내려간 '나'는 쇠스랑을 빠뜨렸던 우물을 밤중에 들여다보다가 그 속에 "그녀의 얼굴이 무슨 말씀처럼 떠" 있음을 본다. 그리고 "마음을 열고 살아 있는 사람들을 생각해. 지난 이야기의 열쇠는 내 손에 쥐어진 게 아니라 너의 손에 쥐어져 있어. 네가 만났던 사람들의 슬픔과 기쁨들을 살아 있는 사람들에게 퍼뜨리렴. 그 사람들의 진실이 너를 변화시킬 거야"(534쪽)라는 마지막 당부를 읽는다. 그런 뒤에 그녀는 '쇠스랑을 건져올려주고' 사라진다.

---

10) 바로 이 점이 『오래전 집을 떠날 때』(창작과비평사, 1996)에 실린 일부 작품의 '귀신 이야기'에 비해 『외딴방』의 '오싹한' 장면들이 훌륭한 까닭의 하나다. 예컨대 의자에 걸쳐놓았던 숄이 스르르 떨어질 때 인기척으로 알고 소스라치던 순간(254쪽)의 오싹함은 오싹함대로 귀신 이야기에서보다 오히려 생생하게 남는다.

희재 언니와의 이런 화해가 재확인되고 세상과의 새로운 만남으로 더욱 확대되는 것은 도시로 돌아오는 기차 속에서다. 여기 나오는 더벅머리 소년은 신동엽의 시 「종로 5가」에서 길을 묻던 시골 말씨의 노동자 소년을 연상시키는 바도 있는데, 영등포역에서 내리는 그 역시 노동자임이 분명하지만 내린 뒤의 모습은 훨씬 더 활달하고 다음 순간 뜀박질하는 그의 "아름다운 다리"(538쪽)가 거의 어떤 돌연한 현현epiphany을 이루기까지 한다. '나'의 마음속에는 백로의 무리를 찾아가보리라는 오랜 기약이 되살아나고, 기차가 '외딴방' 부근의 가리봉역을 통과할 적에는 더이상 회피하지 않음은 물론, "눈을 부릅뜨고 차창을 내다"본다.

멀리 공장 굴뚝들이 울뚝울뚝 솟아 있었다. 기차가 좀 천천히 달렸으면. 그곳에 불을 좀 밝혀주었으면. 창턱에 내려놓은 팔을 쳐다보았다. 기차의 진동에 팔이 이리저리 흔들렸다. 여기가 그곳이려니 생각하는 순간, 가슴속에서 백로 한 마리가 푸드득 깃질을 쳤다.(540쪽)

백로가 『외딴방』에서 매우 효과적으로 사용되어 작품의 촘촘하고 섬세한 결을 이룩하는 이미지 가운데 하나임은 누구나 쉽게 감지할 수 있다. 그러나 이 작품의 이미지 활용은 흔히 '상징적 기법'으로 통하는 것들보다 훨씬 복잡하면서도 자연스럽다. 가령 백로들만 해도 그들이 '나'가 꿈꾸는 아름답고 평화로운 세계를, 또는 작가가 되려는 그녀의 염원을 '상징한다'라고 간단히 말할 수 없는 것이다. 첫째, 외사촌의 사진첩에서 백로들 사진을 처음 보고 언젠가 그들을 만나러 가리라고 기약하는 장면(34~35쪽)은 아직 하나의 사실적인 진술을 넘어서지 않는다. 그러다가 그때의 기약을 지금의 '나'도 결코 잊은 바 없음을 다짐하면서 "하나, 지금 이 이름, 희재 언니, 그녀의 부재가 이루어지던 그때의 그 아득한 슬픔 속으로도 그 백로의 무리가 날아들었는지, 그때도 언젠가 그 숲속에 가보겠다는 내 마음속의 기약을 아로새길 수 있었던 것인지"(58쪽)라고 묻는 대목에 이르면, 백로의 무리 또는 그들의 날아듦이 어떤 상징성을 띠기 시작한다. 하지만 끝내 '백로는 곧 무엇의 상징'이라고 찍을 수 있는 것은 아니며, 위에 말한 더벅머리 소년과의 만남 이후 "가물가물 상실되려던 마음의 기약이 어렴풋하게 되살아남을 느꼈다"는 말도 딱히 비유적이랄 게 없는 진술이다. 다만 "가슴속에서 백로 한 마리가 푸드득 깃질을 쳤다"는 비유적 표현임이 분명한데, 이때의 '백로 한 마리'는 앞서의 '백로들의 무리'와 연결되면서 동시에 희재 언니와 연결되기도 함을 주목해야 한다. 그리하여 희재 언니를 위한 '나'의 마지막 작별인사 겸 진혼곡이 울려나온다.

자, 망설이지 말고 날아가라, 저 숲속으로. 눈앞을 가로막는 능선을 넘어서 가라. 아득한 밤하늘 아래 별을 향해 높고 아름다이 잠들어라.

연년세세 잊지 않을 것이니 언젠가 다시 새로운 문장이 되어 돌아오렴. 돌아와서 내 숨결이 닿지 않는 곳에서 발생했다 사라진 진실을 들려주렴. 이제 우리 작별인사를 하자. 그땐 우리 변변히 작별인사도 못했으니. (······)

잘 가······ 나를 아껴주고 보살펴준 일 소중히 간직할게.(540~541쪽)

이처럼 쉽게 뜻매길 수 없는 '상징'이므로 끝부분(559쪽) 제주도 해안의 (백로가 아닌) 새들도 그 상징적 울림의 영역에 쉽게 포섭된다. 아직도 '나'는 백로의 무리를 보러 가지 못했지만 무언가 그에 맞먹거나 버금가는 경험이 이루어지고 있음이 암시되는 것이다.

신경숙은 흔히 그 서정적인 문체로 '시적'인 소설가라는 평을 듣는다. 하지만 실은 어느 특정 대목이나 묘사의 서정성보다 위와 같은 '상징'의 신축섬세한 구사를 포함하여 언어가 가진 잠재력을―마치 시인이 단순히 '산문적인 의미'뿐 아니라 연聯과 행의 구조, 운율, 비유, 상징 등등 온갖 수단을 동원하듯이―최대한으로 활용한다는 뜻으로 '시의 경지'를 추구하는 작가라고 말할 수 있다. 그리고 신경숙의 작품 가운데서도 그러한 노력이 가장 확실한 성공을 거둔 것이 아직은 『외딴방』이 아닐까 한다.

빛나는 성공이라도 비판의 여지가 없을 수야 없다. 예컨대 '나'와 그 남매들의 도시 생활에서는 갖가지 고난이 여실하게 그려지지만, 호남 출신들이 서울에서 당하는 차별이나 수모는 전혀 다뤄지지 않는다. 물론 대다수가 호남 출신인 공단 지역의 작업장이나 셋집에서는 오히려 그 문제가 덜 심각했을 것이다. 그러나 용문동 동사무소에 취직한 큰오빠라든가 곧바로 대학생이 된 셋째오빠의 경험은 달랐기 쉬우며―아니, 실생활에서 어떠했든 소설 속에서는 다른 면모를 보여주는 것이 더 방불할 터이며―작업장에서도 지역감정의 발로가 전혀 없는 것은 무언가 단순화된 느낌을 주고 지역주의가 중대한 현실로 내두한 오늘의 독자에게 현재성이 덜해진다. 또한, 작업장 묘사에서 노동자들이 자신의 답답함과 괴로움을 동료끼리 부질없는 싸움질로 발산하는 시끄럽고 상스러운 장면도 있을 법한데 노조와 관련된 이유 있는 다툼을 빼면 다들 너무도 온순하고 착한 모습이다.

이런 것들은 박해현씨가 지적한 신경숙의 "교묘한 무공해성"(『문학동네』 6호, 104쪽)의 다른 일면이기도 한데, 아무튼 '산업역군의 풍속화'로서 『외딴방』이 완벽에 미달했다는 증거일 것이다. 산업 현장 아닌 영역에서 작가의 지나친 과묵함이 불만스럽게 느껴지는 대목은 남녀관계 문제다. 물론 희재 언니의 혼전관계를 주로 함축적인 필치로 다룬 것은 소설의 품격을 높이지만, 어린 시절 남자친구 '창'에 관해서는 많은 지면을 할애하고 있음에도 그 인물이 제대로 그려지지 않았다. 게다가 이따금씩 누구라는 설명 없이 '그'라고 대명사로만 불리는 인물이 거듭 나오는데, 때로는 이름은 몰라도 독자가 기억할 수 있는 특정 인물이 떠오르고 때로는 또다른 인물인지, 심지어 인물이 아닌 어떤 추상적 존재인지가 불분명하다. 저자가 의도적으로 그랬으리라는 짐작은 가지만 혹시 여기에 또다른 "장식과 연출과 과장 들"이 개입하고 있는 것은 아닌지?

아무튼 『외딴방』에서 작가는 자신을 변화시키면서 하계숙과 희재 언니를 포함하는 '우리들'에게 인간으로서의 위엄을 부여하는 엄청난 일을 해내었다. 그러나 저자 스스로 다짐하듯이 이 작업은 결코 완결된 것이 아니다.

이름도 없이, 물질적인 풍요와는 아무런 연관도 없이, 그러나 열 손가락을 움직여 끊임없이 물질을 만들어내야 했던 그들을 나는 이제야 내 친구들이라고 부른다. 그들이 나의 내부에 퍼뜨린 사회적 의지를 잊지 않으리. 나의 본질을 낳아준 어머니와 같이, 익명의 그들이 나의 내부의 한켠을 낳아주었음을…… 그래서 나 또한 나의 말을 통하여 그들의 의젓한 자리를 세상에 새로이 낳아주어야 함을……(554쪽)

그렇다고 신경숙에게 '노동소설'을 계속 쓰라고 주문하는 것이 아님은 물론이다. 『외딴방』 자체가 '노동소설'만은 아니려니와, 도대체 소재 위주의 이런 분류가 큰 의미를 갖지도 못한다. 다만 "그들의 의젓한 자리를 세상에 새로이 낳아주"는 작업만은 어떤 식으로든 계속되어야 할 것이며, 이는 당연히 『외딴방』처럼 작가 자신을 변화시키는 일이 되고 『외딴방』의 틀조차 깨면서 글쓰기에 대한 신실한 물음을 지속하는 작업이기도 할 것이다.

초판·개정판·출간 30주년 기념
작가의 말

초판 작가의 말

마지막 교정을 보는데 지워야 할 문장들이 내 손끝을 붙잡았다. 나는 내 글이 침묵의 그늘을 향해 다사롭게 퍼지기를 바랐다. 그 속에 잠겨 있는 외로운 목숨들에게 조금이나마 생기를 불어넣어주기를.

그런데?

거리감을 잃고 저 혼자 완강한 문장 앞에서 망설이고 망설였다. 그 문장을 골라낼 때의 어려움이 손끝에 고스란히 남아 있어서. 그때 맞은편에 앉아 있던 그가 말했다. 그렇죠, 쓸 때 고생했던 생각이 나면 지울 수가 없죠. 그는 내 얼굴을 정면으로 쳐다보며 이해인 수녀의 서시의 한 구절을 말해주었다.

때로는 아까운 말도
용기 있게 버려서 더욱 빛나는
한 편의 시처럼 살게 하소서.

……그의 목소릴 듣고도 이틀을 더 망설인 후에야, 나는 내 문장들을 조금 더 버릴 수가 있었다.

내가 외딴방을 내 마음속에 오래 묵혀두었던 것은 내 안에 외딴방이 살고 있다는 것이 부끄러워서만은 아니었다. 외려 언제부턴가 외딴방은 나의 그리운 공간으로 내 안에서 숨쉬기 시작했다. 그곳에 갇혀버린 그녀만 없었다면 나는 좀더 일찍 그때의 우리들의 삶을 들여다보기 시작했을 것이나, 내 그리움 속의 그곳엔 그녀가 썩고 있었다. 그 냄새를 피해보려고 한때는 사르트르를 잃은 보부아르의 독백에 나를 의지하기도 했다. 보부아르는 말했었다. 죽음이 우릴 완전히 갈라놓았다. 그를 다시 만날 수 있을 것이라고는 믿지 않는다…… 그러나 곧 보부아르는 다시 보부아르로 돌아갔다. 내게는 언젠가, 라는 기약이 필요해졌다. 언젠가…… 언젠가는 너에게 가리라.

이 글 속엔 수많은 '나'가 등장하지만 이 글은 소설이므로 형식상의 일인칭이다. 그래도 남아 있는 '나'가 있다면 이젠 '그'가 되어 세상에 섞이길 바란다.

　　다시 전화를 넣어주신 최홍이 선생님, 이 소설을 쓰는 동안 편지를 보내주신 한경신 선생님께 감사드린다. 이 글은 나 혼자 썼다는 생각이 안 든다. 끊임없이 주저앉으려는 나를 자극시켰던 '그'들의 별빛 같았던 인기척을 잊지 않으리.

1995년 10월에

신경숙 씀

개정판 작가의 말

　내가 쓴 작품을 발표하고 난 뒤에 가장 많이 읽어보는 사람은 아마도 나일 게다. 예외가 있었으니 이 작품이었다. 95년도에 책이 출간된 뒤에 지금껏 단 한 번도 정독을 하지 않았다. 그저 몇 번 책표지를 쓰다듬거나 물끄러미 바라봤을 뿐이다. 마음이 어찌 그리되었다. 지난봄에 상·하로 나뉘어 있는 작품을 한 권으로 합본하기로 출판사와 합의하고 새 교정지를 받아 정독과 수정을 동시에 진행했다. 쉬다가 다시 하고 쉬다가 다시 하는 사이 두 계절이 훌쩍 지나갔다.

　어느 날인가 이 작품을 독일어로 번역하고 있는 성신여대의 김륜옥 선생과 심야에 긴 통화를 하게 되었는데 우리말이 풍부하게 끌어안고 있는 긴 여운과 독일어가 요구하는 정확한 뜻이 내가 쓰고 있는 문장에서 수도 없이 충돌한다는 것을 알게 되었다. 물론 두 나라가 쓰고 있는 언어의 차이에서 비롯된 부분이기도 하나 그 충돌 지점은 새삼 내게 시가 아닌 산문 정신을 다시금 생각하게 했다. 이 작품을 수정하는 데 그분의 말씀이 많은 지침이 되었다. 감사드린다.

　『풍금이 있던 자리』 이후로 오로지 소설쓰기에 몰입해 있었던 지난 칠팔 년이 단 하루로 느껴지는 요즘이다. 문학으로부터 입은 은혜와 피로가 동시에 느껴졌다. 이 작품을 다시 읽는 시간이 내겐 휴식이었다. 잘 쉬었으니 이제 다시 새 섬광 속으로 건너가야겠다.

1999년 11월에

신경숙 씀

출간 30주년 기념 작가의 말

  스물두 살에 등단해 십 년째 되던 해에 『외딴방』을 썼다. 서른둘, 셋에 걸친 시간이었다. 이후 이 책을 첫 장부터 마지막 장까지 제대로 정독한 건 이번이 처음 같다. 책을 출간하면 일정 시기가 지날 때까지 자주 들여다보며 수정할 데를 표시해 두는 평소 습관에 비하면 의외인 책이다. 처음 두 권으로 분권해 출간했다가 한 권으로 합하면서 정독할 기회가 왔을 때조차 가라앉지 않은 마음들이 웅성거려 여기저기 건너뛰며 읽는데도 두 계절이 소요되었던 기억. 그 위로도 또 한참 시간이 쌓였다. 이번엔 묵묵히 가만히 정독했다. 지우고 다시 써넣고 싶은 문장들이 있었으나 그대로 두는 사이 나도 독자가 되어 있는 특이한 경험을 했다. 시간과 함께 빛바랜 것들을 손질하는 일은 눈 밝은 편집자의 손길에 전적으로 의지했다.

　여름 끝, 8월의 이른아침에 삼십 년 전 이 작품 마지막 장을 썼던 제주 서쪽 마을에 가봤다. 마침 제주에 머물고 있었기에 가능했다. 이 작품을 쓰는 일은 동쪽의 성산에서 시작해 종장은 서쪽의 협재에서 마무리했다고 기억되는데 삼십 년 전에 내가 매일 바라보고 나가 걸었던 해변엔 금능해변이란 팻말이 붙어 있었다. 그때 머물렀던 숙소를 찾아 두리번거렸으나 당시 그 해변에 단 하나뿐이던 칠층 높이의 건물이 지금은 셀 수도 없이 뒤섞여 있어 가늠키가 어려웠다. 그때는 젊은 여성이 혼자 와서 말없이 오래 묵는 게 흔한 일은 아니어서, 프런트의 매니저는 오전 내내 내 기척이 없으면 점심 무렵 삼층에 있던 내 룸을 노크했다. 그러고는 괜한 말을 붙였다. 신문 가져왔어요, 점심식사 안 하세요? 파도가 거칠어요, 같은. 그를 안심시키기 위해 아침마다 괜히 일층 로비에 내려가 커피를 주문하고 신문을 뒤적이다 올라오곤 했던 그곳은 지금과는 달리 외진 곳이었다. 밀물일 때는 숙소 코앞까지 바닷물이 넘실거렸고, 썰물일 때는 하얗게 드러난 모래펄이 비양도에 닿을 것처럼 보일 때도 있었다. 바다 없이 내륙에서만 자라다 곧 도시 생활을 시작한 나는 이른아침에 길디긴 모래펄이 시야에

펼쳐지면 그 낯섦에 단박에 반해서는 누가 부르는 것처럼 해변으로 나가 돌아오고 싶어질 때까지 바다 안으로 걸어들어가보곤 했다. 삼십 년이 지나고 보니 그 해변조차도 옛 기억이 가닿을 수 없는 모습으로 변해 있었다. 저기 같네, 싶어 모래가 묻은 맨발로 터벅터벅 걸어 리모델링중인 어느 허름한 건물을 찾아냈으나 삼십 년 전에 저 베란다에 내가 서 있었던 것 같은데…… 싶을 뿐 별 의미가 느껴지지 않아 공허했다. 눈부신 아침햇살이 눈을 찔러서 자꾸만 눈이 감겼을 뿐이다. 모르겠다. 삼십 년 전의 내가 정말 그 베란다 위에 서 있었던 것인지 아닌지. 살다보면 허탈한 일이나 도무지 모를 일과 대면하는 순간이 어디 이뿐일까.『외딴방』을 쓰고 난 뒤 사회가 사람이 관계가 상황이 사랑하는 마음이나 역사가 나로서는 파악이 되지 않는 것으로 바뀌거나 짐작도 못한 다른 방향으로 흘러갔다. 앞으로도 그럴 것이다. 그럼에도 이쪽과 저쪽에 서서 읽는 사람으로 쓰는 사람으로 서로 애틋하게 존재하고 싶은 바람이, 단 한 문장도 버릴 게 없는 책을 써보고 싶은 실현 불가능한 꿈 같은 것이 일렁거려 모래를 털어내며 그 해변에서 돌아왔다.

나는 대체로 책에 운명이 있다고 여기는 사람인데 작가가 마침표를 찍은 후 그 책의 운명은 그의 손에 달려 있지 않다. 보살피는 손길이 따로 있고, 그중 가장 따스한 것은 독자의 다정한 손길이라고 생각한다. 출간 후 삼십 년이란 시간을 버텨온 이 작품이 그 증명이려니 여기려 한다. 삼십 년을…… 헤아려보면 새벽하늘에 떠 있는 달을 무심결에 바라볼 때처럼 물끄럼해진다. 이 책의 첫 독자가 이십대에 읽었다면 그는 오십대가 되었을 것이고 삼십대에 읽었다면 육십대가 되었을 것이며 십대에 읽었다 해도 사십대가 되었겠구나, 싶어서. 동시대를 살고 있으나 태생지도 이름도 만난 적도 없이 앞으로도 마주칠 가능성이 거의 없는 상태로 우리는 각자 다른 삶을 살게 되겠지만…… 다가올 시간의 어느 틈에 당신의 외딴방 속에 이 작품이 물처럼, 나무처럼, 공기처럼 스며들어 "망설이지 말고 날아가"는 순간으로 존재하기를 바라는 마음이 들썩이는 게 살아 있는 것 같고 충만하기는 하나,

좀더 아무것도 바라지 않는 내가 되기를 바라보기도 한다.
읽고 쓰는 삶을 계속해나가다 가만히 마무리할 수 있기를.

삼십 년 전, "이름도 없이, 물질적인 풍요와는 아무런 연관도 없이, 그러나 열 손가락을 움직여 끊임없이 물질을 만들어

내야 했던 그들을 나는 이제야 내 친구들이라고 부른다"라고
쓸 수 있었던 그때 나의 내부는 이미 그들로 인해 이 현재에
닿아 있었던 것이니.

2025년 9월 7일 일요일에

신경숙 씀

문학동네 장편소설
외딴방
ⓒ 신경숙 2025

1판 1쇄 1995년 10월 20일
2판 1쇄 1999년 12월 6일
2판 53쇄 2025년 2월 28일
3판 1쇄 2025년 10월 2일

지은이 신경숙
책임편집 정은진 | 편집 임고운 오동규
디자인 김이정 이원경 | 저작권 박지영 주은수 형소진 오서영 조경은
마케팅 정민호 서지화 한민아 이민경 왕지경 정유진 정경주 김혜원 김예진 이서진
브랜딩 함유지 박민재 이송이 박다솔 조다현 김하연 이준희
제작 강신은 김동욱 이순호 | 제작처 천광인쇄사(인쇄) 신안문화사(제책)

펴낸곳 (주)문학동네 | 펴낸이 김소영
출판등록 1993년 10월 22일 제2003-000045호
주소 10881 경기도 파주시 회동길 210
전자우편 editor@munhak.com | 대표전화 031) 955-8888 | 팩스 031) 955-8855
문학동네카페 http://cafe.naver.com/mhdn
인스타그램 @munhakdongne | 트위터 @munhakdongne
북클럽문학동네 http://bookclubmunhak.com

ISBN 979-11-416-1340-2 03810

www.munhak.com

이 책에 쏟아진 찬사

십대 시절, 철저히 고독하다고 믿었던 내게 『외딴방』은 일종의 구원이나 다름없었다. 나와 세대도, 성별도, 살아온 배경도 전혀 다른 사람의 이야기를 읽으며 내가 느꼈던 외로움을 완벽히 이해받는 기분이 들었달까? 절대적이고 물리적인 거리를 뛰어넘어 누군가와 그토록 내밀한 소통을 한 것은 처음이었다. 그때의 그 귀한 경험으로 말미암아 작가라는 꿈을 꾸게 되었으니, 『외딴방』은 지금의 나를 가능하게 만든 출발점이자 문학적 근원이라고도 볼 수 있다. 때때로 길을 잃고 헤맬 때마다 나는 『외딴방』을 펼쳐든다. 그 참혹하게 아름다운 세계를 바라보며, 문학이라는 것이 이토록 큰 위안일 수 있다는 것을 새삼 깨닫고는 한다.
_박상영(소설가)

오랫동안 내가 사랑해온 작가는 신경숙이다. 나는 대학에 가서야 『외딴방』(문학동네, 1995)을 읽었는데 지금과 달리 분권이 되어 있던 그 책을 붙들고 느꼈던 감동과 슬픔, 소설이라는 것에 대한 환희를 잊지 못한다. 그 책은 소설을 쓴다는 것에 대한 어떤 방향을 지시하고 있었는데 그것이 닿는 곳은 마음, 나 자신의 마음에 있었다.
(…) 소설은 내게 나 자신과 세계 사이에 존재하는 어떤 가냘프고 투명한 '막'에 대해서 알 수 있게 했다. _김금희(소설가)

과거는 기억하지 않으려 할수록 어디서든 맞닥뜨리게 된다. 우리 모두는 얼굴 없는 괴물을 가지고 있으며, 그것을 피하려고 한다. 신경숙은 그런 우리를 위해 자기 자신의 괴물을 그린다. _뉴욕타임스

잉여가 되지 않으려 저항하는 한 소설가의 몽환적인 내적 방황과 유년을 서술하며 감정을 자극하는 산문의 병치. 말한 것보다 더 많은 질문을 남기는, 잊을 수 없을 놀라운 소설. _NPR

자연스럽게 빠져드는 힘이 있다. 이 작품은 신경숙의 정치, 문학, 그리고 고통스러운 경험이라는 고유의 테마를 놀랍도록 눈을 뗄 수 없는 한 편의 작품으로 통합한다. _커커스 리뷰